高等职业教育特色系列教材——铁道电气化

基于工作过程的牵引变电所运营与维护教程

（第2版）

主编 方 彦

微信扫描二维码
免费下载课件

西南交通大学出版社
·成 都·

内容提要

本书是按照基于工作过程的课程体系编写的铁路高等职业教育教材。全书共 4 个学习情境，主要包括：牵引变电所中的主要电气设备的运行与维护、牵引变电所的值班工作、牵引变电所的二次回路、牵引变电所的事故处理。

本书既可作为高等职业院校电气化铁道技术专业学生用教材，也可作为高等职业院校供用电技术专业学生参考教材，还可作为从事电气化铁道技术行业的工程技术人员的参考用书。

图书在版编目（CIP）数据

基于工作过程的牵引变电所运营与维护教程 / 方彦
主编. —2 版. —成都：西南交通大学出版社，2017.8（2025.2 重印）
高等职业教育特色系列教材. 铁道电气化
ISBN 978-7-5643-5687-3

Ⅰ.①基… Ⅱ.①方… Ⅲ.①电气化铁道 – 牵引变电所 – 运营管理 – 高等职业教育 – 教材②电气化铁道 – 牵引变电所 – 维护 – 高等职业教育 – 教材 Ⅳ.①U224

中国版本图书馆 CIP 数据核字（2017）第 210072 号

高等职业教育特色系列教材——铁道电气化

基于工作过程的牵引变电所运营与维护教程
（第 2 版）

主编 / 方彦　　责任编辑 / 李芳芳
　　　　　　　特邀编辑 / 王晓刚
　　　　　　　封面设计 / 何东琳设计工作室

西南交通大学出版社出版发行
（四川省成都市二环路北一段 111 号西南交通大学创新大厦 21 楼　610031）
发行部电话　028-87600564
网址　http://www.xnjdcbs.com
印刷：成都中永印务有限责任公司

成品尺寸　185 mm×260 mm
印张　29.75　　字数　741 千
版次　2017 年 8 月第 2 版　　印次　2025 年 2 月第 7 次
书号　ISBN 978-7-5643-5687-3
定价　65.00 元

课件咨询电话　028-81435775
图书如有印装质量问题　本社负责退换
版权所有　盗版必究　举报电话　028-87600562

第1版前言

本书是按照基于工作过程的课程体系编写的铁路高等职业教育教材。全书强调职业工作的整体性，强调将方法能力、社会能力的培养与专业能力的培养融为一体，强调工作过程的完整性。本书与传统教材相比有以下特色：

（1）打破以知识传授为主要特征的传统学科课程模式，转变为以典型工作任务为中心组织课程内容，让学生在完成具体项目的过程中构建相关理论体系，并发展相关的职业能力。课程内容突出对学生职业能力的训练，同时又充分考虑高等职业教育对理论知识学习的需要，紧紧围绕完成工作任务的需要来选取理论知识，并融合相关职业资格证书对知识、技能和态度的要求。每个项目的学习都按以典型工作任务为载体设计的活动进行，以工作任务为中心整合理论与实践，实现理论与实践的一体化。

（2）教学过程中，通过校企合作、校内实训基地实习等多种途径，采取工学结合等形式，充分开发学习资源，给学生提供丰富的实践机会。

（3）教学效果评价采取过程评价与结果评价相结合的方式，通过理论与实践相结合，重点评价学生的职业能力。

全书共4个学习情境，学习情境一介绍牵引变电所中的主要电气设备的运行与维护，包括牵引变压器、断路器、隔离开关、互感器、防雷设施、并联电容补偿装置和其他装置的运行与维护；学习情境二介绍牵引变电所的值班工作，包括常用工具的使用、电气主接线的认识、牵引变电所设备巡视、工作票的办理和倒闸作业；学习情境三介绍牵引变电所的二次回路，包括二次回路的认识、安装接线的认识、断路器的控制信号回路、隔离开关的控制信号回路、音响信号二次回路、主变测控保护装置二次回路和交、直流电源柜；学习情境四介绍牵引变电所中的事故处理，包括电气设备异常处理和事故处理。

通过该系列学习情境的学习，学生不但能够掌握牵引变电所常规运营的专业知识和专业技能，还能够全面培养其良好的职业道德与责任心，掌握分析检查判断、沟通协调、稳定的心理、安全与自我保护等综合素质和能力，通过学习掌握工作岗位需要的各项技能和相关专业知识。

本书由西安铁路职业技术学院方彦主编。全书编写分工为：方彦编写学习情境一中的第1、3、4、5、6、7子情境，学习情境二中的第2子情境，学习情境三中的第3子情境,学习情境四中的第2子情境;西安铁路职业技术学院赵先堃编写学习情境二中的第5子情境,学习情境三中的第5子情境;西安铁路职业技术学院陈莉编写学习情境二中的第1、3、4子情境;天津铁路职业技术学院杨卫红编写学习情境三中的第2、4子情境;山东职业学院代金华编写学习情境一中的第2子情境;西安供电段和志文编写学习情境四中的第1子情境;西安铁路职业技术学院李佳琦编写学习情境三中的第1、6子情境;西安铁路职业技术学院孙正华编写学习情境三中的第7子情境。

  本书在编写过程中得到了西安供电段的大力支持和帮助,在此深表谢意。

  由于编者水平有限,书中不妥之处在所难免,欢迎广大读者提出宝贵意见和建议。

编 者

2012年8月

目 录

学习情境一 电气设备的运行与维护 ··· 1
    学习子情境 1 牵引变压器的运行与维护 ·· 1
    学习子情境 2 断路器的运行与维护 ··· 24
    学习子情境 3 隔离开关的运行与维护 ·· 49
    学习子情境 4 互感器的运行与维护 ·· 65
    学习子情境 5 防雷设施的运行与维护 ·· 89
    学习子情境 6 并联电容补偿装置的运行与维护 ································· 105
    学习子情境 7 其他装置的运行与维护 ·· 116

学习情境二 牵引变电所值班 ·· 133
    学习子情境 1 常用工具的使用 ·· 133
    学习子情境 2 电气主接线的认识 ·· 149
    学习子情境 3 牵引变电所设备巡视 ·· 167
    学习子情境 4 工作票的办理 ·· 183
    学习子情境 5 倒闸作业 ·· 198

学习情境三 牵引变电所的二次回路 ·· 222
    学习子情境 1 二次回路的认识 ·· 222
    学习子情境 2 安装接线的认识 ·· 238
    学习子情境 3 断路器的控制信号回路 ·· 250
    学习子情境 4 隔离开关的控制信号回路 ·· 272
    学习子情境 5 音响信号二次回路 ·· 284
    学习子情境 6 主变测控保护装置二次回路 ······································ 297
    学习子情境 7 交、直流电源柜 ·· 324

学习情境四 事故处理 ·· 347
    学习子情境 1 电气设备异常处理 ·· 347
    学习子情境 2 事故处理 ·· 368

附 录 ·· 383

参考文献 ·· 469

学习情境一　电气设备的运行与维护

学习子情境1　牵引变压器的运行与维护

学习任务书

小组编号：_____　　　成员名单：_____

学习任务描述

通过本情境的学习，要求能够做到：读懂牵引变电所主变压器的铭牌，熟悉牵引变电所主变压器的结构、正常巡视内容和特殊巡视内容。

学习任务：牵引变压器的运行与维护。
学习对象：牵引变压器。
工　　具：生产文件、工作工具、量具等。
学习步骤：
（1）认识牵引变电所主变压器。
（2）熟悉牵引变电所主变压器的结构。
（3）了解牵引变电所主变压器的工作原理。
（4）读懂牵引变电所主变压器的铭牌内容。
（5）熟悉牵引变电所主变压器的正常巡视内容。
（6）熟悉牵引变电所主变压器的特殊巡视内容。

学习方法

资讯：接受学习任务，根据引导问题，通过学习查找资料、网络信息等，建立总体印象。
计划：与小组成员、老师、师傅讨论牵引变压器在变电所中的影响和意义。
决策：与老师或师傅进行专业交流，确定本项目的工作步骤和涉及的工具，拟定检查、评价标准。
实施：按确定的工作步骤完成行动化学习任务，发现问题，共同分析，遇到无法解决的问题时请老师或师傅帮助解决。

检查：（1）生产文件准备好了吗？
　　　（2）工具准备好了吗？
　　　（3）安全事项有哪些？
评价：与同学、老师、师傅进行专业交流，有改进的建议吗？

学习目标

（1）明确牵引变压器的作用、结构及工作原理。
（2）明确牵引变压器运行中的要求。
（3）对牵引变压器的日常巡视做出规划，确定所要涉及的内容、仪表、工具等。
（4）了解牵引变压器运行中和检修时的注意事项。

行动化学习任务

第一部分：进行牵引变压器知识的学习

任务1：查阅《牵引变电所运行检修规程》中有关牵引变压器的要求。
任务2：查阅各种资料，熟悉牵引变压器的结构。
任务3：列出牵引变压器结构表。
任务4：列出牵引变压器巡视表。
任务5：查阅牵引变压器在运行中的规定。

第二部分：进行牵引变压器的日常巡视

任务6：完成牵引变压器结构表的填写。
任务7：完成牵引变压器的巡视。
任务8：总结安全注意事项。

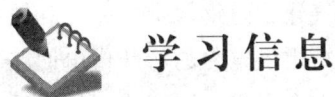
学习信息

一、牵引供电系统的组成

图 1.1.1 所示为电气化铁道牵引供电系统示意图。该系统由高压输电线、牵引变电所、牵引网、分区所、开闭所等组成。牵引变电所将电力系统输电线路的电压从 110 kV（或 220 kV）降到 27.5 kV，经馈电线将电能送至接触网；接触网沿铁路上空架设，电力机车升弓后便可从其上取得电能，用以牵引列车。牵引变电所所在地的接触网设有分相绝缘装置，两相邻牵引变电所之间设有分区所（又称分区亭），接触网在此也相应设有分相绝缘装置。牵引变电所至分区所之间的接触网（含馈电线）称供电臂。接触网、钢轨回路（包括大地）、馈电线和回流线统称为牵引网。牵引供电构成的回路是：牵引变电所—馈电线—接触网—电力机车—钢轨和大地—回流线—牵引变电所。牵引供电设备的检修运行由供电段负责，牵引供电系统的运行调度则由供电调度负责，供电调度通常设在分局和铁路局调度所。

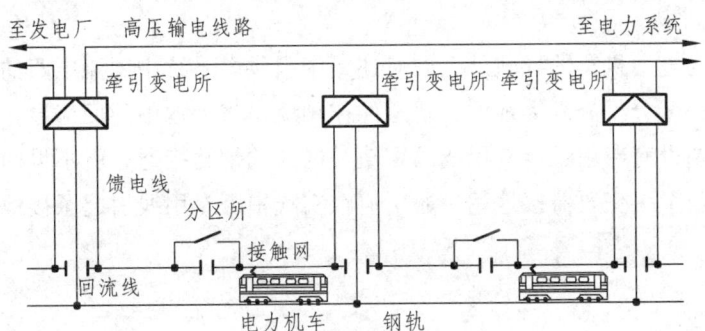

图 1.1.1　电气化铁道牵引供电系统示意图

（一）牵引变电所

牵引变电所是交流工频单相电力牵引供电系统的主要环节，它完成变压、变相和向牵引网供电等功能，并实现三相交流一次供电系统与单相电力牵引系统的接口及系统交换。牵引变电所停电后，可由相邻变电所实现越区供电，但牵引网电压水平会有所下降。

一般情况下，一条电气化铁道沿线设有多个牵引变电所，相邻变电所间的距离为 40~50 km。在长的电气化铁路中，为了把高压输电线分段以缩小故障范围，一般每隔 200~250 km 还设有支柱牵引变电所，它除了完成一般变电所的功能外，还把高压电网送来的电能，通过其母线和输电线分配给其他中间变电所。

根据牵引主变压器类型的不同，牵引变电所可分为单相牵引变电所、三相牵引变电所和三相-两相牵引变电所 3 种类型。

（二）接触网

架空接触网是一种悬挂在电气化铁道钢轨上方，并和轨面保持一定距离的链型或单导线系统，是专为电力机车或电动车组提供电力的特殊供电回路。机车通过受电弓与接触网滑动接触可取得电能。正常供电时，由牵引变电所馈线到接触网末端的一段供电线路，称为供电分区或供电臂。由于牵引负荷常处于运动中，对于接触网的要求除了提供数量足够并符合质量标准的电能外，还应保证牵引负荷受流的稳定性。

（三）馈电线

馈电线是连接牵引变电所和接触网的导线，也称馈出线。馈电线一般采用钢芯铝绞线，其作用为将变电所的电能输送给接触网。

（四）回流线

回流线是牵引供电回路的一部分，是连接轨道和牵引变电所主变压器接地相的导线。它将流经电力机车的负荷电流引回变电所中。

（五）轨　道

轨道除了作为电力机车的导轨外，同时还是牵引供电系统中回流电路的一部分，在供给机车的电流中有一部分是流入大地的，轨道的作用就是将大地中的回流导入变电所中。在早期的牵引变电所中设有专用线，专用线的钢轨与区间的钢轨接通，就不设回流线，直接用扁钢将专用线钢轨与牵引变压器接地相接通，但在实践中因专用线引起了接地网腐蚀，故改设回流线。

（六）分区所

在交流电气化铁道上，为了增加供电的灵活性，提高供电的可靠性，常在两个相邻供电分区的分界处用分相绝缘器断开。若是单线电气化区段，在分相绝缘器断开处设旁路隔离开关，以便实行一侧变电所事故时临时越区供电。若是复线电气化区段，则在断开处设置开关和相应的配电装置，组成分区所，如图1.1.2所示。

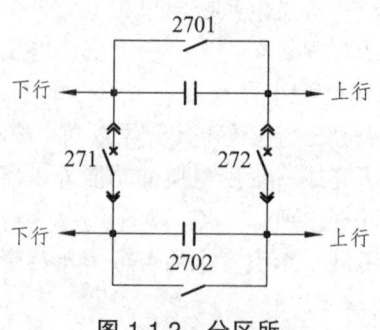

图 1.1.2　分区所

分区所的作用如下：

（1）可以使两相邻的供电区段实现并联工作或单独工作。当实现并联工作时，分区所的断路器闭合，否则打开。

（2）当相邻牵引变电所发生故障而不能继续供电时，可以闭合分区所的断路器，由非故障牵引变电所实行越区供电。

（3）双边供电的供电区内发生牵引网短路事故时，可由分区所的断路器切除事故点所在处的一半供电区，非事故段可照常工作。

（七）开闭所

交流电力牵引系统开闭所实际上是起配电作用的开关站，是在牵引网有分支引出时，为了不影响电力牵引安全、保证供电可靠而设置的带保护断路器等设施的控制场所。在离牵引变电所较远的铁路枢纽地区，除线路区间外，还有许多负载如枢纽编组站、客车站、电力机务段等需要牵引供电，为了保证供电的可靠性和灵活性，缩短事故范围，一般将接触网进行横向分组和分区供电。在这些负载附近设立有开闭所，由开闭所的多路馈线向接触网各分组和分区供电，如图1.1.3所示。

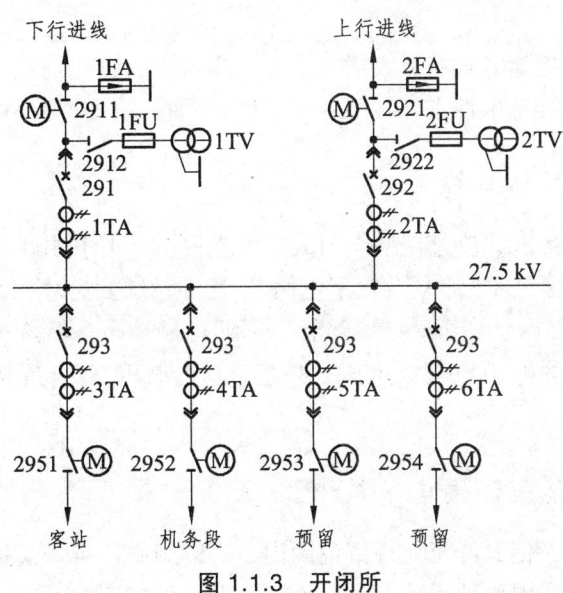

图 1.1.3 开闭所

此外，在复线 AT 牵引网中，由于 AT 供电方式供电电压增高，供电臂距离增长，可达 40～50 km，为提高供电灵活性，进一步缩小接触网事故停电范围，降低牵引网电压损失和电能损失，也可在分区所与牵引变电所之间增设开闭所，又称辅助分区所。

开闭所的主要设备是断路器。电源进线一般设两回路，复线时可由上、下行牵引网各引一回路，出线则按需要设置。当出线数量较多时，也可将开闭所母线实行分段。

（八）自耦变压器站

自耦变压器站简称 AT 所，是 AT 牵引网的重要组成部分，其将自耦变压器（AT）按一定间隔距离跨接在 AT 牵引网的接触网、正馈线和钢轨间。工频单相交流电气化铁道采用 AT 供电方式时，沿线 10～15 km 设置一台自耦变压器，自耦变压器设于沿铁路的各站场上，同时将分区所和开闭所合并，以利于运行管理。

（九）分相绝缘器和分段绝缘器

分相绝缘器又称电分相，串在接触网上，目的是将两相不同的供电区分开，并使机车受电弓光滑过渡，主要用在牵引变电所出口处和分区所处。分段绝缘器又称电分段，分为纵向电分段和横向电分段，前者用于线路接触网上，后者用于站场各条接触网之间。分段绝缘器通过其上的隔离开关将有关接触网进行电气连通或断开，以保证供电的可靠性、灵活性和缩短停电范围等。

二、电力系统中性点的运行方式

电力系统中性点是指三相电力系统中绕组或线圈采用星形连接的电力设备（如发电机、变压器等），各相的连接对称点和电压平衡点，在电力系统正常运行时其对地电位为零或接近于零。

电力系统中性点的接地方式有两大类：一类是中性点直接接地或经过低阻抗接地，称为大电流接地系统；另一类是中性点不接地或经消弧线圈接地，称为小电流接地系统。

（一）中性点不接地系统

若发生单相接地故障时，流过接地点的故障电流很小（小于 500 A），称该系统为小电流接地系统，简称小电流系统（35 kV 及以下电网）。这种系统发生单相接地时，三相用电设备依然能正常工作，2 h 之内允许暂时继续运行，因此可靠性高；但该系统发生单相接地时，其他两条完好相的对地电压升高到线电压，是正常运行时电压的 $\sqrt{3}$ 倍，因此绝缘要求高，进而增加绝缘费用。

（二）中性点经消弧线圈接地系统

为了减小接地电流，使其降至允许值范围内，可以用中性点经消弧线圈接地的方法，该系统称为中性点经消弧线圈接地系统。通常采取的补偿方式有全补偿、过补偿和欠补偿三种，由于全补偿和欠补偿电路极易产生过电压而损坏设备，所以一般不采用全补偿和欠补偿，而采用过补偿。

（三）中性点接地系统

当发生单相接地故障时，流过接地点的故障电流很大（大于 500 A），称该系统为大电流接地系统，简称大电流系统（110 kV 及以上电网）。这种系统发生单相接地时，其他两条完好相的对地电压不升高，因此可降低绝缘费用；但该系统发生单相接地时，短路电流大，必须迅速由保护装置切除故障部分，即其供电可靠性较差。

目前，我国电力系统中性点的运行方式为：

（1）对于 6～10 kV 的系统，由于设备绝缘水平按线电压考虑，对于设备造价影响不大，因此为了提高可靠性，一般均采用中性点不接地或经消弧线圈接地的方式。

（2）对于 110 kV 及以上的系统，主要考虑降低设备绝缘水平，简化继电保护装置，一般均采用中性点直接接地的方式，并采用送电线路全线架设避雷线和装设自动重合闸装置等措施，以提高供电可靠性。

（3）20～60 kV 的系统，是一种中间情况，一般一相接地时的电容电流不是很大，网络不是很复杂，设备绝缘水平的提高或降低对于造价影响不是很显著，所以一般均采用中性点经消弧线圈接地的方式。

三、变压器的基本知识

（一）变压器分类

变压器是利用电磁感应原理将某一电压（电流）等级的电能转换为相同频率另一电压（电流）等级的电能的静止电器，因其主要作用是变换电压，故称变压器。变压器为了适应不同的使用目的和工作条件，其类型很多，结构和使用原理也不尽相同，一般可按结构、电源相数、冷却方式、绕组形式、用途等不同进行分类。

1. 按结构分类

变压器按铁芯类型可分为芯式和壳式。

芯式变压器：绕组包围铁芯，用于高压的电力变压器。

壳式变压器：铁芯包围绕组，用于大电流的特殊变压器。

2. 按电源相数分类

单相变压器：一、二次绕组均为单相，用于单相负荷或三相变压器组。

三相变压器：一、二次绕组均为三相，用于三相系统的升、降电压。

多相变压器：一次绕组为三相，二次绕组为多相。

3. 按冷却方式分类

油浸自冷式变压器：通过油自然对流冷却。

油浸风冷、水冷式变压器：用空气或水作冷却介质冷却。

空气自冷式变压器：依靠空气对流进行冷却，主要是干式变压器，一般用于小容量变压器。

强迫油循环冷却变压器：用油泵进行循环冷却。

充气式变压器：变压器身放在一封闭的铁箱内，箱内充满特殊气体。

4. 按绕组形式分类

双绕组变压器：同一铁芯上有两个绕组，用于连接电力系统中的两个电压等级。

三绕组变压器：同一铁芯上有高、中、低压三个绕组，一般用于连接三个电压等级。

多绕组变压器：同一铁芯上有三个以上绕组的变压器。

自耦变压器：输出和输入共用一组绕组的特殊变压器，用于连接不同电压的电力系统，也可作为普通的升压或降压变压器用。

5. 按用途分类

电力变压器：用于电力系统中输配电系统的升、降电压。

特种变压器：调压器、电炉变压器、整流变压器、工频试验变压器、矿用变压器、仪用变压器、电抗器、互感器等。

（二）变压器的主要技术参数

（1）额定容量 S_N：额定状态下变压器输出的单相或三相总视在功率，单位为 kV·A。

（2）额定电压 U_N：变压器长时间运行时，设计条件所规定的电压值（线电压，单位为 kV）。

（3）额定电流 I_N：变压器在额定电压和额定环境温度下各部分温升不超过允许值的情况下长期运行时，所允许通过的电流值，单位为 A。

（4）空载损耗 P_0：又称铁损，是指变压器一个绕组加上额定电压，其余绕组开路时，变压器所消耗的功率。变压器的空载电流很小，它所产生的铜损可忽略不计，所以空载损耗可认为是变压器的铁损。

（5）负载损耗 P_L：又称短路损耗或铜损，指变压器一侧加电压而另一侧短接，使电流为额定电流时，变压器从电源吸取的有功功率。

（6）额定温升：变压器绕组或上层油面的温度与变压器外围空气的温度之差。

（7）空载电流 I_0：变压器一次侧施加额定电压，二次侧断开运行，一次绕组通过的电流称为空载电流或励磁电流，通常以额定电流的百分数表示。

（三）变压器型号说明

变压器的型号通常由表示相数、冷却方式、调压方式、绕组等材料的符号，以及变压器容量、额定电压、绕组连接方式组成。表示方法为：

基本型号 + 设计序号—额定容量（kV·A）/高压侧电压（kV）

（1）绕组耦合方式：O—自耦；F—非自耦。

（2）相数：S—三相；D—单相。

（3）绕组外绝缘介质：不标—变压器油；G—空气；Q—气体；C—成型固体浇注式；CR—包绕式；R—难燃液体。

（4）冷却方式：不标—自然循环冷却装置；F—风冷却器；S—水冷却器。

（5）油循环方式：不标—自然循环；F—强迫循环；D—强迫导向循环。

（6）绕组数：不标—双绕组；S—三绕组；F—双分裂绕组。

（7）调压方式：不标—无励磁调压；Z—有载调压。

（8）绕组导向材质：不标—铜；B—铜箔；L—铝；LB—铝箔。

（9）铁芯材质：不标—电工钢片；H—非晶合金。

（10）电力变压器后面的数字部分：斜线前数字—额定容量（kV·A）；斜线后数字—额定电压（kV）。

(四)牵引变压器的连接方式

1. 纯单相接线

图 1.1.4 所示为变压器纯单相接线图。单相变压器的高压侧(110 kV 或 220 kV)引出端为 A、X,低压侧(27.5 kV)引出端为 a、x。在实际应用中,单相牵引变压器的高压端子 A、X 分别接至三相系统的两个相线上,低压端子 a 接至牵引母线上,x 接至接地网和钢轨上。

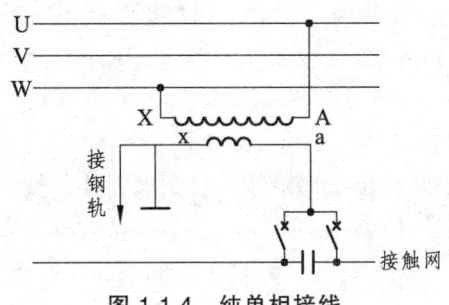

图 1.1.4　纯单相接线

用于牵引变电所中的单相牵引变压器与一般的单相变压器是不同的。一般的变压器末端 X 总是接中性点,因而绝缘是按半绝缘结构设计的;而牵引变压器的 X 端是接三相系统的相线,故末端 X 的绝缘等级与首端 A 的绝缘等级应是一样的,变压器绕组是按全绝缘结构要求设计的。

纯单相接线的主要优点是变压器容量得到充分利用,且变电所的主接线简单,设备少,占地面积小,投资少。其缺点一是单相负荷在三相系统中形成的负序电流较大,虽经换相连接在总体上可减少对三相系统的影响,但在局部的影响是较大的,故只能用于电力系统容量较大、地方电网较发达地区,这样铁路的负荷电流对它们来说所占比例可忽略不计。哈(尔滨)大(连)线便是全线采用纯单相接线,接入电力系统 220 kV 的电网中。二是不能实现双边供电,且牵引变电所中无变电所自用三相电源,所需电源只能从附近电网引入或由劈相机、单相-三相变压器等方式供给。

2. 单相 Vv 接线

图 1.1.5 所示为变压器单相 Vv 接线图。两台单相变压器高压侧的首端 A_1、A_2 分别接在不同的两个相线 U、V 上,而末端 X_1、X_2 接于剩下的一个相线 W 上,成为公共端。低压侧两个末端 x_1、x_2 为公共端,接于接地网和钢轨及架空回流线上,两个首端 a_1、a_2 分别接于两条牵引母线上,向牵引变电所两侧牵引网供电。此时两个供电区段电压相位差为 60°,相邻接触网相对电压为 27.5 kV,必须采用分相绝缘。

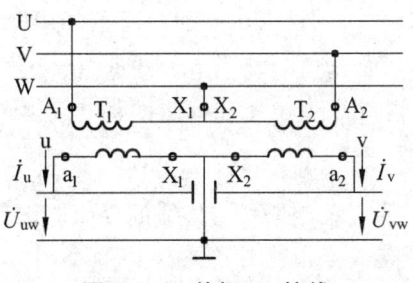

图 1.1.5　单相 Vv 接线

单相Vv接线变电所的优点是变压器容量利用率高,可以供给变电所三相电源,可对牵引网实现双边供电。与纯单相接线比较,单相Vv接线负序电流减小,对系统的影响较小,我国阳(平关)安(康)线即采用这种接线。其缺点是当一台变压器故障时,备用变压器投入倒闸作业复杂。

3. 三相Vv接线

三相Vv接线是将两台Vv接线的单相变压器安装在同一个油箱内,并对相关部件进行一些简单组合,其实质是两台单相Vv接线的变压器,如图1.1.6所示。两台单相变压器的高压侧端子分别为A_1、A_2、X_1、X_2,在变压器油箱内已将X_1与A_2连接在一起,这样引出油箱外时只有3个端子。A_1引出线标为A,X_1与A_2引出一个公共端子标为C,X_2引出线标为B;低压侧四个端子a_1、x_1、a_2、x_2分别引出油箱,可根据需要连接。

三相Vv接线变压器是在单相Vv接线基础上发展起来的新型结构。其在运行电气性能上类似于单相Vv接线,但在结构上较单相Vv结构紧凑,接线简单方便,易于设立固定备用变压器。

4. 三相Yd连接

三相牵引变电所中,一般采用双绕组油浸式变压器作为主变压器,变压器的连接绕组为YN,d11标准接线组,如图1.1.7所示。三相牵引变压器的高压侧接成YN接线方式,三相绕组端子A、B、C分别接110 kV电网的U、V、W相,也可根据换相的要求接其他相,端子标号有可能与系统相别不符。中性点N通过隔离开关QS接地。变压器的低压侧(牵引侧)绕组接成三角形,W相端子总是接接地网和钢轨或回流线,a端子和b端子总是分别接至牵引侧两相母线上,分别向牵引变电所两侧的牵引网供电。

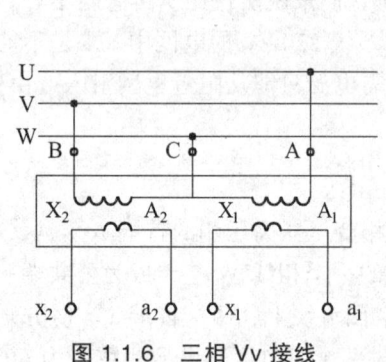

图1.1.6 三相Vv接线

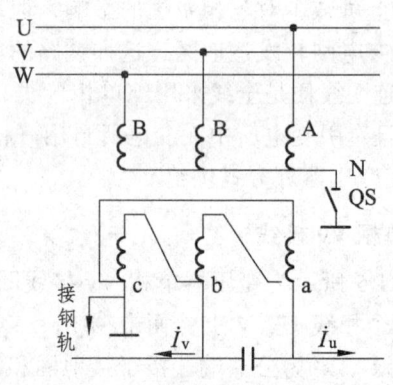

图1.1.7 三相牵引变压器接线

采用三相YN,d11接线的三相牵引变电所的优点是变压器结构简单,原边采用YN接线,中性点引出接线方式与电力系统110 kV高压电网相适应,原边绕组可采用半绝缘结构,造价降低,所内有三相电源,还可以向地方负荷供电。缺点是变压器容量不能充分利用,与单相变电所相比,接线较复杂。三相牵引变电所在我国铁路电气化区段应用最为广泛。

5. 斯科特接线

三相-两相牵引变电所中,一般采用斯科特接线的变压器作为主变压器,如图1.1.8所示。变压器高压侧绕组连成倒T形接入三相电力系统U、V、W中,低压侧绕组连成V形,公共端接接地网和钢轨或回流线,开口两端分别接入相邻的接触网区段,两侧电压相位差为 90°,额定电压为 55 kV,故相邻接触网区段须采用分相绝缘器。若两个低压侧绕组分别与两台自耦变压器并联后再接入接触网,自耦变压器绕组的中间抽头接钢轨,就构成了 AT 变电所。

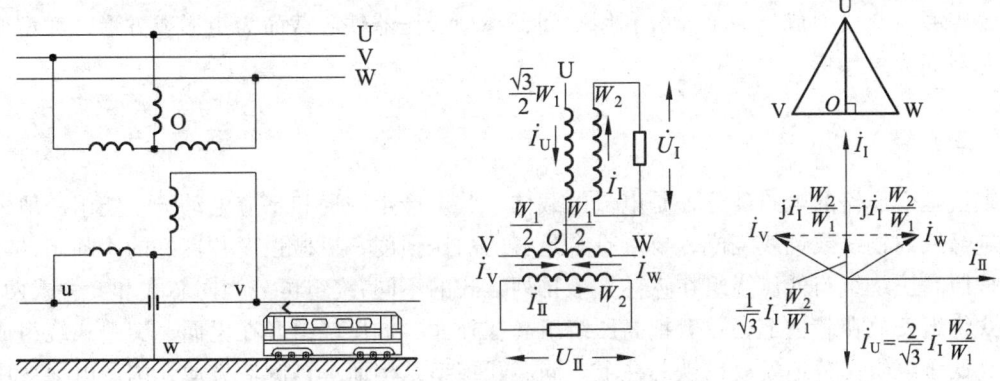

图 1.1.8 三相-两相牵引变压器接线

采用斯科特接线的三相-两相牵引变电所的优点是将三相对称电压变换成两相对称电压,又将副边两个单相负载变成原边的三相对称负载,大大降低了牵引负荷对系统的负序影响,同时利用逆斯科特接线变压器可以使变电所获得三相对称自用电源。其缺点是变压器制造难度大,绝缘要求全绝缘设计,成本高。我国(北)京秦(皇岛)线、郑(州)武(汉)线即采用这种接线。

四、牵引变压器的结构

变压器的基本结构主要有铁芯、绕组(线圈)、油箱和变压器油及其他部分(包括温度计、铭牌、吸湿器、油表、安全气道、气体继电器、高压套管、低压套管、分接开关、放油阀、小车、接地螺栓),如图 1.1.9 所示。

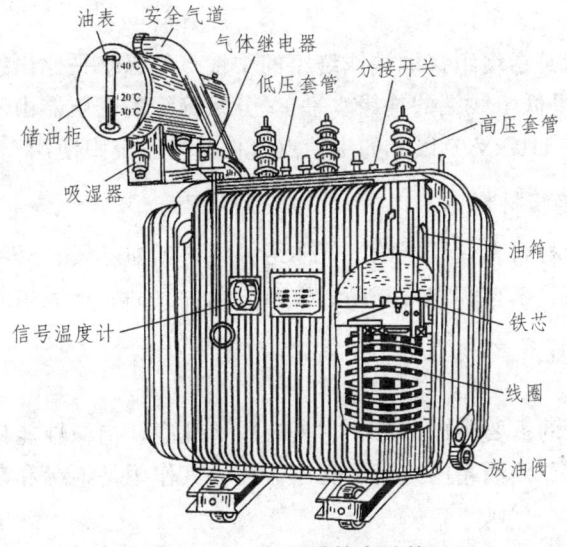

图 1.1.9 变压器基本结构

(一)铁　芯

铁芯是变压器的磁路部分,由铁芯柱(柱上套装绕组)和铁轭(连接铁芯以形成闭合磁路)组成。为了减小涡流和磁滞损耗,提高磁路的导磁性,铁芯采用 0.35~0.5 mm 厚的硅钢片涂绝缘漆后交错叠成。为了充分利用空间,小型变压器铁芯截面为矩形或方形,大型变压器铁芯截面为阶梯形。

(二)绕　组

绕组是变压器的电路部分,是电流的载体,其上产生磁通和感应电动势。绕组一般采用外包绝缘纸的铜线或铝线绕成,要求具有足够的耐压强度、机械强度和良好的冷却条件。

按照高压绕组与低压绕组在铁芯柱上排列方式的不同,绕组可分为同芯式和交叠式两种。同芯式绕组安放在芯柱上,一般把高压绕组套在外面,低压绕组套在里面。交叠式绕组成盘形,高低压绕组交替地安放在铁芯柱上。同芯式绕组结构简单,制造方便,国产电力变压器均采用这种结构。

(三)变压器绝缘

变压器绝缘水平是指变压器能够承受的运行中各种过电压与长期最高工作电压作用的水平,是在保护用避雷器配合下的耐受电压水平,取决于设备所能承受的最高电压。根据变压器绕组线端与中性点的绝缘水平是否相同,变压器绝缘可分为全绝缘和分级绝缘两种绝缘结构。

1. 全绝缘

变压器的全绝缘是指各绕组的所有出线端都具有相同的对地工频耐受电压的绕组绝缘水平(绕组线端的绝缘水平与中性点的绝缘水平相同)。中性点不接地系统安装的变压器必须是全绝缘的变压器。

2. 分级绝缘

变压器的分级绝缘是指绕组接地端或绕组的中性点绝缘水平比出线端低的绕组绝缘水平(绕组中性点的绝缘水平低于线端的绝缘水平)。分级绝缘的变压器由于中性点的绝缘水平相对较低,因此只允许在 110 kV 及以上的中性点直接接地系统中使用。

3. 变压器常用的绝缘材料

变压器常用的绝缘材料有变压器油、气体绝缘材料(如空气、SF_6 气体等)、固有绝缘材料、电缆纸、胶纸制品、木材和木材制品、漆布、电瓷制品、环氧树脂。

(四)变压器油

变压器油是变压器的重要组成部分,它具有质地纯净、绝缘性能良好、理化性能稳定、黏度较小等特点。变压器的油箱内充满了变压器油,其作用是绝缘和散热,在有载调压油箱中还起灭弧作用。

（五）辅助设备

变压器辅助设备有绝缘套管、油箱、储油柜、气体继电器、安全装置、吸湿器、净油器、温度计、冷却器、调压装置等。

1. 绝缘套管

绝缘套管是将变压器内部的高、低压绕组引线引到油箱外部的出线装置。它不但作为引出线对地的外绝缘，而且担负着固定引线的作用。套管由带电部分与绝缘部分组成，变压器的电压等级决定了套管的绝缘结构，套管的通过电流决定了其导电部分的截面和接头的结构，其材料一般是陶瓷。常用的绝缘套管有瓷质绝缘套管、充油绝缘套管、电容式绝缘套管等。1 kV 以下采用实心瓷套管，10~35 kV 采用空心充气或充油式套管，110 kV 及以上采用电容式套管。为了增大外表面放电距离，套管外形做成多级伞形裙边，电压等级越高，级数越多。

2. 油 箱

油箱是变压器的外壳，内装铁芯和绕组并充满变压器油。变压器油箱一般有两个：本体油箱和调压油箱。

油箱主要有箱式油箱、钟罩式油箱和密封式油箱。其中箱式油箱用于中、小型变压器，需要进行检修时，将箱盖打开，吊出器身，进行检修；一般大型变压器均采用总装钟罩式油箱，检修不必吊出笨重的器身，只要吊去较轻的箱壳，即可进行检修工作；密封式油箱是在总装全部完成后装入油箱，它的上下箱沿之间不是靠螺栓连接，而是直接焊接在一起，形成一个整体，从而实现油箱的密封。

油箱内部应采取防磁屏蔽措施，以减小杂散损耗。油箱顶部应带有斜坡，以便泄水和将气体积聚通向气体继电器；油箱底部两对角处应设有两块供油箱接地的端子。油箱应装有排污阀、取油样阀、滤油、抽真空、注油及紧急排油阀等阀门。

3. 储油柜

储油柜的作用：当变压器油的体积随着油的温度变化膨胀或减小时，储油柜起着调节油量、保证变压器油箱内随时充满油的作用。若没有储油柜，变压器油箱内的油面波动就会带来：① 油面降低时露出铁芯和绕组部分会影响散热和绝缘。② 随着油面的波动，空气从箱盖缝里排出和吸进，又由于上层油温很高，因此使油很快氧化和受潮。而储油柜的油面比油箱的油面要低，从而减少油和空气的接触面，防止油被过速地氧化和受潮。另外，储油柜的油在平常几乎不参加油箱内的循环，它的温度要比油箱内上层油的温度低得多，而油在低温下氧化过程慢。因此，有了储油柜，可防止油的过速氧化。带有有载调压的大型变压器，其分接开关储油柜应低于主储油柜，以防分接开关的油渗入主储油柜。

储油柜的一端一般装有油位计，用来指示储油柜中的油面，在运行中可以看到油位变化，油表上画有三条刻度线，分别是环境温度为 -30 ℃、20 ℃、40 ℃ 的正常油面高度。

4. 气体继电器

当变压器内部发生绝缘击穿、线匝短路及铁芯烧毁等故障时，气体继电器动作，并向运行人员发出信号或切断电源，以保护变压器，如图 1.1.10 所示。

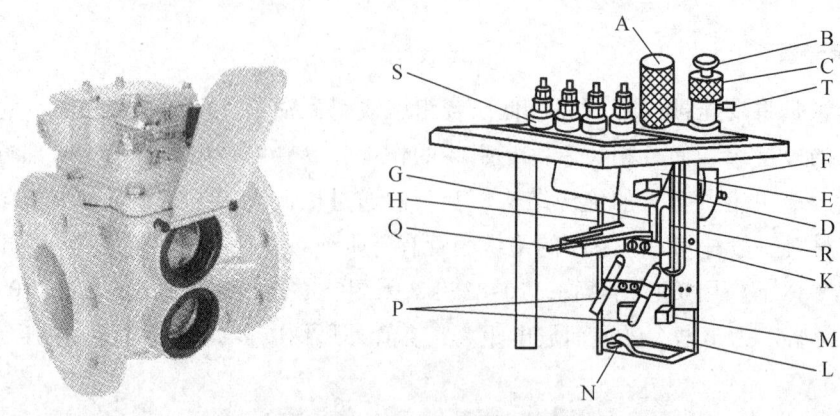

图 1.1.10　气体继电器

A—罩；B—顶针；C—气塞；D、M—磁铁；E—开口杯；F—重锤；G—探针；H—支架；
K—弹簧；L—挡板；N—螺杆；P—干簧触点（跳闸用）；Q—调节杆；
R—干簧触点（信号用）；S—套管；T—嘴子

气体继电器是利用变压器内部故障时产生的热油流和热气流推动继电器动作的元件，安装在油箱和储油柜的连接管道中，分轻瓦斯和重瓦斯保护。轻瓦斯保护的气体继电器由开口杯、干簧触点等组成，用于告警；重瓦斯保护的气体继电器由挡板、弹簧、干簧触点等组成，用于跳闸。正常运行时，气体继电器充满油，开口杯浸在油内，处于上浮位置，干簧触点断开。当变压器内部出现轻微故障时，变压器油由于分解而产生的气体聚集在气体继电器的上部，油面下降，上浮子下沉，当下降到一定整定位置时，接通干簧触点，发出告警信号；当变压器内部发生严重故障引起变压器油快速流动时，冲击下浮子侧面的挡板，使下浮子下沉到整定位置，接通干簧触点，发出跳闸信号。

5. 安全装置

安全装置主要指安全气道（防爆管）和压力释放器，装在油箱顶盖上。变压器正常工作时，安全气道保护使变压器油与外部空气隔离。变压器发生故障或穿越性的短路未及时切除时，电弧或过电流产生的热量使变压器油发生分解，产生大量高压气体，使油箱承受巨大的压力，严重时可能使油箱变形甚至破裂，并将可燃性油喷洒满地，此时安全气道动作排出故障产生的高压气体和油，以减轻和解除油箱所承受的压力，保证油箱的安全。

6. 吸湿器（呼吸器）

吸湿器的作用是清除变压器油的杂质和进行干燥，保持变压器油的绝缘强度。吸湿器的主体为一玻璃管，其内部盛有氯化钴、浸渍过的硅胶（变色硅胶）作为吸湿剂，硅胶的作用是在变压器温度下降时对吸进的气体除潮。在干燥情况下一般呈蓝色，吸潮后渐渐变为粉红色；当硅胶变色部分达 2/3 时，值班人员应通知检修人员更换。

7. 净油器

净油器是用来改善变压器油的性能，延缓油老化的装置。运行中的变压器，由于上下层油温存在温度差，使油在净油器中循环。净油器的金属容器内充有吸附剂，变压器油流经吸附剂时，其中的水分、游离碳和各种氧化物被吸附剂所吸收，使油得到连续再生，从而使油质能长时间保持在合格状态。

8. 温度计

一般大型变压器都装有测量上层油温的带电触点的测温装置，它装在变压器的油箱外，便于运行人员监视变压器油温情况。用于测量变压器上层油温的测温装置有电触点压力式温度计和遥测温度计。

9. 冷却装置

变压器在运行过程中由于铜损、铁损的存在而发热，它的温升直接影响到变压器绝缘材料的寿命、机械强度、负荷能力及使用年限。容量较小的变压器的铁芯和绕组的损耗所产生的热量，使油箱内部的油受热上升，热油在沿箱壁及散热管（片）向下对流的过程中，热量通过油箱壁和散热管（片）向周围的空气中散发。这种简易的冷却装置，保证了变压器在额定温度下的正常运行。随着变压器容量的增大，变压器就需要更大的散热面积，必须采取专门的冷却装置，以散发足够的热量。

10. 调压装置

在变压器绕组上设置有分接头，当变换分接头时，就减少或增加了一部分线匝，使绕组的匝数减少或增加，从而改变了变压器绕组的匝数比，电压比也相应改变，这样就达到了调压的目的。调节变压器分接头只能改变系统电压，而不能改变无功分布。

五、牵引变压器的运行

（一）变压器运行的基本条件

（1）变压器本体、内部铁芯及绕组经过检查应正常，所有电气试验结果应符合要求。

（2）冷却器、风扇、潜油泵、旋转泵旋转方向应正确、无杂声，油流继电器动作灵活、指示正常。

（3）调压装置、无励磁分接头开关位置应符合调度规定挡位，且三相一致。运行挡经复测直流电阻合格；有载调压开关装置远方及就地操作可靠，指示位置正确。

（4）套管无破损，油位指示正确，套管的电气、油化分析试验结果合格。

（5）变压器各放气部位应放尽残留空气，所有紧固件完好、齐全并紧固。

（6）保护装置与测量仪表全部符合要求，储油柜油位指示正常，吸湿器装置正确，呼吸畅通。

（7）新投运或大修后的变压器，其竣工或大修资料应齐全。

（8）变压器和电抗器送电前必须试验合格，各项检查项目合格，保护按整定配置要求投入，并经验收合格，方可投运。

（二）变压器运行的相关规定

1. 有关温度的规定

（1）变压器使用寿命与温度有密切关系，绝缘温度经常保持在 95 ℃ 时，使用年限为 20 年。

（2）运行中设备温度与环境温度高出的数值称为温升。变压器绕组的温升规定不超过 65 ℃，变压器上层油温不宜经常超过 85 ℃。

2. 有关电压、电流的规定

（1）变压器的运行电压一般不应高于该运行分接额定电压的 105%，超过 105% 应有相关规定。

（2）无励磁调压变压器在额定电压（1±5%）范围内改换分接头位置运行时，其额定容量不变。

（3）新装、大修、事故检修或换油后的变压器，在施加电压前的静止时间不应小于以下规定：110 kV 及以下静止 24 h，110～220 kV 静止 48 h。

（4）变压器三相负荷不平衡时，应监视负荷最大的一相的电流。

3. 中性点接地方式的规定

（1）自耦变压器的中性点必须直接接地或经小电抗接地。

（2）110 kV 及以上的中性点有效地接地系统中，投运或停运变压器的操作，中性点必须先接地。

（3）变压器高压侧与系统断开时，由中压侧向低压侧（或相反方向）送电，变压器高压侧的中性点必须可靠接地。

4. 冷却器的运行规定

定期切换冷却器电源及冷却器的运行方式，当运行电流达到规定值时，自动投入风扇；当油温降低至 45 ℃，且运行电流降到规定值时，风扇退出运行。

5. 变压器瓦斯保护的有关规定

（1）在新装、吊芯、调换气体继电器、更换变压器的散热器或套管后，投运时必须将空气排尽，变压器送电时瓦斯保护只投信号，跳闸连接片必须断开，在带负荷运行 24 h 无异常后投入。

（2）运行中的变压器进行下述工作时，重瓦斯保护应由跳闸位置改为信号位置运行：

① 带电进行注油和滤油时。

② 进行吸湿器畅通工作或更换硅胶时。

③ 除采油样和气体继电器上部放气阀放气外，在其他所有地方打开放气、放油和走油阀门时。

④ 气体继电器二次回路上有工作时。

6. 变压器过负荷的规定

（1）正常过负荷一般允许最高不超过额定容量的 20%。

（2）事故过负荷只考虑变压器的冷却方式和当时的环境温度。
（3）事故过负荷允许过负荷倍数及持续时间参照规定数据执行。

（三）变压器的并列运行

变压器的并列运行是指将两台或以上变压器的一次绕组并联在同一电压的母线上，二次绕组并联在另一电压的母线上运行。其意义是：当一台变压器发生故障时，并列运行的其他变压器仍可以继续运行，以保证重要用户的用电；或当变压器需要检修时，可以先并联上备用变压器，再将要检修的变压器停电检修，既能保证变压器的计划检修，又能保证不中断供电，提高供电质量。并列运行变压器必须满足以下条件：
（1）电压比（变比）应相同。
（2）阻抗电压（短路电压）应相等。
（3）连接组别应相同。
除满足以上三个条件外，并列运行的变压器的容量比一般不超过 3∶1。

六、牵引变压器的巡视

牵引变压器是变电所各类电气设备中最重要的设备之一，其一旦发生损坏事故，需要检查分析和处理的时间较长，损失和影响较大。所以，平时周密的巡视检查，对于防止变压器发生事故或尽快找出事故原因和部位，都是十分必要的。

（一）日常正常巡视

每天应至少两次，巡视内容为：
（1）变压器的运行声响均匀、正常，无异味。
（2）变压器的油位、油色应正常，各部位无渗油、漏油现象；储油柜油位应与温度相对应，现场指示与远方记录（或监控系统显示）一致。
（3）变压器温度计正常、温升正常。
（4）变压器套管油位正常，套管外部应清洁、无破损裂纹、无严重油污、无放电痕迹及其他异常现象。
（5）引线接头、电缆、母线应无发热迹象，接触应良好，各引线接头应无变色、过热、发红现象，接头接触处的示温蜡片应无融化现象。
（6）吸湿器应完好、畅通，硅胶无变色（变色不超过 2/3），油封呼吸器的油位正常。
（7）压力释放阀或安全气道及防爆膜应完好无损，无渗油、漏油现象。
（8）散热片（管）、进出口油管法兰和阀门无渗油、漏油现象，冷却器循环油阀门开启正确。
（9）变压器铁芯接地线和外壳接地线接触良好，必要时用钳形电流表测量铁芯接地电流值应不大于 0.5 A。

（10）气体继电器应充满油，无气体。

（11）调压分接头位置指示应正确，各调压分接头位置应一致。

（12）各控制箱和二次端子箱内的各种电器装置应完好，位置和状态正确，箱壳密封良好，无受潮现象。

（13）变压器外壳及各部件应保持清洁。

（二）定期检查

（1）外壳及箱沿应无异常发热。

（2）各部位的接地应完好，必要时应测量铁芯和夹件的接地电流。

（3）强油循环冷却的变压器应做冷却装置的自动切换试验。

（4）有载调压装置的动作情况应正常。

（5）各种标志应齐全、明显。

（6）各种保护装置应齐全、良好。

（7）各种温度计应在检定周期内，超温信号应正确可靠。

（8）消防设施应齐全、完好。

（三）特殊巡视

（1）大风、雷雨、冰雹后的检查。检查引线摆动情况及有无断股，引线和变压器上有无搭挂落物，瓷套管有无放电闪络痕迹及破裂现象。

（2）浓雾、毛毛雨、下雪时的检查。检查瓷套管有无沿面放电，各引线接头发热部位在小雨中或落雪后应无水蒸气上升或落雪融化现象，导电部分应无冰柱，如有应及时清理。

（3）气温骤变时的检查。气温骤冷或骤热时，应检查储油柜油位和瓷套管油位是否正常，油温和温升是否正常，各侧连接引线有无变形、断股或接头发热等现象。

（4）夜巡时，应注意引线接头处，线卡应无过热、发红及严重放电等。

（5）过负荷运行时的检查。检查并记录负荷电流；检查油温和油位的变化；检查变压器的声音是否正常；检查接头发热是否正常，示温蜡片应无融化现象；检查冷却器投入的数量应足够，且运行正常；检查防爆膜、压力释放器是否完好。

（6）变压器在系统发生短路故障后的检查。检查变压器有无爆裂、移位、变形、焦味、烧伤、闪络及喷油；检查油色是否正常；检查电气连接部分有无发热、熔断、瓷质外绝缘有无破裂，接地引下线有无烧断。

（7）气体保护及差动保护动作后应立即检查。

（8）新投入或经大修的变压器投入运行后的检查。在 4 h 内，应每小时巡视检查一次，对以下项目要重点检查：变压器的声音是否正常，如发现响声特大、不均匀或有放电声，则可判断内部有故障；油位变化应正常，随温度的提高应略有上升；用手触及每一组冷却器，温度应正常，以证实冷却器的阀门已打开；油温变化应正常，变压器带负荷后，油温应缓慢上升。

 资讯单

学习情境一	电气设备的运行与维护	学时	
学习子情境 1	牵引变压器的运行与维护	学时	10
资讯方式	在图书馆、专业杂志、互联网及教师给的资讯指导上查询问题；咨询任课教师		
资讯问题	1. 牵引变电所的作用是什么？牵引变电所有哪几种？		
	2. 牵引变电所的主要设备有哪些？		
	3. 牵引变电所的运行方式是什么？		
	4. 牵引变压器在变电所中的位置及作用是什么？其中中性点是什么含义？		
	5. 牵引变压器的结构包含哪些内容？		
	6. 牵引变压器各部分的作用是什么？		
	7. 牵引变压器的日常巡视内容是什么？		
	8. 正常情况下牵引变压器在运行时的声音是什么？		
	9. 正常情况下如何监测牵引变压器的运行？		
	10. 瓦斯继电器安装在什么位置？有何作用？		
	11. 如何检查牵引变压器引线的温度？		
	12. 如何读牵引变压器的温度表？		
	13. 特殊天气时如何对牵引变压器进行巡视？		
	14. 在牵引变压器的中性线上为什么要装设电流互感器？		
	15. 牵引变压器在运行中有何规定？是否可以并列运行？		
	16. 牵引变压器运行中与维护时需要哪些仪表和工具？		
	17. 牵引变压器需要进行检修吗？检修周期和内容是什么？		
	18. 对牵引变压器进行巡视时有什么安全注意事项？		
资讯引导	以上问题可以在本教程的学习信息、《牵引变电所运行检修规程》、"牵引变电所"精品课程网站、互联网、专业资料等处查找。		

 计划和决策单

计划和决策单见附录附表 1.1.1。

 实　施

一、理论知识问答

1. 变压器的铁芯是用导磁性能很好的_____叠装的，并组合成闭合的_____。
2. 变压器线圈是用_____制成的多层线圈套在铁芯上的_____，外边采用低绝缘或其他绝缘。
3. 油枕的作用是_____油量；_____使用寿命，油枕的容积一般为变压器总油量的1/10。
4. 变压器用的绝缘套管有_____式、充油式和_____式等不同形式。
5. 一般变压器的主绝缘是_____绝缘，最高使用温度为_____ °C。
6. 有载分接开关是利用过渡电路，在_____的情况下，变压器线圈由一个分接头_____到另一个分接头。
7. _____绝缘水平和_____绝缘水平相同的三相变压器，叫作全绝缘变压器。
8. 为了减少变压器油的劣化，在油枕中放置一个尼龙橡胶薄膜，将_____和_____隔离。
9. 变压器油枕油位计+40 °C 油位线是指示环境温度在_____时的油位标准位置线。
10. 如果变压器的铭牌上标明电压为35（1±5%）kV，则该变器可在_____、_____、_____三种电压下运行。
11. 调整消弧线圈的分接头，也就是调节线圈的_____，通过改变电抗器的大小来调节消弧线圈的感性电流，补偿接地_____电流，达到消弧的目的。
12. 变压器呼吸器中的硅胶，正常未吸潮时颜色为（　　）。
    A. 蓝色　　　　　　B. 黄色　　　　　　C. 红色　　　　　　D. 紫色
13. 变压器并列运行的条件是（　　）。
    A. 变比相等　　　B. 短路电压相等　　C. 连接组别相同　　D. 都正确
14. 某变压器的一、二次绕组匝数之比等于25，二次侧电压是400 V，那么一次侧电压是（　　）。
    A. 1 000 V　　　B. 10 000 V　　　C. 16 V　　　D. 25 V
15. 三绕组降压变压器的三个绕组由里向外的排列顺序是（　　）。
    A. 高压、中压、低压　　　　　　B. 低压、中压、高压
    C. 中压、低压、高压　　　　　　D. 低压、高压、中压
16. 变压器的最高运行温度受（　　）耐热能力的限制。
    A. 绝缘材料　　　B. 线圈材料　　　C. 油类　　　D. 铁芯
17. 在变压器中性点装设消弧线圈的目的是（　　）。
    A. 提高电网电压水平　　　　　　B. 限制变压器中的短路电流
    C. 降低对变压器绝缘的要求　　　D. 补偿电网接地时的电容电流

18. 变压器的接线组别表示的是变压器高低压侧（   ）间的相位关系。
    A. 线电压　　　　　B. 线电流　　　　　C. 相电压　　　　　D. 相电流
19. 电力变压器的油起（   ）的作用。
    A. 绝缘和灭弧　　　　　　　　　　　　B. 绝缘和防锈
    C. 散热和灭弧　　　　　　　　　　　　D. 绝缘和散热
20. 变压器的呼吸器所起的作用是（   ）。
    A. 清除变压器中油的水分和杂质
    B. 吸收、净化变压器匝间短路时产生的烟气
    C. 清除所吸入空气中的杂质和水分
    D. 以上任一答案均正确
21. 普通油浸自冷变压器的上层油温不宜超过（   ）。
    A. 55 ℃　　　　B. 85 ℃　　　　C. 95 ℃　　　　D. 105 ℃
22. 中性点不接地系统中，发生单相接地时，非故障相的相电压将（   ）。
    A. 不变　　　B. 同时降低　　　C. 升高 $\sqrt{2}$ 倍　　　D. 升高 $\sqrt{3}$ 倍
23. 中性点直接接地系统中，发生单相接地时，非故障相对地电压（   ）。
    A. 不变　　　B. 大幅度下降　　　C. 升高 $\sqrt{2}$ 倍　　　D. 升高 $\sqrt{3}$ 倍
24. 将备用变压器投入运行前应做哪些检查？
    答：

25. 变压器在运行中，出现油面过高或有油从油枕中溢出时，应如何处理？
    答：

二、实施操作过程（实施操作单）

1. 小组成员共同探讨主变压器的结构和作用。

序	结构	作用
1		
2		
3		
4		
5		
6		
7		
8		
9		
10		
11		
12		

2. 填写主变压器的日常巡视内容。

设备名称	看	听	闻	着装要求

3. 每组选派 2 人完成牵引变压器的日常巡视对话。

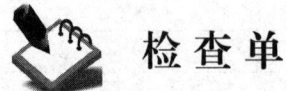 检查单

检查单见附录附表 1.1.2。

 ## 评价单

评价单见附录附表 1.1.3。

 ## 备忘录

序号	操作	问题	解决问题的方法
1			
2			

备　注

学习子情境 2　断路器的运行与维护

学习任务书

小组编号：_____　　　成员名单：_____

学习任务描述

通过本情境的学习，要求能够做到：读懂牵引变电所断路器的铭牌，熟悉牵引变电所断路器的结构、正常巡视内容和特殊巡视内容。

学习任务：断路器的运行与维护。
学习对象：断路器。
工　　具：生产文件、工作工具、量具等。
学习步骤：
（1）认识牵引变电所断路器。
（2）熟悉牵引变电所断路器的结构。
（3）了解牵引变电所断路器的灭弧原理。
（4）读懂牵引变电所断路器的铭牌内容。
（5）熟悉断路器的操动机构。
（6）熟悉牵引变电所断路器的正常巡视内容。
（7）熟悉牵引变电所断路器的特殊巡视内容。

学习方法

资讯：接受学习任务，根据引导问题，通过学习查找资料、网络信息等，建立总体印象。
计划：与小组成员、老师、师傅讨论断路器在变电所中的影响和意义。
决策：与老师或师傅进行专业交流，确定本项目的工作步骤和涉及的工具，拟定检查、评价标准。
实施：按确定的工作步骤完成行动化学习任务，发现问题，共同分析，遇到无法解决的问题时请老师或师傅帮助解决。
检查：（1）生产文件准备好了吗？
　　　　（2）工具准备好了吗？
　　　　（3）安全事项有哪些？
评价：与同学、老师、师傅进行专业交流，有改进的建议吗？

学习目标

(1) 明确断路器的作用、结构及工作原理。
(2) 明确断路器运行中的要求。
(3) 对断路器的日常巡视做出规划,确定所要涉及的内容、仪表、工具等。
(4) 了解断路器运行中和检修时的注意事项。

行动化学习任务

第一部分:进行断路器知识的学习

任务1:查阅《牵引变电所运行检修规程》中有关断路器的要求。
任务2:查阅各种资料,熟悉断路器的结构和操动机构。
任务3:列出 SF_6 断路器的结构表。
任务4:列出真空断路器的结构表。
任务5:列出高压断路器的巡视表。

第二部分:进行断路器日常巡视

任务6:完成 SF_6 断路器结构表的填写。
任务7:完成真空断路器结构表的填写。
任务8:完成 SF_6 断路器的巡视。
任务9:完成真空断路器的巡视。
任务10:总结安全注意事项。

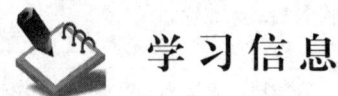 学习信息

一、断路器的基本知识

断路器又叫高压开关,是指额定电压在 1 kV 以上,主要用于开断和关合导电回路的电器。高压开关设备是高压开关与其相应的控制、测量、保护、调节装置和辅件、外壳、支持等部件及其电气和机械连接组成的总称,是电力系统一次设备中唯一的控制和保护设备,是接通和断开回路、切除和隔离故障的重要控制设备。

(一) 断路器的作用及组成

1. 断路器的作用

在系统正常运行时,切断和接通线路及各种电气设备空载或负载电流;当系统发生故障时,在继电保护装置的配合下,迅速切除故障电流;与自动装置配合,能完成自动重合闸任务,提高供电可靠性。

2. 断路器的组成

断路器的类型很多,但其结构总的来说,主要由五部分组成。
(1)开断元件:是断路器的核心元件,包括触头、导电杆及灭弧室等。
(2)支撑绝缘元件:指绝缘支柱绝缘子,它主要起对地绝缘及支撑的作用。
(3)传动元件:主要由连杆、绝缘杆、绝缘拐臂等组成,可将断路器的操作动力传输到导电杆及触头处,使断路器能进行分合闸。
(4)操动元件:指能提供给断路器分合闸操作动力的装置。它有很多种类型,如电磁式、弹簧储能式、液压式、气动式等。
(5)底座基础:指断路器安装在地面上或墙面上的构架基础。

(二) 断路器的分类

1. 按灭弧介质分类

(1)油断路器。由于油断路器开断大电流能力不强,在多次开断短路电流后容易劣化,维护周期短;又由于其燃弧时间较长,在高温作用下会产生大量油气,有爆炸的危险。因此,油断路器已基本上被淘汰。
(2)压缩空气断路器。其噪声较大,需配备一套空气压缩机系统,结构复杂,工艺要求较高,逐渐被 SF_6 断路器和真空断路器所替代。
(3)SF_6 断路器。用 SF_6 气体作为灭弧介质或兼作绝缘介质的断路器,有很强的灭弧能力,开断电流大,绝缘性能好,熄弧时间短,且检修周期长,没有爆炸的危险,目前在 110 kV 及

以上电压等级的电力系统中广泛应用。

（4）真空断路器。指触头在真空中开断，利用真空作为绝缘介质和灭弧介质的断路器，其真空度可达 10^{-4} Pa。能够连续多次自动重合闸，能进行频繁操作，且操作能量小，开断容性电流性能好，体积小，质量轻，灭弧室工艺及材料要求较高，断口电压不易做得高。主要应用于 35 kV 及 10 kV 电压等级中。

（5）固体产气断路器。它是利用固体绝缘材料，在电弧作用下分解并产生气体来灭弧的断路器。其特点是检修方便、检修周期较长、噪声小、适合频繁操作；但其断口电压不易做得高，结构较复杂，体积、质量较大。该断路器主要用于 20 kV 以下户内频繁操作的场所。

（6）磁吹断路器。它是靠电磁力吹弧，利用狭缝原理将电弧吹入细缝中冷却灭弧的断路器。其特点是易于维护、结构简单、质量轻、制造方便；但额定电流和开断电流不易做得大，断口电压也不易做得高，且噪声大，主要用于 35 kV 以下户外小容量变电站。

2. 按对地绝缘方式分类

（1）绝缘子支柱型结构。其安置触头和灭弧室的容器（可以是金属筒也可以是绝缘筒）处于高电位，靠支柱绝缘子对地绝缘。它的优点是可以用串联若干个开断元件和加高对地绝缘的方法组成更高电压等级的断路器。

（2）管型结构。触头和灭弧室装在接地金属箱中，导电回路由绝缘套管引入，对地绝缘由 SF_6 气体承担。它的优点是在进出线套管上装设有电流互感器，其抗震强度大于支柱型结构。

（3）全封闭式组合结构。把断路器、隔离开关、互感器、避雷器和连接引线全部封闭在接地的金属箱中，与出线回路的连接采用套管或专用气室。

3. 按安装地点分类

（1）户外式断路器。安装在室外。

（2）户内式断路器。安装在室内。

（三）断路器的技术参数

（1）额定电压 U_N。额定电压是指高压断路器长期正常工作的电压，一般指线电压，并标于铭牌上。高压断路器额定电压的国家标准等级有 10 kV、20 kV、35 kV、60 kV、110 kV、220 kV、330 kV、500 kV、750 kV 等，另外 25 kV、50 kV 是电气化铁道的特有额定电压。

（2）最高工作电压。考虑输电线路有电压降，线路供电端母线额定电压高于受电端母线额定电压，这样断路器可能在高于额定电压下长期工作。按国家标准，对于额定电压在 220 kV 及以下的设备，其最高工作电压为额定电压的 1.15 倍；对额定电压为 330 kV 的设备，规定最高工作电压为额定电压的 1.1 倍。

（3）额定电流 I_N。额定电流是指高压断路器在标准环境温度下，可以长期通过的、发热不超过允许值的最大负荷电流。它的大小与断路器触头以及导电部分截面密切相关。

（4）额定开断电流 I_{NK}（额定断流量）。额定开断电流是指在额定电压下，高压断路器能够可靠开断的最大电流。它表明了断路器的开断能力，单位为 kA。

（5）额定断流容量 S_{NK}。额定断流容量是一个综合参数，由于断路器的开断能力与开断

电流、额定电压有关,所以它表示断路器的开断能力,单位为 MV·A。对于三相电路有:

$$S_{NK} = \sqrt{3} U_N I_{NK}$$

(6)热稳定电流。热稳定电流是指高压断路器在规定时间内(国标为 4 s)所允许通过的最大电流,单位为 kA。它表明断路器承受短路电流热效应的能力。4 s 热稳定电流一般等于断路器的额定开断电流。

(7)分闸时间。分闸时间(也称全开断时间)是指在额定操作电压或压力下,从断路器接到分闸命令瞬间起到各相触头电弧完全熄灭为止的时间间隔。它包括断路器的固有分闸时间和燃弧时间。固有分闸时间是指从分闸线圈通电开始至触头刚刚分离这段时间,是操动机构的动作时间。燃弧时间是指从触头刚分离开始至三相电弧完全熄灭为止这段时间。分闸时间的单位为 ms。

(8)合闸时间。合闸时间是指在额定电压或压力下,从断路器合闸线圈通电开始至各相触头刚接触瞬间为止的时间间隔。

(9)自动重合闸无电流间隔时间。自动重合闸无电流间隔时间是指从断路器第一次分闸、三相电弧完全熄灭起,至重合闸成功线路重新出现电流为止的时间间隔。这段时间为停电时间,对系统而言,该段时间短一些好。但由于制造上的原因,该时间不可能无限制地减少,同时该时间过小不利于弧隙介质强度的恢复,或影响重合闸的成功率,或影响断路器在分闸时的断流能力。其大小一般为 0.3~0.5 s。

(10)重合闸操作循环。线路故障时,保护装置使断路器跳闸,经零点几秒延时后自动重合。若故障仍然存在,断路器无时限跳闸。若线路比较重要,经一定时间后运行人员再手动合闸一次(即通常所说的"强送电"),若故障仍未消除,断路器再瞬间跳闸。这一过程称断路器的自动重合闸操作循环,即

分—自动重合闸无电流间隔时间(0.3~0.5 s)—合分—t—合分

其中,t 为运行人员强送电间隔时间,标准时间为 180 s。

(四)断路器的灭弧原理

1. SF_6 断路器的灭弧原理

1)SF_6 气体的特性

(1)SF_6 气体是一种无色、无味、无毒和不可燃的惰性气体,化学性能稳定,具有优良的灭弧和绝缘性能。SF_6 气体的绝缘性能是空气的 2.5~3 倍,不会老化变质。

(2)SF_6 气体是一种重气体,密度约为空气的 5 倍,分子质量大,容易液化,因此 SF_6 使用压力不宜太高,一般都应在 1.5 MPa(15 个大气压)以下。当使用压力超过 0.6 MPa(6 个大气压)时,在低温环境中应加装电加热装置。

(3)纯净的 SF_6 气体是稳定和无毒的介质,不溶于水和变压器油,不与氧、氮、铝及其他大多数物质发生作用。但是在电弧或电晕放电中,SF_6 气体将被分解,生成金属氟化物和硫的低氟化物,这些物质不但有毒,且对某些绝缘材料和金属具有腐蚀作用。

(4)SF_6 气体是一种理想的灭弧介质,它具有优良的灭弧性能。交流过零时,SF_6 气体的介质绝缘强度恢复快,约比空气快 100 倍,即它的灭弧能力为空气的 100 倍。

2）SF_6 气体的灭弧特性

（1）SF_6 分子中完全没有碳元素。

（2）SF_6 气体中没有空气，可以避免触头氧化，大大延长了触头的电寿命。

（3）SF_6 在电弧作用下所形成的全部化学杂质在电弧熄灭后极短的时间内又能重新合成 SF_6，这样既可消除对人体的危害，又可保证处于封闭中的 SF_6 气体的纯度和灭弧能力。

（4）SF_6 气体是一种最好的电负性气体，能很快地吸附自由电子而结合成带负电的离子，又容易与正离子复合成中性粒子，去游离能力强。

（5）SF_6 气体的分解温度比空气的分解温度低，而所需要的分解能高。因此，SF_6 气体分子分解时吸收的能量多，对弧柱的冷却作用强。

（6）SF_6 气体中电弧的熄灭原理和空气电弧、油中电弧的熄灭原理是不同的，主要是利用 SF_6 气体特异的热化学性能和强电负性等特性，因而使 SF_6 气体具有很强的灭弧能力。

3）SF_6 断路器的灭弧原理

SF_6 断路器常采用单压气吹式原理灭弧，即在单一气压的 SF_6 气体中，采用与触头并联的活塞装置，在分断的过程中，喷口处形成气流，吹熄电弧。吹弧后的 SF_6 气体不能排向大气，即 SF_6 气体必须处于一封闭的系统中。其灭弧原理如图 1.2.1 所示，静触头和活塞部分是固定不变的，分闸时，在操动机构的作用下，操作杆将使绝缘杆、活塞杆、动触头、绝缘喷口和压气缸一起向下运动，从合闸位置运动一段距离后，当动触头和静触头分离时，电流沿着仍然接触的弧触头流动，当动弧触头和静弧触头分离时，动、静弧触头间产生电弧，动触头系统运动到一定位置时，气缸内的 SF_6 气体被活塞压缩，使气体压力升高，高速气流吹向喷口，使电弧迅速熄灭。断路器合闸时，在操动机构的作用下，操动杆将活塞杆、绝缘杆、动触头、气缸、动弧触头和喷口一起向上推，运动到合闸状态，同时 SF_6 气体进入压气缸中，做好下次分闸准备。

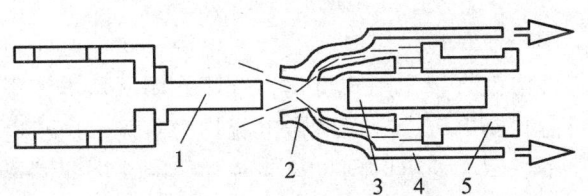

图 1.2.1　SF_6 断路器灭弧原理

1—静触头；2—绝缘喷口；3—动触头；4—压气缸；5—活塞

2. 真空断路器的灭弧原理

真空灭弧室中电弧的点燃是真空断路器刚分开瞬间，触头表面蒸发的金属蒸气被游离而形成电弧造成的。真空灭弧室中电弧柱压差很大，质量密度差也很大，因而弧柱的金属蒸气（带电质点）将迅速向触头外扩散，加剧了去游离作用，加上电弧柱被拉长、拉细，从而得到更好的冷却，电弧迅速熄灭，介质绝缘强度很快得到恢复，从而阻止电弧在交流电流自然过零后重燃。

图 1.2.2 所示是真空断路器的结构图，主要由开断装置、绝缘支撑、传动机构、基座及操动机构 5 部分组成。

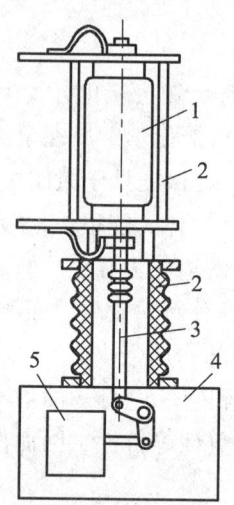

图 1.2.2 真空断路器结构
1—开断装置；2—绝缘支撑；3—传动机构；4—基座；5—操动机构

真空电弧的熄灭基于高真空介质的绝缘强度和在这种稀薄气体中电弧生成物（带电粒子和金属蒸气）具有很高的扩散速度，因而在电弧电流过流后，触头间隙的介质强度能很快恢复起来。燃弧过程中的金属蒸气和带电粒子在强烈的扩散中被屏蔽罩所冷凝，带三条阿基米德螺旋槽的跑弧面使电弧电流在其流经的路线上，在触头间产生一横向磁场，电弧电流在主触头上沿切线方向快速移动，从而降低了主触头表面的温度，减少了主触头的烧损，稳定了断路器的开断性能，提高了断路器的寿命。

3. 断路器的操动机构

1）电磁操动机构

电磁操动机构的工作原理是通过短时接通线圈电源，将电磁能转变为机械能作为合闸及分闸动力。因此，其机构为直接作用式机构，合闸线圈所需电流很大，达到几十安甚至几百安，而跳闸线圈只需几安电流，一般所需电流均为直流。由于电磁操动机构能量受操作电源电压影响较大，不稳定，通电时间过长易烧坏线圈，因此基本被弹簧储能操动机构所替代。

电磁操动机构主要由电气部分和机械部分组成。电气部分主要包括分闸线圈、合闸线圈、合闸接触器、辅助开关等；机械部分主要包括分、合闸保持机构和传动机构，如分闸弹簧、各种拐臂、连杆和转轴等。图 1.2.3 所示为 CD10 型电磁操动机构结构图。

CD10 型操动机构动作原理如下：

（1）分闸状态。连杆 1 与连杆 2 的铰接锚 O_1 处于死点位置，下方被支撑螺钉 11 顶住，连杆 3 与连杆 4 的铰接锚处于托架 5 的凹槽中，如图 1.2.4（a）所示。

（2）合闸动作。合闸时，合闸电磁线圈通电，合闸铁芯向上吸引撞击，合闸顶杆 6 上升，推动铰接锚 O_2 上移，因铰接锚 O_1 处于死点位置，铰接锚 O_3 暂时为固定锚，所以连杆 4 只能顺时针方向转动以推动连杆 3，继而连杆 3 推动连杆 7，连杆 7 带动主轴 O_4 顺时针方向旋转，主轴 O_4 带动拐臂转动使断路器合闸，如图 1.2.4（b）所示。

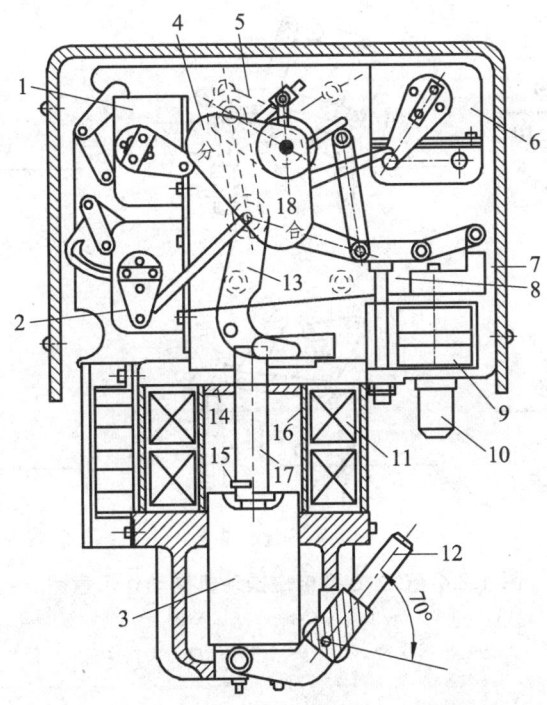

图 1.2.3 CD10 型电磁操动机构结构图

1，2，6—联锁接点；3—合闸铁芯；4—分合闸指示牌；5—拐臂；7—铁轭；8—支撑螺钉；9—跳闸线圈；
10—跳闸铁芯；11—合闸线圈；12—手力合闸手柄；13—托架；14—黄铜垫圈；
15—开口弹簧；16—金属圆筒；17—合闸顶杆；18—主轴

（3）合闸状态。合闸动作结束时，轴 O_2 移至托架 5 上端，托架 5 在弹簧作用下向右转动，当合闸顶杆 6 下落后，托架 5 托住轴 O_2，使断路器维持在合闸状态，如图 1.2.4（c）和图 1.2.4（d）所示。

（4）自动跳闸动作。自动跳闸时，跳闸线圈 8 通电，跳闸铁芯 9 向上吸引，跳闸顶杆 10 上升撞击连杆 2，推动铰接锚 O_1 上移突破死点，使轴 O_2 右移，脱离托架 5 的支撑。在断路器跳闸弹簧力的作用下，主轴 O_4 逆时针转动，带动拐臂使断路器迅速跳闸，如图 1.2.4（e）所示。

（5）自由脱扣动作。在合闸过程中，合闸顶杆 6 顶着轴 O_2 上移时，若跳闸线圈 8 通电，跳闸顶杆 10 上升撞击连杆 2，使铰接锚 O_1 上移突破死点，使轴 O_3 右移，拉动轴 O_2 右移脱离托架 5 的支撑，使托架 5 顶空，可实现在合闸过程中不需等待合闸顶杆下落便可跳闸，如图 1.2.4（f）所示。

（6）手动合闸和分闸。在操动机构的底部，用钢管套入合闸手柄后，用力向下压即可使断路器合闸；用钢管向上轻轻敲击分闸铁芯即可实现断路器手动分闸。因手动合闸速度缓慢，故只能在断路器检修和调试中使用，高压断路器在带电的情况下一般禁止手动机构操作断路器。

电磁操动机构的结构特点是：

① 结构简单，工作可靠，制造成本低。

② 合闸线圈消耗的功率太大。

③ 体积笨重，合闸时间长。

④ 仅适用于 10 kV 及 35 kV 断路器。

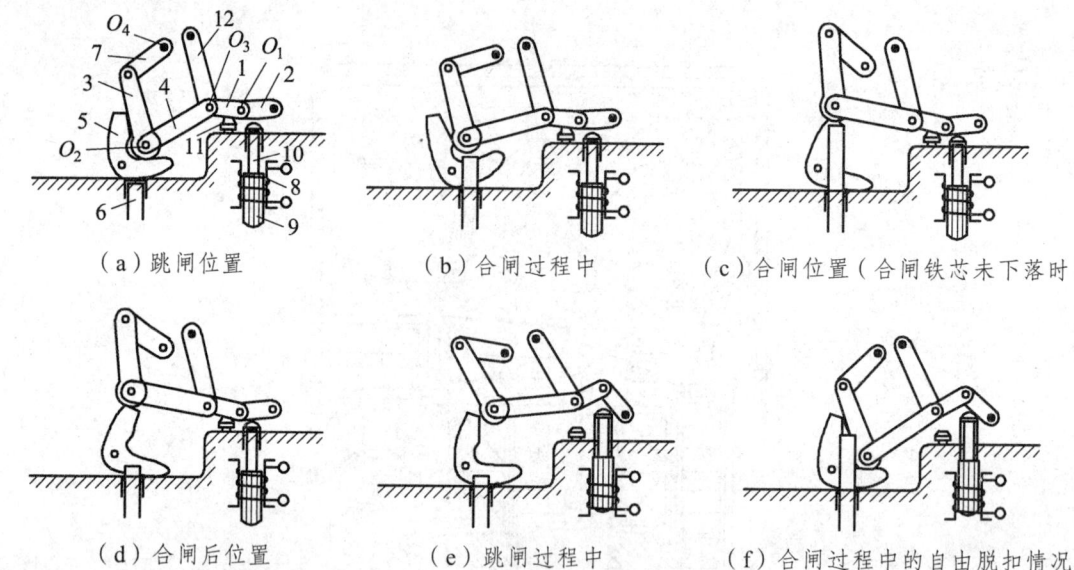

(a)跳闸位置　　(b)合闸过程中　　(c)合闸位置(合闸铁芯未下落时)

(d)合闸后位置　　(e)跳闸过程中　　(f)合闸过程中的自由脱扣情况

图 1.2.4　CD10 型电磁操动机构动作示意图

1、2、3、4、7、12—连杆；5—托架；6—合闸顶杆；8—跳闸线圈；
9—跳闸铁芯；10—跳闸顶杆；11—支撑螺钉

2）弹簧储能操动机构

弹簧储能操动机构的工作原理是利用电动机对合闸弹簧储能，并由合闸楔子保持。当断路器合闸时，利用合闸弹簧释放的能量操作断路器合闸，与此同时对分闸弹簧储能，并由分闸楔子保持，断路器分闸时利用分闸弹簧释放能量操作断路器分闸。

弹簧储能操动机构一般由储能系统、电磁系统和机械系统组成，如图 1.2.5 所示为 VG1-30L-25B 型弹簧储能操动机构结构示意图，它由储能电动机、合闸弹簧、分闸弹簧、主传动轴系统、棘爪、棘轮、凸轮系统、分闸系统和合闸系统等组成。

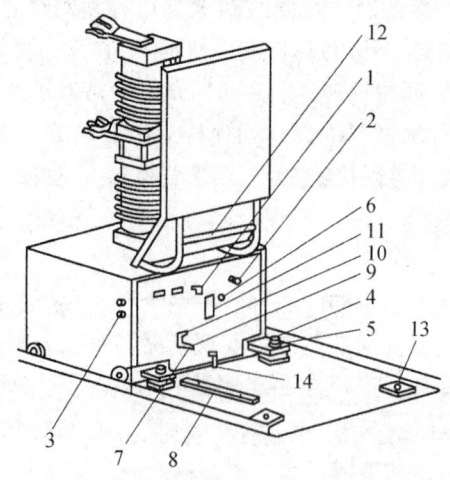

(a)机构箱外部结构示意图

1—手动分闸按钮；2—手动合闸按钮；3—二次接线插头座；4—固定螺栓；5—辅助固定螺栓；6—储能指示窗；
7—闭锁手柄；8—限位条；9—解锁位置；10—闭锁位置；11—手动储能窗；
12—手把；13—底板螺母；14—小车连挂板

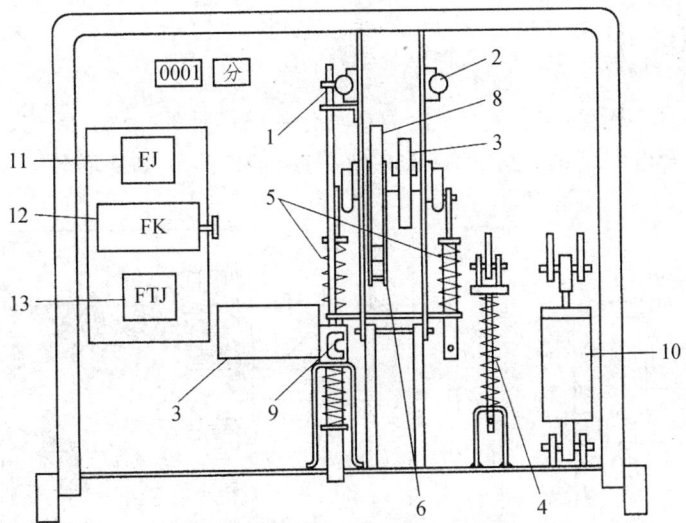

（b）机构箱内部结构示意图

1—手动分闸按钮；2—手动合闸按钮；3—凸轮；4—分闸弹簧；5—合闸弹簧；6—手动储能板；
7—储能电动机；8—棘轮；9—机械联锁手柄；10—油缓冲器；
11—辅助继电器；12—辅助开关；13—联锁继电器

图 1.2.5　VG1-30L-25B 型弹簧储能操动机构结构图

（1）弹簧储能操动机构的额定操作顺序为：

① 断路器处于分闸位，分合闸弹簧均未储能。

② 启动电动机（约 7 s）或手动对合闸弹簧储能。

③ 按合闸按钮使合闸弹簧释放能量，驱使断路器合闸（<0.08 s），并通过机械传动装置对分闸弹簧储能。

④ 断路器合闸后自动启动电动机对合闸弹簧储能。

⑤ 按分闸按钮使分闸弹簧释放能量驱使断路器分闸（<0.04 s），此后，操动机构按③—④—⑤—③的动作顺序循环动作。

（2）弹簧储能操动机构的结构特点是：

① 所需电源容量小。

② 暂时失去电源也能操作。

③ 交、直流电源均可使用。

④ 成套性强，不需要配置其他附属设备。

⑤ 不受环境温度影响，性能稳定，运行可靠。

⑥ 没有油等污染问题，环保防火。

⑦ 对弹簧材料、结构、工艺要求高。

⑧ 合闸操作中，机构输出特性与断路器输出特性配合较差。

⑨ 结构较复杂，检测难度大。

二、常用断路器认识

（一）真空断路器

ZN42-27.5 型真空断路器是一种专门为电气化铁路设计的户内、单相、单断口馈线断路器，采用手车式组合电器结构，配用 CT-100 型弹簧操动结构，其外形和结构如图 1.2.6 所示。

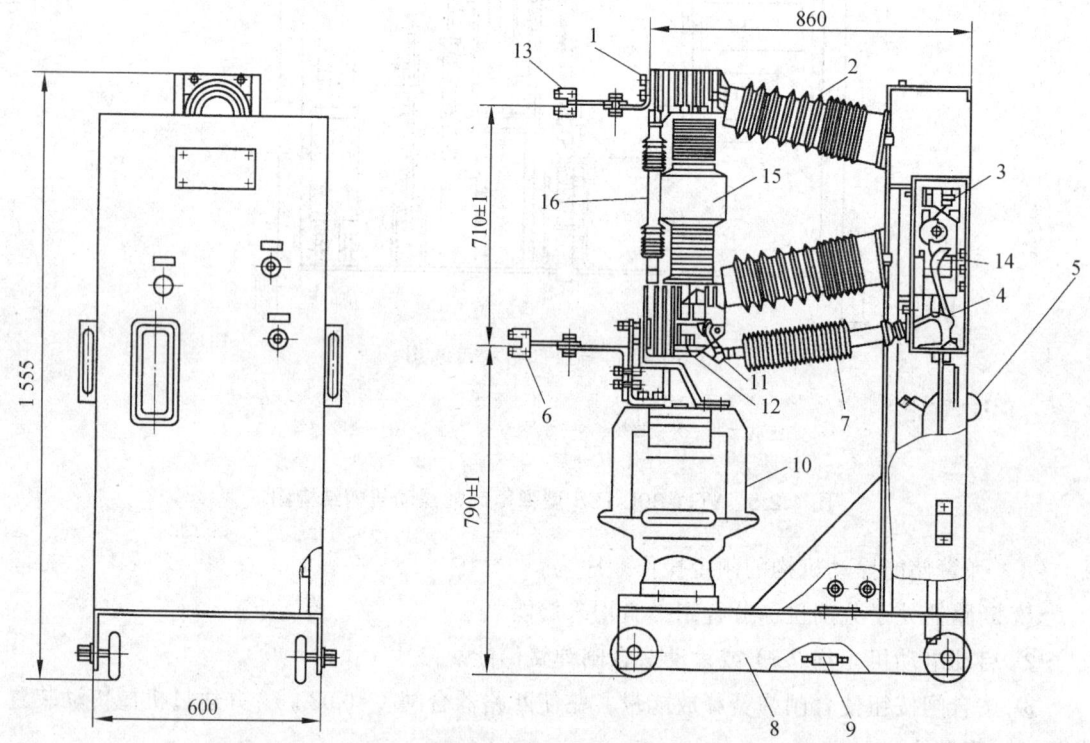

图 1.2.6　ZN42-27.5 型真空断路器外形和结构图（单位：mm）

1—上出线座；2—绝缘子；3—结构箱；4—转轴；5—推动联锁装置；6—触头弹簧；7—绝缘拉杆；
8—手车；9—接地装置；10—电流互感器；11—拐臂；12—下出线座；
13—隔离触指；14—传动杆；15—灭弧室；16—绝缘支杆

ZN42-27.5 型真空断路器结构特点：

（1）真空灭弧室由一个金属筒与两个瓷管组成，触头被罩在灭弧室的金属壳体内，静导电杆固定在上出线座的法兰盘上，动导电杆通过波纹管、导向套与传动拐臂相连。灭弧室真空度为 1×10^{-6} Pa 以上。

（2）采用铜铬合金触头，截流值小于 5 A，提高了开关的开断能力和抗烧损蚀能力，其额定电流可达 25 kA（16 kA），开断次数 20 次以上。

（3）动、静触头开距（26+2）mm、（26-1）mm，触头超行程（触头弹簧压缩量）为 3.5~5 mm，真空灭弧室尺寸更小。

（4）动触头采用下拉式（分闸时动触头向下运动）。

（5）传动系统结构简单，由平面四连杆结构和偏置的摇杆滑块结构组成。

（6）上、下出线座是灭弧室通过两根环氧树脂绝缘子和两根绝缘支杆用螺栓和车架连成一个刚体,并与车架绝缘。车架由型钢和钢板弯制焊接组成。

(7)断路器小车与底板(轨道)间装有 CS6-1 型机构,通过一组四连杆与小车底架上的推进转轴相连,如图 1.2.7 所示。

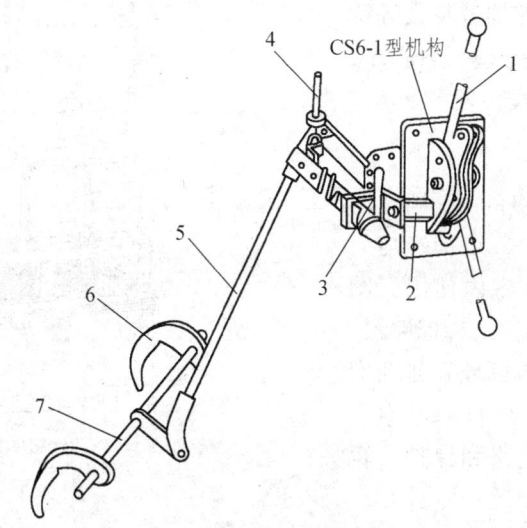

图 1.2.7 推进联锁装置示意图

1—手柄;2—定位销;3—联锁杆手柄;4—联锁推杆;5—连杆;6—钩板;7—转轴

如要推进或移出断路器小车,必须使断路器处于分闸状态,然后将联锁杆手柄提至最高位置并锁定,此时拔出 CS6-1 型机构定位销后,扳动 CS6-1 型机构的操作手柄向下运动。经四连杆机构传动,使钩板与小车底板上的柱销脱扣,方能移动小车,小车移动到位后(运行位或检修位),扳动操动手柄向上运动,使钩板与小车底板上的柱销锁定,即断路器小车与底板固定牢靠后,将联锁杆手柄降至最低位置,断路器才能进行正常的分、合闸操作。联锁杆手柄处于最高位与最低位之间任何位置时,断路器不能进行分、合闸操作。

(二)SF_6 断路器

变电所中采用的 SF_6 断路器通常有三种方式:

1. 瓷柱式

这种类型的断路器的灭弧室装设在绝缘支柱上,断路器的触头和灭弧室安装在金属筒或绝缘筒内,其对地绝缘由支持绝缘子保证,可以通过串联几个瓷柱式灭弧室和加长支持绝缘子来组成更高电压等级的断路器。瓷柱式 SF_6 断路器具有耐压水平高,结构简单,运动部件少,易制造成系列性产品,充气量少,环保好,造价低廉,维修量少等优点;但断路器重心高,抗震能力差,而且电流互感器不能安装在断路器本体上,需要单独安装,使用场所受到一定限制。

2. 落地罐式

这种类型的断路器的灭弧室装设在与地位相连的金属壳体内,断路器的触头和灭弧室安装在接地金属罐中,高压带电部分由绝缘子支持,对箱体的绝缘主要靠 SF_6 气体。其绝缘操作杆穿过支撑绝缘子，把动触头与机构驱动轴连接起来，在两根出线套管的下部都可安装电流互感器。罐式SF_6断路器具有安装重心低，抗震性能好，断路器容量大等特点；但制造高压复杂，消耗金属材料较多，造价较高，一般应用在地震多发区。

3. 手车式

35 kV 及以下电压等级的 SF_6 断路器可安装在能移动的小车内，结构轻巧，方便检修和备用，适合在室内使用。图 1.2.8 所示为 LN2-10 型手车式 SF_6 断路器。

LW25-126 瓷柱式 SF_6 断路器是西安高压开关厂生产的，适用于 110 kV 电压等级，主要用于输变电线路和保护，也可作联络断路器使用。

SF_6 断路器由灭弧室单元、支柱瓷瓶和操动机构组成。图 1.2.9 所示为 LW25-126 瓷柱式 SF_6 断路器安装结构图。图 1.2.10 所示为 LW25-126 瓷柱式 SF_6 断路器单极结构图。

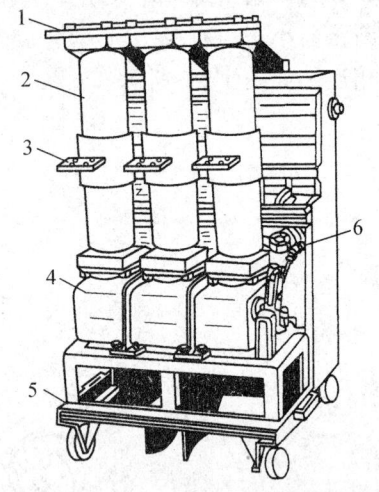

图 1.2.8　LN2-10 型手车式 SF_6 断路器

1—上接线端；2—绝缘筒；3—下接线端；
4—操动机构；5—小车；6—分闸弹簧

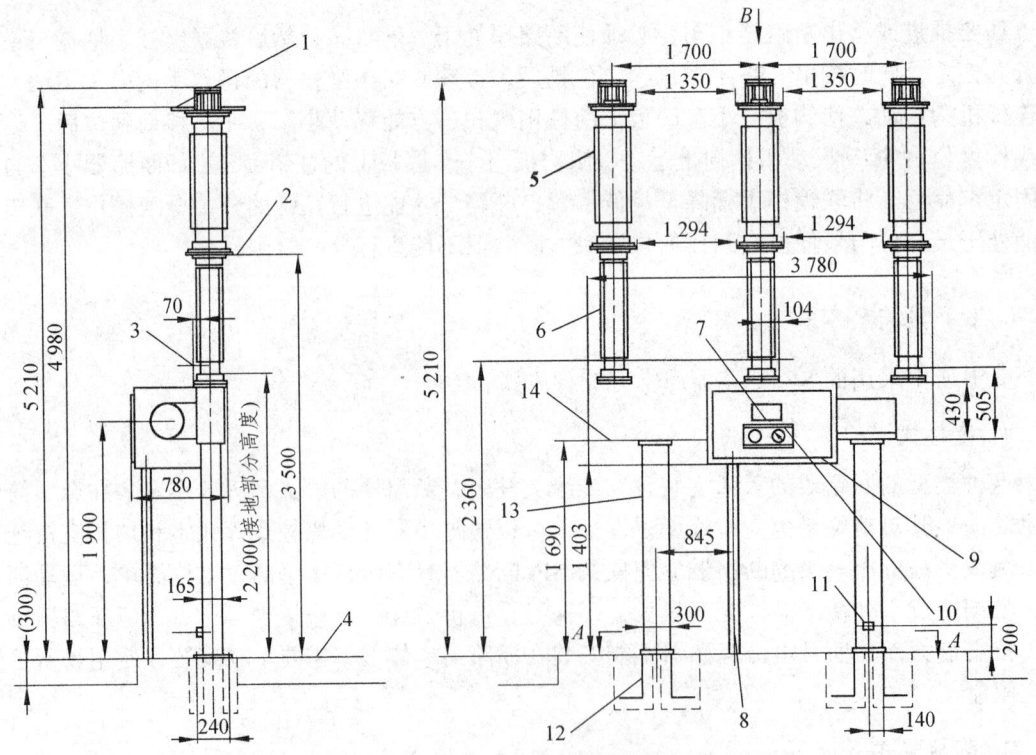

图 1.2.9　LW25-126 瓷柱式 SF_6 断路器安装结构图（单位：mm）

1—上接线端子；2—下接线端子；3、8—重心；4—混凝土平面；5—灭弧室瓷套；6—支持瓷管；7—铭牌；
9—机构箱气体压力表；10—操作计时器及位置指示器；11—压线型接地端子；
12—底脚螺栓；13—支柱；14—框架

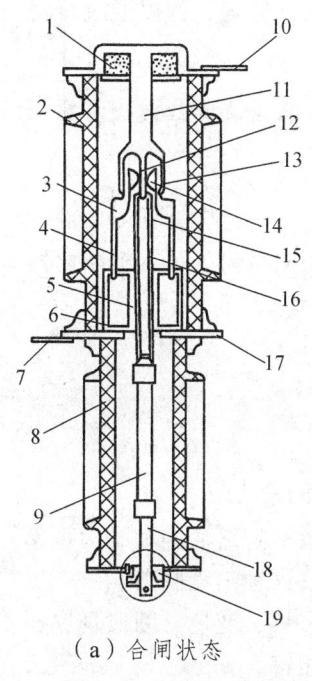 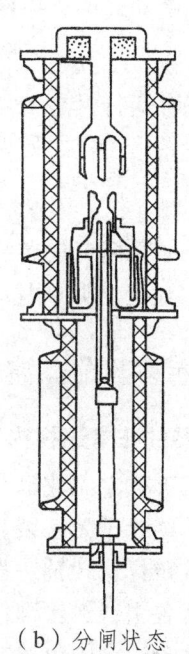

（a）合闸状态　　　　　（b）分闸状态

图 1.2.10　LW25-126 瓷柱式 SF_6 断路器单极结构图

1—吸附剂；2—灭弧室瓷套；3—动触头；4—气缸；5—活塞；6—中间触指；7—下接线端子；8—支柱瓷套；
9—绝缘杆；10—上接线端子；11—触头架；12—静弧触头；13—静触头；14—喷口；
15—动弧触头；16—活塞杆；17—下法兰；18—操作杆；19—直动密封装置

断路器的上部瓷套为灭弧室，中间为支柱绝缘子及框架，弹簧操动机构装在框架的中间部位，电气控制、SF_6 气体密度继电器和电机储能系统均置于机构箱内。

支柱瓷套用于支撑灭弧室瓷套，并承担带电部件对地绝缘；绝缘杆用于连接操作杆和活塞杆，并承担内部带电部件对地绝缘。

吸附剂装在灭弧室帽内，用来保持 SF_6 气体干燥，并吸收由电弧分解所产生的劣化气体。在维修断路器灭弧室单元时，吸附剂应予以更换。

断路器采用动密封和静密封两种方式。静密封采用 O 形圈加密封胶的办法。动密封只有一处，采用直动密封装置，安装在支柱瓷套的底部，由弹簧压缩密封片实现动密封。由于直动密封需要仔细的装配工艺与检查，在现场一般不得拆卸。

在合闸位置时，电流通过上接线端子、触头架、静触头、动触头、压气缸、中间触指、下法兰再经下接线端子与系统形成回路。

三、断路器的运行与维护

（一）高压断路器的巡视检查方法

巡视高压断路器时，一般用目测、耳听、鼻嗅等方法进行巡视检查。

1. 目测法

运营值班人员观察断路器的各个部位是否有异常现象，如变色、变形、破裂、松动、打火冒烟、闪络、渗漏油、油位过高或过低以及气压过低等，都可通过目测检查出来。

2. 耳听法

高压断路器正常运行时是无声音的，如果巡视时听到断路器内有异常声音，则应立即报告值班负责人，并做出相应的处理。

3. 鼻嗅法

巡视检查时，如果闻到焦臭味，应查找焦臭味来自何处，观察断路器本体过热部位，查看断路器端子箱，直至查明原因，并作出相应的处理。

（二）常用断路器的正常巡视

1. 真空断路器的正常巡视内容

（1）检查确认灭弧室无放电、异声、破损、变色。
（2）检查确认绝缘子无断裂、裂纹、损伤、放电闪络痕迹和脏污现象。
（3）检查确认拉杆、转轴、拐臂无变形、裂纹，轴销无脱落。
（4）检查确认各引线连接部位接触良好，无过热、变色、断股现象。
（5）检查确认分、合闸位置指示与运行工况相符。
（6）检查确认端子箱电源开关完好，封堵良好，箱门关闭严密。
（7）检查确认控制、信号电源正常投入，控制开关应在"远方"位置。
（8）检查确认断路器弹簧操动机构正常储能。
（9）检查确认基础无下沉、倾斜。

2. SF_6断路器的正常巡视内容

（1）检查确认SF_6气体压力表或密度表在正常范围内。
（2）检查确认绝缘套管无裂纹、破损，无放电痕迹和脏污现象。
（3）检查确认各接头处接触良好，无过热、变色、断股现象。
（4）检查确认分、合闸位置指示与实际运行方式相符。
（5）检查断路器运行声音是否正常，断路器内无噪声和放电声。
（6）检查确认各部分通道有无异常（漏气声、振动声）。
（7）检查确认端子箱电源完好，封堵良好，箱门关闭严密。
（8）检查确认各连杆、传动机构完好。
（9）检查确认弹簧操动机构完好，弹簧应在储能状态。
（10）检查确认控制、信号电源正常投入，控制开关应在"远方"位置。
（11）检查确认基础无下沉、倾斜。
（12）检查确认液压操动机构压力、油位正常，无渗漏油现象。

（三）操动机构的正常巡视内容

1. 液压操动机构的正常巡视内容

（1）检查确认机构箱开启灵活无变形，密封良好，无锈蚀、异味、凝露等，二次接线及端子排应无松动或其他异常现象。

（2）检查确认断路器计数器动作正确。

（3）检查确认储能电源开关位置正确。

（4）检查确认机构压力表指示正常。

（5）检查确认油箱油位在上下限之间，无渗漏油。

（6）检查确认油管及触头无渗油。

（7）检查确认油泵正常，无渗漏。

（8）检查确认行程开关无卡涩、变形。

（9）检查确认活塞杆、工作缸无渗漏。

（10）检查确认加热器正常完好，投（停）运正确。

2. 弹簧操动机构的正常巡视内容

（1）检查确认机构箱开启灵活无变形，密封良好，无锈蚀、异味、凝露等，二次接线及端子排应无松动和异常现象。

（2）检查确认储能电源开关位置正确。

（3）检查确认储能电动机运转正确。

（4）检查确认分、合闸线圈无冒烟、异味、变色。

（5）检查确认弹簧完好、正常。

（6）检查确认二次接线压接良好，无过热、变色、断股现象。

（7）检查确认加热器正常完好，投（停）运正确。

（8）检查确认行程开关无卡涩、变形。

（9）检查确认储能指示器指示正确。

（四）断路器的特殊巡视

1. 操作断路器时应重点巡视的内容

（1）根据电流、信号及现场机械指示检查断路器的位置。

（2）有表计（实时监控）的断路器应逐相检查负荷和电流情况。

（3）检查操动机构是否正常。

（4）发现异常情况后，应立即通知检修人员进行有关的处理。

2. 断路器切断故障电流跳闸后（包括重合闸）应重点巡视的内容

（1）各引线及节点有无过热、烧伤或短路现象。

（2）断路器本体各部件应完好，无松动、损坏，瓷套无破损、裂纹或闪络。

（3）SF_6气体压力是否正常，有无明显漏气。

（4）液压机构各连接处有无渗漏油现象。

（5）现场检查分合闸电气和机械指示装置三相是否一致，是否符合当时实际工况。

（6）操动机构压力是否正常，有无渗漏油等异常情况。

（7）检查重合闸装置动作的方式，如果不正确，应查明原因。

（8）断路器操作计数器动作是否正确。

（9）检查油断路器油位是否正常，断口无验证的喷油现象，油色是否变黑。

3. 天气突变时户外断路器的检查

（1）大风天气。引线摆动情况及有无搭挂杂物。

（2）雷雨天气。瓷套管有无放电闪络现象。

（3）大雪天气。根据积雪融化情况，检查接头发热部位，及时处理悬冰。

（4）温度骤变天气。气温骤降时，检查断路器油位是否正常。液压操动机构和SF_6断路器压力表指示值应在规定范围内，并应及时投入加热装置。检查连接导线应不过紧，管道应无冻裂等现象。气温骤升时，检查油断路器油位应不过高，并要注意及时调整油位。液压操动机构和SF_6断路器压力表指示值应在规定范围内。

四、断路器的操作

（一）断路器的操作规定

（1）经检修或停止运行达一周以上的断路器，在投入运行前必须做一次远方控制的分、合闸试验，以保证断路器可靠合闸和分闸。试验时，断路器两侧的隔离开关应拉开，或小车断路器应在试验位置，以防试验时误送电。

（2）断路器合闸时，若发生非全相合闸，应立即将已合上的相断开，重新操作合闸一次，如仍不正常，则应断开并查明原因。在分闸时若发生非全相分闸，应立即拉开控制电源，手动断开拒动相并查明原因。在缺陷未消除前，均不得进行第二次合、分闸操作。

（3）考虑到操作人员的人身安全，所有断路器禁止带工作电压用手动机械进行分、合闸，或带工作电压就地操作按钮分、合闸。当断路器远方遥控跳闸失灵或发生人身及严重设备事故而来不及遥控断开断路器时，允许用手动机械分闸，或者就地操作按钮分闸。

（4）操作前应检查断路器的控制回路、辅助回路、控制电源或储能机构是否已储能，是否已具备运行操作条件。断路器运行中，当由于某种原因造成油断路器严重漏油、空气和SF_6断路器气体压力异常（如突然降至零等）时，严禁对断路器进行停送电操作，应立即断开故障断路器的控制电源，及时采取措施，断开上一级断路器，使故障断路器退出运行，以防止断路器慢分、慢合，造成断路器爆炸。

（5）断路器检修时必须拉开断路器交、直流操作电源，弹簧机构应释放储能，以免检修时引起人员伤亡。检修后的断路器必须放在分开位置，以免送电时造成带负荷关合隔离开关的误操作事故。

（6）断路器检修后恢复运行时，操作前应检查为保证人身安全所设置的安全措施确已拆除，断路器分、合闸位置指示正确。手车式断路器在推入前，必须检查确认回路无接地线，电抗器在拉开位置。恢复操作前应检查确认断路器已具备运行操作条件，即控制回路、辅助回路控制电源以及液（气）压操作压力正常，储能机构已储能。对油断路器还应检查油色、油位是否正常，SF_6 断路器检查 SF_6 气体压力是否在规定范围之内。

（二）断路器的操作方法

1. 断路器的遥控操作

在控制室、控制柜上将开关转换到"远方"位置，由供电调度人员远距离对断路器进行的操作称为遥控操作，一般情况下，对断路器进行的操作均为遥控操作。

2. 断路器的远控操作

在控制室、控制柜上将开关转换到"当地"位置，通过断路器控制开关对断路器进行的操作称为远控操作。

用控制开关进行合闸操作时，先将控制开关顺时针方向扭转 45°至"合闸"位置，当红灯亮、绿灯灭时，松开控制开关，控制开关自动反时针方向旋转返回 45°，合闸操作完成。当用控制开关进行分闸操作时，先将控制开关逆时针方向扭转 45°至"分闸"位置，当绿灯亮、红灯灭时，松开控制开关，控制开关自动顺时针方向旋转返回 45°，分闸操作完成。

应指出的是，操作控制开关时，操作应到位，停留时间适当，以信号灯亮、灭为准，同时监视电流表，待红（绿）灯亮后再松开，不要过快松开控制开关，以防止分、合闸操作失灵。操作控制开关时，不要用力过猛，以免损坏控制开关。

3. 断路器的近控操作

在断路器现场控制箱内对断路器进行分合闸控制的操作称为近控操作，断路器的近控操作主要用于断路器检修中的调试操作。

操作时，应先将操作方式选择开关置于"就地"位置，然后操作控制开关或控制按钮对断路器进行操作。当完成操作后应将选择开关复位到"远方"位置。近控操作方式下，断路器的自动跳闸回路被切断，一旦线路或元件故障将无法切除。因此，只有在远控操作失灵且系统急需操作的情况下方可采取近控操作断路器分闸，而不得用此方式对线路或设备进行送电操作。断路器远控失灵，现场规定允许进行近控操作时，必须三相同时操作，不得进行单相操作。

4. 断路器操作后的位置检查

断路器操作后的位置检查，应通过断路器红绿灯指示变化、电流表（电压表、功率表）指示变化、断路器三相位置指示变化等方面判断。远控操作的断路器，至少应有两个及以上指示已发生对应变化，才能判断该断路器已操作到位。装有三相表计的断路器应检查三相表计。现场检查断路器机械位置指示时，应根据断路器三相分合闸机械位置指示器的指示，确认断路器分、合闸位置状态，同时还应检查分、合闸弹簧的状态及断路器传动机构水平拉杆或外拐臂的位置变化，以确认断路器分、合闸实际位置。

 资 讯 单

学习情境一	电气设备的运行与维护	学时	
学习子情境 2	断路器的运行与维护	学时	8
资讯方式	在图书馆、专业杂志、互联网及教师给的资讯指导上查询问题；咨询任课教师		
资讯问题	1. 断路器在牵引变电所中的作用是什么？		
	2. 断路器分布在牵引变电所中哪些地方？		
	3. 断路器的基本组成是什么？		
	4. 断路器有哪几种类型？		
	5. SF_6 断路器由哪些部件组成？		
	6. 真空断路器的结构包含哪些？		
	7. 断路器的操动机构有哪几种？各有何特点？		
	8. 断路器的铭牌有哪些内容？		
	9. 正常情况下断路器在运行时的声音是什么？		
	10. 正常情况下如何监测断路器的运行？		
	11. 如何检查断路器引线的温度？		
	12. SF_6 断路器的日常巡视内容是什么？		
	13. 真空断路器的日常巡视内容是什么？		
	14. 断路器设备的旁边有端子箱吗？		
	15. 断路器在运行中有何规定？在什么地方进行操作？		
	16. 断路器运行中与维护时需要哪些仪表和工具？		
	17. 断路器需要进行检修吗？检修周期和内容是什么？		
	18. 对断路器进行巡视时有什么安全注意事项？		
资讯引导	以上问题可以在本教程的学习信息、《牵引变电所运行检修规程》、"牵引变电所"精品课程网站、互联网、专业资料等处查找。		

 计划和决策单

计划和决策单见附录附表 1.2.1。

实 施

一、理论知识问答

1. 断路器的主要结构大体可分为导体部分、绝缘部分、_____和_____。
2. 断路的固有合闸时间是指从_____起到_____止的一段时间。
3. 电磁式操动机构的断路器大修后,其合分闸线圈的绝缘电阻不应小于_____,直流电阻应符合_____规定。
4. 断路器分合闸时间等于_____和_____。
5. 真空断路器是对密封在_____中的触头进行开断、关合的设备,利用电弧在真空中的扩散作用,电弧在_____周期内被熄灭。
6. 断路器能根据需要,将电气设备或线路投入_____运行,能在某些电气设备或线路发生故障时,将_____从电网中快速切除,以保证电网_____的正常运行。
7. 在断路器的操动机构中,用电磁线圈及铁芯将_____转变成_____作为合闸动力的机构称为电磁操作机构。
8. 断路器的操作机构有以下几种:电磁机构、_____、_____、弹簧储能机构和_____。
9. 断路器加装缓冲器是为了使缓冲断路器在_____过程中产生_____。
10. 当断路器的遮断容量达不到其安装地点短路容量的要求时,应采取降低安装地点的_____、_____、_____三种措施中的一种。
11. 变压器停电操作时,应先断开_____侧断路器,后断开_____侧断路器。
12. 变压器送电操作时,应先合上_____侧断路器,后合上_____侧断路器。
13. 油断路器严重缺油时,应迅速断开_____电源,退出_____压板,悬挂_____标示牌。
14. 多油断路器的油起(　　)作用。
    A. 绝缘和灭弧　　　　　　B. 灭弧和防锈
    C. 绝缘和散热　　　　　　D. 绝缘和防锈
15. 使用钳形电流表,可先选择(　　)然后再根据读数逐次切换挡位。
    A. 最高挡位　　　　　　　B. 最低挡位
    C. 刻度一半处　　　　　　D. 任意挡位
16. 电弧形成后,使电弧得以维持和发展的主要条件是(　　)。
    A. 电弧电压　　　　　　　B. 电弧电流
    C. 介质热游离　　　　　　D. 介质去游离
17. 以 SF_6 为介质的断路器,其绝缘性能是空气的 2~3 倍,而灭弧性能为空气的(　　)倍。
    A. 20~30　　B. 50　　C. 100　　D. 150
18. 断路器在送电前,运行人员对断路器进行拉、合闸和重合闸试验一次,以检查断路器(　　)。
    A. 动作时间是否符合标准　　B. 三相动作是否同期
    C. 合跳闸回路是否完好　　　D. 动作是否灵活

19. 断路器降压运行时，其遮断容量会（　　）。
　　A. 相应增加　　　B. 不变　　　C. 相应降低　　　D. 不确定
20. 绿灯发闪光说明（　　）。
　　A. 断路器在合闸状态　　　　　B. 断路器在"跳闸后"位置
　　C. 控制开关在"预备合闸"位置或断路器在自动跳闸状态
　　D. 控制开关在"预备跳闸"位置
21. 用试拉断路器的方法寻找接地线路时，应先试拉（　　）。
　　A. 长线路　　　　　B. 短线路
　　C. 充电线路　　　　D. 无重要用户的线路
22. 少油断路器属于自吹灭弧，其灭弧能力与开断电流大小有关。（　　）
23. 少油断路器触头质量只与表面的洁净程度有关，与触头接触面积、材料、触头所受压力无关。（　　）
24. 空气断路器单元灭弧室的各断口上装有均电容器，其电容量相等。（　　）
25. 检修断路器时，可以不切断二次控制回路电源。（　　）
26. 断路器是利用交流电流自然过零时，熄灭电弧的。（　　）
27. 断路器动、静触头分开瞬间，触头间产生电弧，此时电路处于断路状态。（　　）
28. 断路器的额定电压指的是相电压。（　　）
29. SF_6气体在正常温度下其绝缘强度比空气高2~3倍，灭弧性能是空气的100倍。（　　）
30. 断路器铭牌上的遮断容量，是在某电压下的开断电流与该电压的乘积。（　　）
31. 断路器在分闸过程中，动触头离开静触头后，跳闸辅助接点再断开。（　　）
32. 当断路器的分、合闸速度不能达到标准时，断路器还能维持额定开断容量。（　　）
33. SF_6气体是无色、无味、无毒的惰性气体。（　　）
34. SF_6气体在灭弧的同时会分解产生出低氟化合物，这些低氟化合物会造成绝缘材料损坏，且低氟化合物有剧毒。（　　）
35. 断路器的主要作用是什么？
　　答：_____

36. 断路器的辅助接点有哪些用途？
　　答：_____

37. 真空断路器有哪些特点？
   答：_____

38. 更换断路器红灯时，应注意哪些事项？
   答：_____

39. 断路器电动合闸时应注意什么？
   答：_____

40. 在什么情况下需将断路器的重合闸退出运行？
   答：_____

41. 断路器分、合闸速度过高或过低对断路器的运行有什么危害？
   答：_____

42. 断路器导电回路电阻增大的原因有哪些？
   答：_____

二、实施操作过程（实施操作单）

1. 小组成员共同探讨 SF_6 断路器的结构和作用。

序号	结构	作用
1		
2		
3		
4		
5		
6		
7		
8		
9		
10		
11		
12		

2. 小组成员共同探讨真空断路器的结构和作用。

序号	结构	作用
1		
2		
3		
4		
5		
6		
7		
8		
9		
10		
11		
12		

3. 填写断路器的日常巡视内容。

设备名称	看	听	闻	着装要求

4. 每组选派 2 人完成断路器的日常巡视对话。
5. 每组完成断路器 PPT 的制作并汇报。

 检查单

检查单见附录附表 1.2.2。

 评价单

评价单见附录附表 1.2.3。

 **备 忘 录**

序号	操作	问题	解决问题的方法
1			
2			

备 注

学习子情境3 隔离开关的运行与维护

学习任务书

小组编号：_____　　　成员名单：_____

学习任务描述

通过本学习情境的学习，要求能够做到：读懂牵引变电所隔离开关的铭牌，熟悉牵引变电所隔离开关的结构、正常巡视内容和特殊巡视内容。

学习任务：隔离开关的运行与维护。
学习对象：隔离开关。
工　　具：生产文件、工作工具、量具等。
学习步骤：
（1）认识牵引变电所隔离开关。
（2）熟悉牵引变电所隔离开关的结构。
（3）了解牵引变电所隔离开关的工作原理。
（4）读懂牵引变电所隔离开关的铭牌内容。
（5）熟悉牵引变电所隔离开关的正常巡视内容。
（6）熟悉牵引变电所隔离开关的运行方式。
（7）熟悉隔离开关的操动机构。
（8）总结操动隔离开关时的安全注意事项。

学习方法

资讯：接受学习任务，根据引导问题，通过学习查找资料、网络信息等，建立总体印象。
计划：与小组成员、老师、师傅讨论隔离开关在牵引变电所中的影响和意义。
决策：与老师或师傅进行专业交流，确定本项目的工作步骤和涉及的工具，拟定检查、评价标准。
实施：按确定的工作步骤完成行动化学习任务，发现问题，共同分析，遇到无法解决的问题时请老师或师傅帮助解决。
检查：（1）生产文件准备好了吗？
　　　　（2）工具准备好了吗？
　　　　（3）安全事项有哪些？
评价：与同学、老师、师傅进行专业交流，有改进的建议吗？

学习目标

（1）明确隔离开关的作用、结构及操动机构。
（2）明确隔离开关运行中的要求。
（3）对隔离开关的日常巡视做出规划，选择所要涉及的内容、仪表、工具等。
（4）了解隔离开关运行中和检修时的注意事项。

行动化学习任务

第一部分：进行隔离开关知识的学习

任务1：查阅《牵引变电所运行检修规程》有关隔离开关的要求。
任务2：查阅各种资料熟悉隔离开关的结构和操动机构。
任务3：列出隔离开关的结构表。
任务4：列出隔离开关的巡视表。
任务5：查阅隔离开关在运行中的规定。

第二部分：进行隔离开关的日常巡视

任务6：完成隔离开关结构表的填写。
任务7：完成隔离开关的巡视。
任务8：总结安全注意事项。

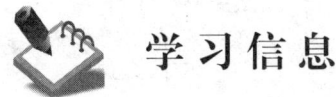 学 习 信 息

一、隔离开关的基本知识

（一）隔离开关的作用及组成

隔离开关是高压开关电器中使用最多的一种电器，在电路中起隔离作用。它本身的工作原理和结构比较简单，但是由于使用量大，工作可靠性要求高，对变电所的设计、建立和安全运营的影响较大。隔离开关的主要特点是无灭弧能力，只能在没有负荷电流的情况下分、合电路，不能用来切断负荷电流和电路电流；但它具有电动稳定性和热稳定性，不因短路电流通过而自动分开或烧坏触头。隔离开关分闸后，有明显断开点，使用时与断路器配合，只有断路器断开后才能进行操作。

1. 隔离开关的作用

（1）隔离电压。它可实现电气设备与带电电网的可靠隔离（有明显断开点），保证被隔离的电气设备有明显断开点，且随着电压的升高，断口的绝缘距离按要求有所增加，因而可确保工作人员进行安全检修。

（2）改变运行方式。例如，在双母线的电路中，可利用隔离开关将设备或线路从一组母线切换至另一组母线上运行；当断路器在合闸位置时，分、合与其并列的旁路隔离开关。

（3）接通或断开小电流电路。例如，可以用隔离开关进行下列操作：

① 分、合电压互感器和避雷器及系统无接地故障时的变压器接地中性点。

② 分、合电容电流不超过 5 A 的空载输电线路（线路有接地时除外）。

③ 分、合励磁电流不超过 2 A 的空载变压器。

④ 分、合 10 kV 以下、15 A 以内的负荷电流及 10 kV 以下、70 A 以内的环流。

2. 隔离开关的基本结构

图 1.3.1 所示为 110 kV 隔离开关的基本结构图。它包括以下几部分：

（1）导电部分。导电部分用于传导电路中的电流、关合和开断电路，包括触头和可动的刀闸。

（2）接线端。用导线连接母线、线路或设备。

（3）绝缘部分。绝缘部分起对地绝缘和机械应力的作用，包括支持绝缘子和操作绝缘子。动、静触头分别固定在两套支持绝缘子上。对隔离开关型号中带"C"的，动触头固定在套管绝缘子上。为了使动触头与金属接地的传动部分绝缘，采用了瓷质绝缘的拉杆绝缘子。

（4）传动部分。传动部分接受操动机构的力矩，将操作动力通过拐臂、连杆、轴齿或操作绝缘子传输给触头，完成隔离开关的分、合闸动作。

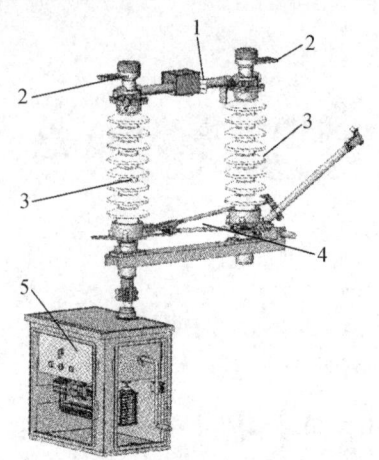

图 1.3.1　110 kV 隔离开关的基本结构
1—触头；2—接线端；3—绝缘子；4—传动机构；5—操动机构

（5）底座部分。底座部分将导电部分、接线端、绝缘部分、传动部分、操动机构部分等固定为一体，并使其固定在基础上，由钢架组成。支持绝缘子或套管绝缘子以及传动主轴都固定在底座上，底座应接地。

（6）操动机构部分。产生操作动力的装置，通过手动、电动、气动、液压向隔离开关的动作提供能源。

隔离开关的特点是：结构简单，无灭弧装置，处于断开位置时有明显的断开点，其分合状态很直观。

（二）隔离开关的分类

1. 按绝缘支柱数分类

（1）单柱式隔离开关。这种隔离开关每相只有一组绝缘子，其优点是在分闸后形成垂直方向的绝缘空间，能缩小占地面积，通常用在双母线系统中作母线侧隔离开关。

（2）双柱式隔离开关。这种隔离开关每相有两组绝缘子，操作时两组绝缘子水平移动，使刀闸合上或拉开。它的刀闸是向左右移动的，结构简单、体积小。缺点是当隔离开关分闸时，因刀闸移动而使带电导体相间距离缩小。

（3）三柱式隔离开关。这种隔离开关每相有三组绝缘子，操作时两端的瓷柱是静止不动的，瓷柱顶部装有静触头，中间瓷柱可水平转动，并带动其顶部水平放置的导电杆转动，以实现隔离开关的分、合闸操作。该隔离开关的特点是导电系统结构简单，由于导电杆只作简单的平面转动，因此结构大为简单，占用空间高度较小，触头压力是固定的，无须调整，装卸方便，运行可靠，维护工作量少。

2. 按隔离开关运行方式分类

（1）水平旋转式隔离开关。其触头及导电杆是按水平面旋转运动而进行分、合闸的。

（2）垂直旋转式隔离开关。其触头及导电杆是按垂直面旋转运动而进行分、合闸的。

(3)摆动式隔离开关。当隔离开关进行分、合闸时,其触头与导电杆的运动方向存在一定夹角。

(4)插入式隔离开关。其动触头及导电杆是按由外向里垂直运动而进行分、合闸的。

3. 按是否带接地刀闸分类

(1)无接地刀闸的隔离开关。隔离开关本体没有带接地刀闸。

(2)带接地刀闸的隔离开关。在检修与隔离开关相连接的设备时,为了做好安全措施,保证检修人员安全,在隔离开关本体上配置接地刀闸形成一个整体进行安装。这种隔离开关与配置的接地刀闸应具有相互的机械闭锁,以保证隔离开关在分闸后,才能合上接地刀闸,且只有接地刀闸在分闸时才能合上隔离开关。其可分为带一把接地刀闸和带两把接地刀闸两种方式。

4. 按操动机构分类

(1)手动式隔离开关。主要靠人力手动进行隔离开关的分、合闸操作。其优点是经济、结构简单、操作迅速;缺点是操作人员必须在现场进行操作,有一定的危险性,并且安装在室外的隔离开关其操作手柄长期暴露在外面,操作手柄容易生锈,不能灵活地操作,其防误闭锁主要靠操作手柄上的五防机械锁来实现。

(2)电动式隔离开关。主要靠电动力来进行分、合闸操作的隔离开关。其优点是可远方或就地进行分合闸,无须人力去进行拉合,在远方操作时,对操作人员不具有危险性。在防误操作方面,因为其控制回路是按电气闭锁逻辑接线的,因此防误操作性能可靠。其结构较复杂,控制回路故障时,查找故障点较困难;另外在电动失灵时,手动操作速度较慢。

(3)其他隔离开关。如气动式隔离开关、液压式隔离开关等。

5. 按极数分类

(1)三极式隔离开关。三极装于同一个底座上,主要用在三相电路中,三相同时联动操作。

(2)单极式隔离开关。每极单独装于一个底座上,主要用于变压器中性点接地、变压器中性点经消弧线圈接地、避雷器接地等。

6. 按安装地点分类

(1)户外隔离开关。这种隔离开关的工作条件较恶劣,应保证在冰、雨、灰尘、严寒和酷热等条件下均能可靠地工作,其绝缘要求高,并具有较高的机械强度。

(2)户内隔离开关。这种隔离开关工作条件较好,工作性能受天气条件影响较小,因此,其绝缘和机械性能没有户外隔离开关的要求高,体积较小。

7. 按电压等级分类

按电压等级分类,可分为 10 kV 隔离开关、35 kV 隔离开关、110 kV 隔离开关、220 kV 隔离开关及其他电压等级隔离开关。

（三）隔离开关的技术参数及型号

1. 隔离开关的主要技术参数

（1）额定电压。额定电压是指隔离开关在长期运行时所能承受的工作电压，与安装点电网的额定电压等级一致，单位为 kV。

（2）额定电流。额定电流是指隔离开关在长期工作时允许通过的最大工作电流，主要由温升来确定，单位为 A。额定电流的大小决定了触头和导电部分截面的大小，隔离开关长期通过额定电流时，各部分的发热不超过允许值。

（3）热稳定电流。热稳定电流是指隔离开关在闭合状态时，在规定的时间（一般为 4 s）内允许通过的最大电流有效值，它表明了隔离开关承受短路电流的热稳定能力，单位为 kA。

（4）动稳定电流。动稳定电流是指隔离开关在闭合状态时，允许通过的最大瞬时电流冲击值，它表明了隔离开关承受短路电流的动稳定能力，与隔离开关的机械强度有关。

（5）最高工作电压。最高工作电压是指隔离开关所能承受的超过额定电压的电压，它不仅决定了隔离开关的绝缘要求，还在相当大程度上决定了隔离开关的外部尺寸，单位为 kV。

2. 隔离开关的型号

隔离开关型号的表示形式如图 1.3.2 所示。

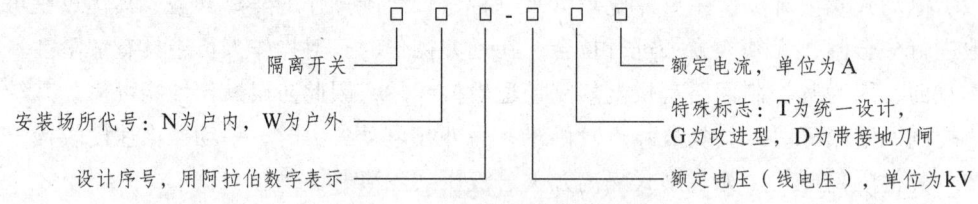

图 1.3.2　隔离开关的型号

例如：GN10-10/400 型是指额定电压 10 kV、额定电流 400 A，第 10 次设计的户内高压隔离开关。

（四）隔离开关的操动机构

1. 手动操动机构

手动操动机构是以人力为操作动力，由凸轮、连杆等组成的一种简单操动机构。按操作杆动作方向不同，手动操动机构又分为垂直操作和水平操作两种方式。垂直操作方式多用于 10 kV 及以下户内断路器柜内的隔离开关，水平操作机构多用于 20～110 kV 隔离开关的主刀闸和接地刀闸以及 220 kV 隔离开关的接地刀闸。通常三相式隔离开关的主刀闸和接地刀闸分别采用一个手动操动机构，且三相共用。一般将手动操动机构安装在中间相隔离开关的下方，利用连杆与其他两相隔离开关相连。隔离开关的主刀闸和接地刀闸均为三相联动。220 kV 隔离开关的主刀闸一般不采用手动操动，而其接地刀闸仍采用三相联动水平操作的手动操动机构。

2. 压缩空气操动机构

压缩空气操动机构是以压缩空气为操作动力，实现隔离开关操作的一种操动机构。通常需在变电站内设立集中的压缩空气站，通过管道、阀门系统向每组隔离开关的操动机构供气。通常只有选用空气断路器的变电站，才设立集中的空气压缩系统，隔离开关也只是在此时才选用压缩空气操动机构，目前已很少使用。

3. 液压操动机构

液压操动机构是以液压为操作动力，由液压缸中的活塞运动来实现隔离开关操作的一种操动机构。我国从 20 世纪 70 年代开始使用液压操动机构，主要用于 110～500 kV 隔离开关主刀闸或 330～500 kV 隔离开关接地刀闸的操作。

4. 电动操动机构

液压操动机构由于工艺和密封等原因常常发生渗漏油现象，且结构复杂，制造工艺要求较高，已逐渐被电动操动机构替代。电动操动机构是以电动机为操作动力来实现隔离开关操作的一种操作机构。它具有结构简单、操作灵活、没有渗漏油问题等优点，应用广泛。

二、常用隔离开关

（一）GW4-110D 型户外式隔离开关

1. 结　构

图 1.3.3 所示为 GW4-110D 型户外式隔离开关在合闸位置时的外形。GW4-110D 型户外式隔离开关主要由底架、支柱绝缘子、导电部分、接地刀闸（不接地除外）、传动系统和操动机构组成，双柱式水平旋转，断口为水平开距。

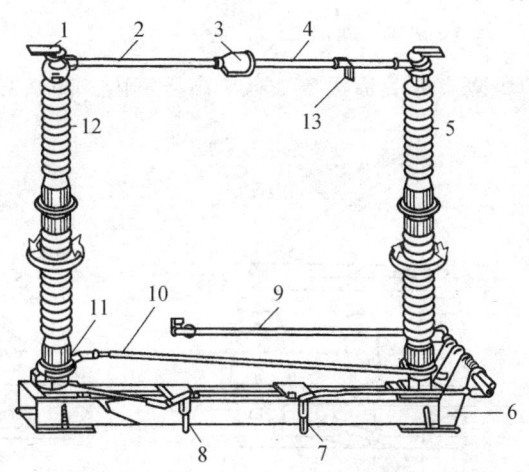

图 1.3.3　GW4-110D 型户外式隔离开关外形

1—接线端；2、4—闸刀；3—主触头；5、12—棒式绝缘子；6—底架；7—接地刀闸转动轴；
8—主闸刀转动轴；9—接地刀；10—交叉连杆；11—轴承座；13—接地刀触头

（1）底架。

GW4-110D 型的底架为一根槽钢，两端各安装有轴承座，轴承座内有一对推力滚动轴承，保证轴承座上的转动板灵活。底架的一端或两端焊有接地开关支座，装有接地开关。

（2）支柱绝缘子。

GW4-110D 型每极有两柱，每柱是一节实心棒形支柱绝缘子，支柱上端安装有固定导电部分，下端固定在轴承座上端的转动板上。

（3）导电系统。

导电部分固定在支柱绝缘子上端，主闸刀分成两半，接触部分在中间。合闸时，接触部分圆柱形触头嵌入两排触指内。

（4）接地开关。

接地开关装于底座传动轴上，静触头装于主导电系统导电杆上。接地开关与隔离开关之间在第一相接地开关转轴上设有扇形板，与紧固于瓷柱法兰上的弧形板组成机械联锁，保证主开关与接地开关的互相闭锁。

（5）操动机构。

GW4-110D 型隔离开关可配用的操动机构较多，有手动操动机构（如 CS14-G、CS17-G 等）和电动操动机构（如 CJ2、CJ6 等）。

2. 工作原理

隔离开关操作由操动机构带动底座中部的传动轴旋转 180°＋1°，通过水平连杆带动一侧的支柱绝缘子旋转 90°，并通过交叉连杆使另一侧支柱绝缘子反向旋转 90°，于是两闸刀便向一侧分开或闭合。分闸后，两闸刀平行，合闸后两闸刀成一条直线。

接地开关操作：操动机构分合时，借助传动轴及水平连杆使接地开关转动轴旋转一角度，达到分合的目的。由于接地开关转轴上有扇形板与紧固于瓷柱法兰上的弧形板组成联锁，所以能确保按主分—地合—地分—主合的顺序动作。

（二）GN2-35T 型户内式单极隔离开关

GN2-35T 型户内式单极隔离开关适用于 25 kV 高压室内，图 1.3.4 所示为其外形。

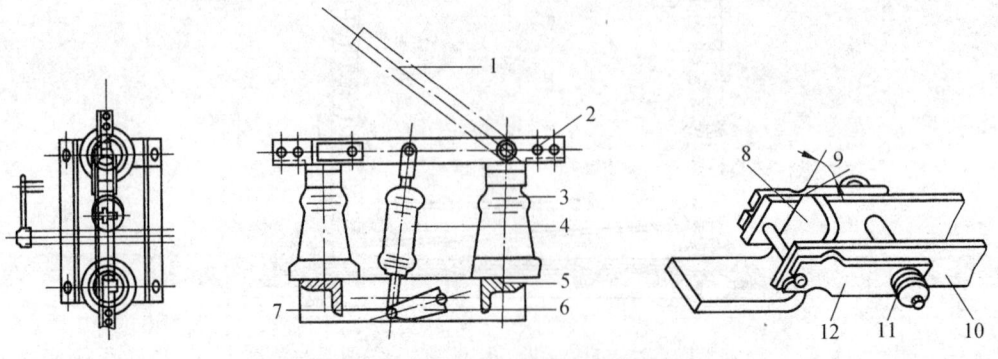

图 1.3.4　GN2-35T 型户内式隔离开关外形

1—动刀片；2—接线板；3—支柱瓷瓶；4—操作绝缘子；5—底架；6—拐臂；7—转动主轴；
8—静触头；9—导向角 θ；10—闸刀；11—弹簧；12—磁锁板

这种隔离开关主要由底架、支柱瓷瓶、导电部分（包括闸刀与触头）及操作绝缘子组成。采用 CS6 型手动操动机构，带动操作绝缘子的支起或下落运动，使闸刀垂直旋转完成分、合闸。隔离开关的触头采用指形线接触，其动触头由两片互相平行的紫铜闸刀片组成，两闸刀片互相隔离并由弹簧压紧。固定静触头是以紫铜板条弯成直角做成的。在合闸位置时，两个片因有弹簧的压力被紧紧夹在静触头两侧，形成线接触。这样的线接触在分、合闸过程中，易于擦掉接触表面的氧化物，降低接触电阻。当短路电流通过开关的闸刀片时，在两平行刀片间会产生较大的互相吸引的电磁力，使接触压力增大。为了增加这种接触压力，常在平行刀片的两侧加上磁锁，即在平行刀片的外侧加装两块钢片，以增强磁场，加大电动吸力，这样可提高开关的动稳定性且散热效果好。

三、隔离开关的运行与维护

（一）隔离开关的运行规定

隔离开关在运行时，其绝缘瓷柱应完好无损，无放电现象，结构部件完好无变形，在额定条件下能够长期、连续流过额定电流，在短路情况下能满足动稳定和热稳定要求。为使隔离开关在运行时保持正常运行状态，其运行时应符合以下要求：

（1）隔离开关允许在额定电流、额定电压下长期运行，最高工作电压不得超过额定电压的 1.15 倍，最大持续工作电流不得超过其额定电流。

（2）一般情况下，隔离开关的运行温度不宜超过 70 ℃，隔离开关导电回路长期工作温度不宜超过 80 ℃。

（3）隔离开关应有明显的断开点，这样易于鉴别电气设备是否与电源隔开，且隔离开关断开点间应有可靠的绝缘，即要求隔离开关断开点间有足够的绝缘距离，以保证在过电压及相间闪络的情况下，不致引起绝缘击穿而危及工作人员的安全。

（4）隔离开关应具有足够的短路稳定性。隔离开关在运行中，会受到短路电流热效应与电动力的作用，所以要求隔离开关具有足够的稳定性，尤其不能因电动力的作用而自动断开，以免发生严重事故。

（5）隔离开关的操动机构均应装设防误闭锁装置。主隔离开关与其他接地刀闸间应相互联锁，以保证停电时先断开隔离开关后闭合接地刀闸，送电时先断开接地刀闸后闭合隔离开关。

（6）隔离开关应具有开断一定的电容和电感电流的能力及开断环流的能力，且分、合闸时的同期性要好，有最佳的分、合闸速度，以尽可能降低操作时的过电压、燃弧次数和无线电干扰。

（二）隔离开关的巡视

触头是隔离开关最重要的部分，不论哪一类隔离开关，在运行中其触头弹簧或弹簧片都会因锈蚀或过热使弹力减低；隔离开关断开后，触头暴露在空气中，容易发生氧化和脏污；操作过程中，电弧会烧坏触头的接触面，各联动部件也会发生磨损或变形，因而影响接触面的接触；操作过程中用力不当，会使接触面位置不当，造成触头压力不足等。上述情况均会造成隔离开关的触头接触不紧密，因此应把检查三相隔离开关每相触头接触是否紧密作为巡视检查的重点。隔离开关运行时，正常巡视内容为：

（1）触头、触点的检查。触头或触点应清洁，接触良好，无螺钉断裂或松动现象，无严重发热和变形现象，无烧伤痕迹，运行温度不应超过允许值（可定期用红外测温仪检测）。

（2）绝缘子的检查。绝缘子表面应清洁，无裂纹、无破损、无电晕和放电现象。

（3）转轴、齿轮、框架、连杆、拐臂等零部件检查。应无开焊、变形、锈蚀或位置不正确、歪斜、卡涩等不正常现象；各处连接轴开口销完好；各部件连接良好，位置正确。

（4）引线的检查。引线无松动，无严重摆动或烧伤断股，均压环牢固且不偏斜。

（5）操动机构的检查。操动机构各部件应完好无损，各部件紧固、无锈蚀、无变形、无松动、无脱落；操动机构箱、端子箱和辅助触点盒应关闭且密封良好，能防雨防潮，无渗漏水现象，加热器和驱潮器按要求投入；操动机构箱、端子箱内应无异常，熔断器、热耦继电器、二次接线、端子连接、加热器等应完好；支架及机构箱外壳接地良好，基础应无下沉或倾斜，接地引下线（排）无断裂或锈蚀现象。

（6）闭锁装置的检查。闭锁装置应良好，电磁锁或机械锁无损坏，其辅助触点位置正确、接触良好。隔离开关的辅助切换触点安装牢固，切换正确，接触良好，防雨罩壳密封良好。

（7）接地刀闸的检查。接地刀闸应接地良好。

（8）隔离开关分、合状态检查。合闸状态的隔离开关接触良好，合闸角度符合规定，无变形偏移现象，均压环平整牢固；触头不脏污、不发热、不锈蚀、无烧痕；弹簧触指不锈蚀、不断裂；拉开的隔离开关断口的空间距离或两侧刀臂角度符合规定。

（9）隔离开关短路后检查。隔离开关通过短路电流后，应检查隔离开关的支柱绝缘子有无破损或放电痕迹，以及触头和接头有无熔化现象。

四、隔离开关的操作要求

（一）隔离开关的操作方式

1. 电动操作

隔离开关必须配备有电动操动机构才能进行电动操作，它分为两种方式。

（1）远方遥控操作：是指在监控计算机主接线图（或间隔接线图）上用鼠标或键盘选定相应的隔离开关图标进行的操作。

（2）就地电动操作：是指在现场通过隔离开关操动机构箱内的分、合闸按钮来对隔离开关进行的操作。正常操作时，必须先远方遥控操作，只有在远方遥控操作失灵时，才能进行就地电动操作。

2. 手动操作

（1）手动操作的隔离开关必须通过人力对隔离开关进行拉、合操作，操作时必须在现场才能进行。

（2）电动式操作的隔离开关由于电动机失灵或其他原因不能进行电动操作时，必须通过人力并使用摇柄转动机构来带动隔离开关进行分、合闸操作。在操作前，必须将电动机电源断开后才能进行。

（二）隔离开关操作注意事项

隔离开关是一种没有灭弧装置的控制电器，因此严禁带负荷进行分、合闸操作。

（1）操作隔离开关前，应检查与隔离开关连接的断路器确实处于断开位置，以防带负荷拉、合隔离开关。

（2）在正常情况下，隔离开关的操作方式应优先采用远控、近控的顺序，并尽量避免手动操作方式。

（3）装有电气闭锁装置的隔离开关，禁止随意解除闭锁进行操作。如果闭锁有问题，首先应检查操作条件并核对设备，严禁使用万能钥匙或强行操作。远控操作的隔离开关，一般不得带电就地手动操作，以免失去电气闭锁。近控操作的隔离开关，操作前应检查方式选择开关是否在近控位置，操作结束应拉开操作电源开关。

（4）隔离开关操作完毕，应检查其开、合位置，三相同期情况及触头接触深度均应正常，以免因传动机构或控制回路（指远方操作隔离开关）有故障，出现隔离开关拒合或拒分。合闸后，工作触头应接触良好；拉闸后，断口张开的角度或拉开的距离应符合要求。

（5）在现场对隔离开关进行操作时，操作人员和监护人要选择正确的站位，防止瓷柱断裂伤人。若发现瓷柱断裂、倒塌或放电时，应迅速远离危险区域。

（6）在电动操动机构失灵、操作电源失压等情况下进行手动操作时，防误闭锁回路有可能自动解除，一旦发生事故，可能造成人身伤害。因此应认真检查操作条件，严格核对设备，防止误操作，并注意以下事项：

① 手动合隔离开关时，开始要缓慢，当刀片接近刀嘴时，要迅速合上，以防产生弧光。在合到终了时，不得用力过猛，防止冲击力过大而损坏绝缘子。

② 手动拉闸时，应按慢、快、慢的过程进行。开始时，将动触头从固定触头中缓慢拉出，使之有一小间隙。拉至接近终了时，应缓慢，防止冲击力过大，损坏隔离开关绝缘子和操动机构。在切断空负荷变压器、空负荷线路、空负荷母线时，应快而果断，使电弧迅速熄灭。

③ 单相隔离开关和跌落式熔断器的操作顺序：垂直排列时，停电拉闸应先拉中相，后拉两边相，送电合闸操作顺序与之相反；水平排列时，停电拉闸应从上到下依次拉开各相，送电合闸操作顺序与之相反。

（7）在合隔离开关时如发生弧光或误合，则应将隔离开关迅速合上。隔离开关一经合上，不得再行拉开，因为带负荷拉开隔离开关会使弧光扩大，使设备损坏更加严重。误合后只能用断路器切断该回路，才允许将隔离开关拉开。

 # 资讯单

学习情境一	电气设备的运行与维护	学时	
学习子情境 3	隔离开关的运行与维护	学时	6
资讯方式	在图书馆、专业杂志、互联网及教师给的资讯指导上查询问题；咨询任课教师		
资讯引导	1. 隔离开关在牵引变电所中的作用是什么？		
	2. 隔离开关分布在牵引变电所中哪些地方？		
	3. 隔离开关的基本组成是什么？		
	4. 隔离开关有哪几种类型？		
	5. 隔离开关的结构包含哪些？		
	6. 隔离开关的操动机构有哪几种？各有什么特点？		
	7. 隔离开关的铭牌有哪些内容？		
	8. 正常情况下隔离开关在运行时的声音是什么？		
	9. 正常情况下如何监测隔离开关的运行？		
	10. 如何检查隔离开关引线的温度？		
	11. 手动操动机构的隔离开关的日常巡视内容是什么？		
	12. 电动操动机构的隔离开关的日常巡视内容是什么？		
	13. 隔离开关设备的旁边有端子箱吗？		
	14. 隔离开关在运行中有何规定？在什么地方进行操作？		
	15. 手动操动的隔离开关与电动操动的隔离开关在备用状态时有何不同？		
	16. 隔离开关运行中与维护时需要哪些仪表和工具？		
	17. 隔离开关需要进行检修吗？检修周期和内容是什么？		
	18. 对隔离开关进行巡视时有什么安全注意事项？		
	19. 带接地刀闸的隔离开关在操作时有何规定？		
资讯引导	以上问题可以在本教程的学习信息、《牵引变电所运行检修规程》、"牵引变电所"精品课程网站、互联网、专业资料等处查找。		

 计划和决策单

计划和决策单见附录附表1.3.1。

一、理论知识问答

1. 隔离开关有_____主要部件。
2. 线路送电操作时,应先推上_____隔离开关,再推上_____隔离开关,最后合上_____。
3. 隔离开关(刀闸)可以用来接通和切断负载电流。(　　)
4. 当发生带负荷拉刀闸产生电弧时,应立即将刀闸合上。(　　)
5. 隔离开关所带的接地刀闸,主要是为了保证人身安全用的。(　　)
6. 隔离开关可以拉、合系统不接地时的变压器中性点及消弧线圈。(　　)
7. 装设接地线时,应先接导线端,后接接地端。(　　)
8. 用隔离开关能拉合电容电流不超过5.5 A的空载线路。(　　)
9. 隔离开关有哪些正常巡视检查项目?
  答:_____
  _____
  _____
  _____

10. 隔离开关可以用来切断负荷电流和短路电流吗?为什么?隔离开关的主要用途是什么?
  答:_____
  _____
  _____
  _____

11. 隔离开关的小修有哪些项目?
  答:_____
  _____
  _____
  _____

12. 在操作中发生带负荷拉、合隔离开关时应该怎么办？

答：_____

_____

_____

_____

13. 电动隔离开关和手动隔离开关有何区别？

答：_____

_____

_____

_____

二、实施操作过程（实施操作单）

1. 小组成员共同探讨隔离开关的结构和作用。

序号	结构	作用
1		
2		
3		
4		
5		
6		
7		
8		
9		
10		
11		
12		

2. 填写隔离开关的日常巡视内容。

设备名称	看	听	闻	着装要求

3. 每组选派 2 人完成隔离开关的日常巡视对话。

 检查单

检查单见附录附表 1.3.2。

 评价单

评价单见附录附表 1.3.3。

 备忘录

序号	操作	问题	解决问题的方法
1			
2			

备 注

学习子情境4 互感器的运行与维护

学习任务书

小组编号：_____   成员名单：_____

学习任务描述

通过本学习情境的学习，要求能够做到：读懂牵引变电所互感器的铭牌，熟悉牵引变电所电压互感器和电流互感器的结构、接线方式和正常巡视内容。

学习任务：互感器的运行与维护。
学习对象：电压互感器和电流互感器。
工　　具：生产文件、工作工具、量具等。
学习步骤：
（1）认识牵引变电所电压互感器和电流互感器。
（2）熟悉牵引变电所电压互感器和电流互感器的结构。
（3）了解牵引变电所电压互感器和电流互感器的工作原理。
（4）读懂牵引变电所电压互感器和电流互感器的铭牌内容。
（5）熟悉牵引变电所电压互感器和电流互感器的接线方式。
（6）熟悉牵引变电所电压互感器和电流互感器的正常巡视内容。
（7）熟悉牵引变电所电压互感器和电流互感器的运行要求。

学习方法

资讯：接受学习任务，根据引导问题，通过学习查找资料、网络信息等，建立总体印象。

计划：与小组成员、老师、师傅讨论电压互感器和电流互感器在变电所中的影响和意义。

决策：与老师或师傅进行专业交流，确定本项目的工作步骤和涉及的工具，拟定检查、评价标准。

实施：按确定的工作步骤完成行动化学习任务，发现问题，共同分析，遇到无法解决的问题时请老师或师傅帮助解决。

检查：（1）生产文件准备好了吗？
　　　　（2）工具准备好了吗？
　　　　（3）安全事项有哪些？

评价：与同学、老师、师傅进行专业交流，有改进的建议吗？

学习目标

（1）明确电压互感器和电流互感器的作用、结构及工作原理。
（2）明确电压互感器和电流互感器运行中的要求。
（3）对电压互感器和电流互感器的日常巡视做出规划，选择所要涉及的内容、仪表、工具等。
（4）了解电压互感器和电流互感器运行中和检修时的注意事项。

行动化学习任务

第一部分：进行电压互感器和电流互感器知识的学习

任务1： 查阅《牵引变电所运行检修规程》有关电压互感器和电流互感器的要求。
任务2： 查阅各种资料，熟悉电压互感器和电流互感器的结构和接线方式。
任务3： 列出电压互感器的结构表。
任务4： 列出电流互感器的结构表。
任务5： 列出电压互感器和电流互感器的巡视表。

第二部分：进行电压互感器和电流互感器的日常巡视

任务6： 完成电压互感器和电流互感器结构表的填写。
任务7： 画出电压互感器和电流互感器的接线方式。
任务8： 完成电压互感器和电流互感器的巡视。
任务9： 总结安全注意事项。

学习信息

互感器是一种特殊的变压器，是电压互感器和电流互感器的总称，是按比例变换电压或电流的设备。其功能主要是将高电压或大电流按比例变换成标准低电压（100 V 或 100/$\sqrt{3}$ V，额定值）或标准小电流（5 A 或 1 A，额定值），以便实现测量仪表、保护设备及自动控制设备的标准化、小型化。

图 1.4.1 所示为互感器在电力系统中的连接方式。互感器一次绕组接入电网，二次绕组分别与测量仪表、保护装置等互相连接。互感器与测量仪表和计量装置配合，可以测量一次系统的电压、电流和电能；与继电保护和自动装置配合，可以构成对电网各种故障的电气保护和自动控制。另外，互感器还可用来隔开高压系统，以保证人身和设备的安全。

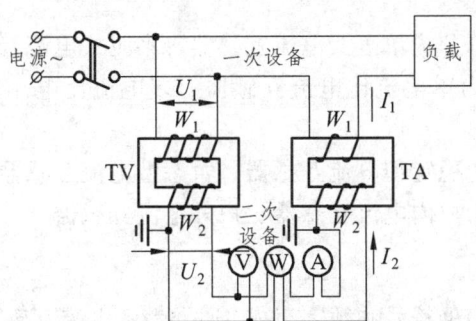

图 1.4.1 互感器在电力系统中的连接方式

一、电流互感器的运行与维护

（一）电流互感器的基本知识

电流互感器在工程上常用 TA 或 CT 表示。

1. 电流互感器的工作原理

电流互感器是利用变压器一、二次电流成比例制成的，其工作原理、等效电路也与一般变压器相同，只是其一次绕组串联在被测电路中，且匝数很少，二次绕组接电流表、继电器电流线圈等低阻抗负荷，近似短路。一次电流（即被测电流）和二次电流取决于被测线路的负荷，与电流互感器二次侧的负荷无关。由于二次侧接近于短路，所以一、二次电压都很小，励磁电流也很小。

当运行中的电流互感器二次侧开路时，此时一次电流不变，二次电流等于零，则二次电流产生的去磁磁通也消失了。这时，一次电流全部变成励磁电流，使互感器铁芯饱和，磁通也很高，将产生以下后果：

（1）由于磁通饱和，二次侧将产生数千伏高压，且波形改变，会对人身和设备造成严重危害。

（2）由于铁芯磁通饱和，使铁芯损耗增加，产生高热，会损坏绝缘。

（3）会在铁芯中产生剩磁，使互感器电流误差（也称比误差）和角误差增大，失去准确性。

所以，电流互感器二次侧不允许开路。电流互感器二次回路中不允许接熔断器，也不允许在运行时未经旁路就拆下电流表、继电器等设备。

2. 电流互感器的分类

（1）按用途可分为测量用电流互感器、保护用电流互感器。

（2）按绝缘介质可分为干式电流互感器、浇注式电流互感器、油浸式电流互感器和 SF_6 电流互感器。

（3）按电流变换原理可分为电磁式电流互感器、光电式电流互感器。

（4）按安装方式可分为贯穿式电流互感器、支柱式电流互感器、套管式电流互感器、母线式电流互感器。

（5）按一次绕组匝数可分为单匝式电流互感器、多匝式电流互感器。

（6）按变比种类可分为单电流比电流互感器、多电流比电流互感器、多个铁芯电流互感器。

（7）按技术性能可分为稳定型电流互感器、暂态型电流互感器。

（8）按使用条件可分为户内电流互感器、户外电流互感器。

3. 电流互感器的型号

电流互感器的型号由字母符号和数字组成，通常表示电流互感器的绕组类型、绝缘种类、使用场所及电压等级等，如图 1.4.2 所示。

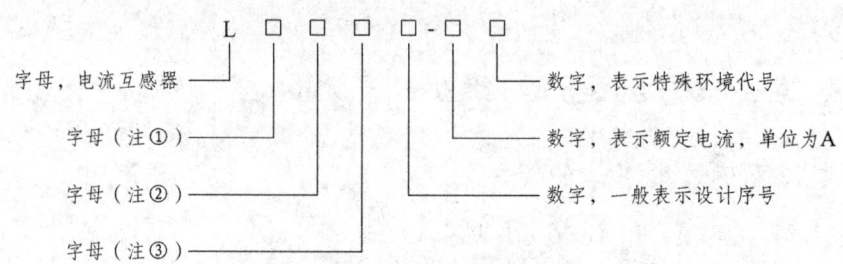

图 1.4.2 电流互感器的型号

注：① M—母线式（穿心式）；Q—线圈式；Y—低压式；D—单匝式；F—多匝式；A—穿墙式；R—装入式；C—瓷箱式；Z—支柱式；V—结构倒置式；J—零序。

② K—塑料外壳式；Z—浇注式；W—户外式；G—改进型；C—瓷绝缘；P—中频。

③ B—过电流保护；D—差动保护；J—接地保护或加大容量；S—速饱和；Q—加强型。

4. 电流互感器的技术参数

（1）额定电压：10～750 kV。

（2）额定频率：50 Hz。

（3）一次额定电流：5 A、10 A、15 A、20 A、30 A、40 A、50 A、75 A、100 A、150 A、200 A、300 A、400 A、500 A、600 A、800 A、1 000 A。

(4) 二次额定电流: 5 A 或 1 A。

(5) 电流互感器的电流比。

电流互感器的电流比常用分数形式标出, 分子表示一次绕组的额定电流, 分母表示二次绕组的额定电流。例如, 变流比为 800/1, 则表示电流互感器的一次侧额定电流为 800 A, 二次侧额定电流为 1 A, 电流比为 800。

(6) 电流互感器的热稳定倍数及动稳定倍数。

电流互感器的热稳定倍数是指当电力系统故障时, 电流互感器承受由短路电流引起的热作用和电动力作用而不致受到破坏的能力。热稳定倍数是指热稳定电流与电流互感器额定电流之比; 动稳定倍数是指短路互感器所能承受的最大电流的瞬时值与其额定电流之比。

(7) 电流互感器的准确级数。

电流互感器的准确级数是互感器变比误差的百分值。电流互感器在一次额定电流下, 二次负荷越大, 则比误差和角误差就越大; 当一次电流低于电流互感器额定电流时, 互感器的比误差和角误差也会随之增大。在某一准确级工作时的标称负荷, 就是互感器二次侧在这个负荷下, 其比误差不超过这一准确等级所规定的数值。

常用电流互感器的准确等级为 0.1、0.2、0.5、1、3、5、5P、10P 共 8 个级别。

不同的准确度具有不同的应用范围, 一般 0.1 级、0.2 级电流互感器是用作标准电流互感器或用于实验室的精密测量, 0.5 级用于计量, 1 级用于指示性测量, 3 级、5 级用于非精密测量, P 级为保护。

(8) 电流互感器的极性。

所谓极性, 即铁芯在同一磁通量作用下, 一次绕组和二次绕组将感应出电动势, 其中两个同时达到高电位或同时为低电位的称为同名端。

电流互感器一次绕组有两个端口, 其一为首端, 记为 P_1, 另一端为末端, 记为 P_2。二次绕组也有两个端口, 其一为首端, 记为 S_1, 另一端为末端, 记为 S_2。由于原副边绕组是因为耦合而产生相互电流变换关系的, 故二者有共同的磁通。如图 1.4.3 所示, P_1 和 S_1 是一对同名端, P_2 和 S_2 也是一对同名端。

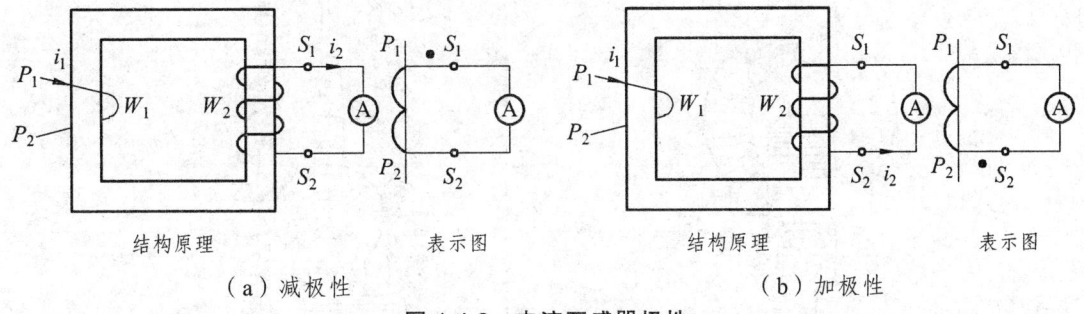

(a) 减极性　　　　　　　　　　　(b) 加极性

图 1.4.3　电流互感器极性

在图 1.4.3 (a) 中, 当一次绕组有电流 i_1 从 P_1 流向 P_2 时, 由于共同磁通的作用, 在二次绕组中感应产生一个电流 i_2, 从 S_1 流出, S_2 流入, 我们称这种极性为减极性。

在图 1.4.3 (b) 中, 当一次绕组有电流 i_1 从 P_1 流向 P_2 时, 由于共同磁通的作用, 在二次绕组中感应产生一个电流 i_2, 从 S_2 流出, S_1 流入, 我们称这种极性为加极性。

在电路图中通常在一对同名端旁标上黑点"•",这样就可以明确表示电流互感器的极性。在工程实用中,一般情况下电流互感器均采用减极性接线,故实用中这种接线省去画同名端符号。

(9) 10%误差曲线。继电保护装置对供保护用的电流互感器提出了一个最大允许误差值的要求,即比差不超过10%(角差不超过7°)。在10%误差曲线以下时,才能保证角误差小于7°。

(二)常用电流互感器

1. 干式电流互感器

这种互感器的绝缘介质由绝缘纸、玻璃丝带、聚酯薄膜带等固体材料构成,并经浸渍绝缘漆烘干处理,结构中的空气间隙也作为绝缘介质。其特点是结构简单,制造方便;但绝缘强度低,且受气候影响大,防火性能差,只适用于0.5 kV及以下的低压电路中。

2. 树脂浇注式电流互感器

这种互感器利用合成树脂、填料、固化剂组成的混合胶浇注在互感器里固化后形成绝缘介质。常见的有环氧树脂浇注式,适用于0.5~35 kV电压等级的电路中。

3. 油浸式电流互感器

这种互感器的主要绝缘介质是变压器油,例如油浸"8"字结构电流互感器,如图1.4.4所示。一次绕组套住带环形铁芯的二次绕组,构成两个相互套住的环,形若"8"字。铁芯和绕组安装在内部充满变压器油的瓷套(瓷箱)中。一次绕组和铁芯都包有较厚的电缆纸,通常两者绝缘厚度相等。这种结构中的电场强度分布不均匀,绝缘材料得不到充分利用,一次绕组包扎不连续,有可能形成绝缘薄弱环节,故该电流互感器适用于35~110 kV电压等级的电路中。

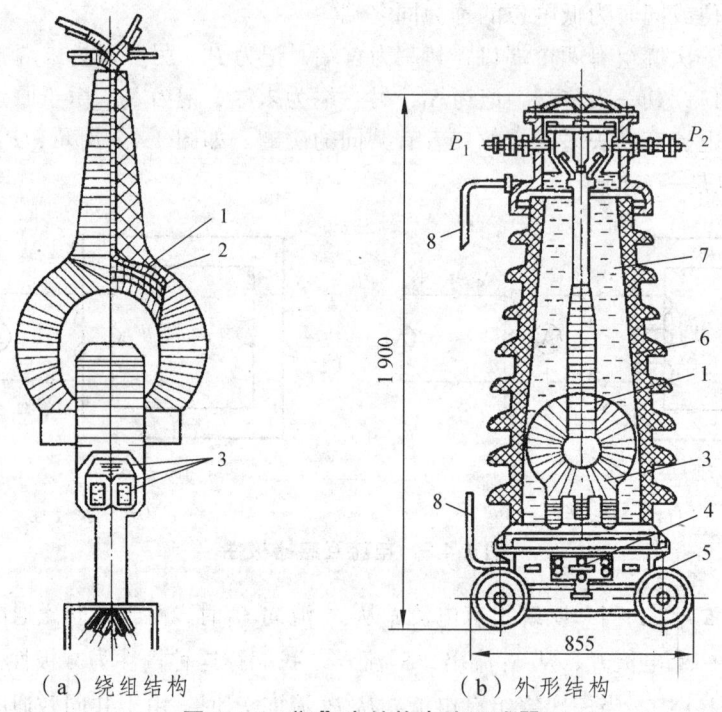

(a)绕组结构　　　　(b)外形结构

图1.4.4 "8"字结构电流互感器

1—原绕组;2—原绕组绝缘;3—副绕组及铁芯;4—接线盒;5—底座;6—瓷套;7—变压器油;8—放电间隙

当电压等级在 110 kV 及以上时，采用油浸串级式电流互感器，如图 1.4.5 所示。国产 L-110 型电流互感器就是串级结构，它由两个结构上独立的变换单元组成。

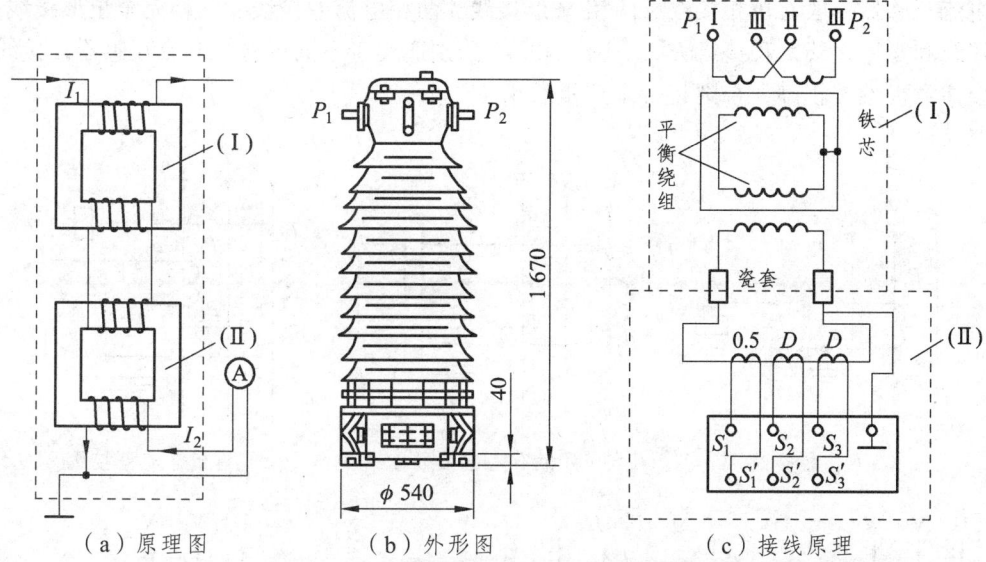

图 1.4.5　串级式电流互感器原理及外形

油浸式电流互感器都是户外式产品，它可分为纯油纸绝缘的链型结构和电容型油绝缘结构。高压电流互感器一次绕组大都由能够并联或串联的两个线段组成，可得到两个电流比，一般有 2~6 个二次绕组，其中 1~2 个作为计量和测量用，其余的作为保护用（P 级）。

正立式电容型绝缘结构的主绝缘全部包扎在一次绕组上；若为倒立式结构，则主绝缘全部包扎在二次绕组上。正立式电容型绝缘结构一次绕组常采用 U 形，倒立式结构二次绕组常采用吊环形。

4. SF_6 气体绝缘电流互感器

SF_6 气体绝缘电流互感器中用的固体绝缘材料，必须具有耐 SF_6 电弧分解物侵蚀的能力。高分子材料大部分具有良好的耐 SF_6 电弧分解物侵蚀的能力。

（1）配套式 SF_6 气体绝缘电流互感器。这种互感器主要串接在母线上，与 GIS 的其他部分连接，母线作为一次绕组，主绝缘是外壳内的 SF_6 气体及盆形绝缘子。

配套式 SF_6 气体绝缘电流互感器结构简单，铁芯及二次绕组固定在外壳的内壁上，外壳上引有二次出线端子接线板，以供引出二次引线。

（2）独立式 SF_6 气体绝缘电流互感器。这种互感器常采用倒立式结构，外形与油浸倒立式互感器相似，由头部（金属外壳）、高压绝缘套管和底座组成。

5. 光电式电流互感器

这种互感器可分为有源型、无源型和全光纤型三种。

（三）电流互感器的运行

1. 电流互感器的接线方式

电流互感器一般有单相接线、两相V形接线、两相电流差接线、三相完全星形接线、三角形接线和零序接线六种接线方式（图1.4.6），分别适用于不同场合。电流互感器在接线时，一定要注意极性接正确，否则将带来严重后果。

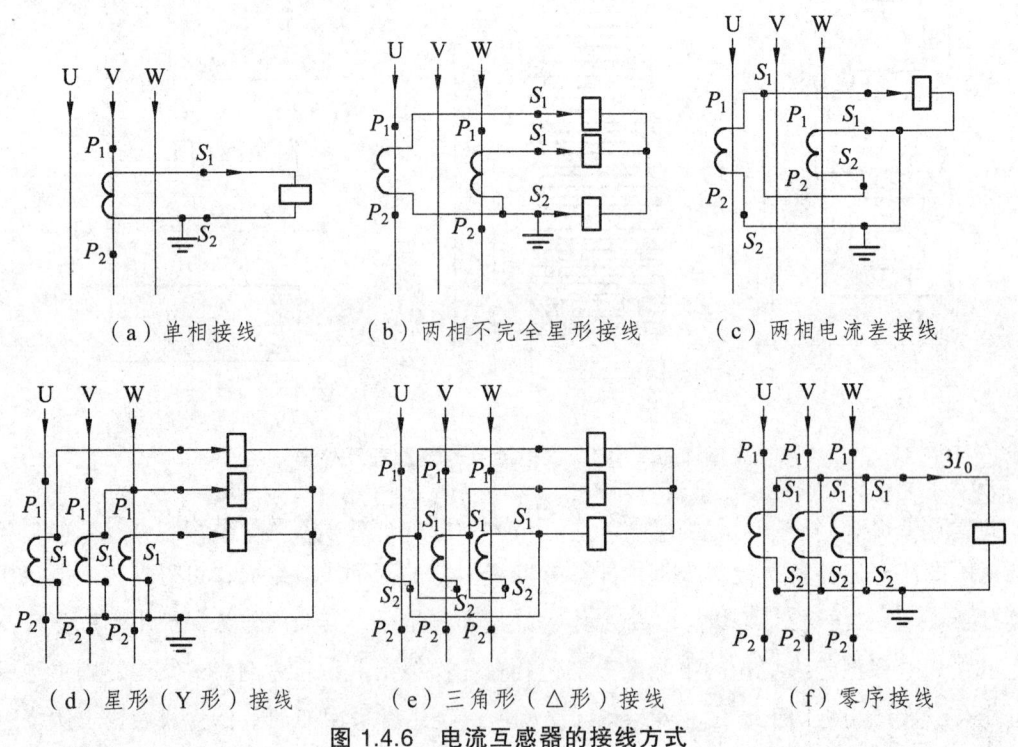

（a）单相接线　　　　（b）两相不完全星形接线　　　　（c）两相电流差接线

（d）星形（Y形）接线　　　（e）三角形（△形）接线　　　（f）零序接线

图1.4.6　电流互感器的接线方式

（1）单相接线。

如图1.4.6（a）所示，这种接线是将一个电流互感器接入一相中（实用中接入中间相），主要用来测量单相负荷电流或三相系统中平衡负荷的某一相，多用于低压动力线路中，接线简单，造价低。

（2）两相V形接线。

两相V形接线又称为两相三继电器不完全星形接线，如图1.4.6（b）所示。这种接线方式在6～10kV中性点不接地系统中应用较广泛，通过公共线上的仪表中的电流等于U、W相电流的相量和，大小即等于V相的电流大小。两相V形接线方式组成的继电保护电路，能对各种相间电路故障进行保护，但灵敏度不尽相同，与三相星形接线比较，灵敏度较差。由于两相V形接线方式比三相星形接线方式少了1/3的设备，因此节省了投资费用。

（3）两相电流差接线。

如图1.4.6（c）所示，两相电流差接线方式通常应用于继电保护电路中，例如，线路或电动机的短路保护及并联电容器的横联差动保护等。该接线能反映各种相间短路，但灵敏度各不相同。采用两相电流差接线方式，正常工作时，通过仪表或继电器的电流是U、W相电流的相量差,其大小为电流互感器二次电流的$\sqrt{3}$倍。

(4)三相完全星形接线。

如图1.4.6(d)所示,三相完全星形接线由三个电流互感器和三个电流继电器组成。这种接线能反映两相、三相短路及单相接地等各种故障,其流入继电器的电流和电流互感器的二次电流之比为1,因此,对各种形式故障都同样灵敏。但这种接线方式比其他接线方式所需设备较多,而且在中性点非直接接地电网的两点接地短路中,可能造成保护装置误动作。三相完全星形接线一般用于发电机、变压器等大型贵重电气设备,以提高保护的可靠性和灵敏性,但中性点非直接接地电网很少使用。

(5)三角形接线。

如图1.4.6(e)所示,三角形接线应用于Y/△接线的变压器差动保护,这种接线一般是为了配合变压器保护,每相输出的电流相对于二次绕组电流在相位上移动了30°,在数值上是原来的$\sqrt{3}$倍。

(6)零序接线。

如图1.4.6(f)所示,这种接线由于三相正序电流之和与三相负序电流之和均为零,故该接线只能输出3倍的零序电流分量,也称为零序电流滤出器,主要用于继电保护中的零序电流保护。

2. 电流互感器的运行规定

(1)电流互感器的一次额定电流决定了互感器的误差和温升,它取决于系统的额定电流,通过电流互感器的一次侧的电流允许在不大于1.1倍额定电流的情况下长期运行。如果长期过负荷运行,会使测量误差加大,并使绕组过热或损坏。

(2)电流互感器应在铭牌规定的额定容量范围内运行,如果超过铭牌额定容量运行,则会使准确度降低,测量误差增大,表计读数不准。

(3)电流互感器是串联在线路中的,当发生短路故障时,将产生较大的短路电流,随之产生热效应和由电动力产生机械效应,电流互感器必须具备承受这些效应的能力。

(4)运行中的电流互感器二次侧不能开路。如果运行中的电流互感器二次侧开路,则二次侧会出现高电压,从而危及二次设备和人身的安全。电流互感器二次侧至少应有一个可靠的接地点,这属于保护接地,是为了防止运行中二次侧开路。规定电流互感器二次侧不准装设熔断器。若工作需要断开二次回路(如拆除仪表)时,在断开前,应先将其二次回路端子用连接片可靠短接。

(5)电流互感器的二次侧必须有保护措施,否则一、二次绕组间绝缘击穿时,一次侧的高电压窜入二次侧,将危及人身和二次设备的安全。

(6)电流互感器与电压互感器的二次回路不允许相互连接。因为电压互感器二次回路是高阻抗回路,电流互感器二次回路是低阻抗回路,如果电压互感器接于电流互感器的二次回路,会使电流互感器近似开路;如果电流互感器接于电压互感器二次回路,会造成电压互感器短路。

3. 电流互感器的巡视

电流互感器在运行中,值班人员应定期进行巡视,以保证安全运行。

（1）瓷质部分应清洁，无破损、无裂纹、无放电闪络痕迹；无异声及焦臭味，接头应无过热现象。

（2）干式（树脂）电流互感器外壳无裂纹，无碳化、脆皮、发热、熔化现象，无烧痕或冒烟现象，无异常气味。

（3）充油式电流互感器油位、油色应正常，油色应透明不发黑，无渗漏油现象。要定期对油进行试验，以检查油质情况，防止油绝缘能力降低。

（4）对环氧式电流互感器，要定期进行局部放电试验，以检查其绝缘水平，防止爆炸起火。

（5）SF_6电流互感器的SF_6气体压力应在正常范围内，气压表玻璃无破损及进水现象。

（6）电流互感器应无异常声音，正常运行中声音均匀、极小或无声。

（7）检查电流互感器是否因过负荷而产生焦煳味，是否有由于接线端子接触不良引起放电产生的臭氧味。

（8）电流表的三相指示值应在允许范围内，电流互感器无过负荷运行或开路现象。

（9）一次侧引线接头应牢固，压接螺钉无松动，无过热现象。

（10）二次绕组接地线应良好，接地牢固，无松动、无断裂。

（11）端子箱应清洁、不受潮，二次端子接触良好，无开路、放电或打火现象。

（12）有放水装置的电流互感器，应定期放水，以免雨水积聚在电流互感器上。

（13）户内浸膏式电流互感器应无流膏现象。

二、电压互感器的运行与维护

（一）电压互感器的基本知识

电压互感器在工程上常用PT或TV表示。

1. 电压互感器的工作原理

电压互感器是一种特殊的变压器，它将高电压变换为适合于电气仪表、继电保护装置需要的低电压，使二次设备与高电压隔离，以保证人身和设备的安全。电压互感器的一次绕组匝数较多，而二次绕组匝数较少，使用时一次绕组与被测量电路并联，二次绕组与测量仪表、继电器等的电压线圈并联。由于测量仪表、继电器等的电压线圈的阻抗很大，电压互感器正常运行中二次绕组中的电流很小，一、二次绕组中的漏阻抗压降很小。因此其二次电压基本上等于二次电动势值，且取决于恒定的一次电压值，所以电压互感器在准确度所允许的负荷范围内，能够精确地测量一次电压。

电压互感器的工作原理相当于二次侧开路的变压器，在二次侧接入电压表测量电压（可以并联多个电压表）。电压互感器在正常运行中，二次负荷阻抗很大，由于电压互感器是恒压源，内阻抗很小，容量很小，一次绕组导线很细，当互感器二次发生短路时，一次电流将会很大，若二次侧熔丝选择不当，熔丝不能熔断时，电压互感器极易被烧坏，因此电压互感器的二次侧不能短路。

2. 电压互感器的分类

（1）按用途可分为测量用电压互感器、保护用电压互感器。

（2）按绝缘介质可分为干式电压互感器、浇注式绝缘电压互感器、油浸式电压互感器和SF_6电压互感器。

（3）按电压变换原理可分为电磁式电压互感器、电容式电压互感器、光电式电压互感器。

（4）按使用条件可分为户内电压互感器、户外电压互感器。

（5）按相数可分为单相电压互感器、三相电压互感器。

（6）按一次绕组对地运行状态分类。

① 一次绕组接地的电压互感器。单相一次绕组的末端或三相电压互感器一次绕组的中性点直接接地。

② 一次绕组不接地的电压互感器。三相电压互感器一次绕组的各部分，包括接线端子对地都是绝缘的，而且绝缘水平与额定绝缘水平一致。

（7）按磁路结构分类。

① 单级式电压互感器。一次绕组和二次绕组（根据需要可设多个二次绕组）同绕在一个铁芯上，铁芯为地电位。

② 串级式电压互感器。一次绕组分成几个匝数相同的单元串接在相与地之间，每一单元有各自独立的铁芯，具有多个铁芯，且铁芯带有高电压，二次绕组（根据需要可设多个二次绕组）处在最末一个与地连接的单元。

（8）组合式互感器。由电压互感器和电流互感器组合并形成一体的互感器称为组合式互感器，也有的把与组合电器配套生产的互感器称为组合式互感器。

3. 电压互感器的型号

电压互感器的型号由字母符号和数字组成，通常表示电压互感器的绕组类型、绝缘种类、使用场所及电压等级等，如图 1.4.7 所示。

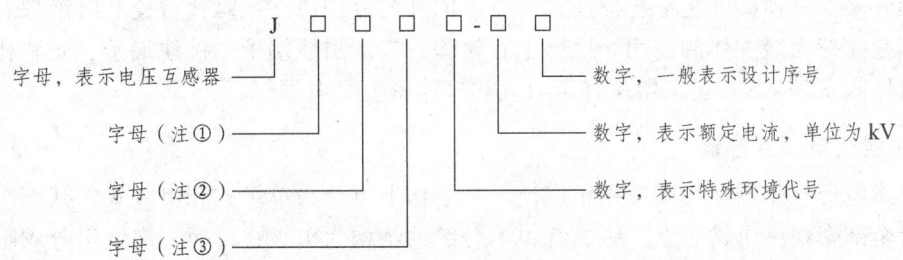

图 1.4.7　电压互感器的型号

注：① D—单相；S—三相；C—串级；W—五铁芯柱。
② G—干式；J—油浸式；C—瓷绝缘；Z—浇注式；R—电容式；S—三相。
③ W—五铁芯柱；B—带补偿角差绕组。

4. 电压互感器的技术参数

（1）型号。由 3~4 个拼音字母及数字组成。字母表示电压互感器的绕组类型、绝缘种类、铁芯结构及使用场所等。字母后面的数字表示电压等级。

（2）电压比。常以一次、二次侧绕组的额定电压标出。即电压比

$$K = \frac{U_{1N}}{U_{2N}}$$

（3）容量。包括额定容量和最大容量。额定容量是指负荷功率因数 $\cos\varphi = 0.8$ 时，对应于

不同准确度等级的负荷（V·A）。最大容量是指在满足绕组发热的条件下，所允许的最大负荷（V·A），当按最大容量使用时，其准确度将超出规定值。

（4）误差等级。指电压互感器电压比误差的百分值，通常分为 0.2、0.5、1、3 及 3P、5P，使用时根据负荷需要来选用。

（5）连接组别。表明电压互感器一、二次线电压的相位关系。通常三相电压互感器接线方式有为 Yyn0—Yyn12、开口三角形。

（6）电压比误差。指二次侧电压的测量值折算到一次侧后的电压数值与一次电压实际数值之间的差（以百分比数表示）。

（7）相角误差。指一次侧电压相量 U_1 与转过 180°的二次侧电压相量 $-U_2$ 在相位上的误差。

（8）准确级。指在规定的一次电压和二次负荷变化范围内，负荷功率因数为额定值时，规定的电压误差（含相位误差）的最大值。

（9）极性。按照规定，一次绕组首端标为 U_1，尾端标为 U_2，二次绕组首端标为 u_1，尾端标为 u_2。U_1 和 u_1、U_2 和 u_2 是同名端。

假设一次电流从首端 U_1 流入，从尾端 U_2 流出时，二次电流则从首端 u_1 流出，从尾端 u_2 流入，这样的极性标志称为减极性；反之，为加极性。单相电压互感器有 Ii12（减极性）和 Ii6（加极性）两种，一般工程实际中用 Ii12 组，只有特殊用途才会用 Ii6 组。

（二）常用电压互感器

电压互感器从外形看由头部、瓷套管及底座三大部分组成。

头部连接互感器与高压回路。所有互感器均有一次引线端子及其标志。油浸式互感器的头部还装有膨胀器，而 SF_6 互感器装有防爆片。

瓷套管是互感器的外绝缘。浇注式互感器的外绝缘用浇注绝缘代替瓷套管绝缘。

底座起支持固定主体的作用。底座上有铭牌、二次引线端子、接地端子、安装孔、放油阀（或放气阀）等。SF_6 互感器还有压力表和气体密度继电器等。

1. 油浸式电压互感器

油浸式电压互感器在我国应用很广泛，从结构上可分为单级式和串级式。其一次绕组和二次绕组全部套在一个铁芯上，一次绕组不分级的结构为单级式；而一次绕组分成匝数接近相等的几个绕组分别套在几个铁芯上，然后串联起来的电压互感器为串级式。在我国，110 kV 及以上电压等级的电路中的电压互感器为串级式，110 kV 以下的为单级式。

图 1.4.8 所示是 JDC 型 110 kV 油浸式电压互感器，采用串级式结构，其特点是：绕组和铁芯采用分级绝缘，简化绝缘结构；铁芯和绕组组装在瓷箱中，兼做高压出线套管和油箱。其中铁芯由硅钢片叠成，一次绕组分成相等的两段分别套在上下铁芯柱上，一次绕组的分段处与铁芯等电位连接。二次绕组套在下铁芯柱上。当互感器空载时，上下芯柱磁通相等，上下绕组的空载电流相等，每段绕组承受电网电压的一半，因而降低了绝缘水平。当副绕组带负荷运行时，由于负荷电流的去磁作用，使下铁芯柱内磁通小于上芯柱磁通，因此两段一次绕组承受的电压不一样，下段绕组承受电压小于网压的 1/2，引起互感器误差增大。为减小误差，上下两芯柱装有匝数相同的平衡绕组对接，负载运行时，平衡绕组中的平衡电流产生的磁通使上铁芯磁通减少，下铁芯磁通增加，从而使电压分布均匀，误差减少。

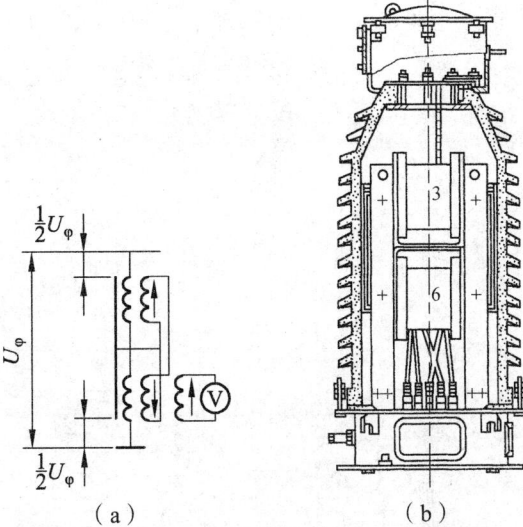

图 1.4.8 JDC 型 110 kV 油浸式电压互感器

2. 电容式电压互感器

电容式电压互感器简称 TVC，结构如图 1.4.9 所示，是目前电力系统中比较常见的一种设备。相对于电磁式电压互感器，它具有体积小、质量轻、维护工作量少及运行可靠等特点，目前正在逐步取代传统的电磁式电压互感器。

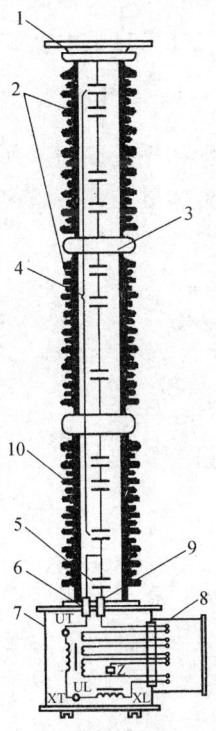

图 1.4.9 电容式电压互感器结构

1—防晕环；2—耦合电容器；3—屏蔽罩；4—高压电容 C_1；5—中压电容 C_2；6—中压套管；7—电磁单元油箱；
8—二次接线端子盒；9—低压套管；10—分压电容器；UT~XT—中间变压器一次绕组；
UL~XL—补偿电抗器绕组；Z—阻尼器

电容式电压互感器是根据电容串联分压的原理工作的,如图 1.4.10 所示,在被测设备的相与地之间串联的两个电容 C_1 和 C_2,按反比分压,二次电压为

$$U_2 = U_{C_2} = \frac{C_1}{C_1 + C_2} U_1 = K_U U_1$$

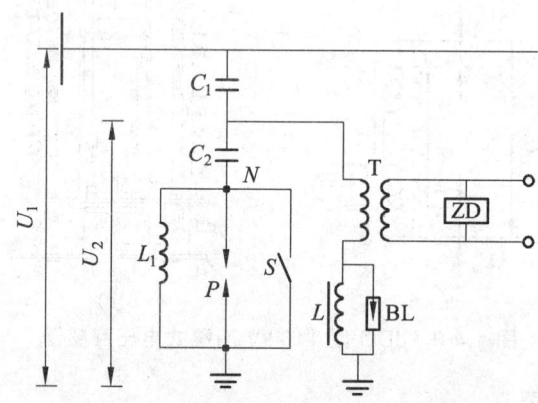

图 1.4.10 电容式电压互感器工作原理图

3. SF_6 气体绝缘电压互感器

SF_6 气体绝缘电压互感器在 GIS 中应用较为广泛。独立式 SF_6 气体绝缘电压互感器需有充气阀、吸附剂、防爆片、压力表、气体密度继电器等,以保证其正常运行。

4. 光电式电压互感器

光电式电压互感器是利用电子技术和光电调制原理,用玻璃光纤来传递电流或电压信息的新型互感器。与传统电磁式互感器采用电磁耦合原理不同,它是用金属导体来传递电流或电压信息的互感器。

(三)电压互感器的运行

1. 电压互感器的接线方式

电压互感器一般有单相接线、两相 V 形接线、三个单相 Y_0/Y_0 接线和完全星形接线四种方式,分别适用于不同场合。

(1)单相接线。

如图 1.4.11(a)所示,这种接线方式在三相线路中,只能测量某两相之间的线电压,还可以用于电压表、频率表及电压继电器等的接线,为安全起见,二次绕组有一端接地(通常取 X 端)。

(2)两相 V/V 接线。

如图 1.4.11(b)所示,这种接线方式适用于中性点不接地或经消弧线圈接地的系统中,可以供仪表、继电器等接于三相三线制电路来测得各个线电压。其优点是接线简单、经济。

（3）Y_0/Y_0 接线。

如图 1.4.11（c）所示，这种接线方式能满足仪表和继电保护装置用相电压和线电压的要求。在一次绕组中性点接地情况下，也可用于绝缘监察电压表。

（4）完全星形接线。

如图 1.4.11（d）所示，这种接线方式在 10 kV 中性点不接地系统中应用广泛，既能测量线电压、相电压，还能组成绝缘监察装置和供单相接地保护用。两套二次绕组中 Y_0 接线的二次绕组称为基本二次绕组，用来接仪表、继电器及绝缘监察电压表。开口三角形接线的二次绕组称为辅助二次绕组，用来连接监察绝缘用的电压继电器。在系统正常运行时，开口三角形两端的电压接近于零，当系统发生一相接地时，开口三角形两端出现零序电压，使保护动作，发出接地预告信号。

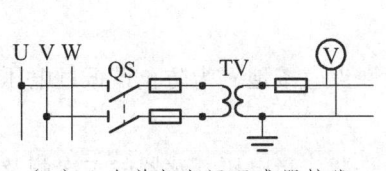
（a）一个单相电压互感器接线

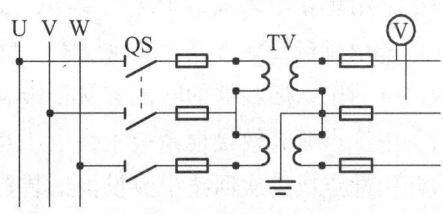
（b）两个单相电压互感器 V/V 接线

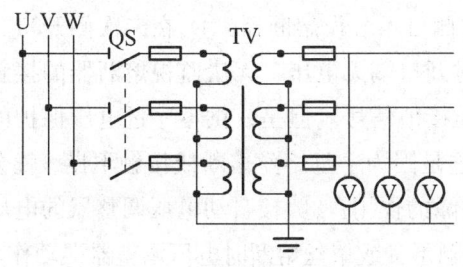
（c）三个单相电压互感器 Y_0/Y_0 接线

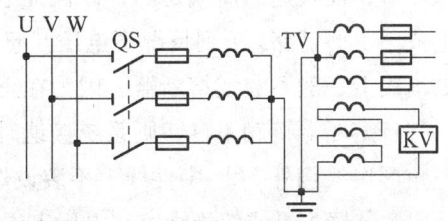
（d）三个单相三绕组电压互感器或一个三相五芯柱电压互感器 $Y_0/Y_0/\Delta$ 接线

图 1.4.11　电压互感器的接线方式

2. 电压互感器的运行规定

（1）电压互感器一次侧额定电压与被测电路的额定电压应相符。电压互感器二次侧额定电压一般为 100 V（或 $100/\sqrt{3}$ V），其中 110 kV 及以上中性点直接接地系统中，基本绕组的二次侧额定电压为 $100/\sqrt{3}$ V，辅助绕组的额定电压为 100 V。

（2）电压互感器允许在不超过其 1.1 倍额定电压的情况下长期运行。在中性点非有效接地系统中，当发生一相接地时，非接地相电压升高 $\sqrt{3}$ 倍。由于电压互感器制造时，设计为能承受 1.9 倍额定电压运行 8 h 无损伤，故中性点非有效接地系统一相接地时，其运行时间不作规定。

（3）运行中电压互感器的二次侧不能短路，为防止短路，在二次侧装设熔断器或者空气小开关。因电压互感器二次侧接入的负载阻抗很大，正常运行时，其二次电流很小，接近变压器的空负荷运行状态。而当二次侧短路时二次阻抗大大减小，会出现很大的短路电流，使二次绕组严重发热而烧毁。

（4）电压互感器的二次回路不受一次回路的限制，可采取不同的接线方式。但二次绕组必须有一点接地，且只能有一点接地。这是为了防止一、二次绕组之间的绝缘击穿时，高电压窜入低压侧，危及二次设备和人身的安全。

（5）油浸式电压互感器装有油位计和呼吸器，正常运行时电压互感器的油位应正常，呼吸器内的吸湿剂颜色应正常（否则应更换吸湿剂）。凡新装的 110 kV 及以上油浸式电压互感器，都应采用全密封式或带微正压的金属膨胀器。凡有渗油的，应及时处理或更换。

（6）35 kV 及以下的电压互感器，一次侧都应装熔断器，以避免互感器出现故障时使事故扩大。对于 66 kV 及以上的电压互感器，一次侧一般不装设熔断器，这是因为：① 这类互感器一般采用单相串级式，绝缘强度高，发生事故的可能性较小；② 110 kV 及以上系统中性点一般采用直接接地方式，接地故障时瞬时跳闸，不会过电压运行；③ 在 66 kV 及以上电压等级的电网中，熔断器的断流容量很难满足要求。

（7）中性点非有效接地系统中，电压互感器一次中性点应接地，为防止谐振过电压，宜在一次侧中性点或二次回路中装设消谐装置。

（8）在电压互感器二次侧装设熔断器或自动空气断路器，当电压互感器的二次侧及回路发生故障时，能快速熔断或切断，以保证电压互感器不遭受损坏及不造成保护误动。运行中不得造成二次侧短路。下列情况下电压互感器的二次侧可不装设熔断器：① 在二次侧开口三角形的出线上一般不装设熔断器。因为在正常运行时开口端无电压，无法监视熔断器的接触情况。一旦熔断器接触不良，则系统接地时不能发出接地信号。但是，供零序过电压保护的开口三角形出线例外。② 中性线上不装设熔断器，这是因为一旦熔丝熔断或接触不良，就会使断线闭锁装置失灵或使绝缘监察电压表失去指示故障的作用。③ 接自动电压调整器的电压互感器二次侧不装设熔断器，这是为了防止熔断器接触不良或熔丝熔断时电压调整器误动作。④ 66 kV 及以上的电压互感器二次侧一般都装设有空气断路器而不用熔断器。

3. 电压互感器操作注意事项

（1）电压互感器停用时应将高、低压两侧都断开，操作时应先拉开二次熔断器，后拉开一次隔离开关；送电时，应先合上一次隔离开关，后投入二次熔断器，并测试接触良好，防止电压反送电。

（2）电压互感器停用或检修时，其二次侧空气断路器应分开，二次熔断器应取下，防止反送电。

（3）一般电压互感器的二次侧带有线路的距离保护、方向保护，机组的低电压闭锁电流保护和自动装置，因此电压互感器的投入或退出运行，必须考虑对仪表、自动装置、继电保护装置的影响。为防止电压互感器所带的保护及自动装置误动，应将有关保护及自动装置停用或者切换电压量。

（4）系统发生单相接地或产生谐振时，严禁就地用隔离开关或高压熔断器拉、合互感器。

严禁就地用隔离开关或高压熔断器拉开有故障的电压互感器。

（5）为防止铁磁谐振过电压，一般不应将电压互感器与空母线同时运行。220 kV 电压互感器、避雷器不准在中性点接地系统中运行。

（6）对单母线接线，一般情况下电压互感器和母线同时停、送电，如特殊情况需要单独停用电压互感器时，必须考虑对仪表、自动装置、继电保护装置的影响。

（7）对双母线接线，接在两组母线上的电压互感器不应长期并列运行，当一组电压互感器检修时，停用电压互感器的负荷由另一组母线电压互感器暂代。在电压互感器二次侧并列前应先将一次侧并列，否则二次侧并列后，由于一次侧电压不平衡，将在二次侧产生较大环流，容易引起熔断器暴断，使保护失去电压；另外还应考虑是否能引起保护装置误动。

4. 电压互感器的巡视

电压互感器在运行中，值班人员应定期进行检查，以保证安全运行。

（1）绝缘子应清洁，无破损、无裂纹，无放电现象和放电闪络痕迹。

（2）油位、油色应正常，油色应透明不发黑，无渗漏现象。

（3）呼吸器内的吸湿剂颜色应正常，无潮解，吸湿剂变色超过 1/2 应更换。

（4）SF_6 电压互感器的 SF_6 气体压力应在正常区域范围内，气压表玻璃无破损及进水现象。

（5）在运行中，互感器内部声响应正常，无放电声及剧烈振动声。当外部线路接地时，更应注意该母线上的电压互感器声响是否正常，有无焦糊味。

（6）密封装置应良好，各部位螺钉应牢固，无松动；端子箱应清洁，未受潮；表计指示应正常，无异常信号。

（7）检查 6~35 kV 电压互感器的开口三角形绕组上安装的灯泡有无损坏，若已损坏，应予以更换。

（8）一次侧引线接头连接应良好，无松动，无过热变色；高压熔断器限流电阻及断线保护用电容器应完好；高、低压熔丝及自动空气断路器应接触良好，二次回路的电缆及导线应无腐蚀和损伤，二次接线无短路现象。

（9）电压互感器一次侧中性点接地及二次绕组接地应良好。若有断开或锈蚀，应及时联系检修人员进行更换，防止绝缘击穿时一次侧高压窜入二次回路，造成人身和设备事故。

 资 讯 单

学习情境一	电气设备的运行与维护	学时	
学习子情境 4	互感器的运行与维护	学时	6
资讯方式	在图书馆、专业杂志、互联网及教师给的资讯指导上查询问题；咨询任课教师		
资讯问题	1. 互感器在牵引变电所中的作用是什么？它分为哪几种？ 2. 电压互感器分布在牵引变电所中的哪些地方？ 3. 电流互感器分布在牵引变电所中的哪些地方？ 4. 互感器的基本组成是什么？ 5. 电压互感器分为哪几种？ 6. 电流互感器分为哪几种？ 7. 电压互感器的接线方式有哪几种？有何作用？ 8. 电流互感器的接线方式有哪几种？有何作用？ 9. 正常情况下互感器在运行时的声音是什么？ 10. 正常情况下如何监测互感器的运行？ 11. 如何检查互感器引线的温度？ 12. 互感器的铭牌有哪些内容？ 13. 电压互感器和电流互感器的日常巡视内容是什么？ 14. 互感器设备的旁边有端子箱吗？ 15. 电压互感器在运行中有何规定？电流互感器在运行中有何规定？ 16. 互感器在运行与维护时需要哪些仪表和工具？ 17. 互感器的检修周期和内容是什么？ 18. 对互感器进行巡视时有什么安全注意事项？		
资讯引导	以上问题可以在本教程的学习信息、《牵引变电所运行检修规程》、"牵引变电所"精品课程网站、互联网、专业资料等处查找。		

 计划和决策单

计划和决策单见附录附表 1.4.1。

实 施

一、理论知识问答

1. 电流互感器由_____组成。
2. 互感器的二次侧必须_____，以保证_____安全。
3. 电流互感器一次电流是由一次回路的_____所决定的，它不随二次回路_____变化，这是其与变压器工作原理的重要区别。
4. 电流互感器二次侧不允许_____，一旦开路，会使二次回路本身产生_____，并对人身和设备安全产生很大威胁。
5. 电流互感器的准确度等级表示在规定的_____变化范围内，一次电流为额定值时的_____的百分值。
6. 常用电流互感器的准确度等级分为 0.2、0.5、_____、_____和 10 级等。
7. 电流互感器的电流误差，会引起各种_____和_____产生误差。
8. 普通结构油浸式电压互感器又分为_____式和_____式，这种形式多用在 3～35 kV 的系统中。
9. 电压互感器的二次负荷，包括所接的各种测量仪表、_____和_____以及二次回路中的全部损耗。
10. 电流互感器工作时，二次回路始终是_____的，并接近_____状态。
11. 将电压互感器停电时，应先断开_____，后断开_____。
12. 为了防止电流互感器二次侧_____，其二次侧不准装_____。
13. 电流互感器的相角差，即二次电流向量翻转_____后与一次电流同相的_____。
14. 电压互感器是将高压变成_____伏的低压，供_____用的。
15. 在电流互感器二次回路上工作，用作短路二次绕组的短路线，必须是短路片式_____，严禁用_____缠绕。
16. 当两个线圈分别由某一固定端流入或流出电流时，它们所产生的_____是相互增强的，则称这两端为_____。
17. 在工程上电流互感器通常采用_____极性。
18. 电流互感器二次侧阻抗增加时，其电流误差及角误差（　　）。
    A. 均增加　　　　　　　　　　B. 均减少
    C. 电流误差增加，角误差减小　　D. 电流误差减小，角误差增加
19. 电压互感器的二次线圈运行中一点接地属于（　　）。
    A. 保护接地　　　　　　　　　B. 工作接地
    C. 防雷接地　　　　　　　　　D. 保护接零
20. 电流互感器的二次线圈在运行中不许（　　）。
    A. 开路　　　　　　　　　　　B. 短路
    C. 接地　　　　　　　　　　　D. 开路和接地

21. 运行中的电压互感器二次线圈不许（　　）。
    A. 开路　　　　　　　　　　　　B. 短路
    C. 接地　　　　　　　　　　　　D. 短路和接地
22. 万用表使用完毕后，应将选择开关拨放在（　　）。
    A. 电阻挡　　　　　　　　　　　B. 交流高压挡
    C. 直流电流挡　　　　　　　　　D. 任意挡位
23. 电压互感器在运行中，为避免产生很大的短路电流而烧坏互感器，要求互感器（　　）。
    A. 严禁二次线圈开路　　　　　　B. 严禁二次线圈短路
    C. 必须一点接地　　　　　　　　D. 严禁超过规定的容量加带负荷
24. 采用一台三相三柱式电压互感器，接成 Y-Yn 形接线，该方式能进行（　　）。
    A. 相电压的测量　　　　　　　　B. 线电压和相电压的测量
    C. 电网运行中的负荷电流监视　　D. 收集零序电压
25. 电流互感器的两相不完全星形接线，在运行中（　　）。
    A. 不能反映所有的接地故障　　　B. 对任两相故障反应不灵敏
    C. 对单相接地故障反应灵敏　　　D. 对三相短路反应不灵敏
26. 电压互感器二次侧装设熔断器是为了保护电压互感器。（　　）
27. 对于直流电路，电感元件相当于开路，电容元件相当于短路。（　　）
28. 采用 V-V 型接线的电压互感器，只能测量相电压。（　　）
29. 可以用三相三柱式电压互感器测量相对地电压。（　　）
30. 电压互感器的二次线圈接地，属于保护接地。（　　）
31. 电流互感器二次回路可以装熔断器。（　　）
32. 电压互感器正常运行时二次线圈近似于短路状态。（　　）
33. 电压互感器的工作原理与变压器相同，运行中相当于二次线圈开路。（　　）
34. 电流互感器的准确度等级随所接的二次负荷增大而降低。（　　）
35. 电流互感器的准确度数值越小，误差越大。（　　）
36. 电压互感器通过隔离开关和熔断器与电网连接，该熔断器是电压互感器的过负荷保护。（　　）
37. 当电流互感器的变比误差超过 10% 时，将影响继电保护的正确动作。（　　）
38. 我国生产的电流互感器的一次绕组和二次绕组是按加极性缠绕的。（　　）
39. 电流互感器有什么用途？
    答：_____
    _____
    _____
    _____

40. 电流互感器二次侧为什么必须接地？
    答：

41. 电压互感器二次侧短路对运行有什么危害？
    答：

42. 电压互感器的两套低压绕组各有什么用途？
    答：

43. 油浸互感器应多长时间小修一次？有哪些小修内容？
    答：

44. 10～35 kV 电压互感器二次回路断线有哪些现象？怎样处理？
    答：

45. 电压互感器的二次侧短路对运行有什么危害？
    答：

46. 电流互感器二次侧为什么不允许开路？

答：_____

_____

_____

_____

47. 变比是 400/5 的电流互感器接有一块最大刻度是 200 A 的电流表，当电流表的指示为 100 A 时，电流互感器一次侧流过的电流是多少？

答：_____

_____

_____

_____

48. 图 1.4.12 为何种系统？能测量什么电压？开口三角形绕组有何作用？

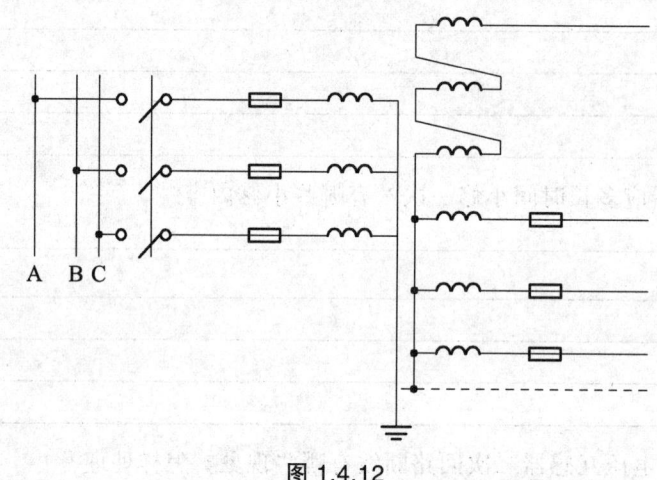

图 1.4.12

答：_____

_____

_____

_____

_____

二、实施操作过程（实施操作单）

1. 画出电流互感器在电路中的接线方式。

2. 画出电压互感器在电路中的接线方式。

3. 填写电流互感器和电压互感器的日常巡视内容。

设备名称	看	听	闻	着装要求

4. 每组选派 2 人完成互感器的日常巡视对话。
5. 完成互感器 PPT 的制作并汇报。

 检查单

检查单见附录附表 1.4.2。

 评价单

评价单见附录附表 1.4.3。

 **备忘录**

序号	操作	问题	解决问题的方法
1			
2			

备　注

学习子情境5　防雷设施的运行与维护

学习任务书

小组编号：＿＿＿＿＿＿＿　　　成员名单：＿＿＿＿＿＿＿

学习任务描述

通过本情境的学习，要求能够做到：认识牵引变电所防雷设施及接地装置，熟悉牵引变电所防雷设施的结构、工作原理，熟悉牵引变电所接地网，熟悉牵引变电所防雷设施的正常巡视内容和运行要求。

学习任务：防雷设施的运行与维护。
学习对象：避雷器、避雷针、接地装置。
工　　具：生产文件、工作工具、量具等。
学习步骤：
（1）认识牵引变电所的避雷器、避雷针和接地装置。
（2）熟悉牵引变电所避雷器、避雷针和接地装置的结构。
（3）熟悉牵引变电所避雷器、避雷针的避雷原理。
（4）了解牵引变电所避雷器、避雷针的铭牌内容。
（5）了解牵引变电所的接地网。
（6）熟悉牵引变电所避雷器、避雷针的正常巡视内容。
（7）熟悉牵引变电所避雷器、避雷针和接地装置的运行要求。

学习方法

资讯：接受学习任务，根据引导问题，通过学习查找资料、网络信息等，建立总体印象。
计划：与小组成员、老师、师傅讨论避雷器、避雷针及接地装置在变电所中的影响和意义。
决策：与老师或师傅进行专业交流，确定本项目的工作步骤和涉及的工具，拟定检查、评价标准。
实施：按确定的工作步骤完成行动化学习任务，发现问题，共同分析，遇到无法解决的问题时请老师或师傅帮助解决。
检查：（1）生产文件准备好了吗？
　　　　（2）工具准备好了吗？
　　　　（3）安全事项有哪些？
评价：与同学、老师、师傅进行专业交流，有改进的建议吗？

学习目标

（1）明确避雷器、避雷针和接地装置的作用、结构及工作原理。
（2）明确避雷器、避雷针和接地装置运行中的要求。
（3）对避雷器、避雷针的日常巡视做出规划，选择所要涉及的内容、仪表、工具等。
（4）了解避雷器、避雷针和接地装置运行中和检修时的注意事项。

行动化学习任务

第一部分：进行避雷器、避雷针和接地装置知识的学习

任务1：查阅《牵引变电所运行检修规程》有关避雷器、避雷针和接地装置的要求。
任务2：查阅各种资料熟悉避雷器、避雷针和接地装置的结构。
任务3：查阅各种资料熟悉避雷器、避雷针和接地装置的工作原理。
任务4：列出避雷器的结构表。
任务5：列出避雷器的巡视表。
任务6：列出避雷针的巡视表。

第二部分：进行避雷器、避雷针的日常巡视

任务7：完成避雷器结构表的填写。
任务8：完成避雷器的巡视。
任务9：完成避雷针的巡视。
任务10：总结安全注意事项。

 学习信息

一、避雷器的运行与维护

(一)避雷器的基本知识

避雷器是一种能释放过电压能量、限制过电压幅值的设备。避雷器通常接在带电导线与地之间,与被保护设备并联。当过电压值达到规定的动作电压时,避雷器立即动作,流过电荷,限制过电压幅值,保护设备的绝缘;电压值正常后,避雷器又迅速恢复原状,以保证系统正常供电。避雷器能释放雷电和电力系统操作产生的过电压能量,保护电工设备免受瞬时过电压危害,同时又能截断续流,不致引起系统接地短路。

避雷器按发展先后可分为保护间隙、管式避雷器、阀式避雷器和氧化锌避雷器。

(二)常用避雷器

1. 保护间隙

保护间隙是最简单的避雷器,如图1.5.1所示。当雷电侵入波要危及它所保护的电气设备的绝缘时,间隙首先击穿,工作母线接地,避免了被保护设备上的电压升高,从而保护了设备。这种避雷器的优点是结构简单、制造方便;缺点是伏-秒特性曲线比较陡,绝缘配合不理想,间隙动作后会形成截波,熄弧能力低。

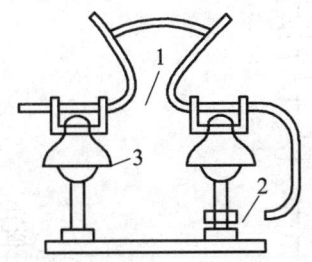

图1.5.1 角形保护间隙的结构

1—主间隙;2—辅助间隙;3—绝缘子

2. 管式避雷器

管式避雷器又称为排气式避雷器,也是一个保护间隙,但它在放电后能自动灭弧,如图1.5.2所示。当排气式避雷器受到雷电波入侵时,内外间隙同时击穿,雷电流经间隙流入大地;过电压消失后,在工作电压作用下,流经间隙的工频续流电弧的高温使管内产气材料分解出大量气体,管内压力升高,气体从开口处喷出,从而使工频续流在第一次经过零值时就熄灭。

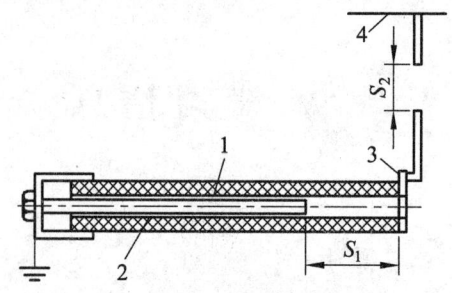

图 1.5.2 排气式避雷器的结构

1—产气管；2—棒形电极；3—环形电极；4—导线；S_1—内间隙；S_2—外间隙

该避雷器的特点是熄弧能力与工频续流大小有关，续流太大，产气过多，易使管子炸裂；续流太小，产气太少又不足以熄弧，故对工频续流有上下限的规定。

3. 阀式避雷器

阀式避雷器是为了进一步改善避雷器的放电特性和保护效果，将原来的单个放电间隙分成许多短的串联间隙，同时增加了非线性电阻发展而来的。

当系统中出现过电压且其幅值超过间隙放电电压时，间隙击穿，冲击电流通过阀片流入大地，从而使设备得到保护。由于阀片的非线性特性，其电阻在流过大的冲击电流时变得很小，因此阀片上产生的残压将得到限制，使其低于被保护设备的冲击耐压，设备得到保护；当过电压消失后，间隙能在工频续流第一次过零时就将电弧切断，从而保护了设备。

阀式避雷器可分为普通型阀式避雷器和磁吹阀式避雷器。

（1）普通型阀式避雷器的结构如图 1.5.3 所示。

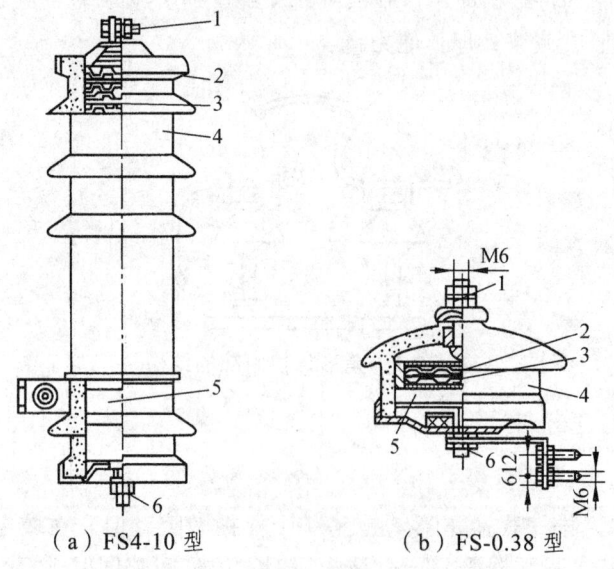

（a）FS4-10 型　　　　（b）FS-0.38 型

图 1.5.3　普通型阀式避雷器的结构

1—上接线端；2—火花间隙；3—云母片垫圈；4—瓷套管；5—阀片；6—下接线端

（2）磁吹阀式避雷器的结构如图 1.5.4 所示。

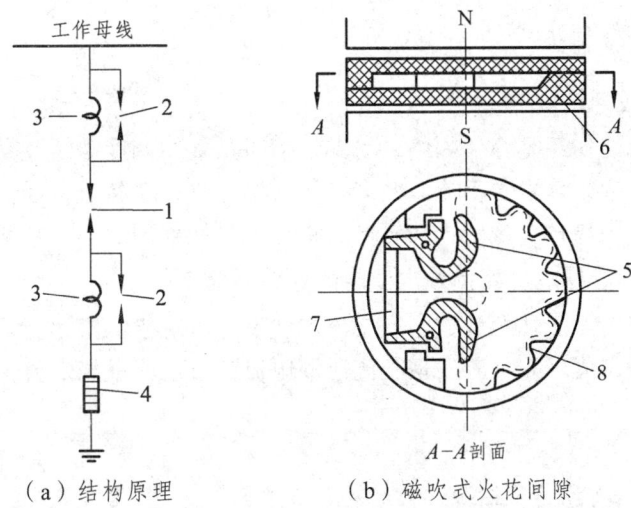

(a) 结构原理　　　　(b) 磁吹式火花间隙

图 1.5.4　磁吹阀式避雷器的结构

1—主间隙；2—辅助间隙；3—磁吹线圈；4—分路电阻；5—间隙电极；
6—灭弧盒；7—并联电阻；8—灭弧栅

磁吹阀式避雷器因利用了磁吹式火花间隙，间隙的去游离作用增强，提高了灭弧能力，从而改进了其保护作用。

4. 氧化锌避雷器

氧化锌避雷器由具有较好非线性伏-安特性的氧化锌电阻片组装而成，在正常工作电压下，具有极高的电阻而呈绝缘状态；在雷电过电压的作用下，则呈现低电阻状态，泄放雷电流，使与避雷器并联的电气设备的残压被抑制在设备绝缘安全值以下，待有害的过电压消失后，迅速恢复高电阻而呈绝缘状态，从而有效地保护了电气设备的绝缘免受过电压的损害。

被保护设备在正常电压运行时，避雷器对地不通；出现过电压时，避雷器对地导通，从而限制设备过电压，在释放过电压能量后，避雷器恢复到原状态。目前，氧化锌避雷器已经取代了阀式避雷器，在电力系统中已得到广泛应用。

（三）避雷器的巡视内容

（1）瓷套表面应无污秽。
（2）瓷套、法兰应无裂纹、破损、放电现象。
（3）水泥接合缝及其上面的油漆应完好。
（4）避雷器内部应无声音。
（5）避雷器连接导线及接地线应完好牢固。
（6）检查避雷器动作记录器的指示数是否有改变，记录器本体应完好。
（7）在线监视仪指示的泄漏电流应在正常范围之内。
（8）每年进行一次特性试验。
（9）避雷器根据当地季节投入、退出运行。
（10）低布置的遮拦内应无杂草，以防避雷器表面的电压分布不均或引起瓷套短接。
（11）雷雨天气时运行人员严禁接近防雷装置。

(四)避雷器故障处理

1. 避雷器故障应急措施

无论避雷器引线烧伤还是瓷体闪络、击穿,值班员能向调度申请改变运行方式的则改变运行方式,并进行更换处理。若不能改变运行方式则应立即撤除避雷器,在断开其电源后拆除其引线并使其安全距离符合规定,在停电后再进行更换处理。

2. 氧化锌避雷器泄漏电流超过规定值后的处理

正常情况下,避雷器下端的计数器有交流在线泄漏电流指示值,受温度、湿度、电压波动因素影响。运行中,值班人员若发现交流泄漏电流超过说明书规定值,应停运,将避雷器脱落电网。

二、避雷针的运行与维护

(一)避雷针的基本知识

1. 避雷针的作用

避雷针是由截闪器、引下线和接地装置组成的防雷保护装置。截闪器安装在构架上并高于被保护物,用于拦截没有落在避雷针保护范围内的物体上的雷击,通过引下线和接地装置将雷电流释放到大地中。避雷针能使雷云电场发生突变,使雷电先导的发展沿着避雷针的方向发展并直击于其上,雷电流通过避雷针(线)及接地装置泄入大地,防止避雷针周围的设备受到雷击。

避雷针按安装地点可分为独立式避雷针、组合式避雷针。

2. 避雷针的工作原理

在雷云先导发展的初始阶段,因其离地面较高,其发展方向会受一些偶然因素的影响而不"固定";但当它离地面达到一定高度时,地面上高耸的避雷针因静电感应聚集了雷云先导性的大量电荷,使电场畸变,因而将雷云放电的通路由原来可能向其他物体发展的方向,吸引到避雷针本身,通过引下线和接地装置将雷电流放入大地,从而使被保护物体免受直接雷击。因此,避雷针实质上是引雷针,它把雷电波引入大地,有效地防止了直击雷。

3. 避雷针的结构

避雷针由避雷针针头、引流体和接地体三部分组成,如图 1.5.5 所示。

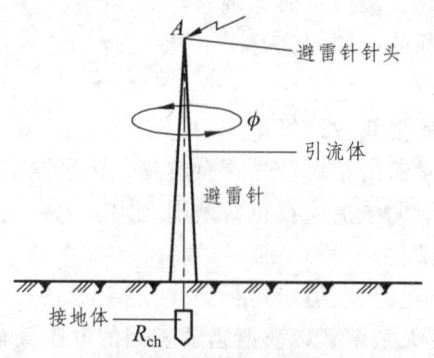

图 1.5.5 避雷针的结构

避雷针一般明显高于被保护物，当雷云放电临近地面时首先击中避雷针，避雷针的引流体将雷电流安全引入地中，从而保护了这一范围内的设备。

（二）避雷针的巡视内容

（1）避雷针针尖应无熔化现象。
（2）避雷针的设备安装应牢固、无倾斜、无弯曲。
（3）避雷针的基础应牢固。
（4）避雷针的接地装置应良好。

三、牵引变电所的接地装置

（一）接地装置的基本概念

1. 接地的概念

将电力系统或建筑物电气装置、设施过电压保护装置用接地线与接地体连接，称为接地。埋入地中并直接与大地接触的金属导体称为接地体，或称接地极，接地体分为水平接地体和垂直接地体。可以兼作接地体的直接与大地接触的各种金属构件、金属井管、钢筋混凝土建筑的基础、金属管道和设备等称为自然接地体。专门为接地而装设的接地体，称为人工接地体。

凡从接地体流入地下的电流即属于接地电流。接地电流有正常接地电流和故障接地电流之分。正常接地电流指正常工作时，通过接地装置流入地下，借大地形成回路的电流；故障接地电流指系统发生故障时出现的接地电流。

接地电流流入地下之后，就通过接地体向大地呈半球状散开，如图 1.5.6 所示，这一接地电流叫流散电流。流散电流在土壤中遇到的全部电阻称流散电阻。流散电阻与接地线的电阻之和称为接地电阻。由于接地线的电阻一般很小，故可以认为接地电阻就是流散电阻。

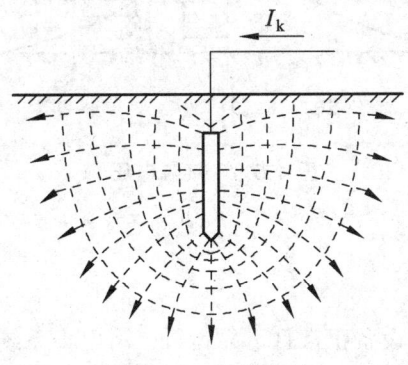

图 1.5.6 流散电流

2. 接触电压和跨步电压

接地电流通过接地体向大地作半球状流散，距接地体愈远，地导体的横截面即半球面愈大,故电阻就愈小,一般认为距接地体 20 m 处土壤电阻就小至可忽略不计。也就是说在距接地体 20 m 及以上接地电流不会产生电压降了,即认为 20 m 及远处电位为零。

当工作人员进入如图 1.5.7 所示的接地电流扩散区域时,两足会在不同的电位点上,两足之间会产生电位差。为了表征地表面电位分布梯度的大小,满足安全的要求,常以跨步电压来表征该电位差。所谓跨步电压是指在地面上沿电流方向水平距离为 0.8 m(人的跨距)的两足间的电位差,如图中的 U_{b1}、U_{b2}。显而易见,接地体处跨步电压 U_{b2} 最大。

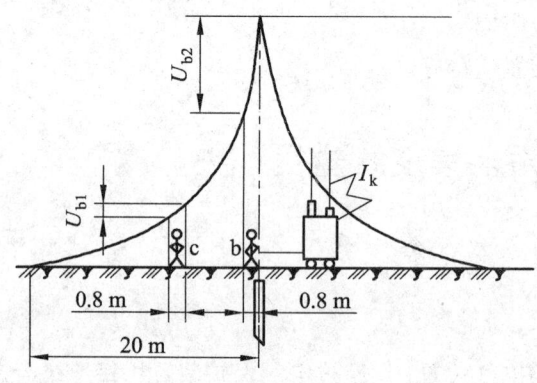

图 1.5.7 跨步电压

在如图 1.5.8 所示的电位分布区域内,当工作人员足距设备边缘 0.8 m,手摸至设备外壳高度 1.8 m 处时,手足之间的电位差称为接触电压。图中 U_{c1} 为电气设备就近接地时产生的接触电压,而 U_{c2} 是电气设备在较远处接地时产生的接触电压,很显然,为了减少接触电压,电气设备应就近接地。

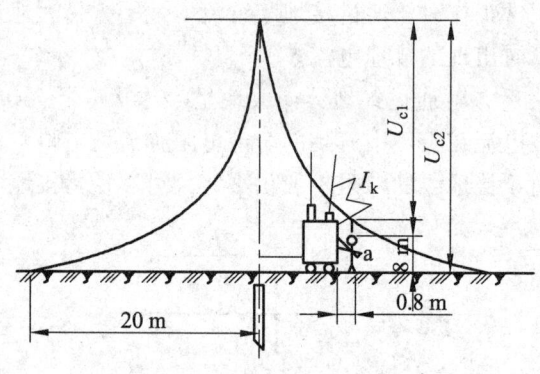

图 1.5.8 接触电压

3. 接地的分类

(1)工作接地。

为了保证电力系统及电气设备正常且可靠运行,将电力系统中某点与地作金属性连接,称为工作接地。如 110 kV 电网中将变压器中性点或发电机中性点接地即为工作接地,又如牵引供电系统中,将牵引变压器牵引侧 W 相端子接地也属于工作接地。

(2)保护接地。

各种电气设备的外壳、线路的金属管、电缆的金属保护层、安装电气设备的金属支架等在正常运行时不带电,但当导体的绝缘损坏时可能带电,人们一旦接触到这种外壳时,就有触电的危险。为了防止这些正常时不带电的金属部分发生过大的对地电压危及人身安全而设置的接地称为保护接地。

(3)防雷接地。

为了使雷电流安全地向大地泄放,以保护建筑物或电气设备免受雷击而采取的接地,称为防雷接地。牵引变电所中的防雷接地装置(指避雷针)设单独的接地体组,此接地体组泄放时不对其他设备产生影响。

(二)牵引变电所屋内、外配电装置的接地

为了保证牵引变电所工作人员的安全和牵引供电设备的正常运行,牵引变电所中必须设置可靠的接地装置。牵引变电所中电源侧 110 kV 为中性点直接接地系统,其接地装置的接地电阻应小于 0.5 Ω。

1. 屋外配电装置的接地装置

牵引变电所接地网要求较高,采用垂直接地体和水平接地体组成的复合接地网。表 1.5.1 所示为接地装置导体的最小尺寸。

表 1.5.1 接地装置导体的最小尺寸

种类	规格及单位	地上		地下
		屋内	屋外	
圆钢	直径/mm	6	8	8/10
扁钢	截面/mm	24	48	48
	厚度/mm	3	4	4
角钢	厚度/mm	2	2.5	4
钢管	管壁厚度/mm	2.5	2.5	3.5/2.5

垂直接地体采用钢管或角钢垂直打入地中,长度为 2~3 m,钢管外径为 48~60 mm,管壁厚度不小于 3.5 m,角钢采用 ∠50×50×5。在实际敷设中,是在挖出的 0.6~0.8 m 深的水平接地体埋设沟中垂直打入,目的在于打入地下深一些,接地良好些。

水平接地体是在距地面 0.6~0.8 m 深处敷设的扁钢 [50×5(m)] 或圆钢(φ10 mm),水平接地体与垂直接地体通过焊接连成一体构成复合接地网。接地线与接地体之间的焊接点,应涂防腐材料。

垂直接地体间距不小于其长度的 2 倍,一般为 4~5 m。水平接地体的间距一般为 4~5 m。水平接地体距地面一般为 0.6 m,这样可以使接地电阻不会因冬季土壤表面的冰冻和夏季水分的蒸发而引起较大的变动。

复合接地网一般布置成封闭环状,外缘各角应做成圆弧形,圆弧的半径不宜小于均压带间距的一半,牵引变电所一般取 2~3 m。

在接地线引入建筑物的入口处或在检修用临时接地点处,均应刷白色底漆并标以黑色标识。同一接地体不应出现两种不同的标识。

2. 屋内配电装置的接地装置

牵引变电所内配电装置，高压室、主控制室、电容器室等本身不设接地体，而是将屋外复合接地网多点连接引入接地干线。高压室是用扁钢或圆钢固定在屋内四周墙壁下方组成接地干线，楼上、楼下的接地干线多处连接构成一体，再与屋外复合接地网多处连接；主控室利用电缆沟中的固定电缆支架扁钢作接地干线；需接地的每台电气设备应用接地支线单独与接地干线连接，严禁几台电气设备的接地支线串联后再接入接地干线。接地干线和接地支线均应涂为黑色，作为接地线的标识。

（三）降低接地装置接地电阻的措施

当接地体附近土壤电阻率过高，或接地体附近为崖石、沙石，因施工条件限制，在一般条件下不能满足接地装置对接地电阻的要求时，采用以下一些措施来降低接地电阻。

1. 填充电阻率低的物质

用低电阻率的材料转换接地体附近小范围内的高电阻率的土壤，以降低接地电阻值。最简单的是用电阻率低的好土回填水平接地体埋设沟。一般常用的转换材料有：钙镁盐、电石渣。用此方法必须注意不能用对接地体有强烈腐蚀作用和污染当地水源的物质，这种方法不受地质条件限制，施工中应用广泛。

2. 浸渍降阻剂

用高压泵将低电阻率的化学溶剂（降阻剂）压入高电阻率的地层中，用以大面积减小土壤电阻率，它特别适用于砂层和砾石地区。浸渍降阻剂法应用效果较明显，方法简单。

3. 接地装置外引法

若电气装置附近 1 000 m 以内有电阻率较低的场地时，可在变电所场地内适当布置接地装置的同时，将一部分接地装置外引布置在电阻率低的场地。采用此法时的外引接地装置与牵引变电所内接地装置的连接干线不得少于 2 条。

4. 接地装置深埋法

若地下较深处的土壤电阻率较低时，可采用井式或深钻式接地体。

采用降低接地电阻的任一方法，施工完毕均应进行实际测量，检查接地电阻是否满足要求，若未达到要求，必须继续采取措施，直至达到要求为止。

四、牵引负荷电流回输牵引变电所方式

在牵引供电系统中，牵引负荷电流一般是经接触网送给电力机车，通过电力机车经钢轨、回流线（与钢轨并联）流回牵引变电所的。由于钢轨对地存在泄漏，因此由电力机车所在位置起，牵引负荷电流大部分经钢轨流回牵引变电所，简称轨回流。小部分由钢轨入地，经大地流回牵引变电所，简称地回流。地回流在单线区段约占牵引负荷电流的 50%，复线段约占 35%，如图 1.5.9 所示。

目前，绝大部分电力牵引区段其钢轨的接头处一般都有良好的电连接，以保证牵引负荷电流沿轨道回输牵引变电所。轨回流一般是沿两条钢轨回输的。为了能绕过信号轨道电路的轨端绝缘，在钢轨接头处装有扼流变压器，如图 1.5.10 所示。

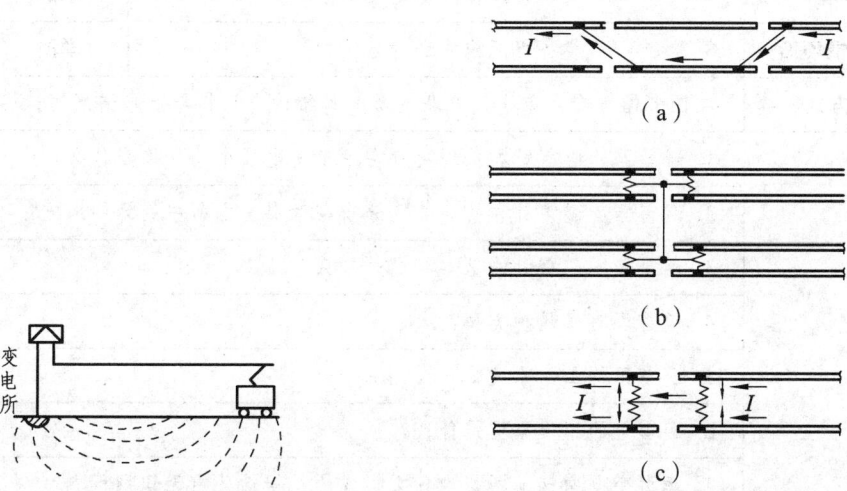

图 1.5.9　牵引负荷电流钢轨回输方式原理图　　图 1.5.10　牵引负荷电流钢轨回输方式原理图

扼流变压器是绕在铁芯上的匝数相等的两个线圈，两线圈串联后，其两端分别接至两侧钢轨上，串联接头作为扼流变压器的中心抽头与相邻扼流变压器的中心抽头相连接。扼流变压器的作用是隔断轨道中的信号电流而仅让轨道中的牵引负荷电流顺利通过，在两轨端绝缘处为牵引负荷电流提供通路，保证轨道的导电性能。

在 AT 供电区段，牵引负荷电流由电力机车所在位置经钢轨、保护线用连接线（CPW 线）、保护线（PW 线）流向 AT（自耦变压器）的中心抽头，通过 AT 的作用，牵引负荷电流将沿正馈线（AF 线）回输到牵引变电所，如图 1.5.11 所示。在牵引变电所处，接触线、正馈线经架空线（供电线）接至牵引变压器 55 kV 母线上（T 座或 M 座），PW 线经供电线（N 线）接至牵引变电所内 AT 的中间抽头上，并经接地保护放电装置与接地网相连。相邻两 AT 的间距通常在 15~20 km。

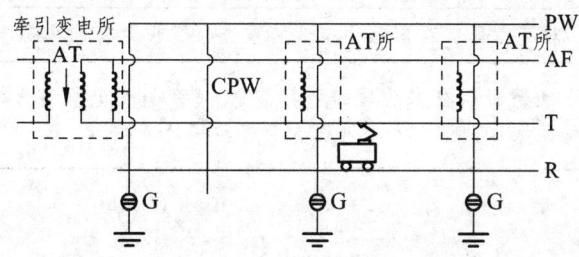

图 1.5.11　AT 供电方式的牵引负荷电流回输方式原理图

AT—自耦变压器；PW—保护线；AF—正馈线；T—接触网；R—钢轨；
CPW—保护线用连接线；G—接地保护放电装置

 # 资讯单

学习情境一	电气设备的运行与维护	学时	
学习子情境 5	防雷设施的运行与维护	学时	6
资讯方式	在图书馆、专业杂志、互联网及教师给的资讯指导上查询问题；咨询任课教师		
资讯问题	1. 避雷器、避雷针和接地装置在牵引变电所中的作用是什么？ 2. 避雷器、避雷针和接地装置分布在牵引变电所中的哪些地方？ 3. 避雷器、避雷针的基本组成是什么？ 4. 避雷器有哪几种类型？ 5. 避雷器的工作原理是什么？ 6. 避雷针的工作原理是什么？ 7. 牵引变电所接地网是由什么构成的？接地处有无识别标志？ 8. 避雷器、避雷针的铭牌有哪些内容？ 9. 正常情况下避雷器、避雷针在运行时的声音是什么？ 10. 正常情况下如何监测避雷器、避雷针和接地装置的运行？ 11. 什么叫跨步电压？什么叫接触电压？ 12. 接地方式分哪几种？ 13. 在什么地方可以寻找高压室和控制室的接地点？ 14. 避雷器的巡视内容是什么？ 15. 避雷针的巡视内容是什么？ 16. 避雷器、避雷针和接地装置在运行与维护时需要哪些仪表和工具？ 17. 避雷器、避雷针和接地装置进行检修吗？检修周期和内容是什么？ 18. 对避雷器、避雷针和接地装置进行巡视时有什么安全注意事项？		
资讯引导	以上问题可以在本教程的学习信息、《牵引变电所运行检修规程》、"牵引变电所"精品课程网站、互联网、专业资料等处查找。		

 # 计划和决策单

计划和决策单见附录附表 1.5.1。

实 施

一、理论知识问答

1. 牵引变电所的防雷设施有_____，分别分布在_____。
2. 在中性点直接接地的电力网中，对于_____不接地的变压器应在中性点装设_____。
3. 避雷器的带电部分，若距离地面少于_____应装设_____。
4. 电力系统的过电压有两种，一种是_____过电压，另一种是_____过电压。
5. _____避雷器一般用于线路，变电所一般采用_____避雷器。
6. 避雷器的_____位置距被保护物的_____一般不应大于_____米。
7. 测量绝缘电阻时,影响准确性的因素有_____、_____和_____。
8. 电气设备的预防性试验分为两类：一类是_____试验，如耐压试验；另一类是_____试验，如绝缘电阻和介质损耗试验。应首先做_____试验，然后做_____试验。
9. 雷雨天气需要巡视室外高压设备时，应穿_____，并不许靠近_____。
10. 接地装置是_____与_____的总称。
11. 当使用绝缘棒进行操作时（   ）。
    A. 只穿绝缘鞋就可以操作　　　　　　B. 只戴绝缘手套即可操作
    C. 因绝缘棒是绝缘的，可不戴手套　　D. 应戴绝缘手套，穿绝缘鞋
12. 雷电引起的过电压称为（   ）。
    A. 内部过电压　　　　　　　　　　　B. 工频过电压
    C. 大气过电压　　　　　　　　　　　D. 操作过电压
13. 由直接雷击或雷电感应而引起的过电压叫作（   ）过电压。
    A. 大气　　　　B. 操作　　　　C. 谐振　　　　D. 工频
14. 电力系统在运行中，突然短路引起的过电压叫做（   ）过电压。
    A. 大气　　　　B. 操作　　　　C. 谐振　　　　D. 短路
15. 在输配电设备中，最易遭受雷击的设备是（   ）。
    A. 变压器　　　B. 断路器　　　C. 隔离开关　　D. 输电线路
16. 兆欧表上的接线端子有 L、E 和 G 三个，当测量电气设备绝缘电阻时（   ）接地。
    A. L 端子　　　B. E 端子　　　C. G 端子　　　D. E、G 端子
17. 变电站的母线上安装避雷器是为了防止（   ）过电压。
    A. 直击雷　　　B. 雷电进行波　C. 反击　　　　D. 都对
18. 变电站接地网的接地电阻对大电流系统不应大于（   ）。
    A. 10 Ω　　　　B. 5 Ω　　　　C. 1 Ω　　　　D. 0.5 Ω
19. 中性点不直接接地系统中，35 kV 的避雷器最大允许电压是（   ）。
    A. 38.5 kV　　 B. 35 kV　　　 C. 40 kV　　　 D. 41 kV
20. 雷电流是指直接雷击时，通过被击物体而进入大地的电流。（   ）
21. 电气设备的外壳接地是工作接地。（   ）

22. 阀型避雷器实际上是一个普通的保护间隙。(   )
23. FZ 型避雷器在非雷雨季节可以退出运行。(   )
24. 装设避雷器可以防止变压器绕组的主绝缘因直击雷过电压而损坏。(   )
25. 氧化锌避雷器没有间隙。(   )
26. 什么叫内部过电压?

    答:_____
    _____
    _____
    _____

27. 为什么要在电力电容器与其断路器之间装设一组氧化锌避雷器?

    答:_____
    _____
    _____
    _____

二、实施操作过程(实施操作单)

1. 小组成员共同探讨避雷器的结构和作用。

序号	避雷器名称	结构	作用
1			
2			
3			
4			

2. 小组成员共同探讨避雷针的结构和作用。

序号	结构	作用
1		
2		
3		
4		
5		
6		
7		
8		
9		
10		
11		
12		

3. 填写避雷器和避雷针的日常巡视内容。

设备名称	看	听	闻	着装要求

4. 每组选派 2 人完成避雷器的日常巡视对话及汇报安全注意事项。

 **检查单**

检查单见附录附表 1.5.2。

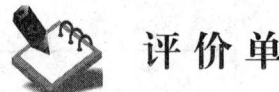 **评价单**

评价单见附录附表 1.5.3。

 **备忘录**

序号	操作	问题	解决问题的方法
1			
2			

备　注

学习子情境6 并联电容补偿装置的运行与维护

学习任务书

小组编号：_____ 成员名单：_____

学习任务描述

通过本情境的学习，要求能够做到：认识牵引变电所并联电容补偿装置，了解牵引变电所并联电容补偿装置的工作原理，熟悉牵引变电所并联电容补偿装置的结构及设备，熟悉牵引变电所并联电容补偿装置的正常巡视内容和运行要求。

学习任务：并联电容补偿装置的运行与维护。
学习对象：并联电容补偿装置。
工　　具：生产文件、工作工具、量具等。
学习步骤：
（1）认识牵引变电所的并联电容补偿装置。
（2）熟悉牵引变电所并联电容补偿装置的结构。
（3）了解牵引变电所并联电容补偿装置的原理。
（4）了解牵引变电所并联电容补偿装置的铭牌内容。
（5）熟悉牵引变电所并联电容补偿装置的正常巡视内容。
（6）熟悉牵引变电所并联电容补偿装置的运行要求。

学习方法

资讯：接受学习任务，根据引导问题，通过学习查找资料、网络信息等，建立总体印象。
计划：与小组成员、老师、师傅讨论并联电容补偿装置在变电所中的影响和意义。
决策：与老师或师傅进行专业交流，确定本项目的工作步骤和涉及的工具，拟定检查、评价标准。
实施：按确定的工作步骤完成行动化学习任务，发现问题，共同分析，遇到无法解决的问题时请老师或师傅帮助解决。
检查：（1）生产文件准备好了吗？
　　　　（2）工具准备好了吗？
　　　　（3）安全事项有哪些？
评价：与同学、老师、师傅进行专业交流，有改进的建议吗？

学习目标

(1)明确并联电容补偿装置的作用、结构及工作原理。
(2)明确并联电容补偿装置运行中的要求。
(3)对并联电容补偿装置的日常巡视做出规划,选择所要涉及的内容、仪表、工具等。
(4)了解并联电容补偿装置运行中和检修时的注意事项。

行动化学习任务

第一部分:进行并联电容补偿装置知识的学习

任务1:查阅《牵引变电所运行检修规程》有关并联电容补偿装置的要求。
任务2:查阅各种资料熟悉并联电容补偿装置的结构。
任务3:查阅各种资料了解并联电容补偿装置的工作原理。
任务4:列出并联电容补偿装置的结构表。
任务5:列出并联电容补偿装置的巡视表。

第二部分:进行并联电容补偿装置的日常巡视

任务6:完成并联电容补偿装置结构表的填写。
任务7:完成并联电容补偿装置的巡视。
任务8:总结安全注意事项。

学习信息

一、电力牵引存在的问题及提高功率因数的措施

（一）电力牵引存在的问题

我国电气化铁道的牵引方式是单相工频整流型电力牵引。这种牵引方式存在以下问题：

（1）由于是单相负荷，在电力系统中易产生负序电流分量，影响电力系统的容量。

（2）电力牵引负荷主要是感性负荷，功率因数低，有较大的谐波电流存在。

又因为电力牵引负荷的功率因数低，不但使牵引变压器等牵引供电系统设备的能力不能充分利用，而且降低了发电机组的输出能力和输变电设备的供电能力，使电气设备的效率降低，发电和输变电的成本提高；同时增加了输电网络中的电能损失以及电压损失，引起电力用户的供电不足。

按照全国《供用电规则》关于"无功电力应就地平衡"的原则，用户应在提高用电自然功率因数的基础上，设计和安装无功补偿设备，并做到随其负荷和电压变动及时投入或切除，防止无功电力倒送。按电业部门的要求，电气化铁路执行功率因数 0.90 标准。

（二）提高功率因数的措施

（1）提高用电自然功率因数。例如，提高电力机车的功率因数；改善牵引网的阻抗特性，包括减小牵引网的单位阻抗和阻抗角，限制供电臂的长度；合理选择牵引变压器容量，提高容量利用率。

（2）设置并联电容补偿装置。由于牵引网阻抗的影响，牵引变压器在牵引侧母线处功率因数为 0.8～0.85，所以在牵引变压所牵引侧采用并联电容补偿装置，既能提高牵引负荷功率因数，又能减少牵引负荷谐波电流。

二、并联电容补偿装置的工作原理

电力牵引供电系统未安装补偿装置时的等效电路如图 1.6.1（a）所示。

牵引负荷为感性负荷 Z_L，加上牵引网阻抗 Z_1，功率因数为 $\cos\varphi_1$。当在牵引侧母线上接入并联电容 C 后，等效电路如图 1.6.1（b）所示，相当于在线路中并联了一个电容支路，如图 1.6.1（c）所示，此时经牵引变压器而影响电力系统的电流不再是 I_L，而是 $I = I_L + I_C$。通过分析可知，此时的 $\cos\varphi_2$ 比 $\cos\varphi_1$ 大，在输出负荷功率不变的情况下，$I < I_L$。

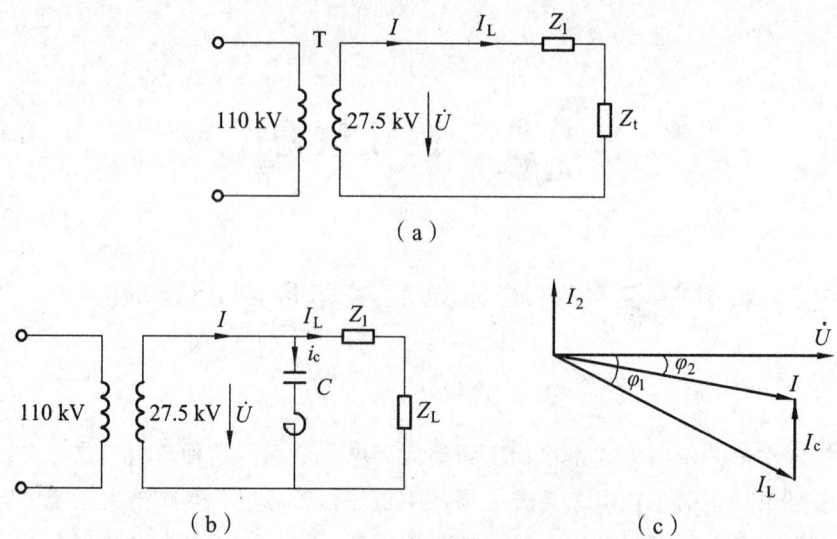

图 1.6.1 牵引侧并联电容原理图

三、常见并联电容补偿装置

(一)固定并联电容补偿装置

图 1.6.2 所示为直接供电方式、带回流线的直接供电方式和 BT 供电方式下的牵引变电所并联电容补偿装置接线图。

图 1.6.3 所示为 AT 供电方式下的牵引变电所并联电容补偿装置接线图。

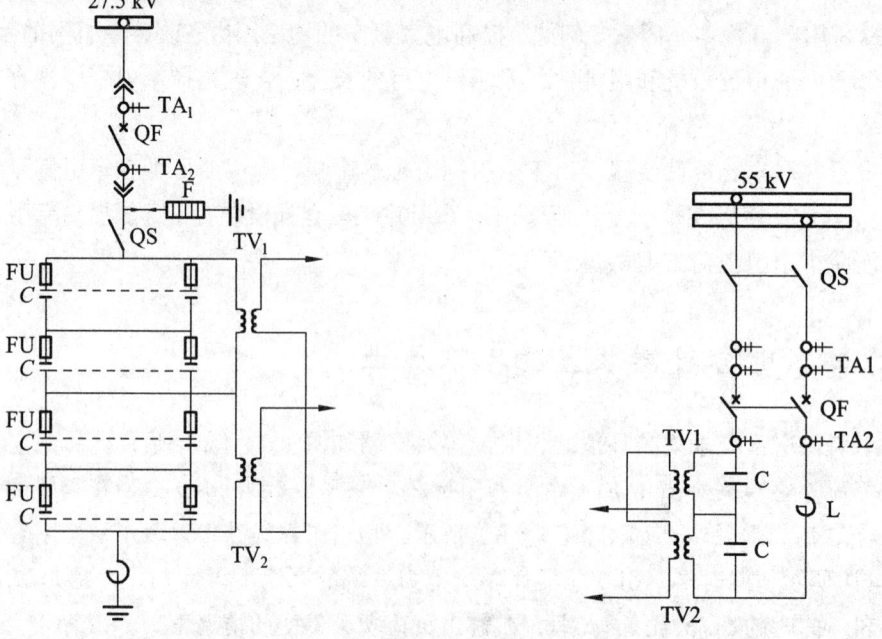

图 1.6.2 非 AT 供电方式并联电容补偿装置接线图　　图 1.6.3 AT 供电方式并联电容补偿装置接线图

主接线图上主要的设备及作用是：

（1）并联电容器组，用于无功补偿，并与串联电抗器匹配，滤掉一部分谐波电流。

（2）串联电抗器，限制断路器合闸涌流和分闸时的重燃电流，与电容器匹配滤掉部分谐波电流；防止并联电容补偿装置与供电系统发生高次谐波并联谐振；发生短路故障时，避免电容器组向短路点直接放电，保护电容器不受损坏。

（3）断路器，用于投切和保护并联电容器补偿装置。

（4）隔离开关，保证在维护和检查并联电容补偿装置时有明显的断口。

（5）电压互感器，实现电容器组的继电保护，并在电容器组退出运行时放电。

（6）电流互感器，实现并联电容补偿装置的电流测量和继电保护。

（7）避雷器，作过电压保护。

（8）熔断器作为单台电容器的过电流保护。

并联电容补偿装置是由多台电容器串并联组成的，该设备多安装在屋外，且并联在牵引侧，会有高次谐波通过电容器，所以还应考虑多方面因素对电容器组的影响。应合理选择电容补偿装置的容量，还要考虑供电臂带电概率等因素以保证电容器的正常工作。

（二）可调并联补偿装置

由于牵引负荷波动较大，采用固定不可调并联电容补偿装置已不能满足运行要求，在牵引变电所设可调并联电容补偿装置，可以完善并及时解决功率因数和谐波问题。目前在技术上较成熟且成本相对低廉的是 TSC（晶闸管投切电容器装置）。

1. TSC 的结构

图 1.6.4 所示是 TSC 装置的主电路。TSC 由进线隔离开关 QS、真空断路器 QF、降压变压器 T、低压母线、低压真空断路器 QF、低压隔离开关 QS、晶闸管交流开关、滤波电容器组 C、串联电抗器及相应的测控、保护装置等部件组成。

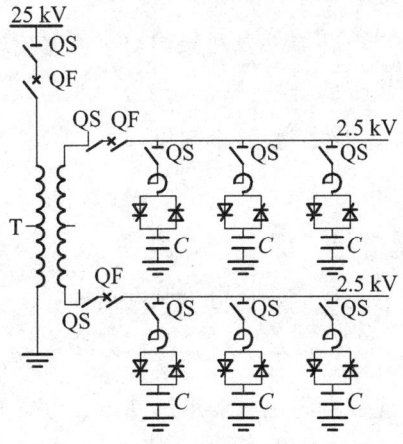

图 1.6.4　TSC 装置主电路

2. 补偿电容器组支路数选择原则

TSC 采用投切方式进行补偿，分组越多调节越平滑，跟随负载变化能力越强，但投资也越大，所以不能无限制地增加分组数。综合考虑母线开关能力、晶闸管交流开关能力、晶闸管交流开关额定电流、电容器串并联数、投资成本等因素，通常采用两大组。每组再设几个支路，根据运行需要灵活投切电容器组。

TSC 装置具有数据检测功能及远动接口，可以实现整套装置的遥测、遥调及遥控。可根据牵引网电压的变化自动确定电容器组的投切组数，也有人工手动功能。

TSC 装置多装于分区所或靠近供电臂末端的车站，用于补偿牵引网电压。晶闸管开关还可带谐波滤波器，以综合解决功率因数和谐波问题。对谐波问题要求不严时，可只装设 3 次谐波滤波器。这也是防止谐波放大，保证设备安全所需要的。

四、并联电容补偿装置的运行与维护

牵引变电所并联电容补偿装置中的电容器有两类：一类是分立式，由若干独立的高压电容器按照串联及并联的方式连接起来再与电抗器串联并接与牵引母线上；另一类是集中式，在厂家制造时将许多单个电容芯部连接好，置于一个共同的壳体中，引出端只有两个极，从壳外看是一个设备。这两种设备前者安装麻烦，占地面积大，维护工作量大；后者安装简单，占地面积小，维护方便。牵引变电所通常对高压电容不进行检修，只进行巡视维护，当确认电容器存在故障时，一般是将其撤除。轻者送交电容器厂进行检修，重者直接报废。

（一）电容器的运行与维护

1. 新装电容器在投入前的检查

（1）电容器完好，试验合格。
（2）电容器布线正确，安装合格。
（3）各部件连接严密可靠，电容器外壳和架构均应可靠接地。
（4）电容器的各部件及电缆试验合格。
（5）电容器组的保护和监视回路完整并全部投入。
（6）绝缘电阻测试符合标准。

2. 正常情况下的投入和退出

电容器正常情况下的投入和退出应听从电力调度指挥。

3. 事故情况下的退出

当发生下列情况之一时，应立即将电容器退出并报告电力调度。
（1）电容器爆炸。

（2）接头严重过热或熔化。

（3）套管发生严重放电闪络。

（4）电容器喷火或起火。

4. 电容器运行中的维护和检查

为了保证电力电容器的正常运行以及延长有效使用寿命，在日常运行工作中，应注意对电容器的维护和检查。

（1）电容器运行时内部外壳有无渗油现象。

（2）套管有无渗油、裂纹及放电现象。

（3）有无鼓肚，焊缝是否裂开。

（4）运行时内部有无杂音。

（5）接头有无过热发红现象。

（6）检查温度。在周围温度为 40 ℃ 时，电力电容器外壳温度不应超过 55 ℃，以防止电力电容器在运行中发生外壳膨胀及漏油故障。监视外壳温度，是靠粘贴在电容器外壳上的示温片实现的。严重时，应将电容器退出运行。当发现示温片熔化时，则说明外壳温度过高，应及时启动排气风扇。

（7）检查电流值和电压值。当母线电压超过电容器额定电压的 1.1 倍，或电流超过额定电流的 1.3 倍时，应将电容器退出运行。

（8）定期清扫电容器的套管表面、外壳、构架及其他附属设备上的灰尘或其他不洁物。

（9）检查接触部位。仔细检查电容器组电气线路所有接触处的可靠性。检查螺母有无松动，引出端铜杆、瓷套管有无松动，瓷套管应无裂纹和漏油，瓷釉应无脱落现象等。

（10）保护装置检查。定期检查电容器组的熔断器有无熔断，检查继电保护装置有无动作。若保护启动，电容器组的断路器跳闸时，在未查出原因前，不允许重新合闸。

（二）电抗器的巡视内容

（1）检查电抗器本体应清洁无污垢，线圈无变形。

（2）检查电抗器室内应清洁、无杂物、无磁性杂物（电抗器外部短路时，短路电流大，磁场强，磁性物体易吸入至电抗器绕组上，使电抗器损坏）。

（3）检查电抗器的换位处接线应良好，接头无过热现象。

（4）检查水泥支柱应完整无裂纹、油漆无脱落；检查电抗器支柱绝缘子应无裂纹、无破损、无放电痕迹、无倾斜不稳；地面完好，无开裂下沉。

（5）检查电抗器噪声和振动应无异常、无放电声及焦臭味。

（6）检查电抗器室内通风设备应完好，应无漏水现象，且门栅关闭良好。

（7）每当发生短路故障后，检查电抗器是否移位，水泥支柱有无破碎，支柱绝缘子是否损坏，引线有无弯曲，有无放电现象及焦臭味。

 ## 资 讯 单

学习情境一	电气设备的运行与维护	学时	
学习子情境 6	并联电容补偿装置的运行与维护	学时	4
资讯方式	在图书馆、专业杂志、互联网及教师给的资讯指导上查询问题；咨询任课教师		
资讯问题	1. 在牵引变电所中为什么要装并联电容补偿装置？ 2. 并联电容补偿装置在牵引变电所中的作用是什么？ 3. 并联电容补偿装置分布在牵引变电所中的哪些地方？ 4. 并联电容补偿装置的基本组成是什么？ 5. 并联电容补偿装置有哪几种类型？ 6. 并联电容补偿装置的工作原理是什么？ 7. 并联电容补偿装置最主要的设备是什么？ 8. 并联电容补偿装置的铭牌有哪些内容？ 9. 正常情况下并联电容补偿装置在运行时的声音是什么？ 10. 正常情况下如何监测并联电容补偿装置的运行？ 11. 并联电容补偿装置的电气符号是什么？ 12. 并联电容补偿装置的旁边有端子箱吗？ 13. 对并联电容补偿装置的运行有什么要求吗？ 14. 电容器的巡视内容是什么？ 15. 电抗器的巡视内容是什么？ 16. 并联电容补偿装置在运行与维护时需要哪些仪表和工具？ 17. 并联电容补偿装置进行检修吗？检修周期和内容是什么？ 18. 对并联电容补偿装置进行巡视时有什么安全注意事项？		
资讯引导	以上问题可以在本教程的学习信息、《牵引变电所运行检修规程》、"牵引变电所"精品课程网站、互联网、专业资料等处查找。		

 ## 计划和决策单

计划和决策单见附录附表 1.6.1。

一、理论知识问答

1. 电压质量取决于系统中_____功率的_____，无功功率不足则电压偏低。
2. 电网频率主要取决于系统中_____功率的_____，频率偏低，表示发电功率不足。
3. 电容器在电路中_____无功功率，电感在电路中_____无功功率。
4. 采取无功补偿设备调整系统电压时，对系统来说既补偿了_____，又提高了_____。
5. 《全国供用电规则》规定 10 kV 及以下电力用户的电压波动幅度的允许范围为（   ）。
   A. ±10%   B. ±5%   C. 7%~10%   D. ±7%
6. 电容器中储存的能量是（   ）。
   A. 磁场能   B. 电场能   C. 热能   D. 机械能
7. 电容器的电容量与加在电容器上的电压（   ）。
   A. 无关   B. 成正比   C. 成反比   D. 无法判断
8. 变电站装设了并联电容后，上一级线路输送的无功功率将减少。（   ）
9. 消弧线圈的作用主要是补偿系统的电感电流。（   ）
10. 消弧线圈的补偿方式有三种，即全补偿、欠补偿和过补偿。（   ）
11. 对于直流电路，电感元件相当于开路，电容元件相当于短路。（   ）
12. 提高电网的功率因数有什么意义？如何提高电网的功率因数？
    答：_____
    _____
    _____
    _____

13. 并联电容补偿装置安装在变电所的什么位置？有何作用？
    答：_____
    _____
    _____
    _____
    _____

14. 电容器的运行要求是什么？
    答：_____
    _____
    _____

二、实施操作过程(实施操作单)

1. 小组成员共同探讨并联电容补偿装置的结构和作用。

序号	结构	作用
1		
2		
3		
4		
5		
6		
7		
8		
9		
10		
11		
12		

2. 填写电容器和电抗器的日常巡视内容。

设备名称	看	听	闻	着装要求

3. 每组选派2人完成并联电容补偿装置的日常巡视对话及汇报安全注意事项。

 **检查单**

检查单见附录附表 1.6.2。

 **评价单**

评价单见附录附表 1.6.3。

 **备忘录**

序号	操作	问题	解决问题的方法
1			
2			

备 注

学习子情境7 其他装置的运行与维护

学习任务书

小组编号：_____   成员名单：_____

学习任务描述

通过本情境的学习，要求能够做到：认识牵引变电所的其他装置如母线、绝缘子、熔断器、电缆等，了解牵引变电所其他装置的工作原理，熟悉牵引变电所母线、绝缘子、熔断器、电缆等装置的结构及材料，熟悉牵引变电所母线、绝缘子、熔断器、电缆等的正常巡视内容和运行要求。

学习任务：其他装置的运行与维护。
学习对象：母线、绝缘子、熔断器、电缆。
工　　具：生产文件、工作工具、量具等。
学习步骤：
（1）认识牵引变电所的其他装置如母线、绝缘子、熔断器和电缆等。
（2）熟悉牵引变电所其他装置如母线、绝缘子、熔断器和电缆等的结构。
（3）了解牵引变电所熔断器的工作原理。
（4）了解牵引变电所熔断器的铭牌内容。
（5）熟悉牵引变电所其他装置如母线、绝缘子、熔断器和电缆等的正常巡视内容。
（6）熟悉牵引变电所其他装置如母线、绝缘子、熔断器和电缆等的运行要求。

学习方法

资讯：接受学习任务，根据引导问题，通过学习查找资料、网络信息等，建立总体印象。
计划：与小组成员、老师、师傅讨论其他装置如母线、绝缘子、熔断器和电缆等在变电所中的影响和意义。
决策：与老师或师傅进行专业交流，确定本项目的工作步骤和涉及的工具，拟定检查、评价标准。
实施：按确定的工作步骤完成行动化学习任务，发现问题，共同分析，遇到无法解决的问题时请老师或师傅帮助解决。
检查：（1）生产文件准备好了吗？
　　　　（2）工具准备好了吗？
　　　　（3）安全事项有哪些？
评价：与同学、老师、师傅进行专业交流，有改进的建议吗？

学习目标

(1) 明确其他装置如母线、绝缘子、熔断器和电缆等的作用、结构及工作原理。
(2) 明确其他装置如母线、绝缘子、熔断器和电缆等在运行中的要求。
(3) 对其他装置如母线、绝缘子、熔断器和电缆等的日常巡视做出规划,选择所要涉及的内容、仪表、工具等。
(4) 了解其他装置如母线、绝缘子、熔断器和电缆等在运行中和检修时的注意事项。

行动化学习任务

第一部分:进行其他装置如母线、绝缘子、熔断器和电缆等知识的学习

任务 1:查阅《牵引变电所运行检修规程》有关其他装置如母线、绝缘子、熔断器和电缆等的要求。
任务 2:查阅各种资料熟悉其他装置如母线、绝缘子、熔断器和电缆等的结构。
任务 3:查阅各种资料了解熔断器的工作原理。
任务 4:列出熔断器的结构表。
任务 5:列出其他装置如母线、绝缘子、熔断器和电缆等的巡视表。

第二部分:进行其他装置如母线、绝缘子、熔断器和电缆等的日常巡视

任务 6:完成熔断器结构表的填写。
任务 7:完成其他装置如母线、绝缘子、熔断器和电缆等的巡视。
任务 8:总结安全注意事项。

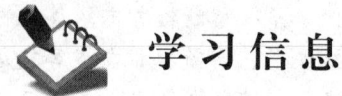 学习信息

一、母线的运行及维护

（一）母线的基本知识

1. 母线的作用及分类

在牵引变电所中，各种电气设备之间以及设备与配电装置之间的连接导线称为母线。它是各级电压配电装置的中间环节，具有汇集、分配和传输电能的作用。母线在运行中有巨大的电功率通过，在短路时承受短路电流产生的热效应和电动力的机械效应。

母线按安装形式可分为敞开式母线和封闭式母线；按结构形式可分为软母线和硬母线，硬母线按截面形式可分为矩形截面母线、圆形截面母线和槽形截面母线。

母线的材料有铜、铝和钢，大多数情况下采用铜和铝作母线。铜电阻率较低，机械强度高，抗腐蚀性强，是很好的母线材料；但铜造价高，经济性差。铝的电阻率较铜要高，在长度、电阻完全相同的情况下，铝母线的质量仅为铜母线的一半，但我国铝的储量大，加工方便，密度小，且由于其经济性好，在配电装置中得到了大量应用。

2. 母线的特点

（1）软母线和硬母线的特点。软母线包括铝绞线、铜绞线、钢芯铝绞线、扩径空心导线等，多用于室外；室外空间大，导线间距宽，散热效果好，施工方便，造价也较低。硬母线多用于室内，矩形母线是最常用的硬母线。

（2）矩形、圆形和槽形母线的特点。矩形母线一般用在主变压器至高压室内 35 kV 及以下的室内配电装置中，它具有施工安装方便，在运行中变化小，载流量大的特点，但其造价高，在实用中，为减小趋肤效应和改善散热条件，铝、铜矩形截面母线的边长比为 1/12～1/5。圆形母线一般用在 35 kV 及以上的室外配电装置中，它具有电场分布均匀，无电场集中现象的特点，但圆形截面母线直径越小，其表面附近的电场强度越大。当圆形截面母线为绞线或管线时，由于直径增加，表面附近电场强度要小一些。所以，在 110 kV 及以上的室外配电装置中，一般都采用钢芯铝绞线或管形母线。槽形母线均使用在大电流的母线桥中及对热、动稳定配合要求较高的场合。

（3）封闭母线的特点。封闭母线广泛用于发电厂、变电站、工业和民用电源的引线，它可以减少接地故障，避免相间短路，减少相间短路电动力，提高运行的安全可靠性。

3. 母线的型号

（1）软母线的型号。

LJ-□：普通铝绞线，L 表示铝，J 表示绞。

LGJ-□：普通铝钢绞线，G 表示钢。
LGJQ-□：轻型铝钢绞线，Q 表示轻型。
LGJJ-□：加强型铝钢绞线，第二个 J 表示加强型，□内的数字表示母线的截面积。
（2）硬母线的型号。
LMY-□×□：LMY 表示矩形铝母线，L 表示铝。
TMY-□×□：TMY 表示矩形铜母线，T 表示铜。

4. 母线的着色

母线着色的作用是增强散热和相别标识。着色后的母线容许负荷提高了 12%～15%，钢母线着色还可以防锈。母线着以不同的颜色可作为母线的相别标识。

在直流装置中：正极—红色，负极—蓝色。
在交流装置中：U 相—黄色，V 相—绿色，W 相—红色。
中性线：不接地的中性线—白色，接地的中性线—紫色。

（二）母线的巡视检查

为了保证各电压等级配电装置中母线的安全运行，运行值班人员应定期巡视检查母线及相关金具、绝缘子。

1. 软母线的巡视检查

（1）软母线的表面及引线应无断股、散股现象，表面光滑、整洁，无悬挂杂物。
（2）母线的表面颜色应正常，无过热、变色、变红、锈蚀、磨损、变形、腐蚀、损伤或闪络烧伤等现象，运行中无严重的放电声和成串的荧光。
（3）母线的连接部位接触应紧固，无松动、锈蚀、断裂、过热现象。
（4）母线无过紧或过松现象，无剧烈振动现象。
（5）母线构架接地良好，接地引下排（线）无断裂及锈蚀现象。
（6）周围环境无杂草堆、塑料袋等受风易飘的杂物。

2. 硬母线的巡视检查

（1）表面着色漆应清晰，无开裂、起层和变色现象，各触点示温蜡片齐全，无过热熔化现象，伸缩节应完好，无断裂过热现象。
（2）母线排夹头不松动，运行中不过负荷，母线排无异常放电声，无较大的振动。
（3）母线排及至回路设备的引排应平整无弯曲变形，各连接部分的螺钉应紧固，接触良好，无松动、振动、过热现象。
（4）母线各连接部分的螺钉应紧固，接触良好，无松动、振动、过热现象。
（5）各部位发热的判断：检查示温蜡片有无变色和熔化现象；检查色漆变色情况；检查雨后局部干燥和蒸汽情况；对导线接头变色与相邻设备比较鉴别；检查霜雪融化情况；用绝缘棒、蜡杆带电测试有无过热；用远红外测温仪或半导体测温计进行测试。

3. 金具的巡视检查

（1）检查导线、铜铝排和连接用金具的连接部分接触是否良好，应无断股、散股现象。
（2）耐张绝缘子串连接金具应完整良好，并且无磨损、锈蚀、断裂。

（3）检查线夹有无发热现象。各接头温度不超过允许值，一般接头不超过 70 ℃，当其接触面处有锡的可靠覆盖层时，不超过 85 ℃；当其接触面处有银的可靠覆盖层时，不超过 95 ℃；闪光焊接时，不超过 100 ℃。

4. 绝缘子的巡视检查

（1）检查绝缘子本体应完好、清洁、无裂纹、破损现象。

（2）检查绝缘子瓷质部分不应被尘土或其他污染物污秽，金属部分无严重锈蚀和严重磨损，充油式瓷套管应无渗漏油现象，充膏式瓷套管应无流膏现象。

（3）检查绝缘子应无闪络放电声和放电痕迹。

5. 母线的特殊巡视检查

（1）雨、雾、雪天气检查瓷绝缘有无放电、污闪现象，接头有无发热、冒汽现象。

（2）大雪天应检查母线的积雪及融化情况。

（3）雷电后检查瓷绝缘有无裂纹、破损、放电现象，母线的避雷器计数器是否动作。

（4）大风时检查母线及引线的摆动情况是否符合安全距离要求，有无异物飘落或悬挂。

（5）气温骤变时检查母线及引线有无过紧或过松，瓷绝缘有无裂纹、破损或倾斜。

二、电缆的运行及维护

电缆是传输和分配电能的一种特殊电线，具有防潮、防腐和防损伤等特点，可以直接埋在地下及敷设在隧道或沟道里，也可以敷设在水中或海底，但它的价格昂贵，敷设、维护和检修较为复杂。

（一）电缆的分类

（1）按电压等级可分为低压电缆（1 kV 及以下）、中压电缆（3 kV、6 kV、10 kV、35 kV）、高压电缆（60 kV 及以上）。

（2）按电缆导电线芯截面可分为 2.5 mm^2、4 mm^2、6 mm^2、10 mm^2、16 mm^2、25 mm^2、35 mm^2、50 mm^2、70 mm^2、95 mm^2、120 mm^2、150 mm^2、185 mm^2、240 mm^2、300 mm^2、400 mm^2、500 mm^2、625 mm^2、800 mm^2。

（3）按电缆芯数可分为单芯、两芯、三芯、四芯、多芯电缆。

（4）按传输电能的形式可分为直流电缆和交流电缆。

（5）按特殊需求可分为输送大容量电能的电缆、阻燃电缆、光纤复合电缆。

（6）按绝缘材料和结构可分为油浸纸绝缘电缆、橡皮绝缘电缆、交联聚氯乙烯绝缘电缆（交联电缆）、聚氯乙烯绝缘聚氯乙烯护套电缆（全塑电缆）和主绝缘为 SF$_6$ 气体、高压充油电缆。

（二）电缆的结构

电缆的结构包括导电芯线、绝缘层和保护层三部分。

（1）电缆芯线。电缆芯线一般由铜或铝绞线组成，其截面形状有扇形、弓形和圆形等。

扇形芯线和圆形芯线比较，可以减少电缆的外径，节约绝缘材料以及外部保护层的金属耗用量。截面标称为 25 mm^2 及以上的三芯电缆，截面多为扇形；圆形截面的芯线仅用于电压为 1～6 kV、截面为 16 mm^2 及以下的电缆和 35 kV 以上的高压电缆。

（2）绝缘层。绝缘层主要是使导体与导体间及导体与保护层间相互绝缘。油浸纸绝缘的电缆的绝缘层主要是用一定厚度的纸带在导体或多根芯线外面多层绕包，然后在变压器油和松香组成的黏性浸渍剂中浸渍而成。

（3）内保护层。内保护层一般采用铅皮或铝皮沿电缆全长无缝包在线芯外面组成，必须严格密封，其主要作用是防止绝缘受潮和漏油，保证电缆的绝缘强度。

（4）外保护层。外保护层的主要作用是保护电缆不受外界机械损伤和化学腐蚀。它一般由内衬层、钢铠层、外皮层组成。内衬层一般用浸过沥青的黄麻或电缆纸包绕而成，其主要作用是保护密封层不受外层钢铠的机械损伤和周围介质化学作用的影响。钢铠层承受外力，保护电缆不受机械损伤。外皮层由一层浸渍的电缆麻和两层沥青混合物组成，主要作用是保护钢铠不受外界腐蚀。

（三）电缆的敷设

在牵引变电所中，电缆都敷设在电缆沟中，当电力电缆与控制电缆同沟敷设时，应尽量敷设在沟的两侧；如不能分开，应分层敷设，控制电缆在下方，电力电缆在上方。在敷设时要避免绝缘和保护层受到破坏，不能有硬弯，弯曲处曲率半径应满足有关要求。两条电缆相互连接，或电缆接到电气设备时都必须将电缆端部的包皮剥去，采用专门的设备将电缆的端部密封好。

（四）电缆的接头

电缆的接头是通过专用的电缆头处理的。常用的有两种：

（1）干包电缆头。干包电缆头是指电缆末端用绝缘漆和包带来密封的电缆头。干包有两种方式：一种是用黄蜡带或聚氯乙烯带涂漆包绕密封线芯，在三芯分支处及线鼻子下端用蜡线扎紧；另一种是在包绕绝缘带之前，先用聚氯乙烯的三叉套套在三芯分支处，将套的根部用尼龙绳扎紧，指部分部与套在缆芯上的聚氯乙烯软管扎紧。其优点是体积小、质量轻、成本低、施工方便，能够防止漏油；缺点是聚氯乙烯耐热、耐油差，易老化，故在高温和高压环境下极少用，多用在 6 kV 及以下电缆及控制电缆中。

（2）环氧树脂电缆头。环氧树脂电缆头是将环氧树脂加入固化剂混合后，浇灌入模具内，固化成型。它具有较高的耐压强度和机械强度，不吸水，化学性能稳定，与金属黏结力强，有极好的密封性，能解决电缆头的漏油问题，广泛应用在电缆接头中。

（五）控制电缆

控制电缆用于配电装置中交流 500 V 及以下（直流 1 000 V 及以下）的二次回路中。控制电缆的芯线有铜和铝两种，在牵引变电所中为了可靠，一般都用铜芯控制电缆。控制电缆在选择使用中最关注两个参数：芯数和截面。应根据需要选择，留有足够的备用。控制电缆的绝缘水平要求不高，一般只用摇表检查绝缘情况，不必作耐压试验。

（六）电缆的巡视检查

（1）检查盖板是否齐全，有无严重破损。
（2）检查电缆沟内有无积水和杂物。
（3）检查电缆有无断裂、锈蚀、损伤现象，有无落地电缆，接头有无发热和放电现象。
（4）检查接地是否良好。
（5）检查支架是否完好。

三、绝缘子的运行及维护

绝缘子广泛应用在牵引变电所的配电装置和输送电线路中，它主要用来支持和固定裸载流导体，并使裸导体与地绝缘，或使装置中不同电位的载流导体之间绝缘。

（一）绝缘子的基本知识

绝缘子按外形可分为支柱式绝缘子、针式绝缘子、悬式绝缘子和套管绝缘子。

支柱式绝缘子在牵引变电所中主要用来支持和固定屋内外配电装置的硬母线，并使硬母线与地绝缘。

针式和悬式绝缘子主要用来固定架空输电线的导线以及各屋外配电装置的软母线，并使之与接地部分绝缘。

套管绝缘子主要用来使母线穿过墙壁或天花板。

绝缘子按安装地点可分为屋外式绝缘子和屋内式绝缘子。屋外式绝缘子有较大的伞裙，以增大沿面放电距离，并能在雨天阻断水流，使绝缘子能在恶劣的气候环境中可靠地工作。

高压绝缘子主要由电瓷作绝缘体，其优点是结构紧密、表面光滑、不吸水分、具有良好的绝缘性能和足够的机械强度。绝缘子还可用钢化玻璃制成，其具有尺寸小、质量轻、机电工作强度高、制造工艺简单等优点。同一级而额定电压不同的绝缘子，具有不同的有效高度，不同级而额定电压相同的绝缘子，具有不同的瓷件直径。

（二）绝缘子的巡视检查

（1）检查绝缘子是否清洁，有无破损、裂纹和放电痕迹。
（2）检查绝缘子引线连接接触是否良好，张力是否适当。
（3）检查绝缘子支架是否完好。

四、熔断器的运行及维护

熔断器是使用最简单和最早的一种保护电器，它主要是在电路过负荷或短路时保护电路中的被保护设备免受损坏。在牵引变电所中，熔断器主要是作为电压互感器和所用变压器的保护电器。

（一）熔断器的基本知识

1. 熔断器的介绍

熔断器主要由金属熔件（也叫熔体）、支持熔件的载流部分（触头）和外壳组成。有些熔断器还装有特殊的灭弧物质，如产气纤维管、石英砂等用来熄灭熔件熔断时形成的电弧。

熔体是熔断器的核心部分，熔体的材料直接影响到熔断器的性能。低熔点材料有锡、锌、铅及其合金，高熔点材料有铜、银、铝。低熔点材料的优点是熔点低、最小熔化电流及熔化系数小，有利于过载保护，缺点是分断能力较小。高熔点材料的优点是电阻率小，熔体截面积较小，熔断后金属蒸气少，易于熄灭电弧，具有高分断能力；但在小倍数过载时，熔断器的导电零件温度过高，熔化系数也较大。由于低熔点和高熔点材料各有其优缺点，因而在实际应用中，利用它们各自的优点，克服缺点，从而同时满足两种不同的要求，为达到这个目的，通常采用"冶金效应"，即在高熔点的金属熔体上焊纯锡（或锡镉合金）。

"冶金效应"是指当熔体通过过载电流时，首先锡溶剂熔化，然后金属原子溶解于锡溶剂中而成为合金，其熔点比高熔点金属低，同时它的电阻率也增大，致使局部发热剧增而首先熔断，缩短了熔化时间。这样熔化系数就大为减小，过载保护性能大为改善。另一方面，由于熔体本身仍为高熔点材料，锡桥或锡珠体积又很小，因而固有的高分断能力仍然得以保持。但是，当通过短路电流时，由于熔体熔化时间极短，"冶金效应"不起作用。

为了加速灭弧，提高熔断器的分断能力，往往在绝缘管中装入填充材料（简称填料），常用的填料有石英砂（SiO_2）和三氧化二铝砂（Al_2O_3）。尽管三氧化二铝砂的性能优于石英砂，但由于石英砂的价格较为便宜，目前均多采用石英砂。

熔管是熔断器的主要零件之一，外形以方管形和圆管形为主，起包容熔体和填料及散热和隔弧的作用，要求其具有高机械强度、高耐热和耐弧能力。目前，有填料的熔断器的熔管一般采用低压电瓷、氧化铝电瓷和高频电瓷，无填料熔断器的熔管一般是钢纸管、三聚氰胺玻璃布管或硅有机玻璃布管。

2. 熔断器的工作原理

熔断器是串联在电路中的，当电路中的电流增加到一定数值时，例如电路过负荷或发生短路时，过负荷电流或短路电流对熔件加热，熔件在被保护设备的温度未达到破坏其绝缘之前熔断，使电路断开，从而使设备得到保护。熔件熔化时间的长短，取决于通过的电流和熔件熔点的高低。当电路中通过很大的短路电流时，熔件将急剧熔化并气化，迅速熔断；当通过不是很大的过电流时，熔件的温度上升得较慢，熔件熔化的时间也较长。熔件材料的熔点高，则熔件熔化慢，熔断时间长；反之，熔断时间短。

3. 熔断器的参数和型号

熔断器的主要技术参数有额定电压、额定电流、熔件的额定电流、极限断路电流。
（1）额定电压指熔断器能够长期承受的正常工作电压，即其安装处电网的额定电压。
（2）额定电流指熔断器壳体部分和载流部分允许通过的长期最大工作电流。
（3）熔件额定电流指熔件允许长期通过而不熔断的最大电流。熔件的额定电流可以和熔断器的额定电流不同，同一熔断器可装入不同额定电流的熔件，但熔件的最大额定电流不应超过熔断器的额定电流。

（4）极限断路电流是指熔断器所能断开的最大电流。若被断开的电流大于此电流时，有可能使熔断器损坏，或由于电弧不能熄灭引起相间短路。

高压熔断器的型号和含义如图1.7.1所示。

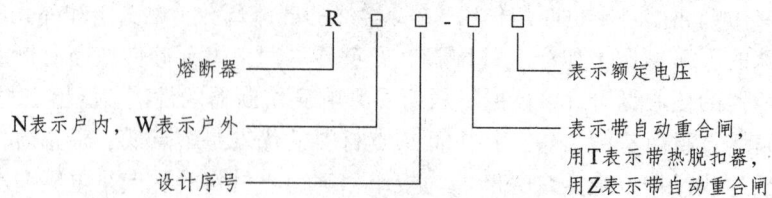

图 1.7.1　高压熔断器的型号和含义

例如，RW2-35型熔断器，表示35 kV户外熔断器，设计序号为2。

（二）高压熔断器

高压熔断器是指1 000 V以上的熔断器，牵引变电所中常用的高压熔断器有10 kV、35 kV（25 kV电网一般用35 kV）、110 kV等电压等级的熔断器。

高压熔断器的作用是当系统出现过载或短路时，熔体因过热而熔断，从而切断线路，达到保护电网和电气设备的目的。一般分为户内和户外两种高压熔断器。

高压熔断器还分为跌落式和限流式两类。

1. 跌落式高压熔断器

图1.7.2所示为RW3型跌落式熔断器的结构图。它一般由绝缘支柱、接触导电系统和熔管构成。绝缘支柱起安装、固定、绝缘作用，材料为陶瓷。熔管起绝缘、灭弧作用，外层由酚醛纸管或环氧玻璃布管制成，内层由钢纸管或虫胶桑皮纸管等产气材料制成。熔管的两端是上下触头。熔体穿过熔管，一端固定在下触头上，另一端拉紧在可以绕轴转动的压板上，压板压在弹簧钢片上，形成上触头。熔管固定在金属支座和鸭嘴罩之间。安装时，使熔管与铅垂线成30°夹角。

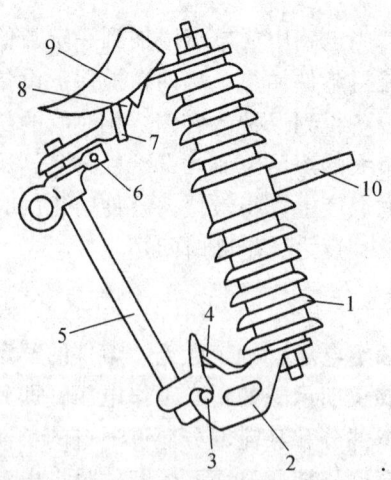

图 1.7.2　RW3型跌落式熔断器

1—绝缘支柱；2—金属支柱；3—轴；4—下触头；5—熔管部件；6—轴；
7—压板；8—弹簧钢片；9—鸭嘴罩；10—安装板

熔体熔断后，压板在弹簧片作用下绕轴顺时针转动，上触头从鸭嘴罩抵舌上滑脱，熔断管靠自身重力绕轴逆时针旋转，倒挂在支座上，称跌落。熔体熔断产生电弧后，电弧热量使熔管内壁材料产气，管内压力升高，气体高速向外喷出，纵向吹弧，电流过零时将电弧熄灭。

熔管跌落后，用绝缘钩棒取下熔管，换上新熔体，故障排除后，将熔管推向合闸位置。

这种熔断器结构简单、价格便宜，但开断电流小，熔体熔断后，火焰及金属残渣从熔断管向两端喷出，有一定的危险性。

2. 限流式高压熔断器

限流的含义是限制短路电流达到最大值，从而在短路电流达到最大值前的某一值时分断线路，减少短路电流对线路、电气设备的危害。

在牵引变电所中常采用 RN1、RN2 型高压熔断器，两者的外形基本相同，差别在于熔件不同。图 1.7.3 所示是 RN2 型限流式高压熔断器的结构图，它一般由熔件瓷套、触头、支持绝缘和支持底座组成。支持底座上安装有两个支持绝缘子，对熔断器起绝缘固定支持作用，支持绝缘子上安装有触头和接线端子，接线端子用于将熔断器串联于被保护线路中，触头用于卡装熔件瓷套，熔件装于熔件瓷套内，瓷套两端装有铜帽，用于和触头实现电连接。

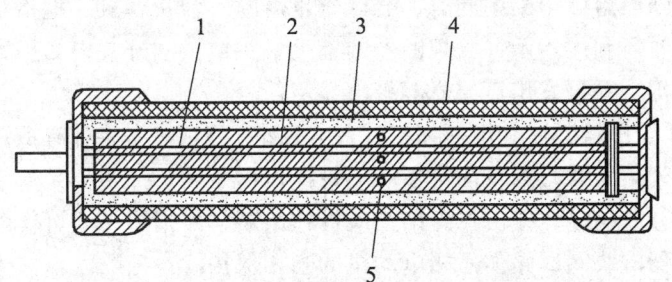

图 1.7.3　RN2 型限流式高压熔断器

1—瓷芯；2—熔丝；3—石英砂；4—瓷管；5—锡球

RN2 型熔断器的灭弧能力与熔件的截面、长度和材料有关。熔件熔断时，电弧因熔件蒸发而在填料中间形成的小洞里燃烧，当熔件的截面较大时，小洞的直径也较大，熔件蒸发形成的金属蒸气也多，灭弧较困难。所以 RN2 型熔断器的熔件是由三种不同截面的一根铜丝绕在陶瓷芯上而成的，不同截面的铜丝是用小锡球焊接相连的。当过载电流通过熔断器时，熔件先在焊有小锡球处熔断，随之电弧使熔件沿全长熔化，电弧在电流过零时最后熄灭。当短路电流通过熔断器时，细熔丝几乎立即沿全长熔化和蒸发，小洞内的压力剧增，金属蒸气猛烈向四周喷溅，渗入石英砂中并凝结，增强了去游离，电弧迅速熄灭。

RN2 型熔断器不设指示器，运行时根据接于电压互感器二次回路的电压表读数是否为零而判断熔件是否熔断。

（三）低压熔断器

1. 有填料封闭管式熔断器

RT0 型有填料管式熔断器是我国统一设计的一种有限流作用的低压熔断器，广泛应用在要求断流能力较高的装置中，其极限断流值可达 5 kA（有效值）。目前主要有 RT12、RT14 和 RT15 系列，其结构如图 1.7.4 所示。

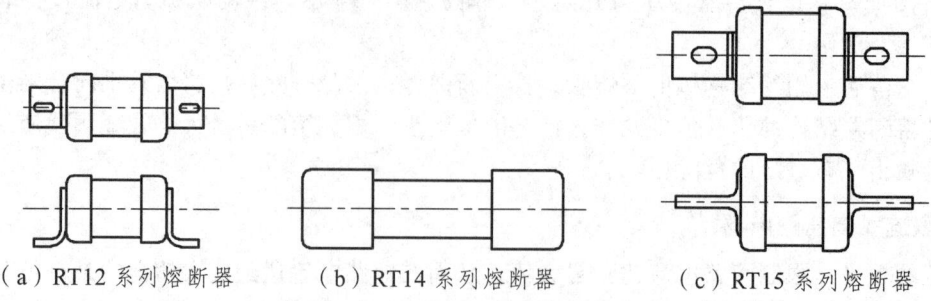

（a）RT12 系列熔断器　　　（b）RT14 系列熔断器　　　（c）RT15 系列熔断器

图 1.7.4　有填料封闭管式熔断器

RT12、RT15 系列熔断器的结构形式为螺栓连接式，熔断器两端的触刀在使用时必须用螺栓与外部连接，与熔断器处于并联状态。熔断器带有熔断指示器，并有正面、侧面、背面三种位置可供选择。

熔断指示器用来反映熔断器熔断与否，主要由高电阻材料制成的金属丝、弹簧、指示件、弹簧座组成。当熔断器熔体熔断的同时，金属丝也熔断，弹簧释放，把指示件顶出，以显示熔断器已动作。有时还利用指示件给熔断器的辅助触头或微动开关以作用力，将有关信号传递到相应的控制机构，并可发出声、光等警报显示信号。

RT14 系列熔断器由熔断体和熔断体支持件（底座）组成。支持件有螺钉安装和安装轨安装两种结构。该系列熔断器分为带撞击器和不带撞击器两类。撞击器是熔断器的机械部件，它在熔断器动作后释放能量，撞击器弹出，既可作熔断信号指示，又可作触动微动开关以控制接触器等控制电器的线圈回路作三相电动机的断相保护。

2. 有填料封闭管式刀型触头熔断器

NT、RT16、RT17 是常用的有填料封闭管式刀型触头熔断器，其中 NT 系列是我国引进国外公司的技术及生产许可证制造的产品，RT17 系列是以此为基础开发的产品，RT16 是同类产品的国内型号。这三类产品均可应用在配电系统中，作为线路的过载及系统的短路保护，可取代 RT0 系列熔断器。

3. 螺旋式熔断器

RL6、RL7 是螺旋式熔断器，其外形及结构如图 1.7.5 所示。熔断体为一个瓷管，内装石英砂和熔体，熔体一般为细铜丝，上面焊有锡球，瓷管两端用金属帽封闭，熔体的两端焊在金属帽上，其中一端帽中央有一个熔断指示器，当熔体熔断后，指示器便弹出，透过瓷帽上的玻璃可以看见。熔体与瓷帽用弹性零件连成一体，熔体熔断后，只要旋开瓷帽，取出已熔断的熔体，装上相同规格的熔体，再旋入瓷座内即可正常使用，操作安全方便。

4. 自复式熔断器

自复式熔断器是一种限流电器，其本身不具备分断能力，但与断路器串联使用时，可提高断路器的分断能力，且能多次使用，其结构如图 1.7.6 所示。

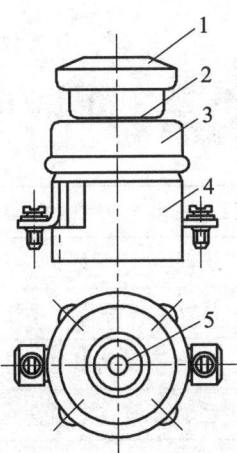

图 1.7.5 螺旋式熔断器

1—瓷帽；2—熔断体；3—瓷套；4—瓷底座；5—熔断指示器

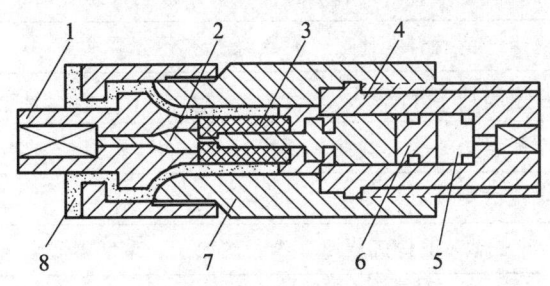

图 1.7.6 自复式熔断器

1、4—电流端子；2—熔体；3—绝缘管；5—氩气；
6—活塞；7—不锈钢管；8—填充剂

在正常工作情况下，电流从电流端子通过绝缘管细孔中的金属钠到另一个电流端子上，形成电流通路。当发生故障时，因故障电流使钠金属急剧发热而气化，形成高温高压的等离子高电阻状态，从而极大地限制了故障电流的增加，此时活塞在高压下压缩氩气。当故障电流切除时，钠金属温度下降，活塞在压缩氩气的作用下回到原来位置，使钠复原并凝结成固体，电阻也降为原值，供再次使用。目前，我国生产的自复式熔断器有RZ1系列产品。

（四）熔断器的巡视检查

（1）检查熔断器的母线连接有无断裂、脱漆现象。

（2）检查熔断器的接触是否良好。

（3）检查熔断器的支架是否完好，有无锈蚀现象。

（4）检查熔断器的接地是否良好。

 资讯单

学习情境一	电气设备的运行与维护	学时	
学习子情境 7	其他装置的运行与维护	学时	4
资讯方式	在图书馆、专业杂志、互联网及教师给的资讯指导上查询问题；咨询任课教师		
资讯问题	1. 母线、绝缘子、熔断器和电缆等在牵引变电所中的作用是什么？ 2. 母线分哪几种类型？分布在牵引变电所中的哪些地方？ 3. 绝缘子分哪几种类型？分布在牵引变电所中的哪些地方？ 4. 熔断器分哪几种类型？分布在牵引变电所中的哪些地方？ 5. 母线着色的目的是什么？其不同的颜色表示什么？ 6. 绝缘子的材料有什么？对绝缘子有什么要求？ 7. 熔断器的工作原理是什么？ 8. 熔断器的铭牌有哪些内容？ 9. 电缆的敷设有何要求？ 10. 正常情况下如何监测母线、绝缘子、熔断器和电缆的运行？ 11. 熔断器的电气符号是什么？ 12. 如何测量母线上是否有电？ 13. 对母线、绝缘子、熔断器、电缆的运行有什么要求吗？ 14. 母线的巡视内容是什么？ 15. 绝缘子、熔断器、电缆的巡视内容是什么？ 16. 母线、绝缘子、熔断器、电缆在运行与维护时需要哪些仪表和工具？ 17. 母线、绝缘子、熔断器、电缆进行检修吗？检修周期和内容是什么？ 18. 对母线、绝缘子、熔断器、电缆进行巡视时有什么安全注意事项？		
资讯引导	以上问题可以在本教程的学习信息、《牵引变电所运行检修规程》、"牵引变电所"精品课程网站、互联网、专业资料等处查找。		

 计划和决策单

计划和决策单见附录附表 1.7.1。

实 施

一、理论知识问答

1. 设计母线排时,除了考虑_____外,还要考虑_____强度。
2. 室内母线涂相色漆后有利于_____和_____。
3. _____在高压导线中,越接近导线的表面,密度_____,这种现象称为集肤效应。
4. 瓷质绝缘子外表涂一层硬质瓷釉起到防潮作用,从而提高绝缘子的_____性能和_____性能。
5. 熔断器的保护特性是指_____与_____的关系曲线。
6. 电力电缆主要由导体、_____和_____三部分组成。
7. 判断导线接头发热的方法有_____、_____、_____、_____。
8. 高压熔断器_____与_____的关系特性为熔断器的保护特性。
9. 钢芯铝绞线运行时的允许温度为(   )。
   A. 70 ℃　　　　　B. 75 ℃　　　　　C. 80 ℃　　　　　D. 85 ℃
10. 将一根导线均匀拉长使其长度为原长度的3倍,则它的电阻值为原电阻值的(   )。
    A. 1/3　　　　　B. 3倍　　　　　C. 6倍　　　　　D. 9倍
11. 摇测带护层电缆的护层绝缘电阻时应使用(   )的摇表。
    A. 500 V　　　　B. 1 000 V　　　　C. 2 500 V　　　　D. 5 000 V
12. 设备接头处涂有相色漆的,在过热后(   )。
    A. 相色漆颜色变深,漆皮裂开　　　　B. 相色漆颜色变浅,漆开始熔化
    C. 相色漆颜色更重明显,并有易湿现象　　D. 都不对
13. 电力电缆不得过负荷运行。在事故情况下,10 kV以下纸绝缘电缆只允许连续(   )运行。
    A. 1 h过负荷30%　　　　　　　　B. 1.5 h过负荷20%
    C. 2 h过负荷15%　　　　　　　　D. 2 h过负荷20%
14. 10 kV以上的电力电缆与控制电缆间最小净距要求是(   )。
    A. 0.20 m　　　　B. 0.25 m　　　　C. 0.30 m　　　　D. 0.5 mm
15. 交流母线A、B、C相的相色漆规定为(   )。
    A. 黄、红、绿　　　　　　　　　B. 红、绿、黄
    C. 绿、黄、红　　　　　　　　　D. 黄、绿、红
16. 为什么硬母线要装设伸缩接头?
    答:_____
    _____
    _____

17. 如何装设和拆除接地线？

答：_____

_____

_____

_____

18. 瓷瓶在什么情况下容易损坏？

答：_____

_____

_____

_____

19. 变电所自用电缆的作用是什么？接线形式是什么？

答：_____

_____

_____

_____

二、实施操作过程（实施操作单）

1. 小组成员共同探讨熔断器的结构和作用。

序号	结构	作用
1		
2		
3		
4		
5		
6		
7		

2. 填写母线的日常巡视和特殊巡视内容。

设备名称	看	听	闻	着装要求
日常				
特殊				

3. 填写绝缘子、熔断器、电缆的日常巡视内容。

设备名称	看	听	闻	着装要求

4. 每组选派 2 人完成母线、绝缘子、熔断器、电缆的日常巡视对话及汇报安全注意事项。

 **检查单**

检查单见附录附表 1.7.2。

 **评价单**

评价单见附录附表 1.7.3。

 **备忘录**

序号	操作	问题	解决问题的方法
1			
2			

备 注

学习情境二　牵引变电所值班

学习子情境1　常用工具的使用

学习任务书

小组编号：_____　　成员名单：_____

学习任务描述

通过本情境的学习，要求能够做到：掌握牵引变电所常用工具的作用，会使用常用工具，熟悉常用工具的注意事项及安全要求，清楚常用工具的缺陷处理方法，能检查常用工具，能分析常用工具试验结果异常产生的原因。

学习任务：常用工具的使用。
学习对象：电气工具。
工　　具：生产文件、工作工具、量具等。
学习步骤：
（1）熟悉牵引变电所常用工具的类型。
（2）掌握所有常用工具的作用。
（3）能正确使用常用工具。
（4）能对工具进行简单的维护与保养。
（5）能分析常用工具试验结果异常产生的原因。

学习方法

资讯：接受学习任务，根据引导问题，通过学习查找资料、网络信息等，建立总体印象。
计划：与小组成员、老师、师傅讨论牵引变电所常用工具的作用和故障处理方法。
决策：与老师或师傅进行专业交流，确定本项目的工作步骤和涉及的工具，拟定检查、评价标准。
实施：按确定的工作步骤完成行动化学习任务，发现问题，共同分析，遇到无法解决的问题时请老师或师傅帮助解决。

检查：（1）生产文件准备好了吗？
　　　（2）工具准备好了吗？
　　　（3）安全事项有哪些？
评价：与同学、老师、师傅进行专业交流，有改进的建议吗？

学习目标

（1）熟悉牵引变电所常用工具的类型。
（2）掌握所有常用工具的作用。
（3）能正确使用常用工具。
（4）能对工具进行简单的维护与保养。
（5）能分析常用工具试验结果异常产生的原因。

行动化学习任务

第一部分：进行常用工具理论知识的学习

任务 1：熟悉牵引变电所常用工具的类型。

任务 2：掌握牵引变电所常用工具的原理。

任务 3：掌握所有常用工具的结构。

任务 4：掌握所有常用工具的作用。

任务 5：了解牵引变电所常用工具的注意事项。

第二部分：进行常用工具使用的训练

任务 6：能正确使用常用工具。

任务 7：能对工具进行简单的检查、维护与保养。

任务 8：能分析常用工具试验结果异常产生的原因。

学习信息

一、牵引变电所常用工具的类型

牵引变电所常用的工具有：验电笔、尖嘴钳、剥线钳、万用表、兆欧表、钳式电流表、电度表、验电器、接地电阻测试仪、安全带、接地棒。

二、牵引变电所常用工具的结构、原理及维护方法

（一）兆欧表

1. 兆欧表的工作原理

兆欧表主要由两部分组成：一部分为直流电源，一般由手摇发电机和整流装置产生测量所需的直流电压，有些也采用电池供电，由晶体管振荡器产生交变电压，再经变压器升压及整流后输出直流电压；另一部分为测量机构，由处于永久磁场中的电压线圈和电流线圈等组成，这两个线圈绕向相反且互相垂直地固定于同一轴上，并可带动指针旋转。兆欧表的外部有三个接线端子：线路端子 L、接地端子 E 和屏蔽端子 G，被试绝缘接在 L 和 E 之间。

被测电阻接于兆欧表测量端子"线端" L 与"地端" E 之间。摇动手柄，直流发电机输出直流电流。线圈 1、电阻 R_1 和被测电阻 R_X 串联，线圈 2 和电阻 R_2 串联，然后两条电路并联后接于发电机电压 U 上。设线圈 1 电阻为 r_1，线圈 2 电阻为 r_2，通过转动手摇发电机转轴，产生直流电源 U 后，流过电压、电流线圈的电流分别为

$$I_1 = \frac{U}{r_1 + R_1 + R_X} \; ; \quad I_2 = \frac{U}{r_2 + R_2}$$

指针偏转的角度 α 与流过两线圈的电流之比 $\dfrac{I_2}{I_1}$ 有关，即

$$\alpha = \frac{I_2}{I_1} = \frac{r_1 + R_1 + R_X}{r_2 + R_2}$$

式中，r_1、r_2、R_1 和 R_2 为定值，R_X 为变量。所以改变 R_X 会引起 α 的变化。由于线圈 1 与线圈 2 绕向相反，流入电流 I_1 和 I_2 后在永久磁场作用下，在两个线圈上分别产生两个方向相反的转矩 T_1 和 T_2，由于气隙磁场不均匀，因此 T_1 和 T_2 既与对应的电流成正比，又与其线圈所处的角度有关。当 $T_1 \neq T_2$ 时指针发生偏转，直到 $T_1 = T_2$ 时，指针停止，指针偏转的角度只决定于 $\dfrac{I_2}{I_1}$ 的比值，此时指针所指就是刻度盘上显示的被测设备的绝缘电阻值。

2. 兆欧表的使用

（1）正确选用兆欧表。

兆欧表的额定电压应根据被测电气设备的额定电压来选择。测量额定电压 500 V 以下的设备，选用额定电压 500 V 或 1 000 V 的兆欧表；额定电压在 500 V 以上的设备，应选用 1 000 V 或 2 500 V 的兆欧表；对于绝缘子、母线等要选用 2 500 V 或 3 000 V 的兆欧表。

（2）使用前检查兆欧表是否完好。

将兆欧表水平且平稳放置，检查指针偏转情况：将 E、L 两端开路，以约 120 r/min 的转速摇动手柄，观测指针是否指到"∞"处；然后将 E、L 两端短接，缓慢摇动手柄，观测指针是否指到"0"处，经检查完好才能使用。

（3）兆欧表放置平稳牢固，被测物表面擦干净，以保证测量准确。

（4）正确接线。兆欧表有三个接线柱：线路（L）、接地（E）、屏蔽（G）。根据不同的测量对象，作相应的接线。测量线路对地绝缘电阻时，E 端接地，L 端接于被测线路上；测量电机或设备绝缘电阻时，E 端接电机或设备外壳，L 端接被测绕组的一端；测量电机或变压器绕组间绝缘电阻时先拆除绕组间的连接线，将 E、L 端分别接于被测的两相绕组上；测量电缆绝缘电阻时 E 端接电缆外表皮（铅套），L 端接线芯，G 端接芯线最外层绝缘层。

（5）由慢到快摇动手柄，直到转速达 120 r/min 左右，保持手柄的转速均匀、稳定，一般转动 1 min，待指针稳定后读数。

（6）测量完毕，待兆欧表停止转动和被测物接地放电后方能拆除连接导线。

3. 注意事项

因兆欧表本身工作时会产生高压电，为避免人身及设备事故，必须重视以下几点：

（1）不能在设备带电的情况下测量其绝缘电阻。测量前被测设备必须切断电源和负载，并进行放电；已用兆欧表测量过的设备如要再次测量，也必须先接地放电。

（2）兆欧表测量时要远离大电流导体和外磁场。

（3）与被测设备连接的导线应用兆欧表专用测量线或选用绝缘强度高的两根单芯多股软线，两根导线切忌绞在一起，以免影响测量准确度。

（4）测量过程中，如果指针指向"0"位，表示被测设备短路，应立即停止转动手柄。

（5）被测设备中如有半导体器件，应先将其插件板拆去。

（6）测量过程中不得触及设备的测量部分，以防触电。

（7）测量电容性设备的绝缘电阻时，测量完毕，应对设备充分放电。

（二）验电器

1. 高压验电器的结构

高压验电器主要用来检验设备对地电压在 250 V 以上的高压电气设备。目前，广泛采用的有发光型、声光型、风车式三种类型。它们一般都是由检测部分（指示器部分或风车）、绝缘部分、握手部分三大部分组成。绝缘部分是指自指示器下部金属衔接螺丝起至罩护环止的部分，握手部分是指罩护环以下的部分。绝缘部分、握手部分根据电压等级的不同其长度也不相同。高压验电器是由电子集成电路制成的声光批示，性能稳定、可靠，具有全电路自检功能和抗干扰性强等特点。高压验电器适用于 220～500 V、6 kV、10 kV、35 kV、110 kV、220 kV、500 kV 交流输配电线路和设备的验电，无论是白天或夜晚、室内变电所站或室外架空线上，都能正确、可靠地工作。

2. 高压验电器的使用方法

在使用高压验电器进行验电时，首先必须认真执行操作监护制，一人操作，一人监护。操作者在前，监护人在后。使用验电器时，必须注意其额定电压要和被测电气设备的电压等级相适应，否则可能会危及操作人员的人身安全或造成错误判断。验电时，操作人员一定要戴绝缘手套，穿绝缘靴，防止跨步电压或接触电压对人体的伤害。操作者应手握罩护环以下的握手部分，先在有电设备上进行检验。检验时，应渐渐地移近带电设备至发光或发声止，以验证验电器的完好性。然后再在需要进行验电的设备上检测。同杆架设的多层线路验电时，应先验低压，后验高压，先验下层，后验上层。需要特别说明的是，在使用高压验电器验电前，一定要认真阅读使用说明书，检查一下验电器是否超周期，外表是否损坏、破伤。例如，高压风车式验电器在从包中取出时，首先应观察电转指示器叶片是否有脱轴现象，警报是否发出音响，脱轴者不得使用，然后将电转指示器在手中轻轻摇晃，其叶片应稍有摆动，证明良好，然后检查报警部分，证明音响良好。对于高压声光型验电器，在操作前应先对指示器进行自检试验，才能将指示器旋转固定在操作杆上，并将操作杆拉伸至规定长度，再作一次自检后才能进行试验。

注意： 高压验电器不能检测直流电压。

3. 验电器的注意事项

（1）电气设备上使用验电器进行验电操作，应遵照电业安全工作规程的有关规定进行。

（2）使用前，应根据被验电气设备的额定电压，选用合适型号的验电器。

（3）操作人员必须手握操作手柄，并将操作杆全部拉出定位后，方可按有关规定顺序进行验电操作。

（4）在非全部停电场合进行验电操作，应先将验电器在有电部位上测试，再到施工部位进行测试，然后回复到有电部位上复测，以确保安全。不得以验电器的自检按钮试验替代本项操作。自检按钮试验仅供参考。验电器的电子元件有自然老化的过程，为确保验电操作的安全可靠，保障电网设备及验电操作人员的人身安全，验电器的正常使用寿命自出厂之日起定为三年。特殊情况需延长使用年限时，须征得制造厂同意，办妥有关复检手续并出具同意延长使用证明后方可继续使用，但最长使用年限不得超过五年。

（5）为保证人身和设备的安全，验电器必须根据电业安全工作规程规定的期限，定期进行预防性试验。

（6）预防性试验前，应先进行外观检查，当发现验电指示器的外壳有缺损、绝缘杆有裂纹等明显缺陷时，不宜进行预防性试验，应及时送交修理或更换。

（7）验电器与发生器应在空气流通、环境干燥的专用地点存放。

（8）在保管和运输中，不要使高压验电器强烈振动或受冲击，不准擅自调整拆装，凡有雨雪等影响绝缘性能的环境，一定不能使用。不要把高压验电器放在露天烈日下暴晒，应保存在干燥通风处；不要用带腐蚀性的化学溶剂和洗涤剂进行擦拭或接触。

（9）验电时，工作人员手握电器护环以下的握柄部分，并根据规定，先在有电设施上进行检验，验证电器确实性能完好，方能使用。

（三）万用表

1. 万用表的结构

万用表由表头、测量电路及转换开关等三个主要部分组成。

表头是一只高灵敏度的磁电式直流电流表，万用表的主要性能指标基本上取决于表头的性能。表头的灵敏度是指表头指针满刻度偏转时流过表头的直流电流值，这个值越小，表头的灵敏度越高。测电压时的内阻越大，其性能就越好。表头上有四条刻度线，它们的功能如下：第一条（从上到下）标有 R 或 Ω，指示的是电阻值，转换开关在欧姆挡时，即读此条刻度线；第二条标有 ∽ 和 VA，指示的是交、直流电压和直流电流值，当转换开关在交、直流电压或直流电流挡，量程在除交流 10 V 以外的其他位置时，即读此条刻度线；第三条标有 10 V，指示的是 10 V 的交流电压值，当转换开关在交、直流电压挡，量程在交流 10 V 时，即读此条刻度线；第四条标有 dB，指示的是音频电平。

2. 测量线路

测量线路是用来把各种被测量转换到适合表头测量的微小直流电流的电路，它由电阻、半导体元件及电池组成，能将各种不同的被测量（如电流、电压、电阻等）、不同的量程，经过一系列的处理（如整流、分流、分压等）统一变成一定量限的微小直流电流送入表头进行测量。转换开关的作用是用来选择各种不同的测量线路，以满足不同种类和不同量程的测量要求。转换开关一般有两个，分别标有不同的挡位和量程。

3. 万用表的使用方法

（1）数字万用表的损坏在大多数情况下是测量挡位选择错误造成的，如在测量交流市电时，测量挡位选择置于电阻挡，这种情况下表笔一旦接触市电，瞬间即可造成万用表内部元件损坏。因此，在使用万用表测量前一定要先检查测量挡位是否选择正确。使用完毕，要将测量选择置于交流 750 V 或者直流 1 000 V 处，这样在下次测量时无论误测什么参数，都不会引起数字万用表损坏。

有些数字万用表损坏是由于测量的电压电流超过量程范围。如在交流 20 V 挡位测量市电，很易引起数字万用表交流放大电路损坏，使万用表失去交流测量功能。在测量直流电压时，所测电压超出测量量程，同样易造成表内电路故障。在测量电流时如果实际电流值超过量程，一般仅引起万用表内的保险丝烧断，不会造成其他损坏。所以在测量电压参数时，如果不知道所测电压的大致范围，应先把测量挡置于最高挡，通过测量其值后再换挡测量，以得到比较精确的数值。如果所要测量的电压数值远超出万用表所能测量的最大量程，应另配高阻测量表笔。如检测黑白彩电的第二阳极高压及聚焦高压。

（2）多数数字万用表的直流电压上限量程为 1 000 V，因此测量直流电压时，最高电压值必须在 1 000 V 以下，这样一般不会损坏万用表。如果超出 1 000 V，则很有可能造成万用表损坏。但是，不同的数字万用表的可测量电压上限值可能有所不同。如果测量的电压超出量程，可采取电阻降压的方法加以测量。另外，在测量 400~1 000 V 的直流高电压时，表笔与测量处一定要接触好，不能有任何抖动，否则，除了可能会造成万用表损坏而使测量不准确外，严重时还可能会使万用表无任何显示。

（3）在测量电阻时，应注意一定不要带电测量。

4. 万用表的注意事项

（1）测量电流与电压时不能旋错挡位。如果误用电阻挡或电流挡去测电压，就极易烧坏电表。万用表不用时，最好将挡位旋至交流电压最高挡，避免因使用不当而损坏。

（2）测量电阻时，不要用手触及裸体元件的两端（或两支表棒的金属部分），以免人体电阻与被测电阻并联，使测量结果不准确。

（3）测量电阻时，若将两支表棒短接，调"零欧姆"旋钮至最大，指针仍然达不到 0 点，这种现象通常是由于表内电池电压不足，应换上新电池方能准确测量。

（4）万用表不用时，不要旋在电阻挡，因为内有电池，如不小心易使两根表棒相碰短路，不仅耗费电池，严重时甚至会损坏表头。

（5）测量直流电压和直流电流时，注意"＋""－"极性，不要接错。如发现指针反转，既应立即调换表棒，以免损坏指针及表头。

（6）如果不知道被测电压或电流的大小，应先用最高挡，而后再选用合适的挡位来测试，以免表针偏转过度而损坏表头。所选用的挡位越靠近被测值，测量的数值就越准确。

（四）钳形电流表

1. 钳形电流表结构和原理

钳形电流表是电工常用携带式仪表之一，是将可以开合的磁路套在载有被测电流的导体上测量电流值的仪表。它由电流互感器和电流表组成，使用方便，无须断开电源和线路即可直接测量运行中电气设备的工作电流，便于及时了解设备的工作状况。

钳形电流表是由电流互感器和电流表组合而成的。电流互感器的铁芯在捏紧扳手时可以张开；被测电流所通过的导线可以不必切断就可穿过铁芯张开的缺口，当放开扳手后铁芯闭合。穿过铁芯的被测电路导线就成为电流互感器的一次线圈，其中通过的电流便在二次线圈中感应出电流。从而使与二次线圈相连接的电流表有所指示——测出被测线路的电流。钳形表可以通过转换开关改换不同的量程，但转换量程时不允许带电进行操作。钳形表一般准确度不高，通常为 2.5~5 级。为了使用方便，表内还有不同量程的转换开关供测不同等级的电流以及电压。

2. 钳形电流表的使用

（1）测量前。

首先是根据被测电流种类、电压等级正确选择钳形电流表，被测线路的电压要低于钳形表的额定电压。测量高压线路的电流时，应选用与其电压等级相符的高压钳形电流表。低电压等级的钳形电流表只能测低压系统中的电流，不能测量高压系统中的电流。

其次是在使用前要正确检查钳形电流表的外观情况，一定要检查表的绝缘性能是否良好，外壳应无破损，手柄应清洁干燥。若指针没在零位，应进行机械调零。钳形电流表的钳口应紧密接合，若指针抖晃，可重新开闭一次钳口，如果抖晃仍然存在，应仔细检查，注意清除钳口杂物、污垢，再进行测量。

由于钳形电流表要接触被测线路，所以钳形电流表不能测量裸导体的电流。用高压钳形表测量时，应由两人操作，测量时应戴绝缘手套，站在绝缘垫上，不得触及其他设备，以防止短路或接地。

（2）测量时。

首先是在使用时应按紧扳手，使钳口张开，将被测导线放入钳口中央，然后松开扳手并使钳口闭合紧密。钳口的结合面如有杂声，应重新开合一次；若仍有杂声，应处理结合面，以使读数准确。另外，不可同时钳住两根导线。读数后，将钳口张开，将被测导线退出，将挡位置于电流最高挡或 OFF 挡。

其次要根据被测电流大小来选择合适的钳形电流表的量程。选择的量程应稍大于被测电流数值，若无法估计，为防止损坏钳形电流表，应从最大量程开始测量，逐步变换挡位直至量程合适。严禁在测量进行过程中切换钳形电流表的挡位，换挡时应先将被测导线从钳口退出。

当测量 5 A 以下的电流时，为使读数更准确，在条件允许时，可将被测载流导线绕数圈后放入钳口进行测量。此时被测导线实际电流值应等于仪表读数值除以放入钳口的导线圈数。

测量时应注意身体各部分与带电体保持安全距离，低压系统的安全距离为 0.1~0.3 m。测量高压电缆各相电流时，电缆头线间距离应在 300 mm 以上，且绝缘良好，待认为测量方便时，方能进行。观测表计时，要特别注意保持头部与带电部分的安全距离，人体任何部分与带电体的距离不得小于钳形表的整个长度。

测量低压可熔保险器或水平排列低压母线电流时，应在测量前将各相可熔保险或母线用绝缘材料加以保护隔离，以免引起相间短路。当电缆有一相接地时，严禁测量，防止出现因电缆头的绝缘水平低发生对地击穿爆炸而危及人身安全。

（3）测量后。

当采用一般常见的磁电系钳形表测量时，指示值与被测量的实际值会有很大的出入，甚至没有指示，其原因是磁电系钳形表的表头与互感器二次线圈连接，表头电压是由二次线圈得到的。根据电磁感应原理可知，互感电动势为

$$E_2 = 4.44 f W \phi_m$$

由公式不难看出，互感电动势的大小与频率成正比。当采用此种钳形表测量转子电流时，由于转子上的频率较低，表头上得到的电压将比测量同样工频电流时的电压小得多（因为这种表头是按交流 50 Hz 的工频设计的）。有时电流很小，甚至不能使表头中的整流元件导通，所以钳形表没有指示，或指示值与实际值有很大出入。

3. 钳形电流表的特殊应用

（1）在进行测量时用手捏紧扳手即张开，被测载流导线的位置应放在钳口中间，防止产生测量误差，然后放开扳手，使铁芯闭合，表头就有指示。

（2）测量时应先估计被测电流或电压的大小，选择合适的量程或先选用较大的量程测

量，然后再视被测电流、电压大小减小量程，使读数超过刻度的 1/2，以便得到较准确的读数。

（3）为使读数准确，钳口两个面应保证很好地接合。如有杂声，可将钳口重新开合一次；如果声音依然存在，可检查在接合面上是否有污垢存在，如有污垢，可用汽油擦干净。

（4）测量低压可熔保险器或低压母线电流时，测量前应将邻近各相用绝缘板隔离，以防钳口张开时可能引起相间短路。

（5）有些型号的钳形电流表附有交流电压刻度，测量电流、电压时应分别进行，不能同时测量。

（6）不能用于高压带电测量。

（7）测量完毕后一定要把调节开关放在最大电流量程位置，以免下次使用时由于未经选择量程而造成仪表损坏。

（8）为了测量 5 A 以下的电流时能得到较准确的读数，在条件许可时可把导线多绕几圈放进钳口进行测量，实际电流数值为读数除以放进钳口内的导线根数。

4. 钳形电流表维护方法

（1）使用高压钳形表时应注意钳形电流表的电压等级，严禁用低压钳形表测量高电压回路的电流。用高压钳形表测量时，应由两人操作，非值班人员测量还应填写第二种工作票。测量时应戴绝缘手套，站在绝缘垫上，不得触及其他设备，以防止短路或接地。

（2）观测表计时，要特别注意保持头部与带电部分的安全距离，人体任何部分与带电体的距离不得小于钳形表的整个长度。

（3）在高压回路上测量时，禁止用导线从钳形电流表另接表计测量。测量高压电缆各相电流时，电缆头线间距离应在 300 mm 以上，且绝缘良好，待认为测量方便时，方能进行。

（4）测量低压可熔保险器或水平排列低压母线电流时，应在测量前将各相可熔保险或母线用绝缘材料加以保护隔离，以免引起相间短路。

（5）当电缆有一相接地时，严禁测量，防止出现因电缆头的绝缘水平低发生对地击穿爆炸而危及人身安全。

（6）钳形电流表测量结束后把开关拨至最大量程挡，以免下次使用时不慎过流；并应保存在干燥的室内。

（五）安全带

安全带是进行高空作业保证人身安全的重要用品。它一般由尼龙绳编织成带状，长约 1.6 m。安全带的使用和保管要注意以下事项：

（1）高挂低用。

（2）每次使用前应进行外观检查，尼龙带状部分不得有严重破损；保险锁扣不良不准使用，并不准打结使用。

（3）安全带应放置于干燥、通风的仓库内，不准接触明火、高温、强酸和尖锐物件；不准长期曝晒。

（4）安全带应定期做负荷试验，接触网用安全带试验周期为 12 个月，变电所用安全带试验周期为 6 个月。

三、常用工具常见故障缺陷及解决的方法

兆欧表：短路不到"0"位，解决方法为将短路的电流线圈接好。

万用表：读数不稳定或无法测量，解决方法为清除油污或对弹片整形。

验电器：按验电器上的试验按钮，报警正常，但用验电器验电时音响警报不响，解决方法为将内部一只电阻更换为 1 MΩ。

钳式电流表：转换开关磨损，接触不良，解决方法为清洗或更换表头。

接地棒：绝缘性变差，解决方法为通过实验更换新的接地棒。

接地电阻测试仪：检查到电池电压正常而进行接地电阻测量时测量数据不准，误差大、不精确，解决方法为更换电感。

四、常用工具的实验标准

序号	名称	周期（月）	电压等级（kV）	试验电压（kV）	负荷（N）	时间（分）	泄露电流（mA）	合格标准
1	绝缘棒	6	110	四倍相电压		5		无过热、击穿和变形
	杆		27.5	120				
	滑轮		6~10	44				
2	绝缘绳	6	高压	105		5		
				0.5 m				
3	绝缘手套	6	高压	8		1	9	
			低压	2.5			2.5	
4	绝缘靴	6	高压	15		1	7.5	
5	绝缘梯	6		2.5/cm		5		
6	验电器	6	27.5	120		5		发光电压不高于额定电压的25%
			6~10	40				
7	金属梯	12			2 205	5		任一级梯蹬加负荷后不得有裂损和永久变形
	竹木梯	6			1 765			
8	绳子	6			2 205	5		无破损和断股
9	安全带	6			2 205	5		无破损

 **资讯单**

学习情境二	牵引变电所值班	学时	
学习子情境1	常用工具的使用	学时	6
资讯方式	在图书馆、专业杂志、互联网及教师给的资讯指导上查询问题；咨询任课教师		
资讯问题	1. 牵引变电所常用工具有哪些？		
	2. 牵引变电所常用工具的作用是什么？		
	3. 验电笔的作用是什么？		
	4. 剥线钳的作用是什么？		
	5. 万用表可以测量哪些参数？万用表的作用是什么？		
	6. 兆欧表的原理和作用的是什么？		
	7. 钳形电流表的原理和作用是什么？		
	8. 安全带的作用是什么？		
	9. 接地棒的类型有哪些？它们的作用是什么？		
	10. 验电器有几种？它们的作用是什么？		
	11. 如何检查验电器的好坏？		
	12. 常用工具的故障原因及解决方法是什么？		
	13. 兆欧表的使用方法及维护方法是什么？		
	14. 验电器的使用方法及维护方法是什么？		
	15. 万用表的使用方法及维护方法是什么？		
	16. 安全带的使用方法及维护方法是什么？		
	17. 接地棒的使用方法及维护方法是什么？		
	18. 牵引变电所常用电气工具的实验标准是什么？		
资讯引导	以上问题可以在本教程的学习信息、《牵引变电所规章与规程》、"电工仪表"等教程、互联网、专业资料等处查找。		

 **计划和决策单**

计划和决策单见附录附表 2.1.1。

实 施

一、理论知识问答

1. 牵引变电所常用工具有哪些？

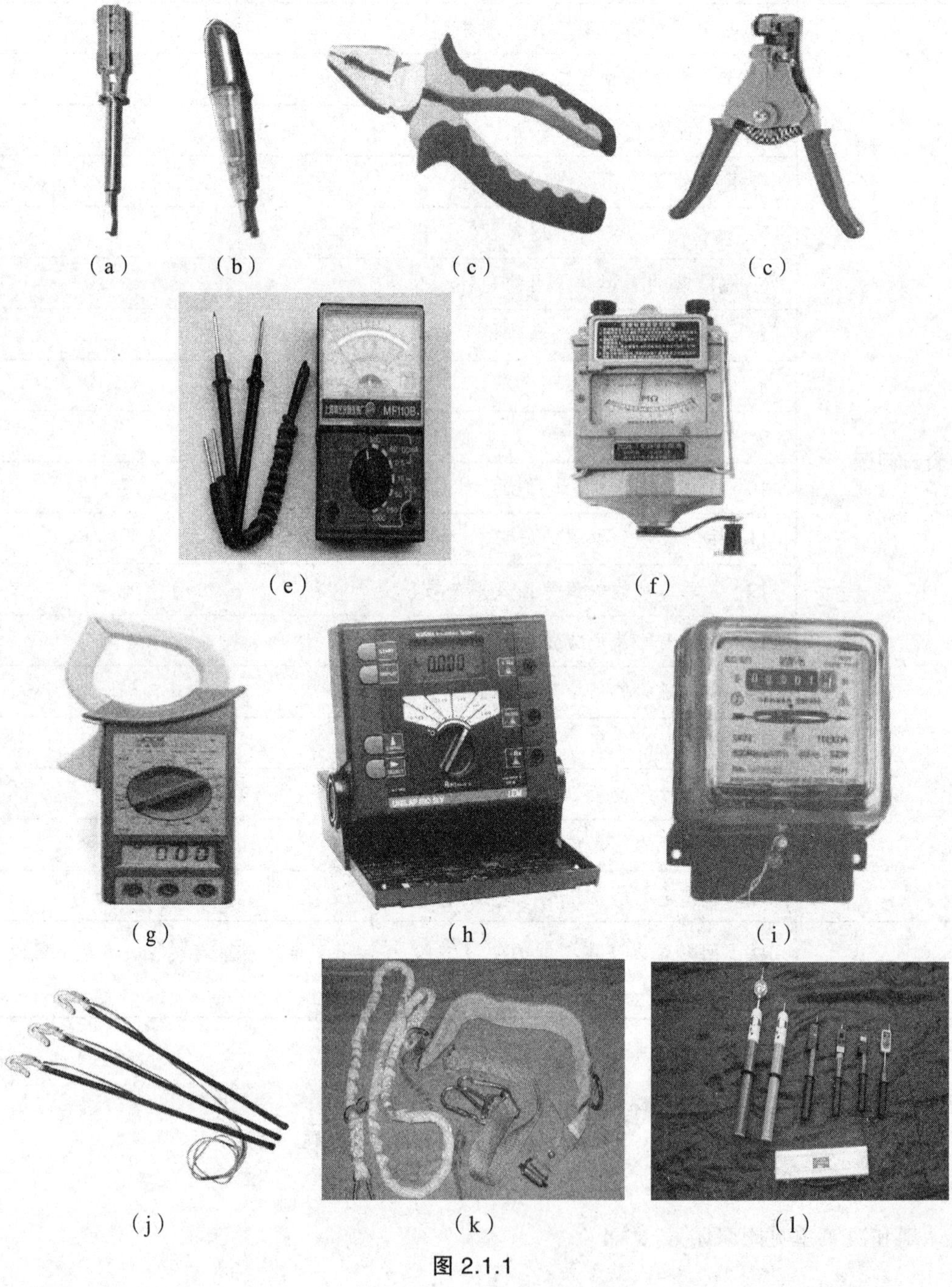

图 2.1.1

2. 常用工具使用问答。

（1）剥线钳用来剥离截面积____以下的塑料或橡胶绝缘导线的绝缘层，由____和____两部分组成。

（2）低压验电笔是电工常用的一种辅助安全用具，用于检查____V以下导体或各种用电设备的外壳是否带电。

（3）万用表是一种测量电压、电流和电阻等参数的仪表，有____和____两种，主要由表壳、____、____、欧姆调零旋钮、____、表笔插孔和____等组成。用万用表测半导体二极管的极性和好坏应选择_____挡。用万用表测量完毕后，应将转换开关拨到____挡。

（4）图2.1.2为_____，用其可直接测量_____。在高压回路上测量时，禁止用导线从钳形电流表另接表计测量，测量高压电缆各相电流时，电缆头线间距离应在_____mm以上，且绝缘良好，待认为测量方便时，方能进行。钳形电流表测量结束后把开关拨至_____挡，以免下次使用时不慎过流。

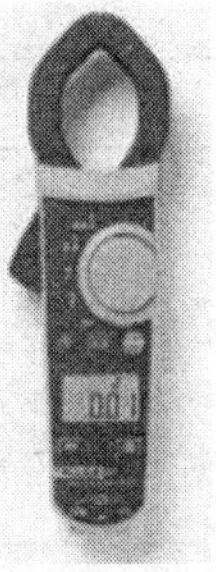

（5）判断绝缘程度是否满足设备需要的测量仪表是_____。为了测试各种电压等级电气设备的绝缘电阻，制成了___V、___V、___V、___V等各种电压规格，对于____V及以下的电气设备，常用500 V或1 000 V的兆欧表来测量，用电压过高可能使低压绝缘击穿。用兆欧表测量前必须将被测设备电源____，并对地短路放电。兆欧表在短路时应指在"____"位置，开路时应指在"____"位置。兆欧表的接线柱共有三个：一个为"L"即____，一个为"E"即为____，再一个为"G"即____。一般被测绝缘电阻都接在"____"和"____"端之间，但当被测绝缘体表面漏电严重时，必须将被测物的屏蔽环或不需测量的部分与"____"端相连接。在测电容器、电缆等大电容设备时，读数后一定要先断开_____后方能_____，否则电容电流将通过表的线圈放电而烧损表计。以均匀速度摇动兆欧表手柄，使转速尽量接近_____r/min，由于被测设备有电容等充电现象，因此要摇测__min后再读数。

图2.1.2

（6）接地电阻测试仪由____、____、____、检流计等组成。将接地电阻测试仪水平放置后，检查检流计的指针是否指向____线，否则调节"____"使测量仪指针指向中心线。当检流计的指针接近于平衡时____加快摇动转柄，使其转速达到____r/min以上，同时调整"测量标度盘"，使指针指向中心线。

（7）功率表接线时功率表电流线圈标有"•"号的端钮必须接到电源的____极端，而电流线圈的另一端则与____相连，电流线圈以____形式接入电路中。功率表电压线圈标有"•"号的端钮可以接到电源端钮的____端上，而另一电压端则跨接到____。

（8）使用验电器验电前应对验电器进行_____试验，按动自检按钮验电指示器发出间歇振荡声光信号，则证明验电器性能_____，即可进行验电。此时可将伸缩绝缘杆拉开，进行验电操作，手不能越过规定的安全环，验电器触头与等级的带电体触示即口发出间歇声光信号，表示_____，如不发出间歇声光信号则表示_____。

（9）安全带使用前应检查绳带有无_____，卡簧弹跳性是否良好；高处作业如安全带无固定挂处，应采用适当强度的____或采取其他方法，禁止把安全带挂在移动或带尖锐棱角或不牢固的物件上；将安全带挂在____处，人在____工作这是一种比较安全合理的科学系挂方法，它可以使有坠落发生时的实际冲击距离减小。

（10）使用前必须对绝缘操作杆进行外观检查，外观上不能有_____等外部损伤；为保证操作时有足够的绝缘安全距离，绝缘操作杆的绝缘部分长度不得小于____m；雨雪天气必须在室外进行操作时要使用带_____的特殊绝缘操作杆；半年要对绝缘操作杆进行一次_____试验，不合格的要立即报废，不可降低标准使用。

3. 常用工具的实验标准是什么？
答：_____
_____
_____
_____
_____

4. 兆欧表、验电器的维护方法及万用表的使用方法是什么？
答：_____
_____
_____
_____
_____

二、实施操作过程（实施操作单）

1. 统计某牵引变电所常用工具的名称及其作用。

序号	工具名称	数量	型号	作用
1				
2				
3				
4				
5				
6				
7				
8				
9				
10				

2. 用兆欧表测量设备绝缘电阻。

电动机绕组绝缘电阻

电动机			兆欧表		绝缘电阻					
型号	功率	接法	型号	规格	U—V 间	U—W 间	V—W 间	U 对地	V 对地	W 对地

3. 分析牵引变电所常用电气工具的常见故障。

序号	工具名称	常见故障	解决方法
1			
2			
3			
4			
5			
6			
7			
8			
9			
10			

 检查单

检查单见附录附表 2.1.2。

 评价单

评价单见附录附表 2.1.3。

备忘录

序号	操作	问题	解决问题的方法
1			
2			

备　注

学习子情境2 电气主接线的认识

学习任务书

小组编号：_____　　　成员名单：_____

学习任务描述

通过本情境的学习，要求能够做到：熟悉各种电气设备的电气符号，了解电气主接线的定义、用途、基本形式，清楚对电气主接线的基本要求，能从电气主接线上判别供电方式。

学习任务：电气主接线的认识。

学习对象：电气主接线。

工　　具：电气符号图、主接线图等。

学习步骤：

（1）了解主接线的用途。

（2）熟悉电气设备的电气符号。

（3）会识别牵引变电所主接线的形式。

（4）能依据主接线判别变电所的供电方式。

（5）能根据主接线图进行简单的模拟操作。

学习方法

资讯：接受学习任务，根据引导问题，通过学习查找资料、网络信息等，建立总体印象。

计划：与小组成员、老师、师傅讨论电气主接线在变电所中的影响和意义。

决策：与老师或师傅进行专业交流，确定本项目的工作步骤和涉及的工具，拟定检查、评价标准。

实施：按确定的工作步骤完成行动化学习任务，发现问题，共同分析，遇到无法解决的问题时请老师或师傅帮助解决。

检查：（1）生产文件准备好了吗？

　　　　（2）图纸准备好了吗？

　　　　（3）安全事项有哪些？

评价：与同学、老师、师傅进行专业交流，有改进的建议吗？

学习目标

（1）了解主接线的用途。
（2）会识别变电所主接线的形式。
（3）能根据主接线图进行简单的模拟操作。
（4）会搜集主接线上设备运行、故障、缺陷情况等试验方面的资料。

行动化学习任务

第一部分：进行电气主接线知识的理论学习

任务1：知道主接线的用途。
任务2：熟悉电气设备的电气符号。
任务3：会识别变电所主接线的形式。
任务4：能根据主接线图进行简单的模拟操作。

第二部分：针对不同变电所的主接线进行识图训练

任务5：采用双T的单线、复线三相牵引变电所识图训练。
任务6：复线AT牵引变电所识图训练。
任务7：桥式接线的牵引变电所识图训练。
任务8：单线区线三相牵引变电所主接线识图训练。

学习信息

一、牵引变电所电气主接线的概念

牵引变电所（包括开闭所、分区所）的电气主接线是由变电所中各种隔离开关、主变压器、母线、电流互感器、电压互感器、避雷器、断路器、电缆等主要电气设备，按一定顺序用导线连接而成的，用以接受和分配电能的电路。它反映了牵引变电所的基本结构和性能，在运行中表明电能的输送和分配关系、一次设备的运行方式，成为实际运行操作的依据。

表明一次电气设备相互连接关系和工作原理的电气接线图，称为主接线图。在主接线图上，各种设备以规定的文字符号、图形和设备之间的连线来表示，并标明各主要设备的规格、数量和型号。

画主接线时的几点约定：

（1）一般用单线图表示。所谓单线图是指当三相对称时，只画出其中一相，表示三相；当三相不对称时，分别画出三相。

（2）图形符号和文字符号均采用国际标准符号。

二、对电气主接线的基本要求

对电气主接线的基本要求：

（1）安全性。符合国家标准和有关设计规范的要求，能充分保证在进行各种操作时工作人员的人身安全和设备安全，以及在安全条件下进行维护检修工作。

（2）可靠性。牵引变电所是电力系统的一级负荷，它应有独立的双回路电源供电。独立的双回路电源是指互不影响的两回 110 kV 线路。

（3）灵活性。主接线中的任一元件检修、试验时，应很容易退出运行，并且不影响其他元件的正常工作，并且按照《牵引供电系统规章与规则》的规定留下安全距离，以保证检修、试验时工作人员的安全。

（4）经济性。在满足上述要求的前提下，主接线应力求简单，使投资最省、运行费用最低，并且节约电能和金属材料的消耗量，尽量减少占地面积，而且应适应今后的发展，便于扩建。

总之，牵引变电所主接线应在电路转换、设备检修和事故处理等情况下，保证向牵引负荷安全、可靠、灵活、经济的供电。

三、牵引变电所高压侧电气主接线的主要形式及特点

(一) 牵引变电所高压侧电气主接线

牵引变电所从电力系统高压电网获取电能,经变电所变压输送给牵引网,通常把接电力系统高压电网一侧称为一次侧或高压侧;将接牵引网的一侧称为二次侧或牵引侧。由于牵引负荷属于一级负荷,所以引入电源至少为两路,变电所变压器一般为两台。牵引变电所有中心变电所、中间变电所和终端变电所,不同的变电所其主接线方式不同。

1. 中心牵引变电所主接线

中心牵引变电所除了要给牵引负荷供电外,还要向邻近的牵引变电所和地区变电所供电。因此,中心牵引变电所主接线与一般牵引变电所主接线的差别在高压侧而非低压侧。中心牵引变电所 110 kV 侧主接线多采用单母线分段或单母线分段带旁路母线的形式。

2. 中间及终端式牵引变电所主接线

其与中心牵引变电所主接线的差别在于不存在向邻近牵引变电所和附近地区变电所供电的情况,但中间变电所会存在系统穿越功率,通常采用桥式接线;终端变电所一般采用双 T 接线。

在电气化枢纽地区,设置开闭所,用于把从牵引变电所引来的馈线再作为开闭所的电源进线,这种开闭所通常采用单母线或单母线分段接线方式。

在 AT 供电系统中,设置开闭所,用于把供电系统划分成若干个小的区域。

3. 分区所主接线

分区所主接线常见于复线牵引供电系统中,其功能有:
(1) 对接触网末端在必要时进行并联,以提高接触网末端的电压水平。
(2) 实施必要时的穿越区供电。

分区所主接线有两断路器、三断路器和四断路器接线几种。

三断路器分区所主接线如图 2.2.1 所示。

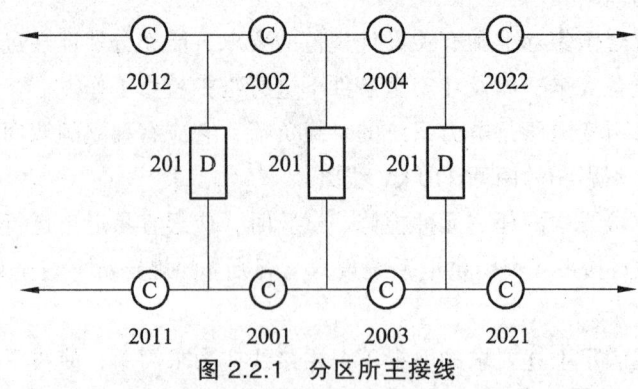

图 2.2.1 分区所主接线

(二) 牵引变电所电气主接线的形式

不同类型的牵引变电所采取不同形式的电气主接线,牵引变电所常见的有桥式接线、线路分支接线、单母线接线和双母线接线等。

1. 桥式接线

桥形接线能满足牵引变电所的可靠性，具有一定的运行灵活性，使用电器少，建造费用低，在结构上便于发展为单母线或具有旁路母线的单母线接线。桥式接线没有母线，因而不会发生由母线故障或检修所引起的停电，经济性和可靠性有所提高。

当只有两台变压器和两条线路时，宜采用桥式接线。桥式接线根据断路器的安装位置可分为内桥接线和外桥接线两种，如图 2.2.2 所示。

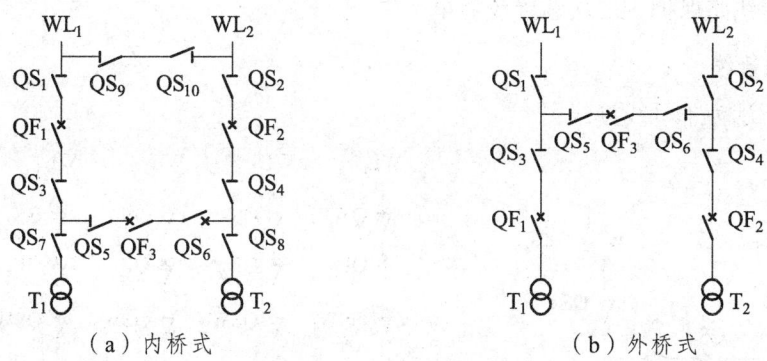

图 2.2.2 桥式接线

内桥接线的桥断路器 QF_3 接在变压器侧，另外两台断路器 QF_1 和 QF_2 接在线路上，如图 2.2.2（a）所示。内桥接线在运行中的特点为：

① 当一条线路发生故障时，只有该线路侧的断路器跳开，其余三条回路能正常工作。

② 当变压器发生故障时，对应出现断路器和桥断路器都会自动跳开，导致该出线回路停电。要先将故障变压器对应的隔离开关断开，再接通故障变压器对应的断路器和桥断路器，才能恢复对该回路的供电。

③ 需要切除或投入一条线路时，只要将该线路侧的断路器断开或接通，其余三条回路能正常工作。

④ 需要切除变压器时，要先断开该线路断路器和桥断路器以及变压器低压侧的断路器，然后再断开变压器的隔离开关，最后再接通该回路的断路器和桥断路器，与投入变压器步骤相反。

内桥接线在线路故障或切除、投入时，不影响其余回路故障，并且操作简单；而在变压器的切换或投入时，要使相应回路停电，且操作复杂，所以这种接线一般用在变压器不需要经常换的线路。

外桥接线的桥断路器接在线路侧，另外两台断路器接在变压器回路中，如图 2.2.2（b）所示。外桥接线在运行中的特点与内桥接线的相反：在线路故障或切除、投入时，要使相应变压器短时停电，并且操作复杂；而在变压器故障或切除、投入时不影响其余回路故障，并且操作简单。所以这种接线适用于变压器需要经常切换的情况。

2. 线路分支接线（双 T 接线）

线路分支接线的示意如图 2.2.3 所示。

电气化牵引变电所常用的接线就是线路分支接线，即双 T 接线。还有一些接线形式，如单元接线、扩大单元接线等，多用于发电厂的主接线。

牵引变电所有两路电源进线 WL_1 和 WL_2,分别经隔离开关 QS_1(QS_2)、断路器 QF_1(QF_2)向变压器 T_1(T_2)送电。断路器 QF_1 和 QF_2 起控制和保护作用,隔离开关 QS_1 和 QS_2 在各种状态时起隔离电压和倒闸变化运行方式的作用,两电源 WL_1 和 WL_2 间无系统功率穿越;为增加运行灵活性,增设了以隔离开关组成的跨条(QS_3 和 QS_4)将两路电源连接。

特点:
① 接线简单,设备少,投资省。
② 无电源线路保护,二次装置较简单。

3. 单母线接线

图 2.2.4 所示为单母线接线图。

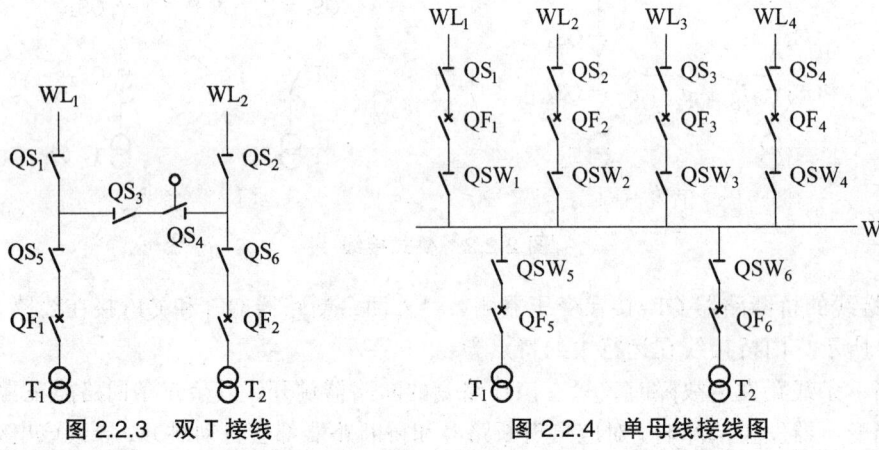

图 2.2.3　双 T 接线　　　　图 2.2.4　单母线接线图

特点:
① 接线简单,设备少,投资省;
② 母线失效,检修母线、断路器和隔离开关都会造成不同范围的停电,供电可靠性不高。
为了克服单母线接线的某种缺陷,单母线接线形式下派生出以下几种接线:

(1)单母线分段接线。

用分断断路器将母线分成两段或两个以上区段的单母线接线称为单母线分段接线,如图 2.2.5 所示。

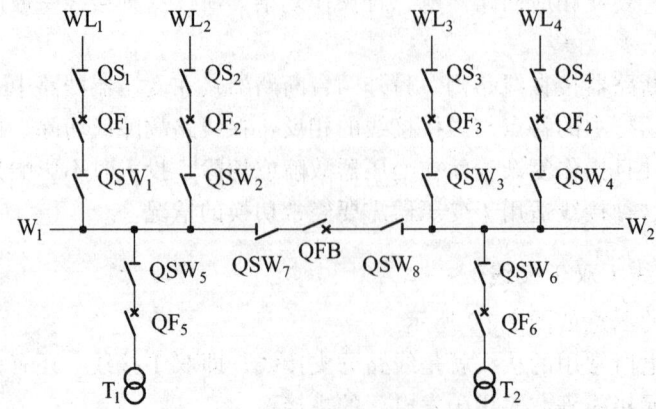

图 2.2.5　单母线分段接线图

正常运行时,母联断路器 QFB 闭合,两段母线联通和单母线接线相同,具有单母线接线的所有优点;也有 QFB 断开,两侧分段运行,一侧失压,QFB 自投的运行方式。

当母线故障时,母联断路器 QFB 在继电保护装置的作用下,将故障段与正常段分开,保证非故障段母线继续运行,使停电范围缩小一半。

当检修某母线隔离开关时,母线断路器 QFB 断开,使停电范围也缩小一半。

特点:
① 各段母线可轮换检修;
② 供电可靠性较高;
③ 线路断路器无备用。

单母线分段的接线,广泛应用在 10~35 kV 地区负荷、城市电牵引各种变电所和 110 kV 电源进线回路较少的接线系统。

(2)隔离开关分段的单母线接线。

将图 2.2.5 中分段断路器去掉,其余不变,这种接线称为隔离开关分段的单母线接线。这种接线在正常计划检修母线隔离开关时,通过倒闸作业可使停电范围缩小一半。但在母线故障时,因隔离开关不能带负荷分断,故与不分段单母线接线一样,会造成全所停电,通过倒闸作业之后,非故障母线才可恢复供电。所以,牵引变电所 110 kV 侧母线不采用隔离开关分段单母线接线。

(3)单母线带旁路母线接线。

如图 2.2.6 所示,单母线带旁路线接线与单母线最大差别在于增加一条备用母线,在主母线和旁路母线之间增加一台旁路断路器 QFR。

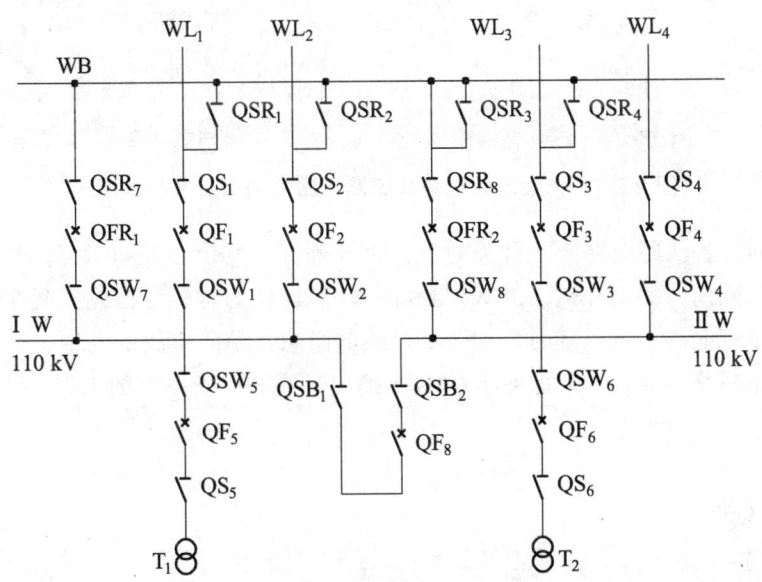

图 2.2.6 单母线带旁路母线的接线图

正常运行时,旁路隔离开关 QSR 和旁路断路器 QFR 均断开,其他开关均闭合。此时运行状态与单母线分段接线完全一致。当任一电源进线回路需要检修时,可用旁路断路器代替其工作,使电源线路仍然可以正常工作。

特点：

① 有备用断路器，使检修断路器时不中断供电，提高供电的可靠性；

② 增加了旁路隔离开关和旁路断路器，设备多，投资大；

③ 倒闸作业较复杂，占地面积大，经济性较差。

广泛适用于牵引负荷和 35 kV 以上电压变电所中，特别是负荷较重要、线路断路器多、检修断路器不允许停电的场合。

（4）简化型带旁路母线的单母线分段接线。

由于母线隔离开关及线路断路器同时检修的可靠性较小，在保证供电可靠性不变的情况下，可以将母线分段断路器与旁路断路器巧妙合并，降低成本，提高经济性。图 2.2.7 所示为简化型带旁路断路器的单母线分段接线图，其最大特点是断路器 QFB 具有双重身份，既是分段断路器，又是旁路断路器。

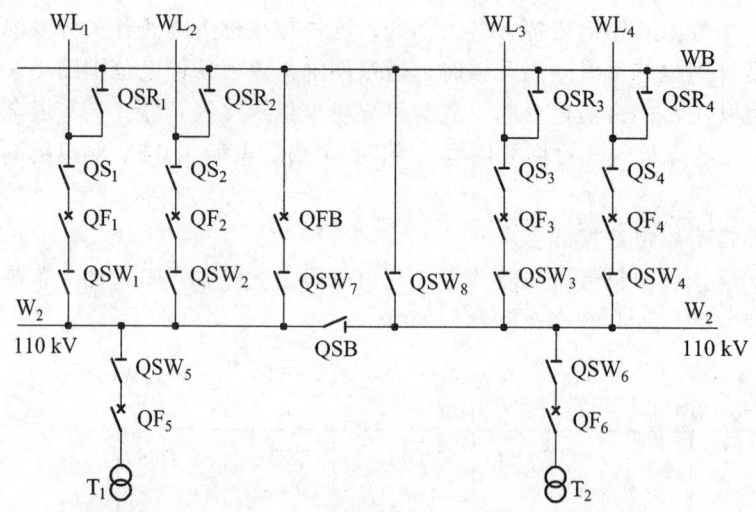

图 2.2.7　分段断路器兼作旁路断路器的单母线接线图

正常运行时，各线路旁路隔离开关断开，QSB 断开，其余开关均闭合，此时接线属分段的单母线接线，隔离开关 QSW_7、QSW_8 与断路器 QFB 作为母线分段开关起作用。这种情况下，旁路母线是带电的，可以随时发现旁路母线的隐患，预防事故的发生。

当检修线路断路器时，可让断路器 QFB 先退出母线分段断路器的工作，再投入旁路断路器工作。

特点：

① 经济性较好；

② 倒闸作业较复杂。

这种接线适用于中心变电所中。

4. 双母线接线

这种结构设置了两条母线，两条母线之间通过母联断路器连接，每条母线进线或用户馈线都通过两台隔离开关和母线相连，正常时母联断路器断开。

特点：

① 缩短停电时间；
② 供电可靠性高；
③ 较好的运行灵活性；

适用于牵引变电所电源回路较多，且具有通过母线给其他变电所输送大功率供电回路的场合，对于110 kV以上电压的变电所母线，如线路较多且检修断路器不允许停电，则可采用具有旁路母线的双母线接线。

双母线接线派生出来的主接线形式有：双母线带旁路母线接线、双母线分段接线。

目前在牵引变电所中没有采用这种接线。

四、牵引变电所牵引侧电气主接线

牵引变电所牵引侧主接线主要由主变压器牵引侧电源进线、回流母线和牵引侧馈线组成。

牵引变电所牵引侧是单相馈出，所以母线只有单相或两相，一般采用单母线和隔离开关分段的单母线接线。牵引侧的额定电压为25 kV和50 kV两种，电压为25 kV的直接供电给接触网，而电压为50 kV的经自耦变压器（AT）变压为25 kV供电给接触网。

1. 电源进线（主变压器牵引侧）

电源进线包括从主变压器牵引侧出线端子 a、b、c（或 a、x）开始至回流母线的接线，其主要任务是连接变压器出线端子至回流的母线。由于变压器运行方式相对稳定，母线故障率较低，所以该处断路器不设备用，主变差动保护和测量电流互感器接线也较简单。

（1）主变压器为三相 YN, d_{11} 接线。

牵引侧 W 相端子经电流互感器接地和钢轨，只设 U、V 两相母线从主变压器出线端经电流互感器和断路器分别与对应母线相连接，如图 2.2.8 所示。

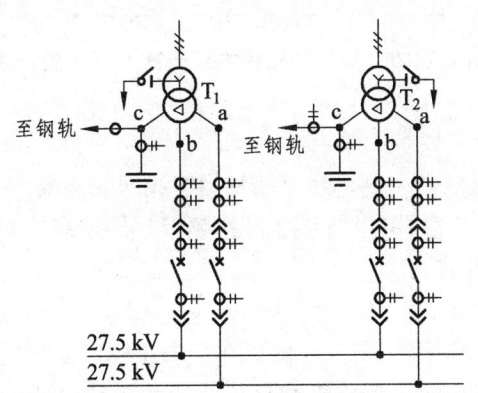

图 2.2.8　YN, d_{11} 接线主变压器 27.5 kV 侧接线

（2）主变压器采用 V/V 接线。

主变压器采用单相接线，两变压器牵引侧端子 X 经电流互感器接地和钢轨，两个端子 a、b 分别经断路器接至对应母线，由于不同相，母线中间用两台隔离开关分段。两台分段隔离开关之间的母线上设置备用变压器专用进线断路器，如图 2.2.9 所示。

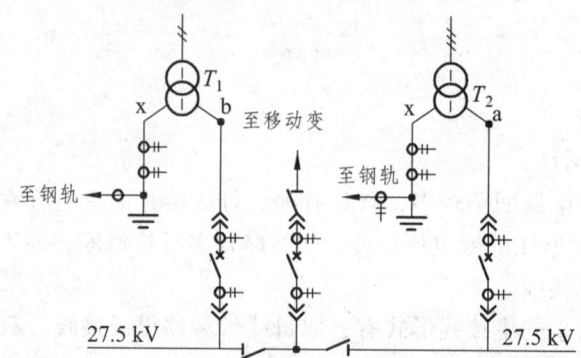

图 2.2.9　单相 V/V 接线主变压器 27.5 kV 侧接线

（3）主变压器采用三相-两相斯科特接线。

主变压器 M 座和 T 座分别引出两根线，经电流互感器和电动隔离开关送至对应母线，母线采用两组隔离开关分段。主变压器二次侧电压为 55 kV，为配合户外配电装置，在变压器出线处安装有避雷器，并且每台主变压器负荷侧接反斯科特接线变压器，为牵引变电所提供所内用电，如图 2.2.10 所示。

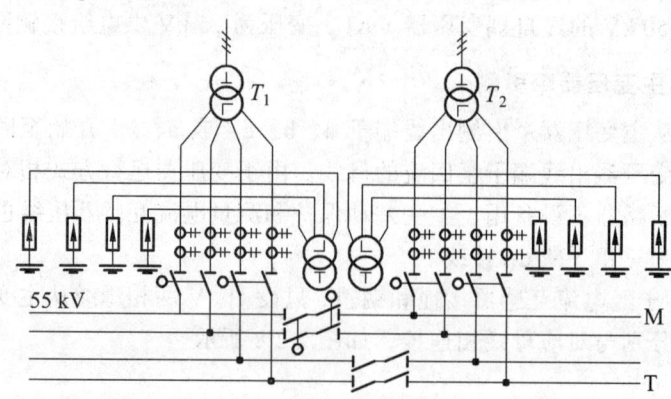

图 2.2.10　斯科特接线主变压器 55 kV 侧接线

2. 牵引侧馈线的接线

牵引侧馈线的接线是指从牵引侧母线至接触网馈线间的接线。由于接触网工作环境恶劣、无备用、故障率高，所以牵引侧馈线断路器操作频繁、要求高。对牵引侧馈线的接线往往采用馈线断路器的备用工作方式。

（1）100% 备用接线。

图 2.2.11 所示为 100% 备用接线，其优点在于当工作断路器需要检修时，可由备用断路器代替，备用率 100%，适用于单线电气化区段。因为单线区段两供电臂不同相，不宜公共备用。

（2）50% 备用接线。

图 2.2.12 所示为 50% 备用接线，每两条馈线设一台备用断路器，通过隔离开关，备用断路器可代替任一台断路器工作。这种接线适用于同相牵引母线上有两条馈线的场合，比 100% 备用接线的经济性要好。

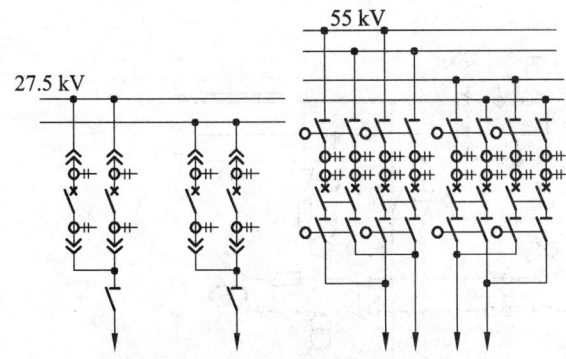
图 2.2.11 馈线 100% 备用接线

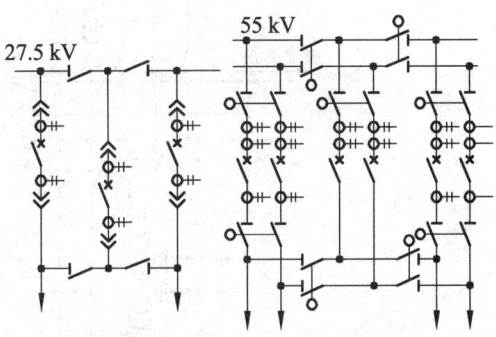
图 2.2.12 馈线 50% 备用接线

（3）带旁路断路器和旁路母线的接线。

图 2.2.13 所示为带旁路断路器和旁路母线的接线，通过旁路隔离开关，旁路断路器可代替任一馈线断路器工作。这种接线适用于每相馈出线较多的场合，如铁路枢纽地区，以减少备用断路器的数量、节省投资。

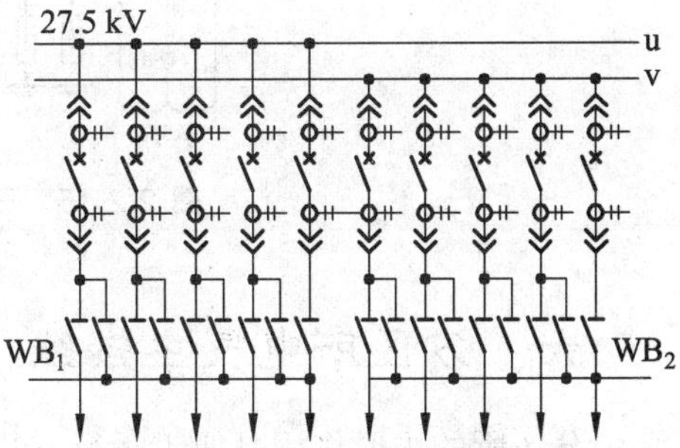

图 2.2.13 带旁路母线的接线

五、开闭所电气主接线

开闭所的主要作用一是增大馈线数量；二是将长供电臂分段，缩小停电范围，提高供电可靠性。

1. 直接供电方式和 BT 供电方式的开闭所接线

开闭所一般有两路电源进线，单线区段两路电源从相邻两接触网引入，复线区段电源由同一供电分区的上、下行接触网或由相邻两供电臂的接触网引入。开闭所的馈线一般在 3 回路以上，故一般采用带旁路母线的单母线接线形式，旁路断路器作为备用，如图 2.2.14 所示。

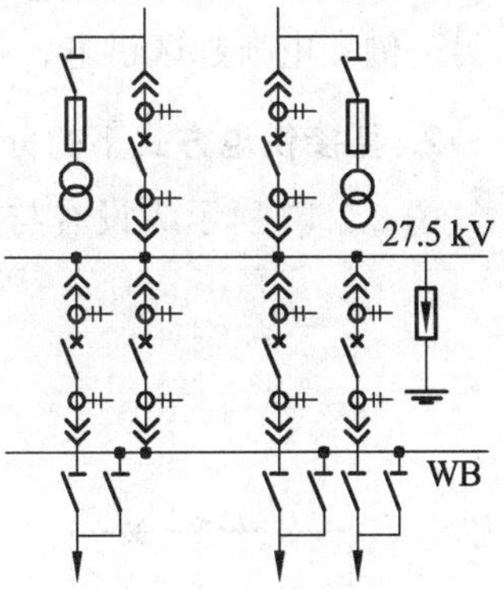

2. AT 供电方式的开闭所接线

图 2.2.15 所示为 AT 供电方式的开闭所接线。由于 AT 供电方式供电距离长，牵引变电所之间距离近百公里，为提高供电的可靠性，常在牵引变电所和分区所之间设开闭所，通过开闭所还可实现上、下行牵引网并联供电，提高供电的灵活性。

图 2.2.14 开闭所主接线（非 AT 供电方式）

正常工作时，QF_1、QF_2、QF_3 处于合闸状态，$QS_1 \sim QS_4$ 均闭合，QS_5 和 QS_8 或 QS_6 和 QS_7 两组隔离开关中任一组闭合，另一组断开。上下行牵引网任一线路故障时，如上行线变电至开闭所区段发生故障，QF_1 和 QF_3 在继电保护装置作用下自动分闸，上下行开闭所至段以及下行线路继续工作，减小了停电范围。

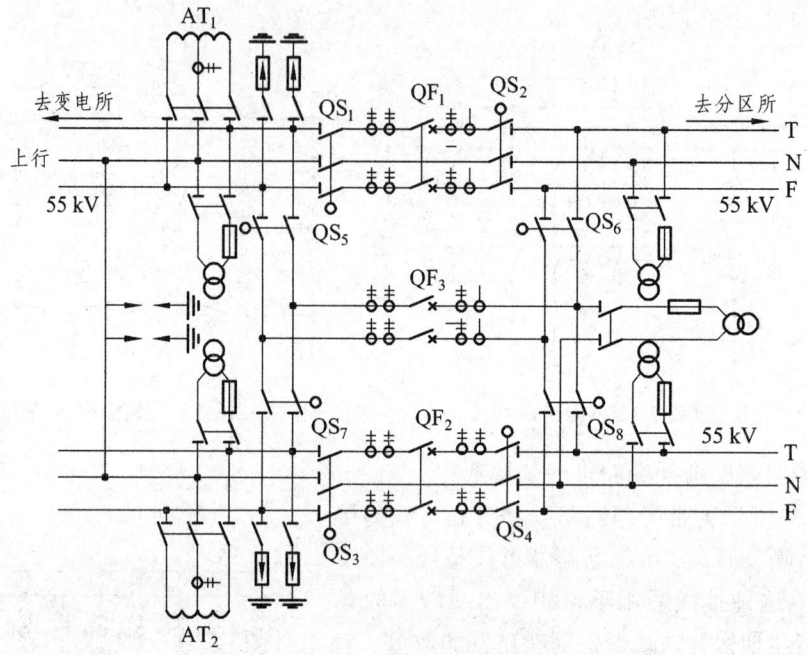

图 2.2.15 开闭所主接线(AT 供电方式)

六、分区所电气主接线

分区所的主要作用是便于运行方式的灵活改变,提高供电可靠性和供电质量。

1. 单线区段的分区所接线

如图 2.2.16 所示,正常运行时,分区所内断路器及两侧隔离开关断开;当闭合隔离开关 QS 和断路器时可实现双边供电,提高末端电压;当一侧变电所出现故障无法供电时,可以由另一侧变电所越区供电,提高供电可靠性。

2. 直接供电方式下的分区所主接线

图 2.2.17 所示为设有与分相绝缘器并联的隔离开关(或断路器),供需要时越区供电。

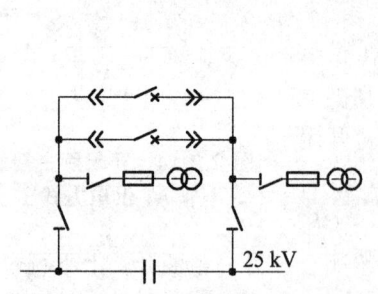
图 2.2.16 单线区段的分区所主接线

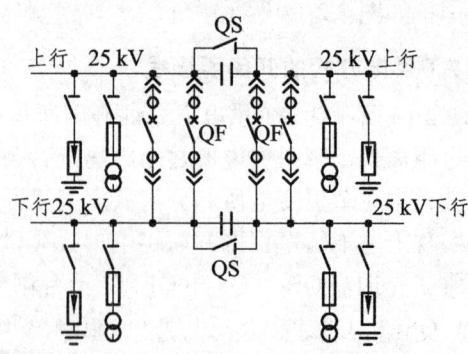
图 2.2.17 直供方式下的分区所主接线

3. 复线区段 AT 供电方式下的分区所主接线

如图 2.2.18 所示,分区所同侧的上、下行接触网通过断路器 QF_1、QF_2 接通并联供电。由两相邻牵引变电所供电的接触网在网上用分相绝缘器断开,在分区所内用电动隔离开关 QS_1、QS_2 将两侧接触网隔离。正常时,QS_1、QS_2 断开,只有在越区供电时 QS_1、QS_2 才闭合。左侧上行线及右侧下行线上各接一台单相所用电变压器,其余两回进线上各接一台单相电压互感器供测量、保护及重合闸时检查电压用。相邻两牵引网上、下行 T、F 线间各接一台自耦变压器和避雷器,同一侧两台自耦变压器中心抽头的 N 线经接地保护装置接地。

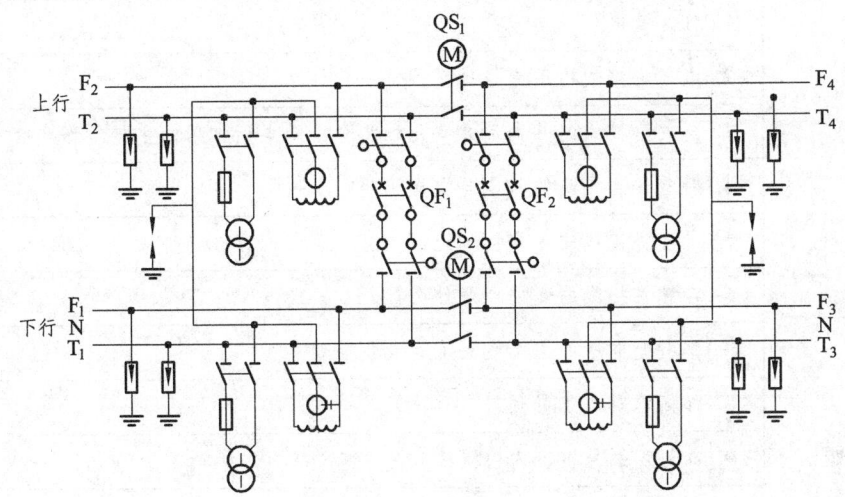

图 2.2.18 复线区段 AT 供电方式下的分区所主接线

七、AT 所电气主接线

如图 2.2.19 所示,AT 所中自耦变压器的两个出线端分别经隔离开关(或断路器)跨接于接触网和正馈线间,其中点经中性线、电流互感器、隔离开关与钢轨、接触网保护线相连,接触网与钢轨间电压为 27.5 kV。

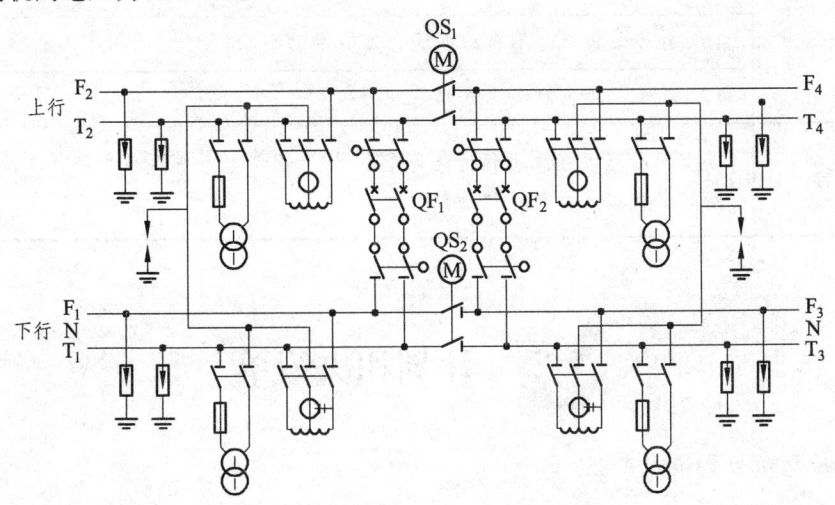

图 2.2.19 复线区段 AT 所主接线

 资 讯 单

学习情境二	牵引变电所值班	学时	
学习子情境2	电气主接线的认识	学时	8
资讯方式	在图书馆、专业杂志、互联网及教师给的资讯指导上查询问题；咨询任课教师		
资讯问题	1. 什么是电气主接线？ 2. 电气主接线的用途是什么？ 3. 电气主接线的基本形式有几种？牵引变电所常用的主接线形式有哪些？ 4. 对电气主接线的基本要求有哪些？ 5. 电气主接线的可靠性和经济性包含哪些内容？ 6. 各种主接线的优缺点是什么？ 7. 牵引变电所的主接线图上的设备有哪些？ 8. 如何识别双 T 接线？ 9. 如何识别外桥、内桥接线？ 10. 单母线带旁路母线接线中 QFR 作什么用？ 11. 牵引侧主接线包含哪几方面？ 12. 如何识别馈线侧备用方式？ 13. 绘制牵引变电所电气主接线图有什么注意事项？ 14. 怎样进行断路器、隔离开关的倒闸操作？ 15. 评价电气主接线可靠性和经济性的标准是什么？ 16. 为什么断路器不允许现场带负荷手动合闸？ 17. 电气主接线检修的流程是什么？		
资讯引导	以上问题可以在本教程的学习信息、"牵引供电系统"、"牵引变电所"精品课程网站、互联网、专业资料等处查找。		

 计划和决策单

计划和决策单见附录附表 2.2.1。

实 施

一、理论知识问答

1. 什么是电气主接线？电气主接线的作用是什么？
2. 常见的主接线的形式，通常分为_____和_____两大类，有汇流母线主接线有_____、_____、_____、_____、_____等；无汇流母线主接线有_____、_____、_____等。这些基本的电气接线形式广泛应用于不同电压等级情况下。根据搜集的资料，讨论牵引变电所采用的主接线形式有哪些？
3. 指出牵引变电所常见主接线的类型是什么？并指出各自的优缺点？
4. 电气主接线上设备操作注意事项。
（1）操作隔离开关时，应先检查相应回路的_____，以防止带负荷拉、合隔离开关。
（2）线路停、送电时，必须按顺序拉、合隔离开关。停电操作时，必须先拉_____，后拉线路侧_____，再拉母线侧隔离开关。送电操作顺序与停电顺序_____。这是因为发生误操作时，按上述顺序可缩小事故范围，避免人为使事故扩大到母线。
（3）断路器不允许现场带负荷手动合闸。这是因为_____。
（4）遥控操作断路器，扳动控制开关时，不要_____，以免损坏控制开关。
（5）断路器经操作后，应查看有关的_____的指示，判别断路器动作的正确性。但不能只以信号灯及测量仪表的指示来判别断路器的分、合状态，还应到_____断路器的机械位置指示装置来确定其实际所处的分、合位置。
（6）合闸时应先合_____，再合_____；拉闸时应先拉开_____，然后再拉开_____。这是因为隔离开关由于构造及性能上的限制，一般不能接通或切断负荷电流。否则将引起很大电弧，容易烧坏触头，甚至造成相间短路或伤害操作人员。
5. 对电气主接线的基本要求是什么？
6. 主接线上设备的常见故障有哪些？其解决方法是什么？

主接线上设备常见故障类型分析表

设备	故障原因	解决方法
隔离开关	机械：	
	电气：	
断路器		
电压互感器		
电流互感器		
避雷器		
变压器		

二、实施操作过程（实施操作单）

1. 小组成员共同绘制牵引变电所电气主接线图。
2. 讨论此接线图的形式及优点。
3. 对照主接线图现场识别主要的电气设备。

序号	设备名称	数量（台）	型号
1			
2			
3			
4			
5			
6			
7			
8			
9			
10			
11			
12			
13			
14			

4. 读图训练，根据图 2.2.20 回答下列问题。
（1）该变电所的一次侧的电气主接线是什么？
（2）该变电所的牵引侧的电气主接线是什么？
（3）该变电所中有无补偿装置？该变电所有多少台电压互感器？
（4）当 1 回带 2 号变，且 4 条馈线均有电时，请说明各断路器和隔离开关的位置状态。此时 1ZB 投入，A 相并联电容补偿装置投入，3YH、5YH 投入。

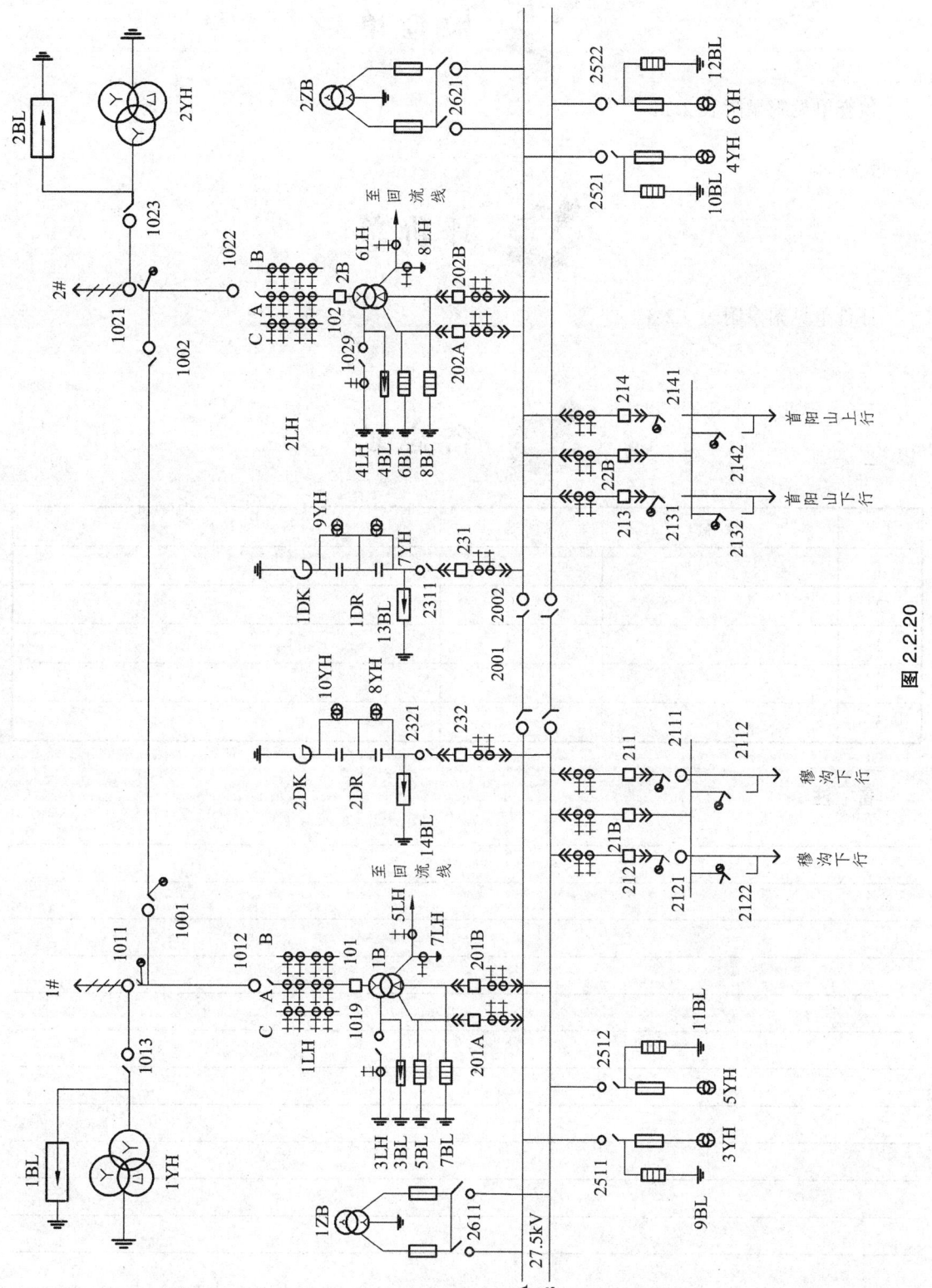

图 2.2.20

 **检查单**

检查单见附录附表 2.2.2。

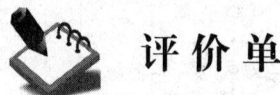 **评价单**

评价单见附录附表 2.2.3。

 **备忘录**

序号	操作	问题	解决问题的方法
1			
2			
3			
4			
5			

备 注

_____
_____
_____
_____
_____
_____
_____
_____
_____

学习子情境3 牵引变电所设备巡视

学习任务书

小组编号：_____　　成员名单：_____

学习任务描述

通过本学习情境的学习，要求能够做到：熟悉牵引变电所的日常工作，掌握绘制牵引变电所设备巡视路线图的方法，在设备巡视过程中会检查设备状态及基本的维护方法，掌握正确检查和使用常用工具的技能。

学习任务： 牵引变电所设备巡视。
学习对象： 牵引变电所的设备。
工　　具： 生产文件、工作工具、量具等。
学习步骤：
（1）认识牵引变电所的功能和全貌。
（2）牵引变电所日常工作情况介绍。
（3）能合理绘制牵引变电所设备巡视路线图。
（4）进行设备的巡视。
（5）认识和处理设备缺陷。
（6）学会正确检查和使用工具的方法。

学习方法

资讯： 接受学习任务，根据引导问题，通过学习查找资料、网络信息等，建立总体印象。
计划： 与小组成员、老师、师傅讨论牵引变电所设备巡视中的意义和巡视方法。
决策： 与老师或师傅进行专业交流，确定本项目的工作步骤和涉及的工具，拟定检查、评价标准。
实施： 按确定的工作步骤完成行动化学习任务，发现问题，共同分析，遇到无法解决的问题时请老师或师傅帮助解决。
检查：（1）生产文件准备好了吗？
　　　　（2）工具准备好了吗？
　　　　（3）安全事项有哪些？
评价： 与同学、老师、师傅进行专业交流，有改进的建议吗？

学习目标

（1）掌握合理绘制牵引变电所设备巡视路线图的技能。
（2）了解日常工作情况
（3）会进行设备的巡视。
（4）会处理设备的常见缺陷。
（5）学会正确检查和使用工具的方法。

行动化学习任务

第一部分：进行牵引变电所巡视中设备认识及缺陷处理

任务1：了解牵引变电所的日常工作情况。
任务2：了解牵引变电所设备的功能和全貌。
任务3：列出牵引变电所室内、外设备。
任务4：列出牵引变电所设备的常见缺陷。
任务5：列出牵引变电所设备的常见缺陷的处理方法。

第二部分：进行牵引变电所的日常巡视

任务6：绘制牵引变电所巡视路线图。
任务7：掌握牵引变电所设备巡视的标准。
任务8：完成牵引变电所的巡视。
任务9：总结安全注意事项。

 学习信息

一、合理绘制牵引变电所设备巡视路线图

牵引变电所设备巡视的目的是监视设备的运行状态,及时发现设备潜在的隐患。

确定牵引变电所设备巡视路线图的基本原则:先 110 kV 侧,后 27.5 kV 侧;先室外,后室内;先高压室,后控制室的设备安装层次。

二、牵引变电所日常工作要求

(一)牵引变电所值班人员安全证要求

从事牵引变电所运行和检修工作的有关人员,必须实行安全等级制度。经过考试评定安全等级,取得安全合格证之后,方准参加牵引变电所运行和检修工作。牵引变电所工作人员安全等级的规定见表 2.3.1。

表 2.3.1 牵引变电所工作人员安全等级的规定

等级	允许担当的工作	必须具备的条件
一级	进行停电检修等较简单的工作	新工人经过教育和学习,初步了解在牵引变电所内安全作业的基本知识
二级	1. 助理值班员 2. 停电作业 3. 远离带电部分的作业	1. 担当一级工作半年以上 2. 具有牵引变电所运行、检修或试验的一般知识 3. 了解规程 4. 根据所担当的工作掌握电气设备的停电作业和助理值班员的工作 5. 能处理较简单的故障 6. 会进行紧急救护
三级	1. 值班员 2. 停电作业和远离带电部分作业的工作领导人 3. 进行带电作业 4. 高压实验的工作领导人	1. 担当二级工作 1 年以上 2. 掌握牵引变电所运行、检修或试验的有关规定 3. 熟悉规程 4. 根据所担当的工作掌握电气设备的带电作业和值班员的工作 5. 能领导作业组进行停电和远离带电部分的作业 6. 会处理常见故障
四级	1. 牵引变电所工长 2. 检修或实验工长 3. 带电作业的工作领导人 4. 工作票签发人	1. 担当三级工作 1 年以上 2. 熟悉牵引变电所运行、检修和试验的有关规定 3. 根据所担当的工作熟悉下列中的有关部分,并了解其他部分:值班员的工作、电气设备的检修和试验 4. 能领导作业组进行高压设备的带电作业 5. 能处理较复杂的故障
五级	1. 领工员、供电调度人员 2. 技术主任、副主任、有关技术人员 3. 段长、副段长、总工程师	1. 担当四级工作 1 年以上,技术员及以上的各级干部具有中等专业学校或相当于中等专业学校以上的学历者(牵引供电专业)可不受此限 2. 熟悉并会解释牵引变电所运行、检修和安全工作规程及有关检修工艺

对开始参加牵引变电所运行和检修工作的人员、职务或工作单位变更时仍从事牵引变电所运行和检修工作并需提高安全等级的人员、中断工作连续3个月以上仍继续担当牵引变电所运行和检修工作的人员，要事先进行安全考试。其余从事牵引变电所运行和检修工作的人员，每年定期进行一次安全考试。

对违反规程受处分的人员，必要时降低其安全等级；需要恢复其原来的安全等级时，必须重新经过考试。

（二）牵引变电所的交接班制度

值班人员要认真按时做好交接班工作，包含内容如下：

（1）交班人员向接班人员详细介绍设备运行情况及有关事项，接班人员要认真阅读值班日志及有关记录，熟悉上一班的情况。离开值班岗位时间较长的接班人员，还要注意了解离所期间发生的新情况。

（2）交接班人员共同巡视设备，检查核对值班日志及有关记录是否与实际情况符合，信号装置、安全设施要完好。

（3）交接班人员共同检查作业有关的安全设施，核对接地线数量及编号。

（4）交接班人员共同检查工具、仪表、备品和安全用具要完备，并要妥善保管。

（5）办完交接班手续时，由交接班人员分别在值班日志上签字，由接班人员向电力调度报告交接班情况。

（6）正在处理故障或进行倒闸作业时不得进行交接班。未办完交接班手续时，交班人员不得擅离职守，应继续担当值班工作。

（三）牵引变电所值班情况介绍

牵引变电所值班人员的工作内容主要有巡视设备、监视设备的运行状态、办理工作票、倒闸操作、处理应急事故等。

1. 巡视设备

有人值班的所（亭）除有权单独巡视的人员、牵引变电所值班员和工长、安全等级不低于四级的检修人员、技术人员和主管的领导干部外，其他人员无权单独巡视。

值班员巡视时，要事先通知供电调度或助理值班员；其他人巡视时要经值班员同意。在巡视时不得进行其他工作。

当一人单独巡视时，禁止移开、越过高压设备的防护栅或进入高压分间。如必须移开高压设备的防护栅或进入高压分间时，要与带电部分保持足够的安全距离，并要有安全等级不低于三级的人员在场监护。

在有雷、雨的情况下必须巡视室外高压设备时，要穿绝缘靴、戴安全帽，不得靠近避雷针和避雷器，要适当增加巡视次数。

2. 监视设备的运行状态

值班工程中，值班人员应该密切监视主电路的电压和负荷的运行情况，定时记录110 kV、27.5 kV侧的相关数据，发现故障要及时处理。

牵引变电所牵引负荷起伏变化较大时，应该密切注意变压器的负荷情况，过负荷的时间不应该超过规定的允许值；在负荷高峰时，应该做好必要的记录，并立即报告电力调度，必要时采取解决措施，并注意各类信号及仪表的显示情况，发现问题要及时处理。

3. 办理工作票

工作票是在牵引变电所内进行作业的书面依据，填写要字迹清楚、正确，不得用铅笔书写。

工作票要1式2份：1份交工作领导人，1份交牵引变电所值班员。值班员据此办理准许作业手续，做好安全措施。

事故抢修、情况紧急时可不开工作票，但应向供电调度报告概况，听从供电调度的指挥；在作业前必须按规定做好安全措施，并将作业的时间、地点、内容及批准人的姓名等记入值班日志中。

在必须立即改变继电保护装置整定值的紧急情况下，可不办理工作票，由当班的供电调度员下令，值班员更改定值，事后供电调度员和值班员应将上述过程记入值班日志。

根据作业性质的不同，工作票分三种：第一种工作票白底绿色字，用于高压设备停电作业；第二种工作票白底红色字，用于高压设备带电作业；第三种工作票白底黑色字，用于远离带电部分、低压设备上的作业，以及在二次回路上进行的不需高压设备停电的作业。

第一种工作票的有效时间，以批准的检修期为限。若在规定的工作时间内作业不能完成，应在规定的结束时间前，根据工作领导人的请求，由值班员向供电调度办理延期手续。第二种、第三种工作票有效时间最长为一个工作日，不得延长。因作业时间较长，工作票污损影响继续使用时，应将该工作票重新填写。

发票人在工作前要尽早将工作票交给工作领导人和值班员，使之有足够的时间熟悉工作票中内容及做好准备工作。

工作领导人和值班员对工作票内容有不同意见时，要向发票人及时提出，经过认真分析，确认正确无误后，方准作业。

工作票中规定的作业组成员，一般不应更换；若必须更换时，应经发票人同意，若发票人不在，可经工作领导人同意，但工作领导人更换时必须经发票人同意，并均要在工作票上签字。工作领导人应将作业组成员的变更情况及时通知值班员。

非专业人员在牵引变电所工作时须遵守下列规定：若需设备停电，要按停电的性质和范围填写相应的工作票，办理停电手续，并须在安全等级不低于三级人员的监护下进行工作，工作票一张交给当班值班员，另一张交给监护人，监护人负责有关电气安全方面的监护职责；若设备不需停电，由值班员负责做好电气方面的安全措施（如加设防护栅、悬挂标示牌等），向有关作业负责人讲清安全注意事项，并记录在值班日志或有关记录中，双方签认后方准开工。必要时可派安全等级不低于二级的人员进行电气安全监护。

一个作业组的工作领导人同时只能接受一张工作票。一张工作票只能发给一个作业组。

同一张工作票的签发人和工作领导人不得由同一人担任。

4. 倒闸操作

高压开关的倒闸作业必须按照严格的倒闸作业程序来进行，即要编写倒闸作业卡片。在牵引变电所一般都事先作好了常用倒闸的作业卡片，接到命令后按照相关操作卡片的内容，填写倒闸作业表，严格按照规定的顺序逐项进行。变电所设有操作模拟盘，值班员可以事先在模拟盘上进行模拟操作，确认无误后，才对实际设备进行操作。在操作过程中，应该遵守倒闸作业卡片看得准、设备编号对得准、操作位置站得准、唱票指位准、复诵回示准、操作开关稳的规定。

需供电调度下令倒闸的断路器和隔离开关，倒闸前要由值班员向供电调度提出申请，供电调度员审查后发布倒闸作业命令；值班员受令复诵，供电调度员确认无误后，方准给予命令编号和批准时间；每个倒闸命令，发令人和受令人双方均要填写倒闸操作命令记录。

供电调度员对一个牵引变电所一次只能下达一个倒闸作业命令，即一个命令完成之前，不得发出另一个命令。

对不需供电调度下令倒闸的断路器和隔离开关，倒闸完毕后要将倒闸的时间、原因和操作人、监护人的姓名记入值班日志或有关记录中。

倒闸作业必须由助理值班员操作，值班员监护。

值班员在接到倒闸命令后，要立即进行倒闸。手动操作时，操作人和监护人均必须穿绝缘靴、戴安全帽；同时操作人还要戴绝缘手套。隔离开关的倒闸操作要迅速准确，中途不得停留和发生冲击。

倒闸作业完成后，值班员立即向供电调度报告，供电调度员及时发布完成时间，至此倒闸作业结束。

倒闸作业按操作卡片进行，没有操作卡片的倒闸作业由值班员编写倒闸表并记入值班日志中；由供电调度下令倒闸的设备，倒闸表要经过供电调度员的审查同意。

编写操作卡片及倒闸表要遵守的原则：停电时，先断开负荷侧后断开电源侧；先断开断路器后断开隔离开关，送电时，与上述操作程序相反；隔离开关分闸时，先断开主闸刀后闭合接地闸刀，合闸时，与上述程序相反；禁止带负荷进行隔离开关的倒闸作业和在接地闸刀闭合的状态下强行闭合主闸刀。

与断路器并联的隔离开关，只有当断路器闭合时方可操作隔离开关。

当回路中未装断路器时可用隔离开关进行下列操作：开、合电压互感器和避雷器；开、合母线和直接接在母线上的设备的电容电流；开、合变压器中性点的接地线（当中性点上接有消弧线圈时，只有在电力系统没有接地故障的情况下才可进行）；用室外三联隔离开关开、合 10 kV 及以下、电流不超过 15 A 的负荷；开、合电压 10 kV 及以下、电流不超过 70 A 的环路均衡电流。

拆装高压熔断器必须由助理值班员操作，值班员监护。操作人和监护人均要穿绝缘靴、戴防护眼镜，操作人还要戴绝缘手套。

带电更换低压熔断器时，操作人要戴防护眼镜，站在绝缘垫上，并要使用绝缘夹钳或绝缘手套。

正常情况下，不应操作脱扣杆进行断路器分闸。电动操作的断路器，除操作机构中具有储能装置者外，禁止手动合闸送电。

需供电调度下令进行倒闸作业的断路器和隔离开关，遇有危及人身安全的紧急情况，值班人员可先行断开有关的断路器和隔离开关，再报告供电调度，但再合闸时必须有供电调度员的命令。

三、设备巡视注意事项

在牵引变电所内进行设备巡视时应遵守如下规则：

（1）遵守《牵引变电所安全工作规程》中对高压设备巡视的有关规定。

（2）确定巡视路线，按照巡视路线进行巡视，以防漏巡。

（3）发现缺陷及时分析，做好记录并按照缺陷管理制度向班长和上级汇报。

（4）巡视高压配电装置一般应有两人同行。在考试合格后，单位领导批准，允许单独巡视高压设备的人员可单独巡视。

（5）巡视高压设备时，人与带电体的安全距离不得小于工作规定值，严防因误接近高压设备而触电。

（6）进入高压室巡视时，应随手将门锁好，以防小动物进入。

四、设备巡视要点

（1）值班人员应按规定对变配电设备进行巡视检查。

（2）值班人员每班至少巡视1次（不包括交接班巡视）；每周至少进行1次夜间熄灯巡视；每次断路器跳闸后对有关设备要进行巡视；变电所工长值日勤期间，要参加交接班巡视。遇有下列情况，要及时增加巡视次数：

① 设备过负荷，或负荷有显著增加时。

② 设备经过大修、改造或长期停用后重新投入系统运行；新安装的设备加入系统运行。

③ 遇有雾、雪、大风、雷雨等恶劣天气、事故跳闸和设备运行中有异常和非正常运行时。

④ 值班人员对新装或大修后的变压器投入运行后24小时内，要每隔2小时巡视1次。

⑤ 无人值班的所，由维修班组负责每周一般至少巡视一次。

（3）各种巡视中，一般项目和要求如下：

① 绝缘子瓷体应清洁、无破损和裂纹，无放电痕迹及现象，瓷釉剥落面积不得超过300 mm^2。

② 电气部分（引线、二次接线）应连接牢固，接触良好，无过热、断股和散股、过紧或过松。

③ 设备音响正常，无异味。

④ 充油设备的油标、油阀、油位、油温、油色应正常，充油、充胶、充气设备应无渗漏、喷油现象。充气设备气压和气体状态应正常。

⑤ 设备安装牢固、无倾斜，外壳应无严重锈蚀，接地良好，基础、支架应无严重破损和剥落，设备室和围栅应完好并锁住。

（4）巡视变压器时，除一般项目和要求外，还要注意以下几点：

① 防爆筒玻璃应无破裂，密封良好。

② 呼吸器内干燥剂颜色正常。

③ 瓦斯继电器内应无气体。

④ 冷却装置、风扇电机应齐全，运行应正常。

⑤ 有载调压开关装置位置指示、动作计数器显示正确，低压侧母线电压在调节范围之内。

（5）巡视油断路器时，除一般项目和要求外，还要注意以下几点：

① 排气管及其隔膜、防爆装置应正常。

② 分合闸指示器应与实际状态相符。

（6）巡视气体断路器时，除一般项目和要求外，还要注意以下几点：

① 气压表（或气体密度表）应指示正确。

② 分合闸指示器应与实际状态相符。

③ 分合闸计数器指示应正确。

（7）巡视真空断路器时，除一般项目和要求外，还要注意以下几点：

① 动静触头应接触良好，无发热现象。

② 玻璃真空灭弧室内无辉光，铜部件应保持光泽。

③ 闭锁杆位置正确，止轮器良好。

④ 分合闸位置指示器应与实际情况相符。

（8）巡视隔离开关时，除一般项目和要求外，还要注意以下几点：

① 闸刀位置应正确，分闸角度或距离应符合规定。

② 触头应接触良好，无严重烧伤。

③ 电动操作机构分合闸指示器应与实际状态相符。机构箱密封良好，部件完好无锈蚀。

④ 手动操作机构应加锁。

（9）巡视负荷开关时，除一般项目和要求外，还应注意以下几点：

① 接触部分、触头或软连接应无变色、无发光或异声。

② 各种传动及连接零件无变形、损坏。

（10）巡视接地保护放电装置时，除一般项目和要求外，还要注意以下几点：

① 放电电容器应无渗漏油、膨胀、变形。

② 放电间隙应光滑，无烧损现象。

③ 动作次数计数器应指示正确。

（11）巡视电容补偿装置时，除一般项目和要求外，还要注意以下几点：

① 电容器外壳应无膨胀、变形，接缝应无开裂、无渗漏油。

② 熔断器、放电回路及附属装置应完好。

③ 电抗器无异声异味，空心电抗器线圈本体及附近铁磁件无过热现象；油浸式电抗器油位正常符合要求，无渗油现象。

④ 室内温度应符合规定，通风良好。

（12）巡视高压母线时，除一般项目和要求外，还要注意以下几点：

① 多股线应无松股、断股。

② 硬母线应无断裂、无脱漆。

（13）巡视电缆及电缆沟时，除一般项目和要求外，还要注意以下几点：

① 电缆沟盖板应齐全、无严重破损，沟内无积水、无杂物。

② 电缆外皮应无断裂、无锈蚀，其裸露部分无损伤。电缆头及接线盒密封良好，无接头发热、放电现象。

（14）巡视端子箱时，除一般项目和要求外，还要注意以下几点：

① 箱体应清洁、牢固，不倾斜，密封良好，箱体内外无严重锈蚀。

② 箱内端子排应完好、清洁、连接整齐、牢固、接触良好，闸刀接触良好、无烧伤，熔断器不松动。

（15）巡视避雷器时，除一般项目和要求外，还要注意以下几点：

① 各节连接应正直，整体无严重倾斜，均压环安装应水平。

② 放电记录器应完好。

（16）巡视避雷针时，除一般项目和要求外，还要注意：避雷针应无倾斜、无弯曲，针头无熔化。

（17）整流电源装置巡视项目和要求如下：
① 整流变压器、磁饱和稳压器无异音、异味和过热。
② 整流元件无过热及放电痕迹，电容器无膨胀和渗油。
③ 直流母线电压符合规定。
（18）蓄电池组巡视项目和要求如下：
① 蓄电池容器完好，表面清洁，碱性蓄电池无爬碱现象。
② 电池极柱间连接片及连接线安装牢固，接触良好，无腐蚀现象。
③ 蓄电池部件完好，无脱落、损坏。
④ 蓄电池电解液的液面高度应符合要求。
⑤ 测量领示电池的电压，应符合规定。
⑥ 充电设备运行正常，蓄电池切换器位置正确，浮充电流、蓄电池放电电流正常，检查交直流绝缘监视表指示情况。
（19）控制室巡视项目和要求如下：
① 各种盘（台）上的设备清洁，锈蚀面积不超过规定，安装牢固。
② 模拟盘与实际运行方式相符。
③ 试验信号装置和光字牌应显示正确。
④ 表计指示正常。蓄电池切换器位置正确，浮充电流、尾电池放电电流正常，自动记录表计运行正常。检查交直流绝缘监视表指示情况。
⑤ 转换开关、继电保护和自动装置压板以及切换开关的位置、标示牌应正确，并与记录相符。
⑥ 开关、熔断器、端子安装牢固，接触良好，无过热和烧伤痕迹。
⑦ 继电器外壳和玻璃完整、清洁，继电器内部无异音，接点无抖动、位置正常，信号继电器无掉牌现象。
⑧ 成套保护、故障点探测仪工作正常。
⑨ 二次回路熔断器（或空气开关）、信号小刀闸投退位置应正确，端子排的连片、跨接线应正常。
⑩ 硅整流器和储能电容器连接牢固，容量足够，交流电源正常供电。
⑪ 事故照明正常。

五、牵引变电所设备巡视标准用语

变电站值班员在巡视设备时，无论询问或回答问题时都要使用文明礼貌用语，做到用语准确明了、标准。

范例1问：油断路器引线及引线连接？
答：接触良好，张力适当；无松股、断股。
范例2问：隔离开关分（合）闸止钉间隙？（室外手动隔离开关）
答：符合规定。
范例3问：电容补偿装置的绝缘瓷柱（绝缘套管）？
答：清洁，无破损、裂纹、放电痕迹。
范例4问：交流盘端子排、连片、连线？
答：位置正确、接触良好。

资讯单

学习情境二	牵引变电所值班	学时	
学习子情境3	牵引变电所设备巡视	学时	6
资讯方式	在图书馆、专业杂志、互联网及教师给的资讯指导上查询问题；咨询任课教师		
资讯问题	1. 牵引变电所的巡视原则是什么？ 2. 牵引变电所的主要设备有哪些？ 3. 牵引变电所设备巡视的意义是什么？ 4. 牵引变电所巡视路线是怎么确定的？ 5. 牵引变电所值班人员每班巡视的次数是多少？ 6. 牵引变电所值班人员在什么情况下要增加巡视的次数？ 7. 牵引变电所各种巡视中，一般项目的要求有哪些？ 8. 巡视牵引变压器时，巡视的项目有哪些？ 9. 特殊天气时如何对牵引变压器进行巡视？ 10. 巡视断路器时巡视的项目有哪些？ 11. 巡视电容补偿装置时巡视的项目有哪些？？ 12. 巡视电缆及电缆沟时巡视的项目有哪些？？ 13. 蓄电池组巡视项目和要求是什么？ 14. 控制室巡视项目和要求有哪些？ 15. 对牵引变电所设备进行巡视时有什么安全注意事项？？ 16. 牵引变电所设备常见缺陷有哪些？ 17. 牵引变电所常见缺陷原因有哪些？		
资讯引导	以上问题可以在本教程的学习信息、《牵引变电所规章与规程》、"牵引变电所"精品课程网站、互联网、专业资料等处查找。		

计划和决策单

计划和决策单见附录附表2.3.1。

 实 施

一、理论知识问答

1. 了解牵引变电所设备的配电装置。

（1）图 2.3.1 是_____连接图。

图 2.3.1

（2）图 2.3.2 是_____装置。作用：_____。

图 2.3.2

（3）图 2.3.3 是_____设备。在高压电路中起_____作用，在正常运行时接通或断开电路，故障情况在继电保护装置的作用下迅速断开电路，使设备免受长时间的短路电流的冲击；特殊情况（如自动重合闸到故障线路时）下可靠地断开_____电流。高压断路器是在正常或故障情况下接通或断开高压电路的专用电器。接通电路时，应先合上_____，后合上_____；当切断线路时，应先断开_____，再断开_____。断路器的工作状态由它的_____控制（支架上的白色箱体）。

图 2.3.3

（4）图 2.3.4 所示为_____，它的作用是_____。

图 2.3.4

（5）图 2.3.5 中上面是_____，中间是_____，最下面是_____。隔离开关在结构上没有_____，不允许用它进行带负载进行合闸或分闸操作，主要用于_____、倒闸操作，还有就是拉、合无电流或者小电流电路。

图 2.3.5

（6）图2.3.6中墙壁上有很多的_____。

图2.3.6

（7）图2.3.7所示是_____，它在高压室吗？它的作用是什么？

图2.3.7

2. 牵引变电所设备巡视时应注意的问题？
答：_____
_____
_____
_____
_____

3. 电力系统的中性点运行方式有哪些？各有什么特点？
答：_____
_____
_____
_____
_____

4. 设备巡视的内容（教学资源：视频、录像）。
（1）下列关于巡视设备时应遵守的规定哪些是正确的？

① 不得进入其他工作台，不得移开或越过遮拦。
② 雷雨天需要巡视户外设备时，应穿绝缘靴，不得接近避雷针和避雷器。
③ 高压设备发生接地时，室内不得接近故障点 4 m 以内，室外不得接近故障点 8 m 以内，进入上述范围内的人员必须穿绝缘靴，接触设备外壳或构架时应戴绝缘手套。
④ 巡视高压室后必须随手将门锁好。
⑤ 特殊天气增加特巡。

（2）有权单独巡视的人员是：牵引变电所＿＿＿＿和工长、安全等级不低于＿＿＿＿级的检修人员、技术人员和主管的领导干部。

（3）在有雷、雨的情况下必须巡视室外高压设备时，要穿戴＿＿＿＿＿＿，并不得靠近＿＿＿＿＿＿。

（4）巡视配电装置进出高压室有什么要求？

（5）雷雨天气巡视室外高压设备有什么要求？

（6）电容器有哪些巡视检查项目？

（7）电抗器的正常巡视项目有哪些？

（8）隔离开关有哪些正常巡视检查项目？

（9）主变压器正常巡视项目有哪些？

5．牵引变电所主要设备的缺陷。

（1）缺陷判断的一般方法与步骤是什么？

答：＿＿＿＿＿＿＿＿＿＿＿＿＿＿＿＿＿＿＿＿＿＿＿＿＿＿＿＿＿＿＿＿＿＿＿＿＿
＿＿
＿＿

（2）常见缺陷的处理方案。（分析下面故障情况的处理方案）

馈线自动跳闸且重合成功；馈线自动跳闸且重合失败；馈线断路器拒动或误动；110 kV 少油断路器故障；馈线隔离开关的事故；并补电容补偿装置故障；穿墙套管击穿。

答：＿＿＿＿＿＿＿＿＿＿＿＿＿＿＿＿＿＿＿＿＿＿＿＿＿＿＿＿＿＿＿＿＿＿＿＿＿
＿＿
＿＿

二、实施操作过程（实施操作单）

1．认识牵引变电所：根据牵引变电所的实际情况，填写下表。

户外电气设备				
高压室电气设备				
控制室设备				
进线数				
馈线数				

2. 牵引变电所工具的检查（演示法）。学生看了老师演示后填写下面的表格。

常用工具名称	检查方法	现状（良好、损坏）

3. 用蓝色笔画出牵引变电所的设备巡视路线图。

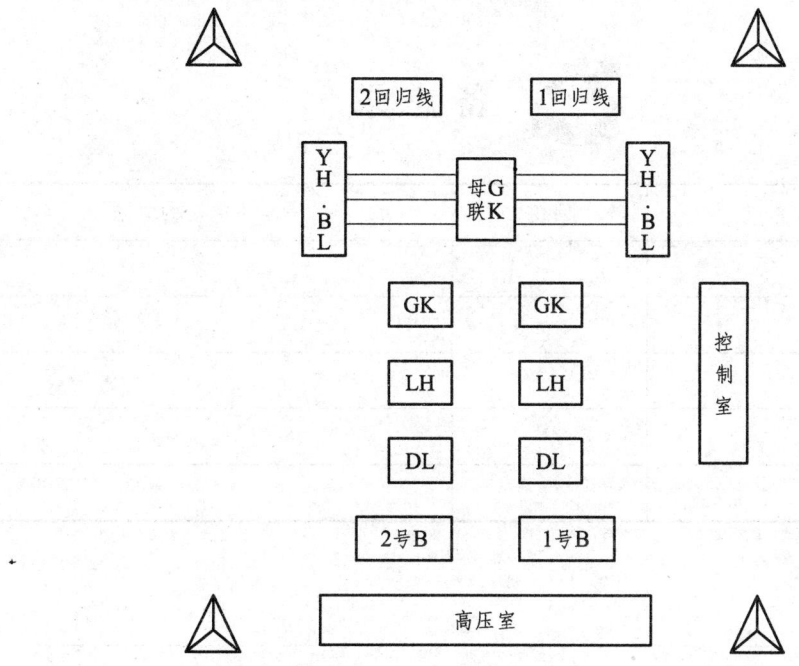

4. 填写牵引变电所的日常巡视内容。

设备名称	看	听	闻	着装要求

5. 每组选派 2 人完成牵引变电所日常巡视对话。

 检查单

检查单见附录附表 2.3.2。

 评价单

评价单见附录附表 2.3.3。

 备忘录

序号	操作	问题	解决问题的方法
1			
2			

备 注

_____
_____
_____
_____
_____
_____
_____
_____

学习子情境4 工作票的办理

学习任务书

小组编号：_____　　　成员名单：_____

学习任务描述

通过本情境的学习，要求能够做到：知道牵引变电所工作票的基本概念和作用，掌握工作票的基本要求，能读懂工作票的内容，会正确填写工作票，能根据工作票的要求进行操作和执行，具有工作票的检查和保管技能。

学习任务：工作票的填写。

学习对象：工作票。

工　　具：生产文件、工作工具、量具等。

学习步骤：

（1）知道牵引变电所工作票的基本概念和作用。

（2）掌握工作票的基本要求。

（3）能读懂工作票的内容。

（4）会正确填写工作票。

（5）能根据工作票的要求进行操作和执行。

（6）具有工作票的检查和保管技能。

学习方法

资讯：接受学习任务，根据引导问题，通过学习查找资料、网络信息等，建立总体印象。

计划：与小组成员、老师、师傅讨论工作票在变电所检修操作中的意义和作用。

决策：与老师或师傅进行专业交流，确定本项目的工作步骤和涉及的工具，拟定检查、评价标准。

实施：按确定的工作步骤完成行动化学习任务，发现问题，共同分析，遇到无法解决的问题时请老师或师傅帮助解决。

检查：（1）生产文件准备好了吗？

（2）工具准备好了吗？

（3）安全事项有哪些？

评价：与同学、老师、师傅进行专业交流，有改进的建议吗？

学习目标

（1）明确对工作票的基本要求。
（2）能读懂工作票的内容。
（3）会正确填写工作票。
（4）能根据工作票的要求进行操作和执行。
（5）了解工作票填写时的注意事项。

行动化学习任务

第一部分：进行工作票填写的理论学习

任务 1：知道牵引变电所工作票的基本概念和作用。
任务 2：掌握牵引变电所工作票的基本要求。
任务 3：能读懂工作票的内容。
任务 4：会辨别工作票的类型。

第二部分：进行工作票填写的技能训练

任务 5：会正确填写工作票。
任务 6：能根据工作票的要求进行操作和执行。
任务 7：具有工作票的检查和保管技能。

 学习信息

一、检修作业的分类

电气设备的检修作业分五种:
(1) 高压设备停电作业——在停电的高压设备上进行的作业及在低压设备和二次回路上进行的需要高压设备停电的作业。
(2) 高压设备带电作业——在带电的高压设备上进行的作业。
(3) 高压设备远离带电部分的作业(以下简称远离带电部分的作业)——当作业人在与高压设备带电部分之间保持规定的安全距离条件下,在高压设备上进行的作业。
(4) 低压设备停电作业——在停电的低压设备上进行的作业。
(5) 低压设备带电作业——在带电的低压设备上进行的作业。

二、工作票

(1) 工作票是在牵引变电所内进行作业的书面依据,填写要字迹清楚、正确,不得用铅笔书写。
工作票要1式2份:1份交工作领导人,1份交牵引变电所值班员。值班员据此办理准许作业手续,做好安全措施。
(2) 事故抢修、情况紧急时可不开工作票,但应向供电调度报告概况,听从供电调度的指挥;在作业前必须按规定做好安全措施,并将作业的时间、地点、内容及批准人的姓名等记入值班日志中。
(3) 在必须立即改变继电保护装置整定值的紧急情况下,可不办理工作票,由当班的供电调度员下令,值班员更改定值,事后供电调度员和值班员应将上述过程记录入值班日志。
(4) 根据作业性质的不同,工作票分三种:
① 第一种工作票白底绿字,用于高压设备停电作业。
② 第二种工作票白底红字,用于高压设备带电作业。
③ 第三种工作票白底黑字,用于远离带电部分、低压设备上的作业,以及在二次回路上进行的不需高压设备停电的作业。
(5) 第一种工作票的有效时间,以批准的检修期为限。若在规定的工作时间内作业不能完成,应在规定的结束时间前,根据工作领导人的请求,由值班员向供电调度办延期手续。
第二种、第三种工作票的有效时间最长为1个工作日,不得延长。
因作业时间较长,工作票污损影响继续使用时,应将该工作票重新填写。
(6) 发票人在工作前要尽早将工作票交给工作领导人和值班员,使之有足够的时间熟悉工作票中内容及做好准备工作。

（7）工作领导人和值班员对工作票内容有不同意见时，要向发票人及时提出，经过认真分析，确认正确无误后，方准作业。

（8）工作票中规定的作业组成员，一般不应更换；若必须更换时，应经发票人同意，若发票人不在，可经工作领导人同意，但工作领导人更换时必须经发票人同意，并均要在工作票上签字。工作领导人应将作业组成员的变更情况及时通知值班员。

（9）非专业人员在牵引变电所工作时须遵守下列规定：

① 若需设备停电，要按停电的性质和范围填写相应的工作票，办理停电手续，并须在安全等级不低于三级人员的监护下进行工作，工作票1张交给当班值班员，另1张交监护人，监护人负责有关电气安全方面的监护职责。

② 若设备不需停电，由值班员负责做好电气方面的安全措施（如加设防护栅、悬挂标示牌等），向有关作业负责人讲清安全注意事项，并记录在值班日志或有关记录中，双方签认后方准开工。必要时可派安全等级不低于二级的人员进行电气安全监护。

（10）1个作业组的工作领导人同时只能接受1张工作票。1张工作票只能发给1个作业组。同1张工作票的签发人和工作领导人不得由同1人担任。

三、作业人员的职责

（1）工作票签发人签发工作票时要做到：

① 安排的作业项目是必要和可能的。

② 采取的安全措施是正确和完备的。

③ 配备的工作领导人和作业组成员的人数和条件符合规定。

（2）工作领导人要做好下列事项：

① 作业范围、时间、作业组成员等符合工作票要求。

② 复查值班员所做的安全措施，要符合规定要求。

③ 时刻在场监督作业组成员的作业安全，如果必须短时离开作业地点时，要指定临时代理人，否则停止作业，并将人员和机具撤至安全地带。

（3）值班员要做好下列工作：

① 复查工作票中必须采取的安全措施符合规定要求。

② 经复查无误后，向供电调度（或用电主管单位）申请（或联系）停电或撤除重合闸。

③ 按照有关规定和工作票的要求做好安全措施，办理准许作业手续。

（4）作业组成员服从工作领导人的安排，要确认各自的职责。对不安全和有疑问的命令要果断及时地提出意见。

（5）发票人和值班员在填写工作票时，在"断开的断路器和隔离开关"及"已经断开的断路器和隔离开关"栏内，须将作业前所有将要断开和已经断开的断路器和隔离开关分别按编号全部填写清楚。

（6）值班员在做好安全措施后，要到作业地点进行下列工作：

① 会同工作领导人按工作票的要求共同检查作业地点的安全措施。

② 向工作领导人指明准许作业的范围、接地线和旁路设备的位置、附近有电（停电作业时）或接地（直接带电作业时）的设备，以及其他有关注意事项。

③ 经工作领导人确认符合要求后,双方在两份工作票上签字后,工作票一份交工作领导人,另一份值班员留存,即可开始作业。

(7) 每次开工前,工作领导人要在作业地点向作业组全体成员宣讲工作票,布置安全措施。

(8) 停电作业时,在消除命令之前,禁止向停电的设备上送电。在紧急情况下必须送电时要按下列规定办理:

① 通知工作领导人,说明原因,暂时结束作业,收回工作票。对非牵引负荷,在送电前必须通知有关用户。

② 拆除临时防护栅、接地线和标示牌,恢复常设防护栅和标示牌。

③ 属供电调度管辖的设备,由供电调度发布送电命令;其他设备由牵引变电所工长批准送电。

④ 值班员将送电的原因、范围、时间和批准人、联系人的姓名等记入值班日志。

(9) 停电作业的设备,在结束作业前需要试加工作电压时,要按下列规定办理:

① 确认作业地点的人员、材料、部件、机具均已撤至安全地带。

② 由值班员将该停电范围内所有的工作票收回,拆除妨碍送电的临时防护栅、接地线及标示牌,恢复常设防护栅和标示牌。

③ 按照设备停、送电的权限,值班员将试加工作电压的时间分别报告供电调度和通知有关用户,并将供电调度员和接到通知的人员的姓名、所属单位及时间记入有关记录。

④ 工作领导人与值班员共同对有关部分进行全面检查,确认可以送电后,在牵引变电所工长或工作领导人的监护下,由值班员进行试加工作电压的操作。

⑤ 试加工作电压完毕,值班员要将其开始和结束的时间及试加电压的情况记入有关记录。试加工作电压结束后如仍需继续作业,必须由值班员根据工作票的要求,重新做安全措施、办理准许作业手续。

四、安全监护

(1) 当进行电气设备的带电作业和远离带电部分的作业时,工作领导人主要负责监护作业组成员的作业安全,不参加具体作业。

当进行电气设备的停电作业时,工作领导人除监护作业组成员的作业安全外,在下列情况下可以参加作业:

① 当全所停电时。

② 部分设备停电,距带电部分较远或有可靠的防护设施,作业组成员不致触及带电部分时。

(2) 当作业人员较多或作业范围较广,工作领导人监护不到时,可设监护人。设置的监护人员由工作领导人指定安全等级符合要求的作业组成员担当。

(3) 当作业需要时可以派遣作业小组(包括监护人)到作业地点以外的处所作业。作业人员的安全等级:停电作业不低于二级,带电作业不低于三级;监护人的安全等级:停电作业不低于三级,带电作业不低于四级。

禁止任何人在高压分间或防护栅栏内单独停留和作业。

（4）牵引变电所工长和值班员要随时巡视作业地点，了解工作情况，发现不安全情况要及时提出。若发现危及人身、行车、设备安全的紧急情况时，有权制止其作业，收回工作票，令其撤出作业地点；必须继续进行作业时，要重新办理准许作业手续，并将中断作业的地点、时间和原因记入值班日志。

五、作业间断和结束工作票

（1）作业中需暂时中断工作离开作业地点时，工作领导人负责将人员撤至安全地带，材料、零部件和机具要放置牢靠，并与带电部分之间保持规定的安全距离，将高压分间的钥匙和工作票交给值班员。继续工作时，工作领导人要征得值班员的同意，取回钥匙和工作票，重新检查安全措施，符合工作票要求后方可开工。

在作业中断期间，未征得工作领导人的同意，作业组成员不得擅自进入作业地点。每日开工和收工除按上述规定执行外，在收工时还应清理作业场地，开放封闭的通路，开工时工作领导人还要向作业组成员宣讲工作票，布置安全措施后方可开始作业。

（2）作业全部完成时，由作业组负责清理作业地点，工作领导人会同值班员检查作业中涉及的所有设备，确认可以投入运行后，工作领导人在工作票中填写结束时间并签字，然后值班员即可按下列程序结束作业：

① 拆除所有的接地线，点清其数目，并核对号码。
② 拆除临时防护栅栏和标示牌，恢复常设的防护栅栏和标志。
③ 必要时应测量设备状态。

在完成上述工作后，值班员在工作票中填写结束时间并签字，作业方告结束。

（3）使用过的工作票由发票人和牵引变电所工长负责分别保管。工作票保存时间不少于3个月。

六、对工作票的基本要求

（1）工作票应用钢笔或圆珠笔填写，一式两份。
（2）要明确许可进行工作的事项（包括工作编号、工作任务、许可时间和完工时间）。
（3）工作票不准进行任意涂改。
（4）工作票必须由签发人和工作负责人亲自办理，其他人不能代签代办。
（5）操作票应填写正确，字迹清楚。有下列情况之一者，评价为"不合格"工作票：

① 工作票不是按事先编号顺序使用（发予令的操作例外）的；
② 工作票在填写时不是用蓝色或黑色钢笔、圆珠笔书写的；
③ 一张工作票超过一个操作任务的；
④ 操作实际任务与步骤不符的；
⑤ 字迹潦草、票面模糊不清或对个别错漏字修改遗补时涂改、使用修正液或用橡皮、指甲、小刀等擦、刮的；
⑥ 操作四步内不得盖单步"不执行"小章或每张操作票使用单步"不执行"小章超过3次的；
⑦ 对遗漏操作项目在票上用补充记号进行补充或用调整记号对颠倒步骤进行调整的；

⑧ 未按统一命名、统一术语填写或设备名称编号不正确的；
⑨ 装（拆）接地线的位置不确切或漏写地线编号或地线编号颠倒的；
⑩ 操作时间漏填、错填或未按"年、月、日、时、分"填写的；
⑪ 工作票上各类人员未按实填写齐全的（包括由于审核手续不严，签名人员不符合安全规程要求，没有签名或没有签全名，由他人代签名的）；
⑫ 操作中打"√"不正确或漏打"√"者；
⑬ 操作票填写完毕未在最后一项齐末处盖"以下空白"章或使用图章的名称不正确的；
⑭ 已执行的操作票未盖"已执行"章的；
⑮ 操作中发生异常情况停止继续操作的工作票或具有"不执行"内容的操作票在"备注"栏内未作说明的（另外对作废、不合格的工作票均应注明原因，若系调度追令作废，可列入合格统计，若系值班员填写中错误作废，应属不合格统计）；
⑯ 工作票编号后有缺页（缺一页计一张不合格，因故缺页不统计在内，但需说明理由）。

七、办理工作票的程序

（1）审票：值班员与工作领导人审核工作票，审核无误后，共同确认。

（2）申票：检修计划开始前 30 min，值班员向供电调度员申请办理工作票，并向对方逐项宣读工作票的具体内容。

（3）准备：助理值班员经值班员同意后，准备倒闸。

（4）倒闸：完成检修作业需要的倒闸作业。

（5）要令：使用第一种和第二种工作票的检修作业时，由值班员向供电调度员申请作业命令，供电调度员发布作业命令及作业起止的时间；使用第三种工作票检修作业时，由值班员通知供电调度作业的起止时间。

（6）办理安全措施：
① 值班员办理第一种工作票的安全措施。

助理值班员在值班员的监护下按顺序办理工作票上所示的安全措施，操作过程中对安全措施的内容进行宣读、复诵并相互确认，然后按照工作票的内容做好各项安全措施。

② 值班员办理工作票时，必须严格按工作票签发的安全措施逐项确认。

（7）会签：值班员会同工作领导人严格按照工作票的内容检查各项安全措施。确认无误后，工作领导人与值班员在工作票上签名。领导人填写开工时间，值班员将工作票一份交工作领导人，一份自留，即可开工。

（8）点名开工：工作领导人召集作业组成员在作业地点点名并宣读工作票，明确说明作业范围、附近电气设备的状态、各项安全措施的实施，并指出本次检修应注意的安全工作事项。若工作组成员有疑问，应及时解决，查缺防漏，保证各个作业环节的周密和细致。对开工后可能出现的事故要有充分的估计，事先预想应对措施。一切就绪后，宣布开工，填写作业命令并记录。

（9）结束任务：工作领导人检查清理现场，检查检修所涉及的所有设备，将人员和机具全部撤离作业现场，召开收工会并记录工作情况。

结束工作程序如下：
① 按照检修标准逐项验收设备是否达到检修标准，检修设备与其他部分连接是否正确，

作业区内有无影响送电的物体，必要时进行整组试验。

工作领导人和值班员验收合格后，在工作票上签字，确认无误后，填写工作结束时间。

② 恢复安全措施：由值班员监护，助理值班员操作。

③ 结束工作票：当安全措施全部恢复后，宣布："××号工作票结束"。

④ 消令：值班员向供电调度员汇报设备验收情况之后，宣布"××号作业命令完成"，供电调度员下达消除作业命令时间，经复诵后确认无误，整个作业全部结束。

⑤ 记录：工作领导人负责填写检修记录。

八、牵引变电所第一种工作票填写举例

牵引变电所第一种工作票填写参考表 ×××所（亭）第　号

作业地点及内容	高压场地 2CY 及 1021GK 检修维护			
工作票有效期	自 2006 年 8 月 23 日 15 时 30 分至 2006 年 8 月 23 日 18 时 00 分　止			
工作领导人	姓名：X			安全等级：4
作业组成员姓名及安全等级（安全等级填在括号内）	A（ 3 ）	B（ 3 ）	C（ 3 ）	D（ 3 ）
	E（ 2 ）	（　）	（　）	（　）
	（　）	（　）	（　）	（　）
	（　）	（　）	（　）	（　）
				共计　6　人

必须采取的安全措施 （本栏由发票人填写）	已经完成的安全措施 （本栏由值班员填写）
1. 断开的断路器和隔离开关： 110 kV Ⅱ 回系统停电 1021、1001、1022、1023、102、202、202B 2. 安装接地线的位置： 在 1021GK 两侧各做接地线 1 组 3 根，在 2CY 靠 Ⅱ 回进线侧做地线 1 组 1 根，共计 7 根。 3. 装设防护网、悬挂标示牌的位置： 在 102、202、1021、1001、1022、1023 开关手把上悬挂"有人作业　禁止合闸"标志牌，在 1001、1002、1023 下方悬挂"高压危险　禁止攀登"标示牌，作业地点设防护绳一圈。 4. 注意作业地点附近有电的设备是： 110 kV Ⅱ 回进线 1001 5. 其他安全措施： 将 $83R_2$ 打在撤除位，断开 1001、1002 电机电源，断 $8RL_2$、8RB、$8R_2$，合上 2CY 接地刀闸。	1. 已经断开的断路器和隔离开关： 110 kV Ⅱ 回系统停电 1021、1001、1022、1023、102、202、202B 2. 接地线装设的位置及其号码： 在 1021GK 两侧做接地线 2 组 6 根， $1^\#$　$2^\#$　$3^\#$　$4^\#$　$5^\#$　$6^\#$ 在 2CY 靠 Ⅱ 回进线侧接地线 1 根 $7^\#$ 3. 防护栅、标示牌装设的位置： 在 102、202、1021、1001、1022、1023 开关手把上悬挂"有人作业　禁止合闸"标志牌，在 1001、1002、1023 下方悬挂"高压危险　禁止攀登"标示牌，作业地点设防护绳一圈。 4. 注意作业地点附近有电的设备： 110 kV Ⅱ 回进线　1001 5. 其他安全措施： 将 $83R_2$ 打在撤除位，断开 1001、1002 电机电源，断 $8RL_2$、8RB、$8R_2$，合上 2CY 接地刀闸。

续表

发票日期：__2006__年__8__月__22__日　　发票人：__G__（签字）
根据供电调度员的第__77887__号命令准予在__2006__年__8__月__23__日 __15__时__30__分开始工作。　　　　　值班员：__Y__（签字）
经检查安全措施已做好，实际于__2006__年__8__月__23__日__9__时__20__分开始工作。　　　　　　　　　　工作领导人：__X__（签字）
变更作业组成员记录：_____ 　　　　　　　　　　　　　　　发　票　人：__G__（签字） 　　　　　　　　　　　　　　　工作领导人：__X__（签字）
经供电调度员_____同意工作时间延长到____年__月__日__时__分。 　　　　　　　　　　　　　　　值班员：__Y__（签字） 　　　　　　　　　　　　　　　工作领导人：__X__（签字）
工作已于__2006__年__8__月__23__日__12__时__00__分全部结束。 　　　　　　　　　　　　　　　工作领导人：__X__（签字）
接地线共__3__组和临时防护临时防护栅、标示牌已拆除，并恢复了常设防护栅和标示牌，工作票于__2006__年__8__月__23__日__12__时__20__分全部结束 　　　　　　　　　　　　　　　值班员：__Y__（签字）

 资 讯 单

学习情境二	牵引变电所值班	学时	
学习子情境 4	工作票的办理	学时	6
资讯方式	在图书馆、专业杂志、互联网及教师给的资讯指导上查询问题；咨询任课教师		
资讯问题	1. 牵引变电所工作票的概念是什么？ 2. 牵引变电所工作票的作用是什么？ 3. 牵引变电所工作票的基本要求是什么？ 4. 牵引变电所工作票分为几类？它们各用于什么场合？？ 5. 牵引变电所工作票填写几份？各由谁保管？ 6. 牵引变电所第一种工作票的格和字是什么颜色？？ 7. 牵引变电所三种工作票的有效期分别是多长？ 8. 牵引变电所工作票的保存时间是几个月？ 9. 牵引变电所工作票的领导人工作职责有哪些？ 10. 牵引变电所工作票所列成员的工作职责是什么？ 11. 牵引变电所工作票所列作业区的防护措施有哪些？ 12. 牵引变电所工作票所列的安全措施有哪些？ 13. 牵引变电所工作票编号填写的规定是什么？ 14. 牵引变电所工作票开好加盖印章时有什么要求？ 15. 牵引变电所工作票变更作业组成员的程序是什么？ 16. 牵引变电所工作票对验电的要求有哪些？ 17. 牵引变电所对如何挂接地线有什么规定？		
资讯引导	以上问题可以在本教程的学习信息、《牵引变电所规章与规程》、"牵引变电所"精品课程网站、互联网、专业资料等处查找。		

计划和决策单

计划和决策单见附录附表 2.4.1。

实 施

一、理论知识问答

1. 工作票签发人、工作负责人、工作许可人必须符合_____规定，并由经过批准的人员担任。
2. 第一种工作票应在工作_____交给值班员。临时工作可在工作开始以前直接交给值班员。第二种工作票应在进行工作的_____预先交给值班员。
3. 工作结束时，_____应组织清理现场和撤离全部工作人员，并请_____到现场检查、交接，双方共同检查设备状况、有无遗漏物件和工作现场卫生清理情况等，确认无误后，双方在工作票上签字，并填写工作结束时间，由_____注销工作票。
4. 工作负责人和工作许可人不允许在许可开工后，单方面变动_____，如需变动时应经双方同意。
5. 工作如不能按计划期限完成，必须由工作负责人按照规定办理工作票_____手续。
6. 工作中需要变更工作负责人时，应经_____同意并通知_____，在工作票上办理工作负责人变更手续。
7. 工作票应用钢笔或圆珠笔填写一式_____，经_____审核签字后，由_____一并交给_____办理许可手续。
8. 工作票不准任意涂改。涂改后上面应由_____签名或盖章，否则此工作票无效。
9. 注销后的工作票保存_____。
10. 一个工作负责人只能发给_____工作票
11. 抢修工作时（　　）。
 A. 可不用工作票　　　　　B. 需办理工作票
 C. 可不用工作票，但应记入操作记录簿内
12. 铁路检修班或基建单位在牵引变电所电气设备上进行工作时（　　）。
 A. 由牵引变电所签发工作票
 B. 由该设备的主管上级单位签发工作票
 C. 由工作单位签发工作票
13. 牵引变电所的第三种工作票应在什么时候交给值班员。（　　）
 A. 工作前一日　　　　B. 工作前一日 16 时前　　　C. 工作前三日

14. 建筑工、油漆工等非电气施工人员在牵引变电所进行工作时，工作票应交给（   ）。
    A. 工作负责人   B. 工作许可人   C. 工作监护人
15. 工作票超过有效时间时，工作负责人应向谁申请办理延期手续？（   ）
    A. 工作票签发人   B. 值班班长   C. 工作许可人
16. 填写第一种工作票的工作是（   ）。
    A. 高压设备上工作需要全部停电或部分停电的工作
    B. 高压室内的二次接线和照明等回路上的工作，需要将高压设备停电或做安全措施
17. 填写第二种工作票的工作是（   ）。
    A. 带电作业和在带电设备外壳上的工作
    B. 控制盘和低压配电盘、配电箱、电源干线上的工作
    C. 二次接线回路上的工作，无须将高压设备停电
    D. 转动中的发电机、同期调相机的励磁回路或高压电动机转子电阻回路上的工作
    E. 非当值值班人员用绝缘棒和电压互感器定相或用钳形电流表测量高压回路的电流
18. 工作票签发人的安全责任是（   ）。
    A. 工作必要性   B. 工作是否安全
    C. 工作票上所填安全措施是否正确完备
    D. 所派工作负责人和工作班人员是否适当和足够，精神状态是否良好
19. 事故抢修时间超过 4 小时时，应补办工作票，以执行工作票制度。（   ）
20. 在几个电气连接部分上依次进行不停电的同一类型的工作，可以发给一张工作票。（   ）
21. 若一个电气连接部分全部停电，则所有不同地点的工作，可以发给一张工作票。（   ）
22. 施工设备属于同一电压、位于同一楼层且不会触及带电导体时，允许在几个电气连接部分共用一张工作票。（   ）
23. 只有在同一停电系统的所有工作票结束，拆除所有接地线、临时遮拦和标示牌，恢复常设遮拦后，方可合闸送电。（   ）
24. 工作票的使用和执行有何要求？
    答：_____
    _____
    _____
    _____
    _____

25. 举例说明什么情况下的工作票为不合格的工作票？
    答：_____
    _____
    _____
    _____

二、实施操作过程（实施操作单）

1. 根据要求填写工作票的内容。

牵引变电所第一种工作票

＿＿＿×××所（亭）第　　号

作业地点及内容								
工作票有效期	自　年　月　　日时　分至　年　月　日　时　分　止							
工作领导人	姓名：			安全等级：				
作业组成员姓名及安全等级（安全等级填在括号内）	（　）		（　）		（　）		（　）	
	（　）		（　）		（　）		（　）	
	（　）		（　）		（　）		（　）	
	（　）		（　）		（　）		（　）	
	共计　　　人							
必须采取的安全措施 （本栏由发票人填写） 1. 断开的断路器和隔离开关： 2. 安装接地线的位置： 3. 装设防护网、悬挂标示牌的位置： 4. 注意作业地点附近有电的设备是： 5. 其他安全措施：				已经完成的安全措施 （本栏由值班员填写） 1. 已经断开的断路器和隔离开关： 2. 接地线装设的位置及其号码： 3. 防护栅、标示牌装设的位置： 4. 注意作业地点附近有电的设备： 5. 其他安全措施：				
发票日期：＿＿＿年＿＿＿月＿＿＿日　　发票人：＿＿＿＿（签字） 根据供电调度员的第＿＿＿＿号命令准予在＿＿＿＿年＿＿＿月＿＿＿日＿＿＿时＿＿＿分开始工作。 　　　　　　　　　　　　　　　　值班员：＿＿＿＿（签字） 经检查安全措施已做好，实际于＿＿＿年＿＿＿月＿＿＿日＿＿＿时＿＿＿分开始工作。　　　　　　　　　　工作领导人：＿＿＿＿（签字） 变更作业组成员记录： 　　　　　　　　　　　　　　　　发　票　人：＿＿＿＿（签字） 　　　　　　　　　　　　　　　　工作领导人：＿＿＿＿（签字） 经供电调度员＿＿＿＿＿同意工作时间延长到＿＿＿＿年＿＿＿月＿＿＿日＿＿＿时＿＿＿分。 　　　　　　　　　　　　　　　　值　班　员：＿＿＿＿（签名） 　　　　　　　　　　　　　　　　工作领导人：＿＿＿＿（签字） 工作已于＿＿＿年＿＿＿月＿＿＿日＿＿＿时＿＿＿分全部结束。 　　　　　　　　　　　　　　　　工作领导人：＿＿＿＿（签字） 接地线共＿＿＿＿＿组和临时防护栅、标示牌已拆除，并恢复了常设防护栅和标示牌，工作票于＿＿＿年＿＿＿月＿＿＿日＿＿＿时＿＿＿分全部结束。 　　　　　　　　　　　　　　　　值　班　员：＿＿＿＿（签字）								

2. 根据工作票要求准备检修的工具、材料和安全防护用品。

序号	工具/材料/安全品名称	规格	数量	备注
1				
2				
3				
4				
5				
6				
7				
8				
9				
10				
11				
12				

 检查单

检查单见附录附表 2.4.2。

 评价单

评价单见附录附表 2.4.3。

 **备忘录**

序号	操作	问题	解决问题的方法
1			
2			

备　注

学习子情境5 倒闸作业

学习任务书

小组编号：_____　　　成员名单：_____

学习任务描述

通过本情境的学习，要求能够做到：正确进行倒闸作业的组织与实施，正确检查工具并填写记录。

学习任务： 倒闸作业。

学习对象： 倒闸作业程序。

工　　具： 绝缘手套、绝缘靴、验电器、警告牌、标示牌、临时防护栅、绝缘挡板、接地杆、接地线、绝缘杆、硬梯、安全帽等。

学习步骤：

（1）认识牵引变电所的主接线形式及运行特点。

（2）领会模拟变电所一、二次主要设备操作的要领。

（3）牢记牵引变电所安全工作规程、运行规程。

（4）学会正确运用倒闸操作的专业术语填写倒闸操作票。

（5）学会填写牵引变电所运行记录、牵引变电所倒闸操作记录、值班记录、牵引变电所作业命令。

（6）正确执行牵引变电所的基本倒闸操作任务。

（7）学会组织倒闸作业前的准备工作和安全工作。

学习方法

资讯： 接受学习任务，根据引导问题，通过学习查找资料、网络信息等，建立总体印象。

计划： 与小组成员、老师、师傅讨论倒闸操作在变电所中的重要性。

决策： 与老师或师傅进行专业交流，确定本项目的工作步骤和涉及的工具，拟定检查、评价标准。

实施： 按确定的工作步骤完成行动化学习任务，发现问题，共同分析，遇到无法解决的问题时请老师或师傅帮助解决。

检查：（1）生产文件准备好了吗？

（2）工具准备好了吗？

（3）安全事项有哪些？

评价： 与同学、老师、师傅进行专业交流，有改进的建议吗？

学习目标

（1）明确电气设备的运用状态。
（2）明确倒闸操作的一般规定、基本规律和技术要领。
（3）会编写操作卡片及倒闸表。
（4）了解各种设备及系统的联锁关系。

行动化学习任务

第一部分：进行倒闸操作基本知识的学习

任务1：查阅《牵引变电所运行安全工作规程》和《牵引变电所运行检修规程》中有关倒闸操作的要求。

任务2：查阅各种资料熟悉倒闸操作的程序。

任务3：列出停送电倒闸作业的准备工作、安全工作和操作程序。

任务4：列出停送电倒闸作业的技术质量要求。

第二部分：进行仿真变电所主接线模拟屏的模拟倒闸操作

任务5：领取倒闸操作命令。

任务6：完成倒闸操作准备工作。

任务7：完成倒闸操作安全工作。

任务8：按照技术质量要求进行倒闸操作。

学习信息

一、倒闸操作的基本操作方式和原则

(一)倒闸操作的概念

电气设备有多种不同的运行状态,在运行中要将电气设备由一种运行状态转变到另一种运行状态,就需要进行一系列的倒闸操作。所谓改变运行状态,就是拉开或合上某些断路器和隔离开关,包括断开或投入相应的直流回路;改变继电保护和自动装置的定值或运行状态;拆除或安装临时接地线等。倒闸操作主要指为了适应电力系统运行方式改变的需要,而必须进行的拉、合断路器、隔离开关等(一次设备)的操作;为适应一次设备运行状态的改变,继电保护及自动装置(二次设备)运行状态亦应作相应改变的操作,如继电保护装置的投入或退出、保护定值的调整等。为了保证上述操作正确无误地进行,要求在操作过程中进行必要的检查。

(二)电气设备的运行状态

运行中的电气设备,系指全部带电或一部分带电以及一经操作即带有电压的电气设备。所谓一经操作即带有电压的电气设备,是指现场停用或备用的电气设备,它们的电气连接部分和带电部分之间只用断路器或隔离开关断开,并无拆除部分,一经合闸即带有电压。因此,运行中的电气设备具体指的是现场运行、备用和停电的设备。如电气设备某一部分已从电气连接部分拆下,并已拆离原来的安装位置而远离带电部分,则不属于运行中的电气设备。现场中全部带有电压的设备即处于运行状态,而其中一部分带有电压或一经操作才带有电压的设备是处于备用状态或停用状态以及检修状态。

电气设备的运用状态有运行状态、热备用状态、冷备用状态和检修状态。

1. 电气设备的运行状态

是指断路器及隔离开关都在合闸位置,将电源至负载间的电路接通(包括辅助设备如仪表、避雷器等)的状态。

2. 电气设备的热备用状态

是指断路器在断开位置,隔离开关仍在合闸位置的状态。其特点是断路器一经操作即接通电源。

3. 电气设备的冷备用状态

是指断路器和隔离开关都在断开位置的状态。其显著特点是该设备(如断路器)与其他带电部分之间有明显的断开点。

（1）断路器冷备用。

断路器冷备用时，接在断路器上的电压互感器及所用变压器的高低压熔断器应取下，高压侧隔离开关应拉开，如高压侧无法断开，则拉开低压侧隔离开关。线路上的电压互感器、变压器、高压隔离开关不拉开，低压熔断器不取下。

（2）线路冷备用。

线路冷备用时，接在线路上的电压互感器及所用变压器的高低压熔断器一律取下，高压侧隔离开关应拉开，如高压侧无法断开，则应断开低压侧。

（3）电压互感器与避雷器冷备用。

电压互感器与避雷器冷备用时，当其与高压隔离开关及低压熔断器隔离后，即处于冷备用状态；无高压隔离开关的电压互感器，当低压侧熔断器取下后即处于冷备用状态。

4. 电气设备的检修状态

设备的断路器和隔离开关均已断开，检修设备两侧装设了保护接地线或合上接地隔离开关，并悬挂了工作标示牌，安装了临时遮拦，该设备即处于检修状态。装设临时遮拦的目的是将工作场所与带电设备区域相隔离，限制工作人员的活动范围，以防在工作中因疏忽而误碰带电部分。检修应根据工作性质分为断路器检修和线路检修等。

（1）断路器检修是指设备的断路器与两侧隔离开关均拉开，断路器的操作熔断器及合闸电源熔断器已取下，在断路器两侧装设了保护接地线或合上接地隔离开关，并做好安全措施的状态。若检修的断路器与两侧的隔离开关之间接有仪表变压器（或变压器），则应将该仪表变压器的隔离开关拉开或取下高低压熔丝，高压侧无法断开时则取下低压熔丝；如有母差保护、母差电流互感器回路，应拆开并短路接地（二次回路应作相应的调整）。

（2）线路检修是指线路断路器及其两侧隔离开关拉开，并在线路出线端挂好接地线（或合上线路接地隔离开关）的状态。如有线路仪表变压器（或变压器），应将其隔离开关拉开或取下高低压熔断器。

（3）变压器检修也可分为断路器或变压器检修。挂接地线或合上接地隔离开关的地点应分别在断路器两侧或变压器各侧。

（4）母线检修状态是指该母线从冷备用转为检修，即在冷备用母线上挂好接地线（或合上母线接地隔离开关）的状态。

① 母线由检修转为冷备用，是指拆除该母线的接地线（或拉开母线隔离开关），应包括母线电压互感器转为冷备用。

② 母线由冷备用转为运行，是指有任一路电源断路器处于热备用状态，一经合闸，该母线即可带电，包括母线电压互感器转为运行状态。

凡不符合上述状态的操作，调度员在发布操作命令时必须明确提出要求，以便正确执行倒闸操作。

（三）倒闸操作的基本方式

表 2.5.1 列出了倒闸操作的基本操作方式。

表 2.5.1　倒闸操作的基本操作方式

设备倒闸前的状态	设备倒闸后的状态			
	运行	热备用	冷备用	检修
运行		1. 拉开必须切断的断路器 2. 检查所切断的断路器是否在断开位置	1. 拉开必须切断的断路器 2. 检查所切断的断路器是否在断开位置 3. 拉开必须断开的全部隔离开关 4. 检查所拉开的隔离开关是否处在断开位置	1. 拉开必须切断的断路器 2. 检查所切断的断路器是否在断开位置 3. 拉开必须断开的全部隔离开关 4. 检查所拉开的隔离开关是否处在断开位置 5. 挂上保护用临时接地线或合上接地隔离开关 6. 检查合上的接地隔离开关处在接通位置
热备用	1. 合上必须合上的断路器 2. 检查所合上的断路器是否在接通位置		1. 检查所拉开的断路器是否在断开位置 2. 拉开必须断开的全部隔离开关 3. 检查所拉开的隔离开关是否处在断开位置	1. 检查所拉开的断路器是否在断开位置 2. 拉开必须断开的全部隔离开关 3. 检查所拉开的隔离开关是否处在断开位置 4. 挂上保护用临时接地线或合上接地隔离开关 5. 检查所合上的接地隔离开关处在接通位置
冷备用	1. 检查全部接地线 2. 检查断路器处在断开位置 3. 合上必须合上的全部隔离开关 4. 检查所合上的隔离开关在接通位置，合上必须合上的断路器 5. 检查所合上的断路器处在接通位置	1. 检查全部接地线 2. 检查所断开的断路器处在拉开位置 3. 合上必须合上的全部隔离开关 4. 检查所合上的全部隔离开关在接通位置		1. 检查所断开的断路器处在断开位置 2. 检查必须断开的全部隔离开关处在断开位置 3. 挂上保护用临时接地线或合上接地隔离开关 4. 检查所合上的接地隔离开关处在接通位置
检修	1. 拆除全部保护用临时接地线或拉开接地隔离开关 2. 检查所拉开的接地隔离开关在断开位置 3. 检查断路器处在断开位置 4. 合上必须合上的全部隔离开关 5. 检查所合上的隔离开关在接通位置 6. 合上必须合上的断路器 7. 检查所合上的断路器处在接通位置	1. 拆除全部保护用临时接地线或拉开接地隔离开关 2. 检查所拉开的接地隔离开关在断开位置 3. 检查断路器处在断开位置 4. 合上必须合上的全部隔离开关 5. 检查所合上的隔离开关在接通位置	1. 拆除全部保护用临时接地线或拉开接地隔离开关 2. 检查所拉开的接地隔离开关在断开位置 3. 检查断路器处在断开位置 4. 检查所拉开的隔离开关在断开位置	

（四）倒闸操作的原则及要求

1. 倒闸操作的一般规定

（1）倒闸操作须有值班负责人的命令（工作票或口头命令）；属于电力调度管辖的设备，倒闸操作则须有电力调度的命令。电力调度的命令应由值班员受令，在复诵无误后电力调度给出命令编号和批准时间。上述命令授受双方均要认真记录并复诵，如有疑问需问清后才可执行。非电力调度管辖的设备，受令人倒闸完毕后应将倒闸时间、原因和操作人、监护人姓名记入单独的倒闸操作命令记录簿中。

（2）一次设备的倒闸操作以及单独进行继电保护及自动装置的投切操作，一般应分记于两个倒闸操作命令记录簿中。

（3）倒闸作业要按操作卡片或倒闸表进行。

（4）一个变电所一次只能下达一个命令，一个命令只有一个倒闸操作（即一张操作卡片或一张倒闸表上的倒闸操作）。

（5）倒闸操作人、监护人均必须穿绝缘靴，戴安全帽，同时操作人还要戴绝缘手套。在拆装高压熔断器时操作人还应戴防护眼镜。操作人在倒闸操作时要做到坚定、迅速。

（6）倒闸操作期间严禁做与操作无关的其他事，以便集中精力，确保安全。

（7）遇有危及人身或设备安全的紧急情况时，值班人员可先行断开有关的断路器和隔离开关，然后再报告电力调度，但合闸时必须有电力调度或值班负责人的命令才能进行。

（8）雷电天气时禁止进行室外高压设备的就地倒闸操作。

2.《牵引变电所运行检修规程》中关于倒闸的规定

第16条 值班人员接受倒闸任务后，操作前要先在模拟盘上进行模拟操作，确认无误后方可进行倒闸。在执行倒闸任务时，监护人要手执操作卡片或倒闸表与操作人共同核对设备位置，进行呼唤应答，手指眼看，准确、迅速操作。

第17条 当以备用断路器代替主用断路器时，应检查、核对备用断路器的投入运行条件后，方能进行倒闸。

当主用和备用断路器共用一套保护装置时，必须先断开主用断路器，将保护装置切换后再投入备用断路器。

第18条 采用远动装置进行倒闸操作时，值班员接到供电调度通知后，应监视设备动作情况，及时向供电调度汇报并做好记录。

3.《牵引变电所安全工作规程》中关于倒闸的规定

第28条 需供电调度下令倒闸的断路器和隔离开关，倒闸前要由值班员向供电调度提出申请，供电调度员审查后发布倒闸作业命令；值班员受令复诵，供电调度员确认无误后，方准给予命令编号和批准时间；每个倒闸命令，发令人和受令人双方均要填写倒闸操作命令记录（格式见表2.5.3）。

供电调度员对一个牵引变电所一次只能下达一个倒闸作业命令，即一个命令完成之前，不得发出另一个命令。

对不需供电调度下令倒闸的断路器和隔离开关，倒闸完毕后要将倒闸的时间、原因和操作人、监护人的姓名记入值班日志或有关记录中。

第 29 条 倒闸作业必须由助理值班员操作，值班员监护。

值班员在接到倒闸命令后，要立即进行倒闸。用手动操作时操作人和监护人均必须穿绝缘靴、戴安全帽，同时操作人还要戴绝缘手套。

隔离开关的倒闸操作要迅速准确，中途不得停留和发生冲击。

第 30 条 倒闸作业完成后，值班员立即向供电调度报告，供电调度员及时发布完成时间，至此倒闸作业结束。

第 34 条 拆装高压熔断器必须由助理值班员操作，值班员监护。操作人和监护人均要穿绝缘靴、戴防护眼镜，操作人还要戴绝缘手套。

第 35 条 带电更换低压熔断器时，操作人要戴防护眼镜，站在绝缘垫上，并要使用绝缘夹钳或绝缘手套。

第 36 条 正常情况下，不应操作脱扣杆进行断路器分闸。电动操作的断路器，除操作机构中具有储能装置者外，禁止手动合闸送电。

第 37 条 需供电调度下令进行倒闸作业的断路器和隔离开关，遇有危及人身安全的紧急情况，值班人员可先行断开有关的断路器和隔离开关，再报告供电调度，但再合闸时必须有供电调度员的命令。

4. 倒闸操作的要求

（1）对运行人员的要求。

值班人员必须经过安全教育、技术培训，考试合格后，经相关部门批准后方可承担一般操作和复杂操作，或接受调度命令，进行实际操作或监护工作。值班人员须熟悉业务和有关的规章、规程、规范、制度。每年值班人员要进行一次考试复查，不符合值班资格者要降职使用。

倒闸操作时，不能单凭记忆，而应在仔细地检查应操作设备的名称编号后，才能进行操作。倒闸操作时，不要仅依赖监护，而应对操作内容做到心中有数，否则，操作中会出问题。在进行倒闸操作期间，不要做与操作无关的交谈或工作。

处理事故时，不要惊慌失措，否则，会扩大事故或发生人身伤亡事故。

装设接地线之前，必须认真检查该设备是否确已无电。在验明设备确无电压后，应立即装设接地线或合上接地隔离开关。

（2）对电气设备的要求。

现场一次、二次设备要有明显的标志，包括名称、编号、铭牌、转动方向、切换位置指示及区别电气相别的颜色。

要有合格的工具、安全用具和设施（包括放置接地线的专用装置）等。

（3）对管理方面的要求。

要有与现场设备标志和方式相符合的一次系统模拟图、二次回路的原理图和展开图。

除事故处理外，操作时应有确切的调度命令和合格的工作票。

二、倒闸操作常用术语

倒闸操作时要求使用标准的、确切的操作术语，如表 2.5.2 所示。

表 2.5.2 变电所常用的标准操作术语

	操作术语	含义
1	报告数字时：幺、两、三、四、五、六、拐、八、九、洞、幺洞、幺幺	相应为：一、二、三、四、五、六、七、八、九、零、一零、一一
2	设备试运行	设备新安装，大修或事故，故障处理后投入系统运行一段时间，用以进行必要的试验或检查，视具体情况可随时停止运行
3	设备停用	运行中设备停止运行
4	设备投入	停用设备恢复运行
5	准备倒闸	从宣布时开始即算进入倒闸操作，并应执行有关要求和规定
6	开始模拟操作	开始在模拟图上按操作卡片或倒闸表的顺序逐项读票、复诵并操作
7	开始操作	开始在实际设备上按操作卡片或倒闸表的顺序逐项读票、复诵，确认并操作
8	倒闸结束	倒闸命令完成并消令，转入正常值班
9	发令时间	电力调度开始下达命令的时间
10	批准时间	值班员（接令人）复诵发令时间、命令内容、发令人、受令人姓名、操作卡片编号后，电力调度发布命令号及批准时间（即准许倒闸开始操作的时间）
11	完成时间	倒闸操作全部结束后，值班员汇报"××号命令"完成的时间
12	××时（读成点，下同）××分×××跳闸，××动作	此系断路器自动跳闸时，××时××分×××断路器（该断路器的运行编号）跳闸，同时××（保护名称）动作
13	××时××分×××跳闸，××动作，重合成功（重合不成功，重合闸撤除，重合闸拒绝）	馈线断路器跳闸时，××时××分×××断路器跳闸，××保护动作，重合闸动作使断路器合闸成功（或不成功，或该装置未投入运行，或发生拒绝动作）
14	××时××分×××强送第×次成功	××时××分×××断路器由操作强行合闸送电第×次成功
15	××时××分×××强送第×次不成功，××动作，××欧（微安、公里，故测仪显示值）（或故测仪拒动，撤除）	××时××分×××断路器由操作强行合闸送电第×次不成功，××保护动作，××欧（微安、公里为接触网故障探测装置的动作及指示情况,故测仪显示值为故障点标定装置计量部计量值
16	断（拉）开或合上×××（××××）	断（拉）开或合上×××断路器（××××隔离开关）
17	拉出或推上×××手车	将运行编号为×××的手车式断路器拉出至试验位置，使隔离动、静触指分开；或推上手车至运行位置，使隔离动、静触指合上
18	验明无电或有电	指线路或设备停电时检查验证隔离开关一侧或断路器两侧无电；送电时则检查验证隔离开关或断路器负荷侧有电

三、倒闸操作流程（见图 2.5.1）

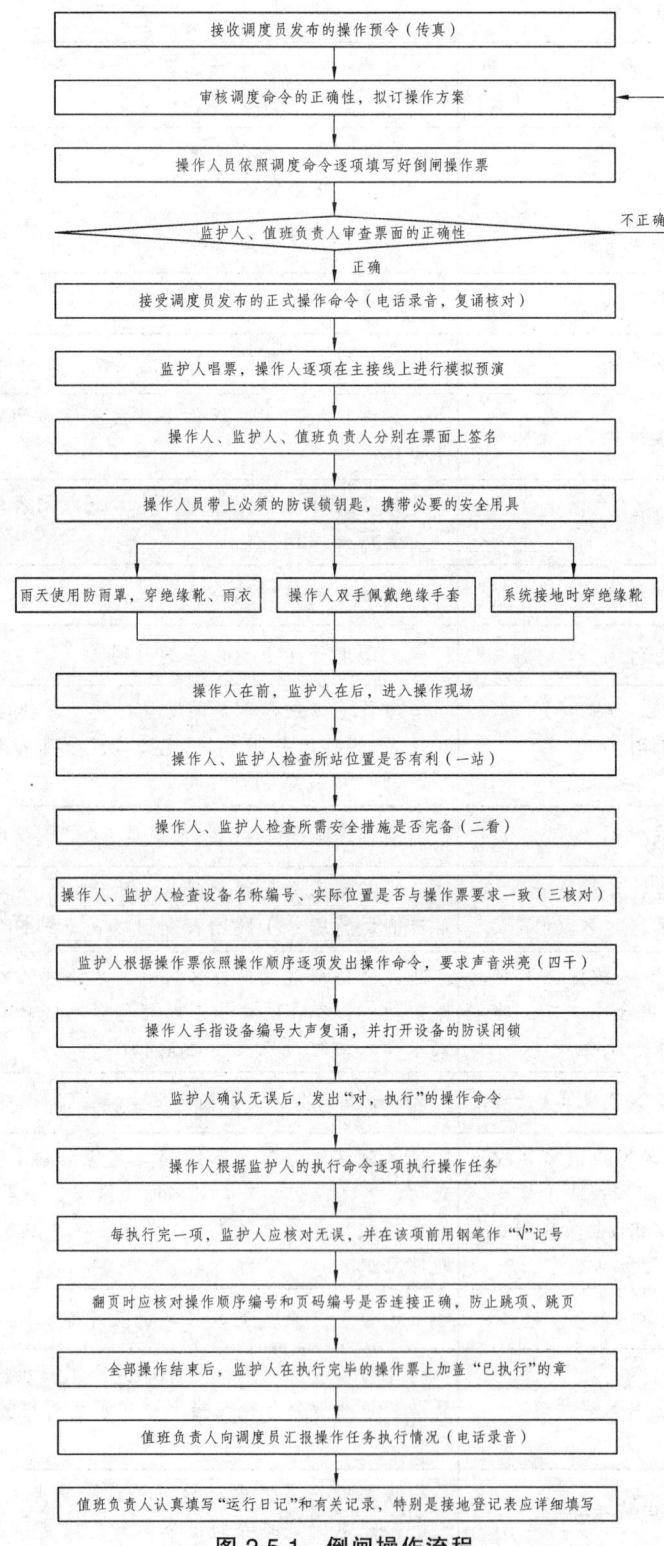

图 2.5.1　倒闸操作流程

倒闸操作的步骤：

（1）了解倒闸计划，熟悉倒闸工作内容、倒闸作业涉及的高压开关、倒闸作业时间。

值班人员在交、接班后，接班的值班员随即向供电调度了解当天计划停电或送电的倒闸项目及计划时间。

（2）做好准备工作。供电调度员必须在倒闸作业之前，一般至少提前十分钟通知变电所值班员。

在倒闸前十分钟，由值班员宣布"准备倒闸"；同时值班员准备倒闸操作命令记录簿，并审查操作卡片（无操作卡片者审查倒闸表）；助理值班员准备需用的安全用具、工具、钥匙，操作高压设备应戴的绝缘手套，使用前应检查有无破损和漏气，需要装设接地线时应检查接地线是否完好，接线桩头有无松动，核对所取钥匙编号是否与操作票所要操作的电气设备名称编号相符。

雨天操作还应准备好绝缘靴、雨衣。做安全措施时，应准备相应电压等级且合格的验电器、接地线活动扳手等。当执行二次设备的倒闸操作任务时，必须准备电压表、螺丝刀、短接地线等。

（3）模拟图操作。值班员在倒闸作业前，在模拟盘上进行模拟操作，熟悉和确定倒闸作业的正确工作顺序。

值班负责人宣布"开始模拟操作"，而后按操作顺序在模拟图上进行核对性操作。

（4）供电调度员发布倒闸作业命令。供电调度宣布"××变电所接令"（命令包括发令时间、命令内容、操作卡片编号、发令人姓名）；值班员接令后，复诵以上全部内容，并回告接令人姓名。在整个受令过程中，助理值班员应监听，确保接收命令的正确性，校核其复诵内容与记录是否相符。

经发、受令人双方核对无误后，供电调度发布命令编号和批准时间。

（5）正式进行倒闸作业。由值班员和助理值班员共同完成，倒闸作业操作过程严格按照倒闸作业卡片的顺序执行，在操作现场，认真核对开关的名称和编号，助理值班员实际操作，值班员负责监护，操作前，值班员宣读作业卡片，助理值班员呼应对答，双方共同确认，确保操作准确无误。

值班负责人宣布"开始操作"后，值班员及助理值班员前往现场。到达位置即核对设备名称、编号。在相互确认正确后，值班员宣读操作卡片（或倒闸表），并站在助理值班员左侧稍后处进行监护；助理值班员站在设备前用右手进行操作。每进行一步操作监护人均须随手指点应操作的设备，操作人则予以复诵，借以达到双方共同确认、保证无误的目的。

（6）检查和确认操作结果。倒闸作业后，根据高压开关的机械指示实际状态、开关指示灯的变化、验电器显示、仪表指示的变化等，进一步确保倒闸作业的正确性。

为了确保按操作票的顺序进行操作，在每操作完一项后，监护人应在该项上做一个记号"√"。同时两人一起检查被操作设备的状态，应达到操作项目的要求。操作结束，还应对票上的所有操作项目作全面检查，以防漏项。

（7）消令。倒闸作业操作结束后，值班员应即刻向供电调度员报告："××变电所××号命令完成"，并报个人姓名。供电调度员复诵"××号命令××时××分完成"，并报个人姓名。至此，值班员即可宣布"倒闸结束"。

（8）复查。倒闸作业结束后，值班员对操作设备状态进行检查。如检查手车断路器的闭锁杆、导簧管（或跳闸弹簧）、凸轮位置是否正确，隔离触指接触是否良好等。

（9）倒闸作业完成后。填写倒闸作业记录卡，如表 2.5.3 所示。

表 2.5.3 倒闸操作命令记录卡

日期	命令内容	发令人	受令人	操作卡片	命令号	批准时间	完成时间	报告人	供电调度员
2006-05-06	22B（2142）带7#馈线送电	X	Y	31	586021	10：15	10：24	Y	X

四、倒闸操作的注意事项

（一）倒闸作业中操作隔离开关的技术要领

隔离开关没有灭弧能力，因此操作时应注意与断路器的配合。在无断路器的情况下，对隔离开关的合闸操作应掌握在小电流工作的场合。

倒闸作业中操作隔离开关应注意：合闸时要迅速而果断，但在合闸终了时不能用力过猛，使合闸终了时不发生冲击，以防合过头及损坏支持绝缘子。操作完毕后，应检查是否已合上，合好后应使刀闸完全进入固定触头，并检查接触的严密性。拉闸时开始要慢而谨慎，当刀片刚离开固定触头时应迅速，以便能迅速消弧。拉闸操作完毕后应检查刀闸每相确实已在断开位置，并应使刀片尽量拉到头。若隔离开关拉不开时，如果是操作机构被冻结，应对其进行轻轻地摇动，此时注意支持子及操作机构的每个部分，以便根据它们的变形及变位情况，找出抵抗的地点。

如果妨碍拉开的抵抗位发生在刀闸的接触装置上，则不应强行拉开；否则，支持绝缘子可能会遭到破坏而引起严重事故。此时，唯一的方法是变换设备的运行方式。

（二）倒闸作业中操作断路器操作技术要领

（1）一般情况下，凡电动合闸的断路器，不应手动合闸。

（2）电动操作断路器时，扳动控制开关（按钮）不要用力过猛，以防损坏控制开关，也不要返回过快，以防时间过短，断路器来不及合闸。

（3）断路器操作后，应检查与其有关的信号及测量仪表的指示，从而判别断路器动作的正确性。但不能仅从信号灯及测量仪表的指示来判断断路器实际的分、合闸位置。

① 断路器合闸前，应确认继电保护已按规定投入。

② 断路器合闸后应检查相关合闸指示灯亮；机械指示应在合闸位置；此回路的电流表、功率表及计量表是否启动，如不启动应查明原因；弹簧操作机构，在合闸后应检查弹簧是否压紧。

③ 断路器分闸后应检查相关合闸指示灯亮；机械指示应在分闸位置；计量表应停走，电流表、功率表指针回到零位。

④ 当断路器切断故障电流次数达到现场规程规定时，应停用其重合闸；断路器因有缺陷而不能跳闸时，应改为非自动；若断路器有明显故障，应尽快停用。

（4）设备停电操作前，终端线路应先检查负荷是否到零。并列运行的线路在一条线路停电前应考虑有关定值的调整，并注意在一条线路断开后另一条线是否过负荷，如有疑问，应向调度员问清后再进行操作。

（5）设备停役时应先拉断路器再拉隔离开关。

（6）设备复役时应先合隔离开关再合断路器。断路器合闸前继电保护必须已按规定投入。有重合闸的线路，应检查重合闸装置是否良好。

（7）操作变压器断路器时，停役操作应先拉开负荷侧断路器，后拉电源侧断路器；复役时操作顺序相反。三绕组变压器：送电时先送高压侧，次送中压侧，后送低压侧；停电时操作顺序相反。

（8）断路器检修前必须拉开操作熔断器和合闸熔断器，并拉开弹簧储能电源开关或熔断器。

（三）装、拆接地线操作

（1）装接地线应先接接地端，装设接地线前必须在停电设备上验明确已无电压，然后挂上接地线。挂接地线时，应戴绝缘手套。在设备上挂接地线时应先接靠近人身的那一相，然后再接其他两相；拆除接地线时顺序相反。

（2）验电前必须检查验电器本身是否良好。对电容器、双回路架空线路，电缆线路接地前必须先充分放电后再验电接地。

（3）接地线应有编号，并存放在固定的地点，存放的位置也应编号以便对号入座。使用时应注明接地设备的名称。

① 操作票上应填写接地线编号，在模拟图板上亦应有相应的接地线标志和编号。

② 拆除接地线后必须放回固定地点、做好记录、更正模拟图板。交接班时必须交代清楚接地线的使用情况。

（四）倒闸操作的有关要求

（1）倒闸操作前，必须了解系统的运行方式、继电保护及自动装置等情况，并应考虑电源及负荷的合理分布以及系统运行的情况。

（2）在电气设备复役前必须检查有关工作票，并检查安全措施拆除情况，如拉开接地隔离开关或拆除接地线及警告牌和临时遮拦；恢复常设遮拦；对必要的设备测量绝缘电阻等。在测量绝缘电阻时必须隔离电源，并进行放电。此外还应检查断路器、隔离开关均在断开位置，工作票应全部收回，并办理好工作票终结手续，汇报调度，等待送电。

（3）倒闸操作前应考虑继电器保护及自动装置整定值的调整，以适应新的运行方式的需要，防止因继电保护及自动装置误动或拒动而造成事故。

二次部分的调整有如下的要求：

① 电压互感器二次负荷的切换；

② 所用变压器电源的切换；

③ 直流电源的切换；

④ 交流电源、电压回路和直路回路的切换；

⑤ 根据一次接线，调整二次跳闸回路（例如继电保护及自动装置改接和联跳断路器的调整等）；

⑥ 断路器停役，二次回路工作需要将电流互感器短路退出，以及断路器停役时根据现场规程决定断路器失灵保护停用；

⑦ 现场规程规定的二次回路需作调整的其他有关内容。

（4）备用电源自动投入装置、重合闸装置必须在所属设备停运前退出运行，在所属主设备送电后投入运行。

（5）在倒闸操作过程中应注意分析表计指示，如倒母线时应注意电源分布的功率平衡，并尽量减少母联断路器电流，使其不超过限额，以防止过负荷而跳闸。

（6）在下列情况下，应将断路器的操作电源切断，即取下直流操作回路熔断器。

① 检修断路器。

② 在二次回路及保护装置上工作。

③ 在倒母线操作过程中拉合母线隔离开关，必须先取下母线断路器的操作回路熔断器，以防止在拉合隔离开关时母联断路器跳闸而造成带负荷拉、合隔离开关。

④ 操作隔离开关前应先检查断路器在分闸位置，以防止在操作隔离开关时断路器在合闸位置而造成带负荷拉、合隔离开关。

⑤ 在继电保护故障情况下，应取下直流操作回路熔断器，以防止因断路器误合、误跳而造成停电事故。

（7）操作中应用合格的安全工具，以防止因安全工具不合格，在操作时造成人身和设备事故。

（五）高压熔断器操作技术要领

高压熔断器通常安装在隔离开关附近，采用绝缘杆单相操作高压熔断器的操作和隔离开关一样，不允许带负荷拉、合。如发生误操作，产生的电弧会威胁人身及设备的安全。

在误拉开第一相时，大多数情况与断开并联回路或环路差不多，其上仍保持有电压，因此不会发生强烈电弧，而在带负荷断开第二个相时，就会发生强烈电弧，导致相邻各相发生弧光短路。所以要根据与第一相断开时的弧光情况的比较，慎重地判断是否误操作，然后再决定是操作还是停止操作。

为防止发生事故，水平和三角形排列的高压熔断器操作顺序为：先中间，后两边；有风时，先中间，再下风，后上风。

（六）倒闸操作的其他注意事项

变电所的断路器和隔离开关的倒闸操作，有需电调下令和无须电调下令的操作。倒闸作业命令每次只能发一个，并有命令编号和批准时间。

倒闸过程中，遇有无法完成的情况，值班员应立即向供电调度员报告。

高压开关的倒闸作业必须按照严格的倒闸作业程序来进行操作，即要编写倒闸作业卡片。在牵引变电所一般都事先做好了常用倒闸的作业卡片，接到命令后按照相关操作卡片的内容，填写倒闸作业表，严格按照规定的顺序逐项进行。变电所设有操作模拟盘，值班员可以事先在模拟盘上进行模拟操作，确认无误后，对实际设备操作。操作过程中，执行"三清、二准、一稳"操作制度。三清：倒闸作业卡片看得清，设备编号对得清，操作位置站得清；二准：唱票指位准，复诵回示准；一稳：操作开关稳。

倒闸操作是将电气设备从一种状态转变到另一种状态的过程。新的状态出现后，势必会出现负荷的重新分配和潮流方向的重新调整，因此倒闸操作前必须了解系统的运行是否合理，继电保护及自动装置是否与一次运行方式相适应，继电保护定值是否要调整等。在倒闸操作中，应注意监视表计，分析其指示是否正常，同时还需注意以下几点：

倒闸操作必须由两人进行，其中对设备较为熟悉者作监护人（单人值班的变电所，倒闸操作由一人执行）。特别重要和复杂的倒闸操作由熟练的值班员操作，值班负责人监护，操作中执行监护制度，可及时纠正操作人在操作中可能出现的错误操作。同时当在操作中万一发生意外时，监护人可及时对其进行救护。

用绝缘棒拉、合隔离开关或经传动机构拉、合隔离开关和断路器时，均应戴绝缘手套；雨天操作时绝缘棒应加装防雨罩，还应穿绝缘靴；雷电时，禁止进行倒闸操作。

装有闭锁装置（电气闭锁或机械闭锁）的隔离开关，应按闭锁装置要求进行操作，不得擅自解除闭锁。

五、倒闸操作卡票的制作

为了保证电气设备倒闸操作的正确与安全，变电所运行伊始即将常见的倒闸操作编成固定的操作卡片，值班员进行倒闸操作时即按卡片进行。遇有临时改变运行方式的操作而无操作卡片者，应由值班员编写倒闸表。倒闸表经值班负责人和电力调度审查同意后记入值班日志中，操作完成后倒闸表还应附在操作记录上。单一的操作，如拉开接地闸刀或拆除一组接地线等可直接以命令内容的方式授受，而不必编写倒闸表。

操作卡片分为单项操作卡片和综合操作卡片两种。前者系指仅按本卡片内容逐步执行即可达到操作目的的卡片；后者则指该卡片中某一步骤实际是另一张操作卡片的全部内容，只有在逐项（含某一单项卡片的各步）执行后方可达到操作目的的卡片。

编写操作票（操作卡片或倒闸表）时应遵守一定的原则，《牵引变电所安全工作规程》中关于倒闸操作卡片的规定是：

第31条 倒闸作业按操作卡片进行，没有操作卡片的倒闸作业由值班员编写倒闸表并记入值班日志中；由供电调度下令倒闸的设备，倒闸表要经过供电调度员的审查同意。

第32条 编写操作卡片及倒闸表要遵守下列原则：

（1）停电时的操作程序：先断开负荷侧，后断开电源侧；先断开断路器，后断开隔离开关。送电时，与上述操作程序相反。

（2）隔离开关分闸时，先断开主闸刀，后闭合接地闸刀；合闸时，与上述程序相反。

（3）禁止带负荷进行隔离开关的倒闸作业和在接地闸刀闭合的状态下强行闭合主闸刀。

第33条 与断路器并联的隔离开关，只有当断路器闭合时方可操作隔离开关。

当回路中未装断路器时可用隔离开关进行下列操作：

（1）开、合电压互感器和避雷器。

（2）开、合母线和直接接在母线上的设备的电容电流。

（3）开、合变压器中性点的接地线（当中性点上接有消弧线圈时，只有在电力系统没有接地故障的情况下才可进行）。

（4）用室外三联隔离开关开、合 10 kV 及以下、电流不超过 15 A 的负荷。

（5）开、合电压 10 kV 及以下、电流不超过 70 A 的环路均衡电流。

例 1：参考图 2.2.3，为双 T 接线。假定现运行状态是采用电源 WL_1 向 T_1 直列供电方式，则 QS_1、QS_5、QS_3、QS_6、QF_1 闭合，QS_2、QS_4、QF_2 断开；现要转换 WL_2 向 T_2 供电，倒闸作业为：

（1）确认 WL_2 电源正常；

（2）闭合 QS_2；

（3）闭合 QF_2，此时两电源、两变压器在 25 kV 侧并联运行；

（4）断开 QF_1；

（5）断开 QS_1，WL_1 退出运行。

接线中 QS_5、QS_6 是手动隔离开关，正常运行时是闭合的，只有在检修对应变压器和断路器时，才断开起隔离电源作用。

需要注意的是，本例仅讨论了一次侧接线，牵引侧的接线未画出，倒闸作业程序也仅考虑了画出的部分。在实际中，按照电源与负荷的关系，分闸时要先断开牵引侧，再断开一次侧；合闸时要先合一次侧，再合牵引侧。

例 2：参考图 2.2.3，为双 T 接线。假设现运行状态是电源 WL_1 向 T_1 直列供电，欲将 T_1 退出，T_2 投入运行，倒闸作业程序为：

（1）闭合 QS_4（电动操作）；

（2）闭合 QF_2，此时两台变压器并联运行；

（3）断开 QF_1，T_1 退出运行。

六、倒闸操作票的填写

值班人员所进行的一切倒闸操作，包括根据调度口头指令所进行的操作和根据工作票所进行的验电、装拆接地线、取放控制回路保险器等操作，均需填写倒闸操作票。

一张操作票只能填写一个操作任务。一个操作任务指根据同一个调度命令所进行的一次不间断操作。

倒闸操作票须连号使用。

下列操作可以不用操作票，但应记入运行日志中：事故处理；拉、合开关的单一操作；拉开接地闸刀或拆除全所仅有的一组接地线；主变有载调压操作。

倒闸操作票任务及顺序栏均应填写双重名称，即设备名称和编号。旁路、母联、分段开关应标注电压等级。

发令人对其发布的操作任务的安全性、正确性负责；受令人对操作任务的正确性负有审核把关责任，发现疑问应及时向发令人提出。对直接威胁设备或人身安全的调度指令，值班员有权拒绝执行,并应把拒绝执行指令的理由向发令人指出,由其决定调度指令的执行或者撤消,必要时可向发令人上一级领导报告。

(一)填写操作票

1. 填写操作票

(1)受令后,当值值班员、助理值班员一起核对实际运行方式、一次系统模拟接线图,明确操作任务和操作目的,核对操作任务的安全性、必要性、可行性及正确性,确认无误后,即可开始填写操作票。

(2)填票人应根据操作任务,对照一次系统模拟图及二次保护及设备等方面的资料,认真细心、全面周到、逐项填写操作步骤,填写完毕应自行对照审核,在填票人栏内亲笔签名后交值班负责人审核。

(3)倒闸操作票票面字迹应清楚、整洁。签名栏必须由值班员本人亲自签名,不得代签或漏签。

(4)下列各项应作为单独的项目填入操作票内:

① 应拉、合的断路器和隔离开关。

② 断路器操作后,检查其分、合闸位置。隔离开关操作后,检查其确已拉开,或合闸接触良好。

③ 断路器由冷备用转运行或热备用进行操作隔离开关前,检查断路器确在分闸位置。

④ 拉、合二次电源隔离开关。取下、投入控制回路、电压互感器、电流互感器的二次熔断器,若同时取放同一设备多组二次熔断器可以并项填写,操作时分项打"√"。

⑤ 为了防止误操作,在操作前必须对其所要操作的设备的运行位置进行逐项检查,并应做到在检查后立即进行该项操作。操作后应检查操作情况是否良好,除有规定外,可不作为单独的项目填写,而只要在该项操作项目的后面注明,但检查后必须打"√"。

⑥ 验电及装设、拆除接地线的明确地点及接地线的编号(拉、合接地闸刀的编号),其中每处验电及装接地线(含接地闸刀)应作为一个操作项目填写。填写接地线编号只要在该项的最后注明即可。

如:"在××验明三相确无电压后装设接地线一组($1^\#$)"。

⑦ 设备或线路检修结束后,恢复送电前(由冷备用或检修转运行或热备用前),对送电范围内是否有遗留接地线(接地隔离开关)等进行的检查。

⑧ 两个并列运行的回路当需停下其中一回而将负荷移至另一回时,操作前对另一回路所带负荷情况是否正常应进行检查。

⑨ 取下、放上控制回路、电压互感器回路保险。

⑩ 切除保护回路压板(连接片),在测量压板两端无电压后投入保护回路压板(包括重合闸出口压板),同时退出和投入多块压板可作为一个操作项目填写,但每操作完一块压板时应分别打"√"。

⑪ 设备二次转(切)换开关、方式选择开关的操作。

⑫ 计算机保护定值更改后,核对定值是否正确。电流、电压、时间等应分项填写。同一定值同一套保护三相可以合为一项填写,但执行时间应分别打"√"。

（5）操作票中下列三项不得涂改：
① 设备名称编号和状态；
② 有关参数（包括保护定值参数、调度正令时间、操作开始时间）；
③ 操作"动词"。

（6）在一项操作任务中，如同时需拉开几个开关时，允许在先行拉开几个开关后再分别拉开闸刀，但拉开闸刀时必须在每检查一个开关的相应位置后，随即分别拉开对应的两侧闸刀。

（7）操作票不得使用典型操作票及专家系统自动生成的操作票（不含调度操作任务票）。

（8）遥控操作必须严格执行唱票、复诵和录音制度。遥控操作必须由两人进行，副值操作，正值监护。

电调中心可以进行以下遥控操作：
① 拉、合开关；
② 拉、合主变中性点接地闸刀；
③ 主变有载调压开关及消弧线圈挡位调整；
④ 电容器组的投、切；
⑤ 所用电源切换；
⑥ 继电保护及自动装置远方更改定值及保护停、启用；
⑦ 计算机直流屏浮充电流的调整。

上述遥控操作完毕，电调中心模拟图板应作相应变更。

具备远方更改保护定值及保护停启用的变电所，正常操作一般由调度发令至电调中心执行。电调中心在操作完毕后，必须认真检查核对，确认更改是否成功，并向调度汇报，做好有关记录。

当遥控操作失败后，电调中心值班员应立即汇报调度，同时通知操作班到现场进行处理。

2. 操作方式选择开关（遥控压板）的管理

（1）正常运行时，变电所所有运行或热备用状态的开关，其方式选择开关（遥控压板）必须置于"遥控"（投入）位置，有控制开关的应将其置规定位置。

（2）开关转冷备用或检修状态时，开关拉开后，操作人员应先将方式选择开关（遥控压板）切至"近控"（退出）位置，控制开关切至"分闸后"位置，再操作闸刀。当开关恢复至运行（或热备用）状态后，再将方式选择开关（遥控压板）切至"遥控"（投入）位置。

（3）设备检修过程中需要进行遥控操作试验时，应由电调中心值班员通知现场运行人员，将方式选择开关（遥控压板）切至"遥控"（投入）位置。试验完毕后，由现场运行人员立即将其恢复原位。

（4）事故处理和遥控操作失灵需要操作人员进行现场操作时，操作人员应先将方式选择开关（遥控压板）切至"近控"（退出）位置后再进行操作。操作完毕后，应根据设备运行方式，确定方式选择开关（遥控压板）的正确位置。

（二）操作票（操作卡片或倒闸表）填写的有关注意事项

1. 线路倒闸操作票的填写及有关规定

线路倒闸分为两类：一类是断路器检修，另一类是线路检修。

（1）断路器检修倒闸表的填写。

根据线路停电的原则，停电时断开断路器后要先拉负荷侧隔离开关，后拉母线隔离开关；送电时则先合母线侧隔离开关，后合负荷侧隔离开关。填票时必须遵循这一原则。

这样规定的目的是因为以往的事故经验告诉我们，停电时可能会有两种误操作：一是断路器没断开或经操作实际未断开时，拉应停电线路的隔离开关；二是断路器虽已断开，但拉隔离开关时走错位置，错拉不应停电线路的隔离开关，两种情况均会造成带负荷拉隔离开关。

假设断路器未断开，先拉负荷侧隔离开关，弧光短路发生在断路器保护范围以内，则线路断路器跳闸，可切除故障，缩小事故范围。

倘若先拉母线侧隔离开关，弧光短路发生在断路器保护范围以外，由于误操作而引起的故障电流并未通过电流互感器，该线路断路器保护不动作，线路断路器不会跳闸，将造成上一级断路器跳闸，扩大事故范围。

送电时，如果断路器在误合位置便去合隔离开关，比如先合负荷侧隔离开关，后合母线侧隔离开关，等于用母线侧隔离开关带负荷操作，一旦发生弧光短路便会造成母线故障。

从检修方面考虑，即使由于误操作发生的事故，检修负荷侧隔离开关时只需停一条线路，而检修母线侧隔离开关却要停用母线，造成大面积停电。

（2）线路检修倒闸表的填写及其他有关操作事项。

电气设备的运行状态中已经提到线路冷备用时，接在线路上的电压互感器、变压器、高低压熔断器一律取下，高压隔离开关拉开，如高压侧无法断开，则应断开低压侧。

由于是直接从运行状态改为检修状态，所用拉开线路断路器与隔离开关后应在其操作把手上挂上"禁止合闸，线路有人工作"的标示牌，以提示操作人员。

总结上述倒闸表的要点是：设备停电检修必须把此设备各方面电源完全断开，禁止在只经断路器断开的电气设备上工作，且被检修设备与带电部分之间应有明显的断开点；安排操作项目时要符合倒闸操作的基本规律和技术原则，各操作项目不允许出现带负荷拉隔离开关的可能。装设接地线前必须先在装设地点验电，确认无电压后，应立即装设接地线。装设时应先接接地线，后接导体端，且在可能送电到停电检修设备的各端均必须装设接地线。

（3）新线路停送电应注意的问题。

除应遵守倒闸操作基本要求外，还应注意以下各点：

① 双电源线路或双回路，在并列或合环前应经过定相。

② 分别来自两母线电压互感器的二次电压回路（经母线隔离开关辅助触点接入），也应定相。

③ 配合专业人员，对继电保护自动装置进行检查和试验。特别是当用工作电压、负荷电流检查保护特性时（如检查零序电流保护的方向），要防止二次电压回路短路及电流回路开路。

④ 线路第一次送电应进行全电压冲击合闸，其目的是利用操作过电压来检验线路的绝缘水平。

2. 变压器倒闸操作票的填写

（1）变压器投入运行时，应选择励磁涌流影响较小的一侧送电，一般先从电源侧充电，后合上负荷侧断路器。

(2) 向空载变压器充电时，应注意：

① 充电断路器应有完备的继电保护，并保证有足够的灵敏度，同时应考虑励磁涌流对系统继电保护的影响。

② 大电流直接接地系统的中性点接地隔离开关应合上（对中性点为半绝缘的变压器，则中性点更应接地）。

③ 检查电源电压，使充电变压器各侧电压不超过其相应分接头电压的5%。

(3) 新投产或大修后的变压器在投入运行时应进行定相，有条件者应尽可能采取零起升压。对可能构成环路运行者应进行核相。

(4) 变压器新投入或大修后，操作送电前应考虑除应遵守倒闸操作的基本要求外，还应注意几个问题：摇测绝缘电阻、对变压器外部进行检查、对领取系统进行检查及试验、对有载调压装置进行传动、仪表应齐全、对变压器进行全电压冲击合闸3~5次，若无异常即可投入运行等。

3. 电压互感器倒闸表的填写

进行该项操作前，有时要考虑继电保护的配置问题，如退出低电压等保护装置，以防其因其失压而误动，另外还有计量问题等。有的变电所在操作前即对电压互感器进行人工切换，导出电压互感器的负荷；对于两台电压互感器能自动切换的变电所不考虑上述问题，可直接进行电压互感器的停电。

因变电所的每个电压等级均设置了电压互感器，为明确区分不致混淆，故在电压互感器名称前应增写相应的电压等级及母线名称。

4. 更改二次保护定值操作的有关规定

随着一些设备运行方式的改变，与之相对应的二次继电保护定值也要随之调整。改变定值时除上面提及的几点注意事项外，还需要注意以下一些问题：

当运行值班人员接到定值通知单或调度命令需要改变保护定值时，应首先核对与继电器的规范是否相符。

在设备不停电的情况下更改保护定值，为防止误动、误碰致使人为造成事故，在操作继电器前应先断开相应的跳闸连接片。

运行中调整保护定值的操作顺序规定如下：

(1) 事故中反映数值上升的保护（如过电流保护）定值由大改小时，一般在运行方式改变后调整，顺序从动作时间最小值开始逐级调整。由小改大时，一般在运行方式改变前调整，顺序从动作时间最大值开始逐级调整。

(2) 事故时反映数值下降保护（如过电压保护）定值的改变顺序与上述相反。

(3) 对电压闭锁电流保护，按电流保护原则考虑。

(4) 时限由大改小时，一般在方式改变前调整，顺序从动作时间最小侧开始；由小改大时则相反。

5. 考虑各种联锁关系

在填写操作卡片或倒闸表时应注意各设备间的联锁关系。在实际应用中除考虑一般的断路器与隔离开关、负荷侧与电源侧等的关系外，还应结合供电系统中的各种联锁关系。

 资讯单

学习情境二	牵引变电所值班	学时	
学习子情境 5	倒闸作业	学时	10
资讯方式	在专业网站及教师给的资讯指导上查询问题；咨询任课教师		
资讯问题	1. 什么是倒闸操作？		
	2. 牵引变电所倒闸操作需要的安全用具和绝缘工具有哪些？		
	3. 牵引变电所倒闸操作必须做到的"三准、两清、一稳"的内容是什么？		
	4. 变电所中涉及倒闸操作的原始记录有哪些？		
	5. 变电所值班人员应做到的"三熟、三能"内容是什么？		
	6. 防止触电的人身"五卡死、三控制"作业关指的是什么？		
	7. 倒闸操作程序的 8 个步骤是什么？		
	8. 倒闸表中哪四项内容不得涂改？		
	9. 断路器检修倒闸表的填写应注意什么？		
	10. 线路检修倒闸表的填写应注意什么？		
	11. 新线路送电应注意什么问题？		
	12. 倒闸操作前应考虑继电保护及自动装置整定值等二次部分的调整注意事项？		
	13. 什么情况下应将断路器的操作电源切断？		
	14. 倒闸操作有哪些注意事项？		
	15. 倒闸操作中对运行操作人员都有哪些要求？		
	16. 倒闸操作前应了解变电所的哪些情况？		
	17. 隔离开关、断路器的操作技术要领是什么？		
	18. 变压器、电压互感器倒闸操作票的填写注意事项各有哪些？		
	19. 装、拆接地线的操作注意事项？		
资讯引导	以上问题可以在本教程的学习信息、《牵引变电所规章与规程》、供电专业论坛、专业资料等处查找。		

 计划和决策单

计划和决策单见附录附表 2.5.1。

实 施

一、理论知识问答

1. 图 2.5.2 给出了某牵引变电所的电气主接线图，认识其主接线形式，模拟当前运行方式。
2. 作业人员（值班长、值班员、主力值班员、工作领导人）的职责。
3. 判断。
（1）接地线的安装与拆除不属于倒闸操作范围。（　　）
（2）检修、扩建、改造或新设备投入等可以直接送电，不需进行核对相序、相位工作。（　　）
（3）倒闸操作应充分估计系统电压和功率潮流在操作每一步骤中的操作后的变化程度，并应在操作前通知现场注意监视和调整。（　　）
（4）下令时，如电网发生异常情况，应立即停止下令，待情况了解清楚、条件许可时再继续下令。（　　）
（5）接受值班调度员操作命令后，立即执行，不需要重复、核对命令。（　　）
（6）双母线接线方式供电可靠，检修方便，调度灵活，配电装置复杂，经济性较好，不易发生误操作。（　　）
4. 选择。
（1）倒闸操作时，如隔离开关没合到位，允许用（　　）进行调整，但要加强监护。
　　A. 绝缘杆　　　　B. 绝缘手套　　　　C. 验电器　　　　D. 干燥木棒
（2）操作票上的操作项目包括检查项目，必须填写双重名称，即设备的（　　）。
　　A. 位置和编号　　B. 名称和位置　　　C. 名称和表计　　D. 名称和编号
5. 给定某变电所的主接线图，完成不同倒闸作业的倒闸卡片的制作。

二、实施操作过程

1. 小组分工，确定值班员和助理值班员；确定调度兼领导一名。供电调度员发布调度命令，并说明操作目的和有关注意事项。
2. 做好准备工作。
（1）着装符合规定。
（2）值班员准备好倒闸作业命令记录、笔、钥匙、操作卡片、标示牌，并检查助理值班员准备工作质量。
（3）助理值班员准备安全帽、绝缘手套、操作棒、绝缘靴，并检查性能良好。
3. 安全工作：应办理的安全措施有哪些？
（1）携带安全合格证，人员按规定正确使用劳保、安全防护用品。
（2）安排好互控，进入高压设备区与设备的带电部分要保持规定的安全距离。
4. 填写倒闸操作记录。
（1）牵引变电所运行记录。
（2）牵引变电所值班记录。
（3）牵引变电所倒闸操作记录。
（4）牵引变电所作业命令。
5. 讨论注意事项。
（1）票面规范。
（2）票面不得出现误操作。
（3）必须全部有检查项目。
（4）正确使用操作术语。

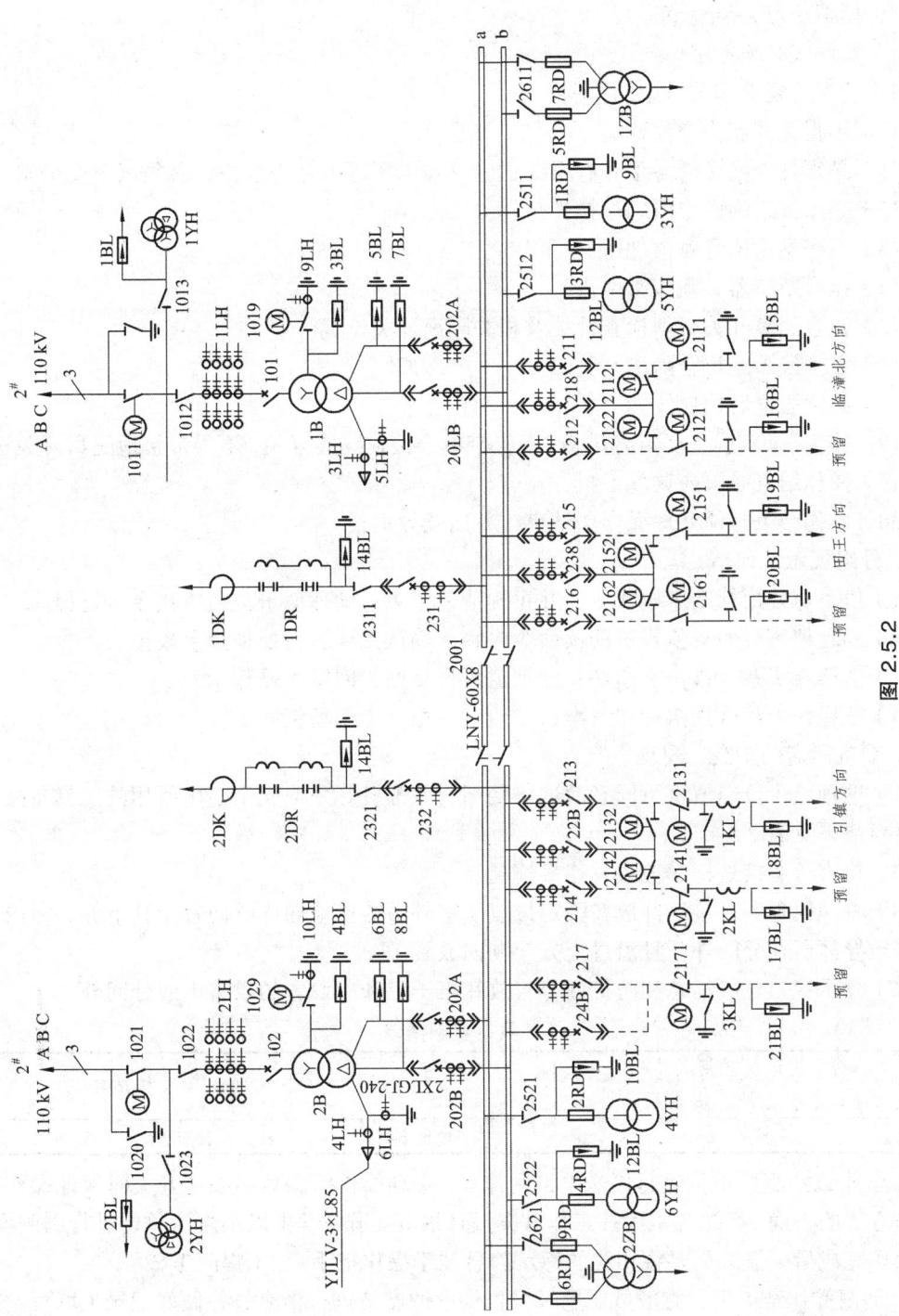

图 2.5.2

(5)无双重名称。
(6)必须有审票环节。
(7)模拟演习必须规范进行。
(8)操作人必须签字。
(9)及时发现操作项目中的错项。
(10)不得无调度指令操作。
(11)必须检查绝缘靴、手套有限期;验电器电压等级是否合格;必须佩戴安全帽。
(12)必须按正确操作票顺序操作。
(13)不得站错位置触摸把手。
(14)拉合断路器必须检查电流。
(15)拉合隔离开关必须检查开关及相关隔离开关位置。
(16)必须按顺序拉合隔离开关。
(17)必须验电后挂地线。
(18)不得带负荷拉、合隔离开关;不得带电合接地隔离开关,不得带接地隔离开关送电。
(19)操作结束必须向调度汇报。
(20)操作结束必须办理操作票结束,并向领导汇报。

6. 分组展示、评估。
(1)值班员使用标准术语接令,并正确清楚记录;助理值班员监听接令全过程。
(2)助理值班员面对值班员朗读命令内容,确认无误后在模拟盘上模拟。
(3)值班员唱票、指位、监护;助理值班员复诵、回示、操作。
(4)按操作卡片认真执行"三准、二清、一稳"。(现场提问)

7. 准备所需的工具、材料。
(1)助理值班员经值班员同意后准备倒闸,并准备好采取安全措施所用的工具备品,工具、材料清单见表2.5.4。
(2)检查所有接地杆、地线及连接情况。
(3)将地线理顺,接地杆放在固定位置(室外沿待接地导体顺向置于其下方;室内应放在待接地导体所在分间外,且沿过道方向顺向放置)。
(4)标示牌、分隔标志和防护栅等暂放在桌子上和应设置的设备下或分间外。

工具、材料清单

倒闸用的防护用具 (绝缘手套、绝缘靴、安全帽等)	钥匙	接地线
接地杆	验电器	操作杆、绝缘隔板

8. 学生以小组为单位进行停送电倒闸作业,手动操作断路器和隔离开关时保证操作程序和操作方法的正确。组织各班组按工作方案设计展开工作。学生以小组为单位进行倒闸操作。倒闸操作完成后,值班员要将相应的标示牌悬挂于操作把手上。(提问考核)

9. 倒闸操作结束后,值班员要及时报告供电调度员进行消令,并做好记录(填写倒闸操作记录、牵引变电所运行记录、牵引变电所值班记录);助理值班员要收好工具、清理现场。

10. 实训教师和现场兼职教师指导,并进行安全监护。

11. 按照评分标准进行评分。(操作票票面规范,无错、漏项)

 **检查单**

检查单见附录附表 2.5.2。

 **评价单**

评价单见附录附表 2.5.3。

 **备忘录**

序号	操作	问题	解决问题的方法
1			
2			

备 注

_____
_____
_____
_____
_____
_____
_____
_____
_____

学习情境三　牵引变电所的二次回路

学习子情境1　二次回路的认识

学习任务书

小组编号：_____　　　成员名单：_____

学习任务描述

通过本情境的学习，要求能够做到：知道二次回路的概念，认识二次接线图，熟悉二次回路常见符号表示方法，熟悉二次回路标号原则和标号方法。

学习任务：二次回路的认识。
学习对象：二次回路常见符号、交、直流回路数字标号。
工　　具：生产文件、工作工具、量具等。
学习步骤：
（1）知道二次回路的概念。
（2）知道二次接线图的分类。
（3）熟悉二次回路的常见符号表示方法。
（4）熟悉二次回路标号原则。
（5）熟悉二次回路标号方法。

学习方法

资讯：接受学习任务，根据引导问题，通过学习查找资料、网络信息等，建立总体印象。
计划：与小组成员、老师、师傅讨论二次回路的识图方法。
决策：与老师或师傅进行专业交流，确定本项目的工作步骤和涉及的工具，拟定检查、评价标准。
实施：按确定的工作步骤完成行动化学习任务，发现问题，共同分析，遇到无法解决的问题时请老师或师傅帮助解决。

检查：（1）生产文件准备好了吗？
　　　（2）工具准备好了吗？
　　　（3）安全事项有哪些？
评价：与同学、老师、师傅进行专业交流，有改进的建议吗？

学习目标

（1）明确二次回路的概念。
（2）明确二次接线图的分类。
（3）明确二次回路标号原则。
（4）明确二次回路的标号方法。

行动化学习任务

第一部分：进行二次回路的认识学习

任务1：查阅资料熟悉二次回路的概念。
任务2：查阅各种资料熟悉二次回路的常见图形符号。
任务3：查阅资料认识展开式原理图。
任务4：查阅资料熟悉交、直流数字标号。

第二部分：读图训练

任务5：给出图纸，进行读图训练。

 学 习 信 息

一、二次回路的概念

二次设备是指在供电系统中，对一次设备进行控制、保护、监察和测量的系列低压、弱电设备。

二次回路是指根据技术要求，二次设备按一定顺序相互连接而成的电路，也称二次接线。二次回路只描述二次电气设备的外部接线和接线原理。

二次回路按电流制可分为直流回路和交流回路。按工作性质可分为控制回路、保护回路、信号回路、测量回路、自动和远动化等。

（1）监视、测量回路：主要有测量元件及显示仪表组成，其作用是监视、测量一次设备的工作状态，为运行管理、事故分析提供参数。

（2）控制回路、合闸回路：主要有控制开关和相应的控制继电器，其作用是对高压开关进行分、合闸操作。

（3）信号回路：主要有开关设备的位置信号、继电保护和自动装置的动作信号和中央信号三部分，其作用是反映一次设备和二次设备的工作状态。

（4）保护回路：主要有继电保护、自动装置和相应的辅助元件，其作用是自动判别一次设备的工作状态，在事故和不正常运行状态时，继电保护装置能够自动切除故障和消除不良状态并发出报警信号。

（5）自动、远动装置回路：牵引变电所的继电保护和远动装置属于二次接线范畴，但因为它们自成一个完整的体系，将其独立看待。

二、继电器及触点类型

1. 继电器的工作原理

当某一输入量（如电压、电流、温度、速度、压力等）达到预定数值时，使它动作，以改变控制电路的工作状态，从而实现既定的控制或保护的目的。在此过程中，继电器主要起了传递信号的作用。

2. 继电器的分类

动合型（H型）：线圈不通电时两触点是断开的，通电后，两个触点就闭合。

动断型（D型）：线圈不通电时两触点是闭合的，通电后，两个触点就断开。

转换型（Z型）：共有三个触点，即中间是动触点，上下各一个静触点。线圈不通电时，动触点和其中一个静触点断开而另一个闭合，线圈通电后，动触点就移动，使原来断开的触头闭合，原来闭合的触头断开，达到转换的目的，这样的触点组称为转换触点。

3. 触点类型

对于常规继电器，当继电器不带电的情况下，断开状态的触点是常开触点（NO-normal open）、闭合状态的触点是常闭触点（NC-normal close）。对于行程开关、压力继电器等元件，在不受外力的情况下，断开状态的触点是常开触点、闭合状态的触点是常闭触点。

常见的触点有：中间继电器、过流继电器、欠压继电器、气体继电器、电铃、电喇叭（电笛）、按钮开关（动合）、按钮开关（动断）、常开触点、常闭触点、延时闭合的常开触点、延时闭合的常闭触点、延时断开的常闭触点、延时断开的常开触点、接连的连接片、断开的连接片、接触器常开（动合）触点、接触器常闭（动断）触点、位置开关常开触点、位置开关常闭触点、非电量触点常开（动合）触点、非电量常闭（动断）触点、切换片、指示灯、蜂鸣器等。

4. 断路器的辅助触点状态

断路器断开时：断路器的常开触点断开，常闭触点闭合。

断路器闭合时：断路器的常开触点闭合，常闭触点断开。

5. 自保持电路

用继电器的一个常开触点与使该继电器带电启动的另一个触点（可能是另一个继电器的触点）并联，该继电器启动后，这个常开触点闭合，短接了启动该继电器的那个触点，即使这个启动继电器的触点已经返回，这个继电器因自身的常开触点闭合，仍会保持动作状态。

6. 开关跳跃

例如操动控制开关让断路器合闸于带地线电路（永久性故障），继电保护动作，断路器分闸，但控制开关仍给合闸脉冲，则断路器再次合闸，这样断路器反复合分-合分，称为开关跳跃。

三、二次接线图

用来表明二次设备的配置、相互连接关系和工作原理的电气接线图，称为二次电路图，也称二次接线图。二次接线图一般分为归总式原理接线图、展开式原理接线图和安装接线图。对于保护回路三种图都需要，对于控制、信号和测量回路，一般只画展开式原理接线图和安装接线图。

二次接线图应采用国家标准的图形及文字符号，按设备的正常状态画出。表3.1.1 为新旧符号对照表，表3.1.2 为二次回路常见文字符号。

表 3.1.1 二次回路常用新旧图形符号对照表

名 称	图 形	符 号
	新	旧
单极转换开关 中间断开的双向触点		

续表 3.1.1

名　称	图　形	符　号
	新	旧
继电器、接触器 被吸合时暂时闭合的常开触点 被释放时暂时闭合的常开触点 被吸合或被释放时暂时闭合的常开触点		继电器　接触器
继电器、接触器 被吸合时延时闭合的常开触点	形式1 形式2	继电器　接触器
被释放时延时断开的常开触点	形式1 形式2	
被释放时延时闭合的常闭触点	形式1 形式2	继电器　接触器
被吸合时延时断开的常闭触点	形式1 形式2	
吸合时延时闭合和释放时延时断开的常开触点		
操作开关 例如：常自复机构及定位的LW2-Z-1a，4，6a，40，20，20/F8型转换开关部分触点图形符号。 …表示手柄操作位置； "·"表示手柄转向此位置时触点闭合	调后,跳,预跳　预合,合,合后 TDTPT　PCCCD 8　　5 10　11 10　9 12　9 15　14 13　14 13　16 7　6	⑧　⑤ ⑩　⑪ ⑫　⑨ ⑮　⑭ ⑬　⑯ ⑦　⑥
按钮（不保持） 动合 动断	E E	
手动开关		
电磁锁		
位置开关、限位开关 常开（动合）触点 常闭（动断）触点		或 或
非电量触点 常开（动合）触点 常闭（动断）触点		

表 3.1.2　二次回路常用文字符号

序号	元件名称	文字符号	旧符号	序号	元件名称	文字符号	旧符号
1	继电器	K	J	33	分段断路器	QFB	FD
2	电流继电器	KA	LJ	34	旁路断路器	QFR	PD
3	电压继电器	KU	YJ	35	隔离开关	QS	GK
4	时间继电器	KT	SJ	36	分段隔离开关	QSB	FG
5	中间继电器	KAM	ZJ	37	旁路隔离开关	QSR	PG
6	信号继电器	KS	XJ	38	母线隔离开关	QSW	MG
7	瓦斯继电器	KG	WSJ	39	熔断器	FU	RD
8	压力继电器	KP	PJ	40	红色指示灯	HLR	HD
9	差动继电器	KD	CDJ	41	绿色指示灯	HLG	LD
10	合闸继电器	KC	HJ	42	白色指示灯	HLW	BD
11	分闸继电器	KO	TJ FJ	43	光字牌	LMP	GP
12	自动合闸继电器	KCA	ZHJ	44	直流信号回路电源小母线	WS	XM
13	合闸位置继电器	KCP	HWJ	45	直流合闸回路电源小母线	WO	HM
14	分闸位置继电器	KTP	TWJ FWJ	46	控制回路断线小母线	WCB	KDM
15	保护出口继电器	KPE	BCJ	47	闪光电源小母线	WF	SM
16	闭锁继电器	KLA	BSJ	48	事故音响小母线	WAS	SYM
17	防跳继电器	KML	TBJ	49	预告音响小母线	WPS	YBM
18	合闸线圈	YC	HQ	50	辅助小母线	WA	FM
19	分闸线圈	YT	TQ	51	变压器	T	B
20	接触器	KM	C	52	脉冲变压器	TI	MB
21	合闸继电器	KMC	HC	53	电压互感器	TV PT	YH
22	分闸接触器	KMO	FC	54	电流互感器	TA CT	LH
23	合闸按钮	SBC	HA	55	电流表	PA	A
24	分闸按钮	SBO	TA	56	电压表	PV	V
25	紧急停机按钮	SBE	KA	57	电阻	R	R
26	试验按钮	SBT	SA	58	二极管	VD	D
27	复归按钮	SR	FA	59	三极管	VT	BG
28	控制开关	SA	KK WK	60	连接片	XB	LP
29	转换开关	SA	ZK	61	电铃	HA	JL
30	低压闸刀开关	QK	HK	62	蜂鸣器	HA	FM
31	行程开关	ST	CK	63	端子板、接线柱	X	D
32	断路器	QF	DL	64	直流控制电源小母线	WC	KM

（一）归总式原理接线图

二次设备以整体的形式和主接线中有关设备画在一起表示二次回路连接关系和工作原理的接线图，称为归总式原理接线图，简称原理图。

如图 3.1.1 所示为牵引变电所 27.5 kV 馈线过电流保护原理图。它表明过电流保护装置由一个电流继电器 KA、时间继电器 KT、信号继电器 KS 组成，并通过电流互感器 TA 和断路器分闸线圈 YT 与主电路联系在一起。正常时，由于负荷电流经电流互感器变流后流入电流继电器线圈的电流值小于 KA 的动作值，所以各继电器均处于正常状态，常开触点断开。断路器处于合闸位置的动作状态，其常开辅助触点闭合。

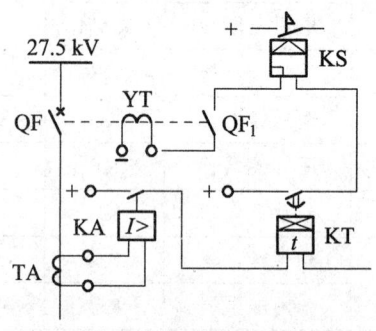

当一次电路发生电路故障时，馈线电流增大，TA 的二次电流也随之增大。当二次电流增大至 KA 的整定动作值时，KA 动作，其常开触点闭合，接通了 KT 线圈的直流回路，其带时限的常开触点延时闭合，使直流电源的正极经 KT 的常开触点、

图 3.1.1　27.5 kV 馈线过电流保护原理图

KS 的线圈、断路器的常开辅助触点、分闸线圈与直流电源的负极接通，分闸线圈受电，断路器操作机构动作，使断路器跳闸，自动切除故障线路。同时，信号继电器受电动作，其触点转换，发出分闸信号。

（二）展开式原理图

展开图是在归总式原理图的基础上，将整体形式的二次电路按其供电电源的性质不同，分解成交流电压、交流电流和直流回路等相对独立的部分，表示二次电路设备配置、连接关系和工作原理的二次接线图，称为展开式原理图，简称展开图。

图 3.1.2 是在图 3.1.1 的基础上的 27.5 kV 馈线过电流保护展开式原理图。它包含交流电流回路和直流回路两部分。展开图是绘制二次回路安装接线图的主要依据。

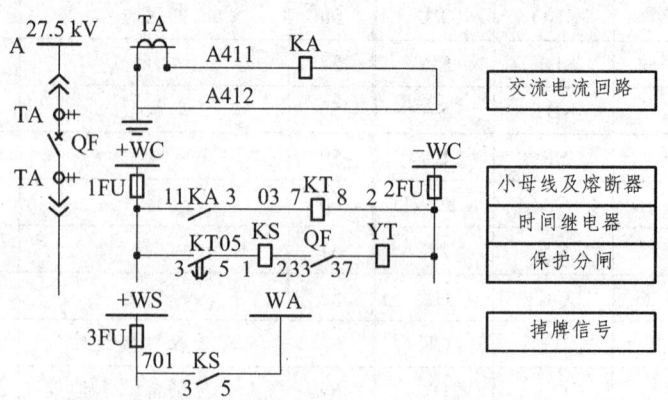

图 3.1.2　27.5 kV 馈线过电流展开图

1. 绘制展开图的注意事项

（1）直流与交流回路分开绘制，在交流回路中把电流与电压回路分开。交流电流线圈接入电流回路，交流电压线圈接入电压回路。

（2）同一元件的线圈和触点标相同的文字符号。

（3）同一性质电路内的线圈、触点按电流通过的方向顺序连接构成各自的回路。

（4）各行间尽可能按元件动作的先后顺序和便于绘图的原则从上到下垂直排列，并在各行的右侧标出回路作用的文字说明。

2. 二次回路的标号原则

为了满足二次回路制造、安装、检修、调试及故障处理的需要，对展开图不同的回路及回路中各元件间的连接导线分别编制不同的标号。二次回路的标号采用"等电位编号原则"，即回路中连于同一电位点的所有分支导线均应编相同的标号。二次回路的标号一般由不同范围内的 1~3 位数字组成，特殊情况允许用 4 位数字。当需要表明回路的相别或某些主要特征时，可以在数字标号前面（或后面）增设文字标号。直流回路的正电位点用奇数标号（如 1、3、5、…），负电位点用偶数标号（如 2、4、6、…）；交流回路在数字标号前注明相别（如 A411、B411、C411、…）。回路中由线圈、触点、开关、按钮、电阻、连接片等元件间隔的不同线段，用不同的数字标号组表示。

3. 二次回路的标号方法

二次回路标号的数字采用阿拉伯数字，文字标号采用规定的字母。与数字标号并列的文字符号用大写字母、脚注用小写字母。标号的顺序应按展开图的行从上到下、从左到右依次编号。标号一般标注在连接线的上方。

（1）交流回路标号方法。

交流回路的数字标号一般由 3 位数字组成，各数字的含义从左到右依次为：电路性质标号（电流回路—4，电压回路—6）、互感器副绕组序号、回路连线顺序标号，在数字标号前应注明相别。表 3.1.3 为交流回路数字标号组。

交流电流回路按流互副绕组顺序编号，交流电压回路按压互安装顺序编号。编号时从互感器副边的始端起至终端（接地端）按规定的数字标号组，不分奇偶数，取连续递增的数字依次编制。

① 电流回路。

如图 3.1.3 为交流电流回路标号表示图。

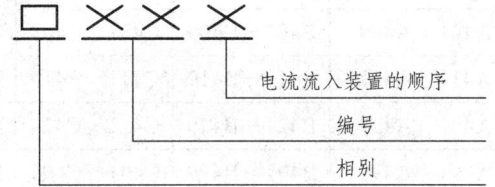

图 3.1.3 交流电流回路标号表示图

电流流入装置的顺序：流入第一个装置为 1，流出后进入下一个装置为 2，依此类推。

编号：一般的 CT 有四组绕组，保护用的编号 41，遥测、录波用 42，计度用 44，留一组备用。

相别：A、B、C、N，N 为接地端。

比较特殊的电流回路：

220 kV 母差：A320、B320、C320、N320；

110 kV 母差：A310、B310、C310、N310；

主变中性点零序电流：L401，N401；

主变中性点间歇零序电流：L402，N402。

例如：A411 表示 A 相电流回路中电流互感器的 1 号副绕组二次电路的第 1 段连接导线。

② 电压回路。

如图 3.1.4 为交流电压回路标号表示图。

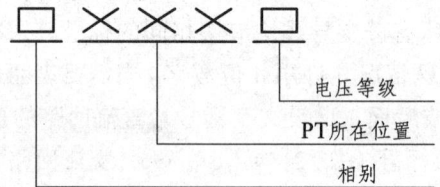

图 3.1.4　交流电压回路标号表示图

电压等级：本变电所一次电压等级，由罗马数值表示，高压侧Ⅰ，中压侧Ⅱ，低压侧Ⅲ，零序电压不标。

PT 所在位置：PT 在Ⅰ母或者母线Ⅰ段上，保护遥测等标 630，计度用标 630'，PT 在Ⅱ母或者母线Ⅱ段上，则分别标 640 与 640'。

相别：A、B、C 为三相电压，L 为零序电压。

线路电压编号 A609。

电压回路接地端都统一编号 N600，但是开口三角形接地端编 N600' 或者 N600△以示区别。

传统的同期回路需要引入母线开口三角形电压回路的 100 V 抽头，用来与线路电压做同期比较，该抽头编号 Sa630 或者 a630。

表 3.1.3 为交流回路数字标号组。例如：B623 表示 B 相电压回路中 2 号电压互感器二次电路的第 3 段连接导线。

表 3.1.3　交流回路数字标号组

回路名称	用途	回路标号组				
		A	B	C	中性线	零序
保护装置及测量表计电流回路	TA	A401～A409	B401～B409	C401～C409	N401～N409	L401～L409
	1 TA	A411～A419	B411～B419	C411～C419	N411～N419	L411～L419
	2 TA	A421～A429	B421～B429	C421～C429	N421～N429	L421～L429
	9 TA	A491～A499	B491～B499	C491～C499	N491～N499	L491～L499
	10 TA	A501～A509	B501～B509	C501～C509	N501～N509	L501～L509
	19 TA	A591～A599	B591～B599	C591～C599	N591～N599	L591～L599

续表 3.1.3

回路名称	用途	回路标号组				
		A	B	C	中性线	零序
保护装置及测量表计电压回路	TV	A601~A609	B601~B609	C601~C609	N601~N609	L601~L609
	1 TV	A611~A619	B611~B619	C611~C619	N611~N619	L611~L619
	2 TV	A621~A629	B621~B629	C621~C629	N621~N629	L621~L629
经隔离开关辅助触点或继电器切换后的电压回路	6~10 kV	A（B、C）760~769、N600				
	35 kV	A（B、C、L）790~799、N600				
	110 kV	A（B、C、L、X_C）710~719、N600				
	220 kV	A（B、C、L、X_C）720~729、N600				
	330 kV	A（B、C、L、X_C）730~739、N600				
	500 kV	A（B、C、L、X_C）750~759、N600				
绝缘检查电压表的公用回路	用途	A700	B700	C700	N700	
母线差动保护共用电流回路	6~10 kV	A360	B360	C360		
	35 kV	A330	B330	C330		
	110 kV	A310	B310	C 310		
	220 kV	A320	B320	C320		
	330 kV	A330	B330	C330		

（2）直流回路标号方法。

直流回路的编号一般从正极回路线段起按规定的奇数号依次编制，每经过一个非阻抗元件（如按钮、开关、触点、连片等），标号按奇数号递增（除特殊用途的标号外）。当经过阻抗元件时（如电压线圈、电阻等），应改变标号极性，即从负极侧按规定的偶数标号根据上述的标号方法依次进行编制，直至与正极标号的线段相接应（即所有线段均有标号）。当从正、负极两侧编号至中间出现不能确定极性的线段时（如串联阻抗之间的连接导线），可以任意选标该回路的奇数或偶数递增接续号。直流回路中的合闸、分闸、信号灯等特殊支路，应标注规定的专用标号。表 3.1.4 为直流回路数字标号组。表 3.1.5 为控制回路标号方法。

对于分相操作的 220 kV 线路开关，在上面的编号前还要加 A、B、C 相名加以区分。

非综合自动化站手动跳闸：33 或者 R33。

综合自动化手动遥控正电源 L1，合闸 L3，跳闸 L33。

母差跳闸 R33。

对于双跳圈的 220 kV 以上开关，母差跳闸编 R033 与 R133，跳闸回路编 37 与 37'以示区别，这些方法也同样适用与其他双跳圈回路。

表 3.1.4 直流回路数字标号组

序号	回路名称	数字标号				附注
		Ⅰ	Ⅱ	Ⅲ	Ⅳ	①
1	正电源回路	1	101	201	301	
2	负电源回路	2	102	202	302	
3	合闸回路	3~31	103~131	203~231	303~331	②
4	合闸监视回路	5	105	205	305	
5	跳闸回路	33~49	133~149	233~249	333~349	②
6	跳闸监视回路	35	135	235	335	
7	备用电源自动合闸回路	50~69	150~169	250~269	350~369	③
8	开关设备位置信号回路	70~89	170~189	270~289	370~389	
9	事故跳闸音响回路	90~99	190~199	290~299	390~399	
10	保护回路	01~099				
11	发电机励磁回路	601~699				④
12	信号及其他回路	701~799				
13	断路器位置遥信回路	801~809				
14	断路器合闸线圈或操作机构电机回路	871~879				
15	隔离开关操作闭锁回路	881~889				
16	发电机调速电动机回路	T991~T999				
17	变压器零序保护共用电源回路	J01、J02、J03				

附注：① 当同一安装单位内的断路器数多于 3 时，在不发生混淆的情况下，可用数字组 401~499 和 501~599 进行标号；如发生混淆，可在其数字标号前增注文字标号"QF"，以便区别。
② 当断路器合闸回路中的绿灯回路及跳闸回路中的红灯回路是直接自控制电源引下时，其回路标号应与控制电源相同。
③ 在没有备用电源自动投入的安装单位系统图中，标号 50~69 可作为其他回路的标号。
④ 发电机的励磁回路，包括复式励磁装置，强行励磁装置和电压校整器等设备的直流回路。

表 3.1.5 　 控制回路标号方法

	普通开关	主变高压侧开关	主变低压侧开关
控制正电源	1	101	201
控制负电源	2	102	202
合闸	3 或 7	103 或 107	203 或 207
跳闸	33 或 37	133 或 137	233 或 237

主变非电量保护：正电源 01，本体重瓦斯 03，有载重瓦斯 05，压力释放 07 等（轻瓦斯属于信号回路）。

信号回路：701～999 的奇数编号，一般信号正电源 701，信号负电源 702，801～899 为遥测信号，901～999 为光字牌信号。但在有些局综合自动化站也有用 801 表示正电源，803～899 为遥测信号的。

电压切换回路：731、733、735、737，也有用 61、63 代替 731 和 733。

电压并列回路：890、892、894、896。

母差刀闸信号：01、71、73。

电源回路：直流储能电源 +HM，–HM，交流电源 ~A，~B，~C，~N。

4. 展开图的基本识图方法

（1）根据展开图右侧的文字说明，了解各回路的性质，然后从上到下逐个回路看透。
（2）先交流、后直流；交流看电源，直流找线圈，抓住触点不放松，一个一个全查清。
（3）先查启动元件，后查启动元件的触点通断的电路。
（4）先上后下、先左后右，屏外设备一个也不漏。

（三）安装接线图

安装接线图是制造厂或施工单位根据展开式原理图而绘制的配电盘布置及接线的实际安装图。一般分为：盘面布置图、端子排图和盘后接线图。在安装接线中，各种仪表、继电器、开关、电阻等二次设备以及连接导线和端子排，都是按照它们的实际图形、安装位置和连接关系绘制的。它反映了二次电路的实际接线情况。为了便于接线和运行中检查，所有设备的端子和连接导线都加上走向的标志。

资讯单

学习情境三	牵引变电所的二次回路	学时	
学习子情境 1	二次回路的认识	学时	4
资讯方式	在图书馆、专业杂志、互联网及教师给的资讯指导上查询问题；咨询任课教师		
资讯问题	1. 二次回路的概念是什么？ 2. 二次回路包含哪几部分？每一部分的组成和作用是什么？ 3. 二次回路接线图包含哪几部分？ 4. 什么叫常开触点？ 5. 什么叫常闭触点？ 6. 常见有哪些常开触点和常闭触点？ 7. 断路器在合闸状态时，其常开触点的状态如何？ 8. 二次回路的标号原则是什么？ 9. 交流回路的数字标号有几位？ 10. 交流回路有几种回路？ 11. 交流电流回路的标号是多少？ 12. 交流电压回路的标号是多少？ 13. 直流回路的正电位点用什么标号？ 14. 直流回路的负电位点用什么标号？ 15. 直流回路的编号方法是什么？ 16. 控制回路的标号方法是什么？ 17. 展开图的识图方法是什么？ 18. 安装接线图包含哪些内容？		
资讯引导	以上问题可以在本教程的学习信息、《牵引变电所运行检修规程》、"牵引变电所"精品课程网站、互联网、专业资料等处查找。		

 计划和决策单

计划和决策单见附录附表 3.1.1。

 实 施

1. 图 3.1.5 是一组保护用电流回路，结合所学知识，完成标号。

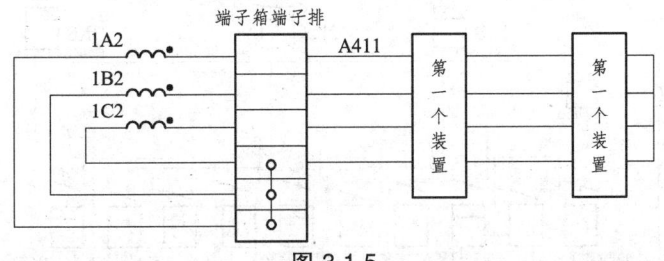

图 3.1.5

2. 图 3.1.6 是采用星形接线的母线计量表计用电压回路，结合所学知识，完成标号。

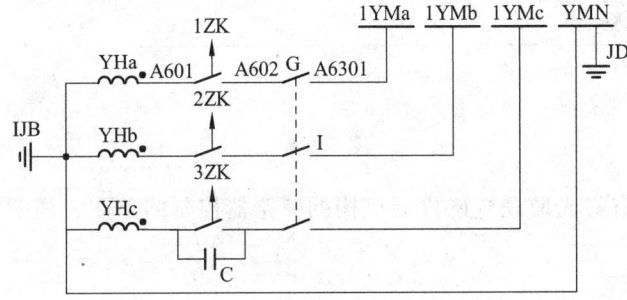

图 3.1.6

3. 这是一个母线零序电压及同期抽头按照开口三角形方式接线的图，二次侧额定电压 100 V，根据图 3.1.7 回答问题。

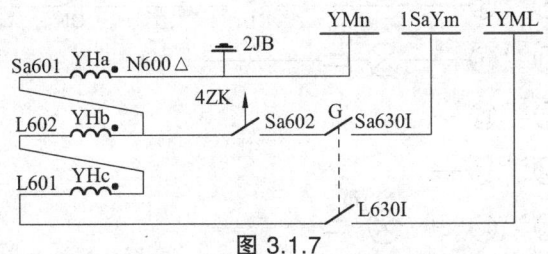

图 3.1.7

（1）开口三角形是按照_____依次头尾相连。

（2）YH 表示_____。

（3）L601 表示_____。

（4）同期抽头 Sa630 的电压为_____。

4. 写出以下设备的文字符号。

操作开关		控制母线	
电源控制开关		熔断器	
位置开关		绿色信号灯	
控制回路		红色信号灯	
保护出口继电器		断路器辅助开关	
重合闸继电器		断路器跳闸线圈	

5. 图 3.1.8 是三段电流保护的原理接线图,试画出其交流电流、交流电压和直流回路的展开图。

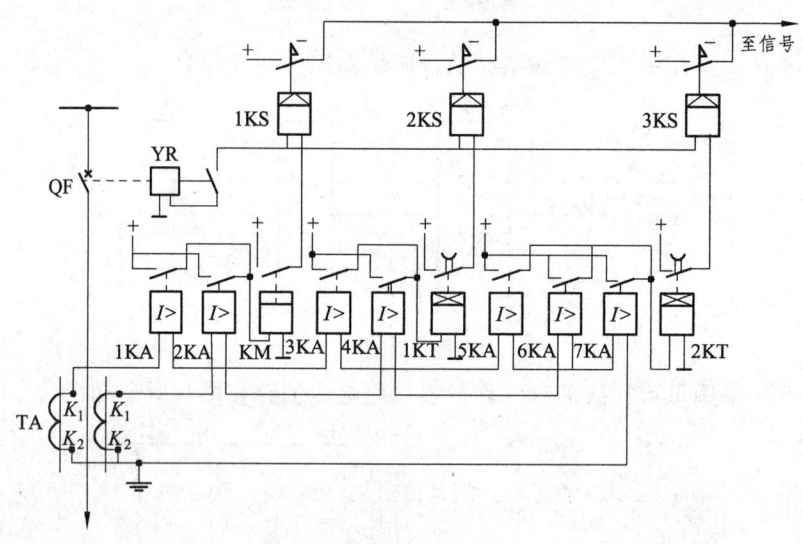

图 3.1.8

6. 图 3.1.9 是具有灯光监视电磁操动机构的断路器控制回路图,说明各元件的名称。

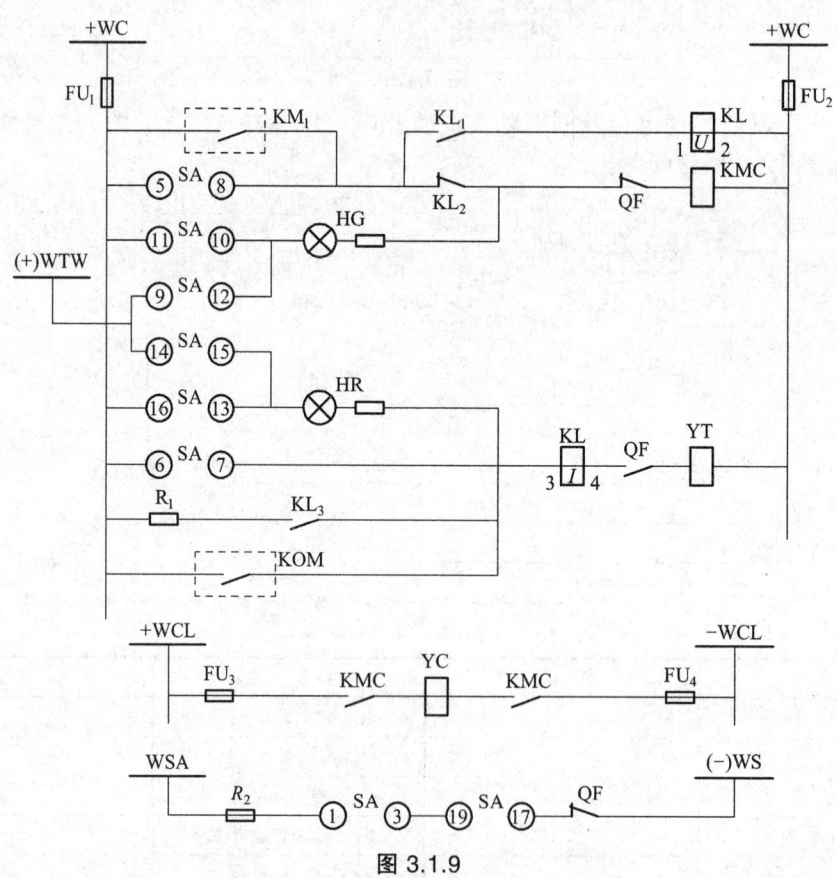

图 3.1.9

 **检查单**

检查单见附录附表 3.1.2。

 **评价单**

评价单见附录附表 3.1.3。

 **备忘录**

序号	操作	问题	解决问题的方法
1			
2			

备 注

学习子情境2 安装接线的认识

学习任务书

小组编号：_____　　　成员名单：_____

学习任务描述

通过本情境的学习，要求能够做到：知道牵引变电所安装接线的概念，熟悉控制盘模拟母线的色别，会识别端子排表示方法和电缆的标号，会按图接线。

学习任务： 安装接线的认识。

学习对象： 盘面布置图、端子排图、盘后接线图。

工　　具： 生产文件、工作工具、量具等。

学习步骤：

（1）知道牵引变电所的安装接线的概念。
（2）熟悉控制盘的布置原则。
（3）熟悉控制盘模拟母线的色别。
（4）会识别端子排表示方法。
（5）熟悉电缆的标号。
（6）会按图接线。

学习方法

资讯： 接受学习任务，根据引导问题，通过学习查找资料、网络信息等，建立总体印象。

计划： 与小组成员、老师、师傅讨论牵引变电所安装接线的内容和分工。

决策： 与老师或师傅进行专业交流，确定本项目的工作步骤和涉及的工具，拟定检查、评价标准。

实施： 按确定的工作步骤完成行动化学习任务，发现问题，共同分析，遇到无法解决的问题时请老师或师傅帮助解决。

检查： （1）生产文件准备好了吗？
　　　　　（2）工具准备好了吗？
　　　　　（3）安全事项有哪些？

评价： 与同学、老师、师傅进行专业交流，有改进的建议吗？

学习目标

（1）明确安装接线的概念。
（2）明确控制盘模拟母线的色别。
（3）明确端子排表示方法。
（4）明确安装接线的识图。

行动化学习任务

第一部分：进行牵引变电所安装接线的学习

任务1：查阅各种资料熟悉安装接线的概念。
任务2：查阅各种资料熟悉控制盘模拟母线色别。
任务3：查阅各种资料熟悉盘面布置图。
任务4：查阅资料熟悉盘后布置图。
任务5：查阅资料熟悉端子排的表示方法。
任务6：查阅资料熟悉电缆的标号。

第二部分：安装接线训练

任务7：给出图纸，按图接线。
任务8：总结安全注意事项。

学习信息

安装接线图是用于表明配电盘的类型，各二次设备在盘上的安装位置以及设备间的尺寸及二次设备接线情况的图。它是生产厂家制造控制盘、保护盘以及现场施工安装接线所依据的主要图纸，也是变电所运行维护等各项工作的主要参考图。在安装接线图中，各种仪表、继电器和端子排都是按国标图形绘制的。为了便于安装接线和运行中检查，所有设备的端子和接线都加上走向标志。

安装接线图一般包括盘面布置图、端子排图和盘后接线图。图 3.2.1 为某变电所控制室的全景图。

图 3.2.1 变电所控制室的全景图

一、盘面布置图

根据配电盘及各二次设备的实际尺寸，按一定比例绘制而成的盘面设备布置图，称为盘面布置图。它表示了配电盘正面各安装单位二次设备的实际安装位置。盘面布置总原则是：

(1) 便于监视、操作、检修、试验且保证安全。
(2) 设备布置对称、整齐、美观、紧凑。
(3) 留有余地，利于扩建。

1. 控制盘的布置原则

控制盘由上至下通常布置对电路进行监测的仪表、光字牌，对开关电器进行距离控制及监视的控制开关、转换开关、红绿指示灯等，并设有相应的模拟母线，如图 3.2.2 所示。

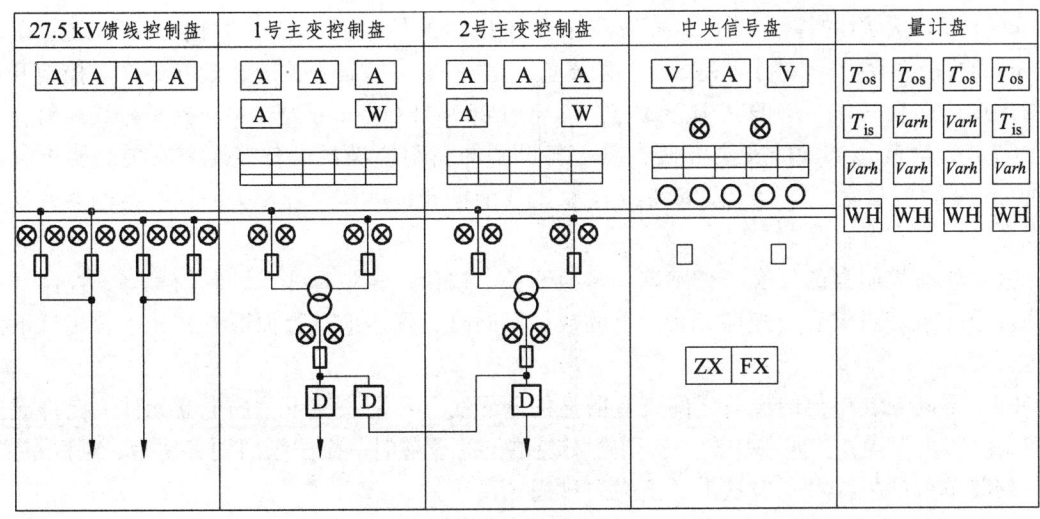

图 3.2.2　控制盘、中央信号盘、量计盘盘面布置图

（1）同一水平线上应安装同样的仪表。通常第一、二行安装电流表、电压表，第三行装功率和频率表。最低一排仪表的中心线离地面高度应不低于 1 500 mm，最高一排仪表离盘顶要留 200 mm 的距离，最边一行仪表要离盘边至少 50 mm 的距离，以利走线。为便于观察，指示仪表应力求与下面的模拟接线相对应。

（2）盘上所有光字牌通常布置在仪表下面，并在同一高度上，并以下边为准对齐。光字牌的布置要适当照顾瞬时、延时信号的分类。

（3）同一电压等级的模拟母线应布置在同一水平上，其宽度一般为 12 mm。模拟母线要清晰，各盘要适当考虑连贯，并能简明地反映主接线类型。区别相别时，A、B、C 相分别用黄、绿、红色表示。模拟母线涂色见表 3.2.1。

表 3.2.1　控制盘上模拟母线的色别

序号	电压等级（kV）	颜色	序号	电压等级（kV）	颜色
1	直流	褐	10	交流 18	粉红
2	交流 0.10	浅灰	11	交流 20	泥黄
3	交流 0.22	深灰	12	交流 35	鲜黄
4	交流 0.38	黄褐	13	交流 60	橙黄
5	交流 3.0	深绿	14	交流 110	米红
6	交流 6.0	深蓝	15	交流 154	天蓝
7	交流 10.0	绛红	16	交流 220	紫
8	交流 13.8	浅绿	17	交流 330	白
9	交流 15.75	绿			

（4）辅助转换开关都应布置在同一高度，通常布置在光字牌下面，模拟母线上面。

（5）当断路器采用双灯制灯光监视控制回路接线时，红、绿灯应分别布置在控制开关的上部，红灯在右，绿灯在左。

（6）相同作用的控制开关、按钮应布置在相同的位置且其操作方向也应一致。在宽 800 mm 的控制盘上，控制开关每行一般不应超过 5 个。控制开关应装设标签框。控制开关布置高度应适合操作，一般其中心线应在离地面 800 ~ 1 000 mm 处，并与模拟母线相对应。

（7）为检修、试验的安全方便，盘上各设备的间距应满足设备接线和安装的要求。对 800 mm 宽的控制盘，每行最多安装 5 个仪表或继电器，动作原理相关的保护继电器或成套的设备等，应布置在一起。

（8）所有控制盘的仪表、光字牌、转换开关、按钮、模拟母线、红绿信号灯、控制开关的高度应一致。当仪表及光字牌在盘上的数量不同时，仪表应从上面取齐，光字牌则从下面取齐。

（9）不同安装单位的设备之间应有明显的分界线。不同安装单位的电器元件不允许混杂布置，以防止误操作。同一块盘上有两个安装单位的设备时，应按纵向划分清楚，对称布置。同一安装单位的二次设备应从上到下横向排列。

（10）设计盘面布置时，要考虑盘后接线所需端子数目。

2. 继电保护盘的盘面布置

继电器盘主要安装二次电路的继电器、成套装置、电阻、连片等设备。因大多数设备为继电保护电路所用，故也称为继电保护盘。继电保护盘盘面布置时应使设备排列整齐美观，便于观察、试验和检修。

（1）相同安装单位的设备盘面布置应尽可能一致。同一盘上两个安装单位的设备也应尽量采用对称布置，且设备一般按纵向划分。盘上继电器排列的横向、纵向中心要一致。

（2）正面布置继电器时，同时必须考虑背面安装端子排的可能性，其端子最多数目与控制盘一样。

（3）一般将调试工作量较少的继电器（如电流、电压等继电器）布置在盘的上部；以下放中间继电器，再往下放经常调整检查的继电器（如方向继电器、差动继电器、重合闸继电器）。自耦变压器、附加电阻和一些不需经常观察、调整的器具可放在盘后上方。信号继电器、连接片、试验部件布置在盘下部。试验部件与连接片最低中心线离地面一般不低于 400 mm，要适合观察调试，所有信号继电器应布置在同一水平线上，一般在离地 740 ~ 870 mm 内，切换开关及连接片放在其旁边。

（4）盘上设备与盘顶净距不应小于 120 mm，左右净距（设备至盘边）不应小于 50 mm。

（5）盘面各设备间最小距离一般规定如下：继电器接线柱之间距离应大于 50 mm，继电器外壳之间水平距离应大于 30 ~ 40 mm；继电器外壳间的垂直距离要考虑便于装设及观察标签框，故应大于 50 mm；盘前接线的设备，应考虑导线与设备接线端子相连时有一弯曲，故垂直距离应放宽 20 mm 左右。

（6）在盘面中心离地 250 mm 处，应开一个直径 50 mm 的圆孔，以供调试时穿试验导线用。

二、盘后接线图

盘后接线图是根据盘面布置图、二次展开图和端子排图而绘制的实际接线图。它具体地反映了盘内各设备的实际连接状况，是变电所施工安装、运行管理不可缺少的图纸。

盘后接线图主要用于表示盘正面各设备在盘后面的接线端子间的连接状况。因盘上设备的相对位置尺寸已在盘面布置图确定，所以盘后接线图不要求按比例画出，但要保证每个设备间相对位置的准确。盘后接线图的布置相当于配电盘从背面按左、右、顶部展开后的位置进行安排的。横向分为左、中、右三部分，纵向分为上、下两部分。上部左、右两侧布置盘顶小母线，中间布置盘顶设备。下部左、右两侧布置端子排，中间布置盘面设备。

盘后接线图与盘面布置图有相同的设备内容、安装位置，不同之处是：

（1）设备在盘后接线图中的位置与盘面布置图中相反，安装于盘后上部的设备（电阻、电铃等）与实际位置一致。

（2）盘后接线图设备图形内有设备内部接线和接线柱的实际安装位置和顺序编号。成套装置和仪表可以只画出外部接线端子的实际排列顺序。

（3）对安装在盘正面的设备，在盘后看不见设备轮廓者虚线表示，在盘后看得见设备轮廓者以实线表示。

（4）设备图形上方一般设有设备的规格型号和设备的标志符号。

如图 3.2.3 所示，设备标志符号的内容有：与盘面布置图一致的安装单位编号及设备顺序号，如 I_1、I_2、I_3 等，其中罗马数字 I 表示安装单位代号，阿拉伯数字脚注 1、2、3 表示设备安装顺序；与展开图相一致的该设备的文字符号和同类设备编号，如 A 表示电流表，A 前面的 1 表示第一块电流表；与设备表相一致的设备编号。

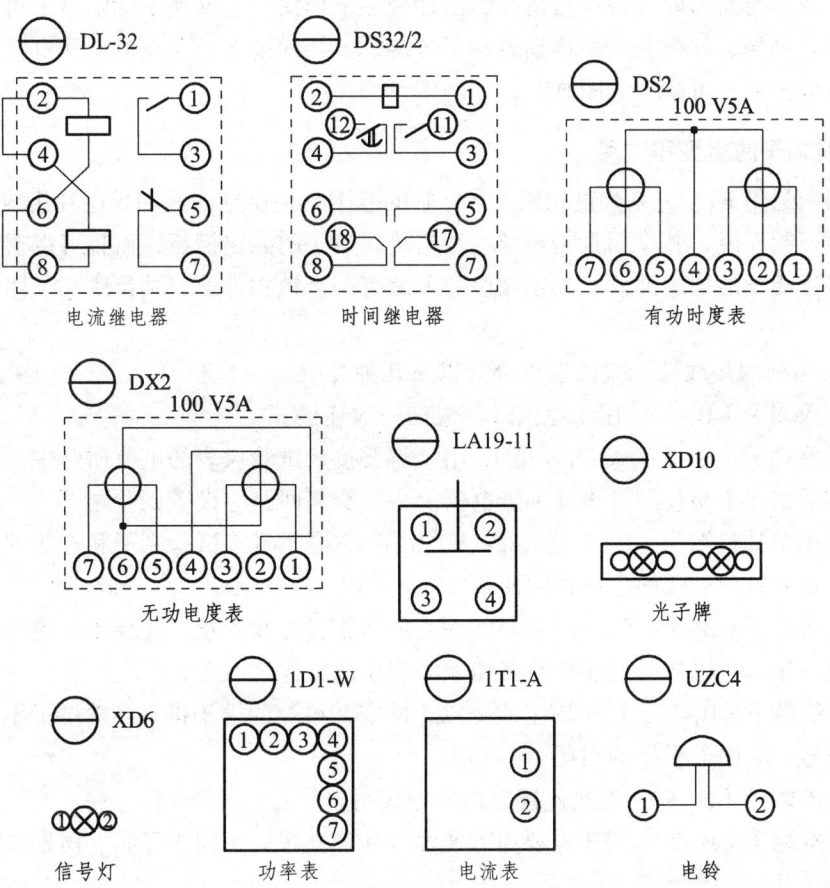

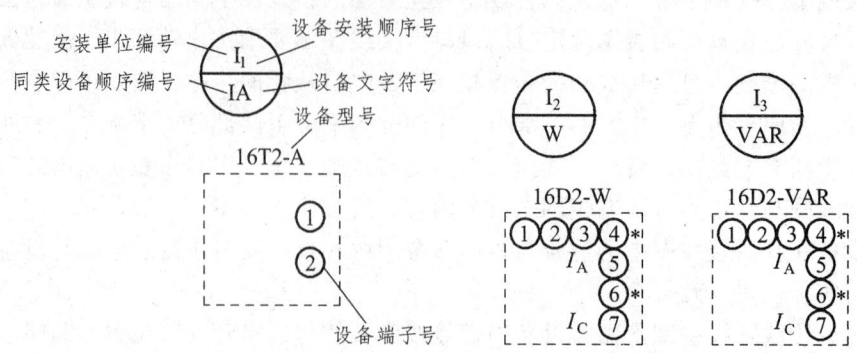

图 3.2.3 盘后接线图的设备图形及标志

（5）盘后接线图中的连接导线用"相对编号法"或"等电位编号法"表示，并不画出连线。

三、端子排图

端子排是二次电路中各设备间接线的过渡连接设备，由单个接线端子组成。表示各接线端子的组合及其与盘内外设备连接情况的图称为端子排图。它反映了配电盘上需要装设的接线端子数目、型号、导线去向，详细表明了各端子的接线情况，是变电所配电盘的生产、安装以及运行维护必不可缺少的图纸。

1. 接线端子的类型和作用

目前国内通用 B_1、D_1 系列的接线端子，它的基本结构由绝缘座和导电片组成，绝缘座一般有胶木粉压制而成，其作用是隔绝导电片与接线端子的固定槽板，而且可以避免端子接线时误碰到临近端子的导电部分，在绝缘座的下部有一个锁扣弹簧，共接线端子固定在端子槽内用。

B_1、D_1 系列的接线端子按用途可分为以下几种类型。

（1）一般端子（B_1-1）：用于盘内外导线的一般连接。

（2）试验端子（B_1-2 型或 D_1-S 型）：用于需要接入试验仪表的电流回路中。可以在不切断二次回路的情况下检校测量表计和继电器。一般交流回路应设置试验端子。

（3）连接型试验端子（B_1-3 型或 D_1-SL 型）：它同时具有试验端子和连接端子的作用，用于端子上需要彼此连接的电流试验回路中。

（4）连接端子（B_1-4）：用于同一导线编号的多根分支线连接。此端子的绝缘隔板在正中螺钉处开置一缺口，以便通过连接片将相邻的端子连接起来。

（5）终端端子（B_1-5）：用于固定或分隔不同安装单位的端子排，终端端子不接线，上面打有文字符号，表明端子排的归属。

（6）标准端子（B_1-6）：直接连接盘内外导线用。

（7）特殊端子（B_1-7）：用于需要很方便断开的回路中。如闪光母线、预告音响小母线等回路。

2. 端子排的表示方法

端子排在盘后接线图中一般采用三格表示法,如图 3.2.4 所示。端子排的中格表明端子顺序号及端子类型。与电缆相连接侧标明所接盘外设备的二次回路标号和所接盘顶设备的名称符号。与盘内设备相连侧应标明所接设备的编号或回路标号。注意:端子排两侧的标记在安装接线中是标在连接导线所套的胶木头或塑料套管上的。端子排的起始、终端端子上,标注端子排所属的回路名称、文字符号及安装单位。同盘内有多个安装单位时,端子排按各安装单位划分成段,并以终端端子分隔。同类安装单位的端子排的结构、接线顺序相同。

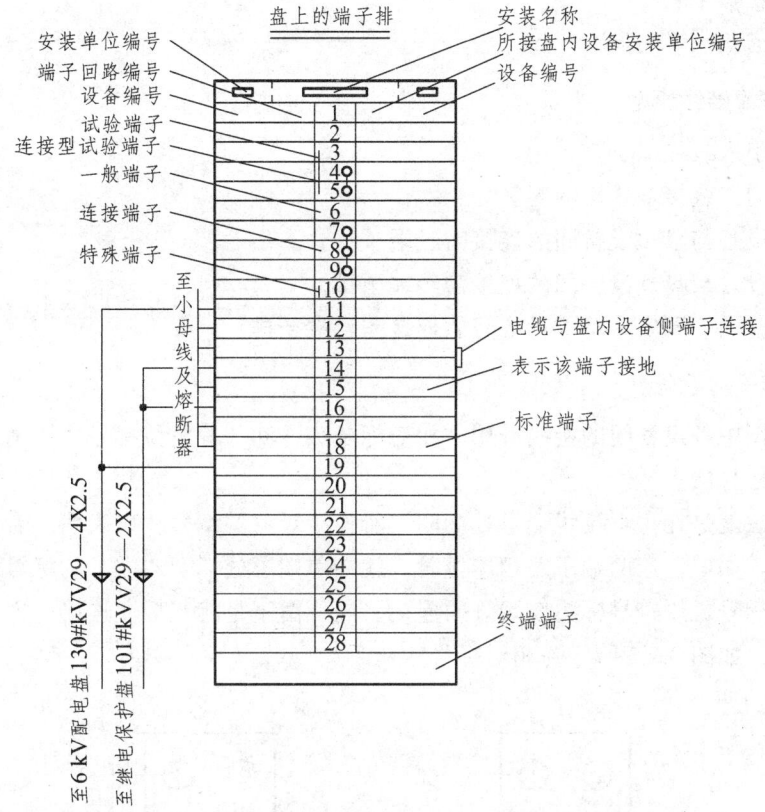

图 3.2.4 端子排表示方法示意图

3. 端子排端子的布置原则

端子排的配置应满足运行、检修、调试的要求,并适当与盘内设备的位置对应,一般布置在盘后的两侧。每一安装单位的二次电路都应有独立的端子排。端子排垂直布置时,从上到下,水平布置时从左至右都按照下列向路分组,并按顺序依次排列。

(1) 不同安装单位的端子应分别排列,不得混杂在一起,每排端子一般不宜超过 20 只,最多时不应超过 145 只。

(2) 交流电流回路:按每组电流互感器分组。同一保护方式下的电流回路一般排在一起,其中又按回路标号的顺序及相别 A、B、C、N 自上而下排列。

（3）交流电压回路：按每组电压互感器分组。同一保护方式下的电压回路一般排在一起，其中又按回路标号的顺序及相别 A、B、C、N 自上而下排列。

（4）信号回路：信号回路按预告信号、位置信号及事故信号分组，先排正电源，后排负电源。

（5）控制回路：同一安装单位内按熔断器配置原则分组。按回路标号数字范围先排 100 系列，其次 200 系列，再次 300 系列等，其中每段里先排正极性回路，顺序为由小到大。如 100 系列：101、103、133、…、142、140、142 等。

（6）转接回路：先排本安装单位转接端子，再排其他安装单位的转接端子，最后排小母线兜接用的转接端子。

（7）其他回路。

4. 端子排的接线原则

（1）盘外引入线接端子排外侧。

（2）盘内引出线接端子排内侧。

（3）盘内设备与盘顶设备间的连接需经端子排。

（4）盘内设备与盘外设备间的连接需经端子排。

（5）同一盘内不同安装单位设备间的连接需经端子排。

5. 接线端子的编号

安装接线图中各设备间的接线采用"相对标号法"和"等电位标号法"两种。

（1）相对标号法。

相对标号法就是在每个接线端子处标明它所连接对象的编号，以表明二者间相互连接关系的一种方法。如甲、乙两端子需相连接时，就在甲端子处标明乙端子的标号，在乙端子处标明甲端子的标号，用符号标明该线段的连接去向。由于是相互标注连接对方的标号，故称为相对标号法，如图 3.2.5 所示为相对标号法。

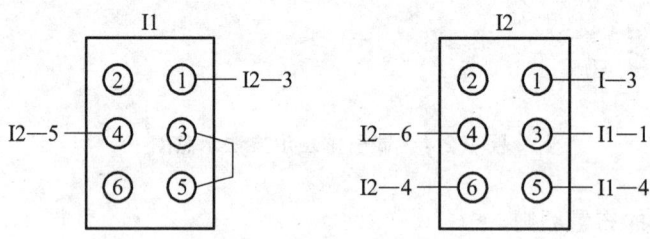

图 3.2.5 相对标号法接线

其中，I2-4 的含义是：I 表示安装单位，2 表示设备序号，4 表示设备端子号。

I-3 的含义是：I 表示安装单位，3 表示端子序号。

相对标号法具有表示简单、清晰，查线方便等优点，当二次接线复杂时尤为突出。因此，牵引变电所内的端子排、盘后接线图均采用相对标号法。

（2）等电位标号法。

等电位标号法是指在接线端子处只注明它所连接对象在二次电路中的回路编号，不具体指明所连接的设备。因为二次回路编号是按等电位原则编制的,所以称为等电位标号法。这种标号法表示简单。与二次电路相对应,便于电路分析,但由于标出的回路号并不反映设备间实际的连接线段,故查线不方便。

6. 电缆的标号

盘内二次设备与盘外设备的连接,如盘内设备与室外互感器副绕组之间的连接,主控室内设备与离服室内设备的连接,一般是采用控制电缆连接的。其编号也是用不同范围内的三位数字组成,除数字编号外,还应标明电缆所属电缆安装单位、型号和电缆去向,以便和二次回路标号区别,如图 3.2.6 所示为电缆编号。

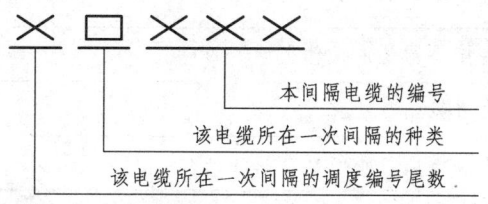

图 3.2.6 电缆编号

本间隔电缆的编号:通常从 101 开始编号,以先间隔各个电气设备至端子箱电缆,再端子箱至主控室电缆,先电流回路,后控制回路,再信号回路,最后其他回路(如电气联锁回路,电源回路)的顺序,逐条编号,同一间隔电缆编号不允许重复。

该电缆所在一次间隔的种类:采用英文大写字母表示,220 kV 出线间隔 E,母联 EM,旁路 EP,110 kV 出线间隔 Y,母联 YM,旁路 YP,分段 YF,35 kV 出线间隔 U,分段 UF,10 kV 出线间隔 S,分段 SF,电容器 C,主变及主变各侧开关 B,220 kVPT:EYH,110 kVPT:YYH,35 kVPT:UYH,10 kVPT:SYH。

该电缆所在一次间隔的调度编号尾数:如某变电所的某线调度编号 261,这里就编 1,1# 主变编 1,1 母 PT 编 1,依此类推,如果该变电所只有一路旁路,或者一个母联或者分段开关,不需要编号。

各个安控装置如备自投等的电缆不单独编号,统一将电缆归于装置所控制的间隔依照上面的原则编号。

图 3.2.7 所示为电源电缆编号。

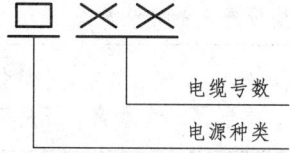

图 3.2.7 电源电缆编号

电缆号数:电源电缆联系全站同一一次电压等级的所有间隔,所以应该单独统一编号,一般从 01 开始依顺序编号。

电源种类:交流电源编 JL,直流电源编 ZL。

由上面可知,所有相同间隔的相同功能电缆除了首位数有区别,其他数字应该是一样的。

 ## 资 讯 单

学习情境三	牵引变电所二次回路	学时	
学习子情境 2	安装接线的认识	学时	4
资讯方式	在图书馆、专业杂志、互联网及教师给的资讯指导上查询问题；咨询任课教师		
资讯问题	1. 什么叫安装接线图？		
	2. 哪些单位更关注安装接线图？		
	3. 安装接线图是依据什么绘制的？		
	4. 安装接线图有几种图？		
	5. 安装接线图是按国标绘制的吗？		
	6. 控制盘的布置原则是什么？		
	7. 控制盘上模拟母线有色别吗？		
	8. I3-1 表示什么含义？		
	9. I1 表示什么含义？		
	10. I-2 表示什么含义？		
	11. 2T-118KXV$_{20}$-10×2.5 表示什么含义？		
	12. 盘后接线图中的阿拉伯数字表示什么含义？		
	13. 盘后接线图中的罗马数字 I 表示什么含义？		
	14. 端子排的安排有规律吗？		
	15. 电缆编号有规律吗？		
	16. 电源编号有规律吗？		
	17. I2-4 的含义是什么？		
	18. 接线端子的编号有几种方法？		
资讯引导	以上问题可以在本教程的学习信息、《牵引变电所运行检修规程》、"牵引变电所"精品课程网站、互联网、专业资料等处查找。		

 ## 计划和决策单

计划和决策单见附录附表 3.2.1。

 实 施

1. 结合当地变电所的情况，了解牵引变电所主控室的装置及屏面布置。

2. 结合学校的情况，完成盘后接线。

 检查单

检查单见附录附表 3.2.2。

 评价单

评价单见附录附表 3.2.3。

 备忘录

序号	操作	问题	解决问题的方法
1			
2			

备 注

学习子情境3 断路器的控制信号回路

学习任务书

小组编号：_____   成员名单：_____

学习任务描述

通过本情境的学习，要求能够做到：学会牵引变电所高压断路器的控制信号回路的识图分析。

学习任务：断路器的控制信号回路。
学习对象：高压断路器的控制信号回路图纸。
工　　具：生产文件、工作工具、量具等。
学习步骤：
（1）熟悉牵引变电所一次、二次设备的文字符号。
（2）熟悉断路器的正常运行状态。
（3）熟悉各种二次设备的连接关系。
（4）熟悉二次回路常用符号。
（5）熟悉断路器的控制关系。
（6）学习断路器控制信号回路，并分析图纸。

学习方法

资讯：接受学习任务，根据引导问题，通过学习查找资料、网络信息等，建立总体印象。
计划：与小组成员、老师、师傅讨论如何读断路器控制和信号回路图。
决策：与老师或师傅进行专业交流，确定本项目的工作步骤和涉及的工具，拟定检查、评价标准。
实施：按确定的工作步骤完成行动化学习任务，发现问题，共同分析，遇到无法解决的问题时请老师或师傅帮助解决。
检查：（1）生产文件准备好了吗？
　　　　（2）工具准备好了吗？
　　　　（3）安全事项有哪些？
评价：与同学、老师、师傅进行专业交流，有改进的建议吗？

学习目标

（1）识别牵引变电所各高压开关的运行状态。
（2）对所内各高压断路器进行距离控制，进行分合闸操作。
（3）依据断路器控制信号回路图纸进行识图分析。

行动化学习任务

第一部分：进行断路器控制信号回路分析的学习

任务1：熟悉牵引变电所一次、二次设备的文字符号。
任务2：熟悉二次回路常用符号。
任务3：熟悉断路器的正常运行状态。
任务4：熟悉各种二次设备的连接关系。
任务5：对断路器控制信号回路进行分析。

第二部分：读图训练

任务6：电磁型操作机构的断路器控制信号回路。
任务7：弹簧储能型操作机构的断路器控制信号回路。
任务8：液压型操作机构的断路器控制信号回路。
任务9：弹簧储能型操作机构的SF_6断路器控制信号回路。

 学习信息

一、断路器的控制方式

断路器是变电所最重要的开关设备。其作用是正常运行时接通和断开一次回路，改变一次设备和主系统的运行方式；在系统故障情况下能可靠地切断短路电流，保证主系统安全运行。断路器的控制方式有以下几种。

1. 按控制地点分

（1）远方控制。在控制室的控制屏上用控制开关或按钮，通过控制电缆去接通在高压室或屋外配电场所中的断路器的合闸线圈（或分闸线圈），使断路器合闸（或分闸），从而实现对断路器的控制。

（2）就地控制。在开关柜上对断路器直接进行分、合闸操作（可手动或电动）。

（3）远动控制。在电力调度端由电力调度通过计算机系统对断路器和隔离开关进行分、合闸操作，也称遥控。这种方式可实现变电所无人值班，有利于实现管理控制自动化。

2. 按控制电源的性质分

直流操作一般采用蓄电池组或硅整流装置供电，用于大、中型变配电所；交流操作一般采用所用变压器、电压互感器或电流互感器供电，常用于小型变配电所。

3. 按对断路器工作状态、控制电路完整性监视方式分

可分为灯光监视控制回路和音响监视控制回路。

二、对断路器控制回路的基本要求

（1）操作机构的合闸线圈和分闸线圈都是按短时通过电流设计的，在手动（或自动）分、合闸操作完成后，应立即自动解除命令脉冲，断开分、合闸回路，避免线圈长时间带电而烧毁。

（2）断路器应具有防止多次合、分闸闭锁措施。

（3）断路器可以用控制开关进行手动分闸和合闸，也可以由继电保护装置和自动装置进行自动分闸和合闸。

（4）断路器的控制回路应有短路保护和过负荷保护，同时还应具有监视控制回路及操作电源的措施。

（5）断路器的分、合闸回路应有灯光监视和音响监视。

（6）当隔离开关采用电动操作时，断路器与隔离开关控制电路中应设相应的闭锁措施，保证其联动操作顺序的正确性。

三、控制开关

控制开关是运行值班人员进行直接操作发出控制命令，使断路器分闸或合闸，以改变设备运行状态的装置。控制开关的种类很多，牵引变电所中广泛采用 LW2-W/F6 型控制开关，如图 3.3.1 所示。

控制开关手柄平时处于"零位置"，将控制开关手柄沿顺时针方向旋转 45°达到"合闸"位置，SA_{1-3} 接点闭合，发出合闸命令脉冲。由于控制开关的合闸位是个不固定位置，当操作完毕后控制开关手柄在弹簧力的作用下，自动沿逆时针方向转 45°返回中间零位，SA_{1-3} 接点断开。分闸操作时，将控制开关手柄沿逆时针方向旋转 45°达到"分闸"位置，SA_{2-4} 接点闭合，操作人员手松开后，控制开关自动恢复到中间零位，SA_{2-4} 接点断开。

为了看图方便，在展开图上将控制开关的 3 位置用 3 条虚线表示。中间的虚线表示"零位置"，由中间向左侧的虚线代表"分位置"，右侧的虚线代表"合位置"，并以小黑点"•"表示接通状态，即虚线上有黑点者表示开关转到此位置时该对接点接通，反之不接通。

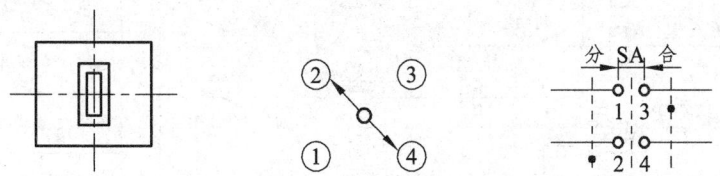

图 3.3.1　控制开关外形/接点状态表示图

四、断路器控制信号回路

在变电所的控制中，断路器的控制回路有多种形式，一般由分合闸回路、防跳跃回路、位置信号回路、事故跳闸音响信号回路等几部分组成。

（一）应用 CD_2 型电磁操作机构的断路器控制信号回路

图 3.3.2 是变电所中常用的电磁操作机构的断路器控制信号回路图。它由合闸回路、分闸回路、防跳跃回路、信号回路、事故音响信号回路组成。图中 +WC、-WC 为控制电源小母线，+WO、-WO 为合闸电源小母线，因合闸电流较大（几十安到数百安），所以与控制电源分开，设置专用的大容量合闸电源。+WF 为闪光电源小母线，+WAS 为事故音响小母线，+WS、-WS 为信号电源小母线。

图中 YC 是断路器的合闸线圈，YT 是断路器的分闸线圈，QF_1 和 QF_2 是断路器的辅助触点，QF_2 是动合触点，其通断状态与断路器的主触头一致，即断路器在合闸位置时它是接通的，在分闸位置时它是断开的。QF_1 是常闭触点，其通断状态与断路器的主触头相反。KMC 是合闸接触器。1FU、2FU、3FU、4FU、5FU 和 6FU 是熔断器，起短路和过负荷保护作用。1SA、2SA 是控制开关，$1SA_{2-1}$ 接通表示断路器的控制操作在变电所进行，$1SA_{2-3}$ 接通表示断路器的控制操作在电力调度进行。KLA 是自动重合闸装置的闭锁合闸继电器。KML 是防跳继电器，它是一个双线圈中间继电器，电流线圈串联在分闸回路，电压保持线圈并联在合闸接触器线圈回路中。KTP 和 KCP 是高阻抗的分、合闸位置继电器。KC 是手动合闸继电器。KO 是手动分闸继电器。HLR 是红灯，灯亮表示断路器在合闸状态；HLG 是绿灯，灯亮表示断路器在分闸状态。

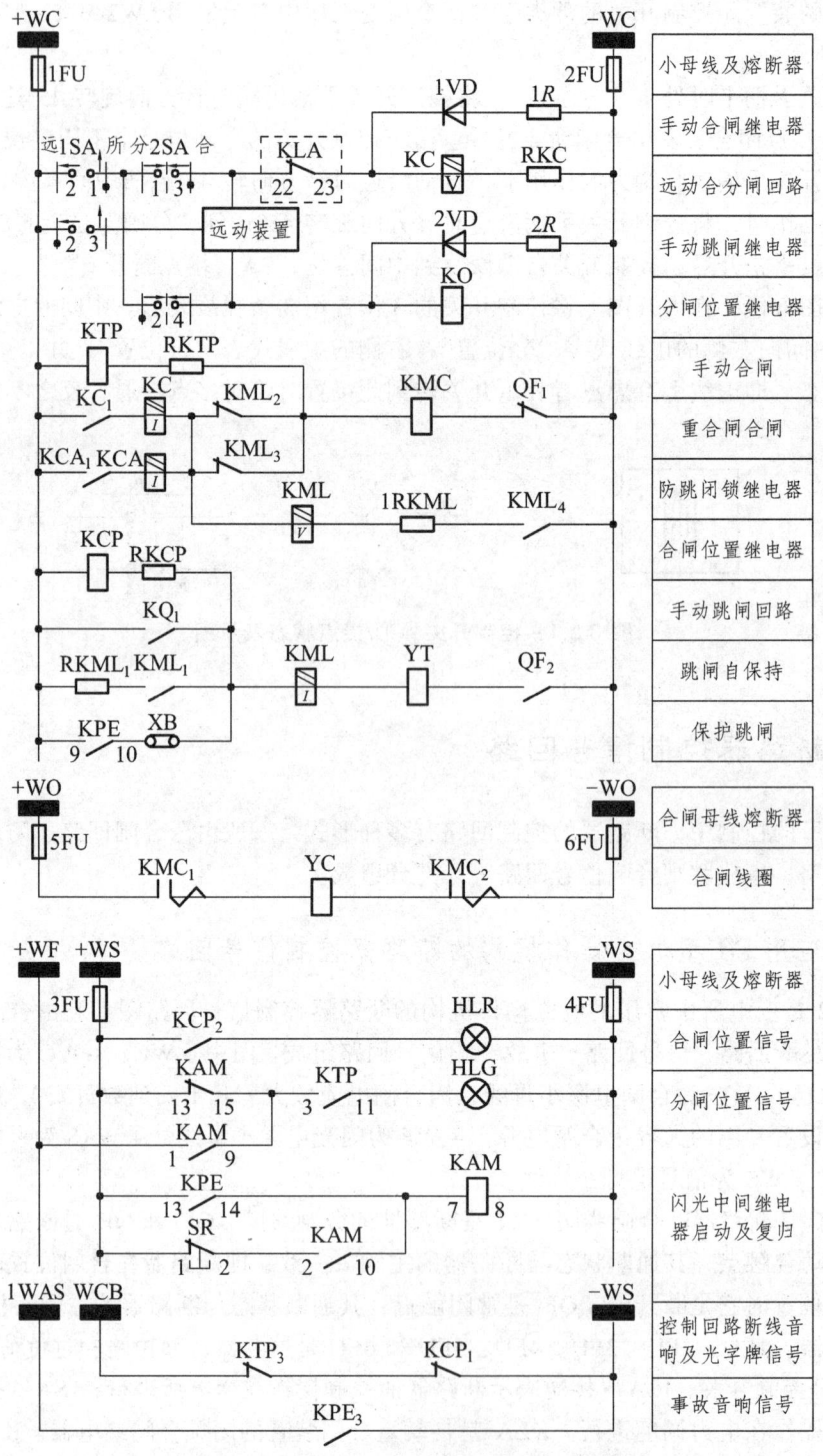

图 3.3.2　电磁操作机构的断路器控制信号回路

控制回路的动作原理分析如下：

1. 合闸回路

（1）此时断路器处于分闸状态，控制开关 2SA 手柄在中间位，断路器常开辅助触点 QF_2 断开，常闭触点 QF_1 闭合，使

+WC—1FU—KTP 线圈—RKTP—KMC 线圈—QF_1—2FU— –WC 电路接通。

由于分闸位置继电器 KTP 阻抗大，合闸接触器 KMC 电阻小，经分压使得 KMC 线圈两端电压较低，不足以使合闸接触器动作，故断路器不能合闸。但分闸位置继电器 KTP 线圈两端的电压较高，所以 KTP 受电动作，其常开触点 KTP_{3-11} 闭合；同时，由于馈线无故障，中间继电器 KAM 不受电，其常闭触点 KAM_{13-15} 闭合，使

+WS—3FU—KAM_{13-15}—KTP_{3-11}—HLG—4FU— –WS 电路接通。

绿色信号灯 HLG 亮，指示断路器在分闸位置。

（2）正常情况下，馈线上无故障，所以防跳继电器 KML 和闭锁合闸继电器 KLA 均处于正常状态，常开触点 KML_1、KML_4 断开，常闭触点 KML_2、KML_3 闭合，常闭触点 KLA_{22-23} 闭合。

（3）手动操作合闸。所内操作时，转换开关 1SA 处于"所内"位，$1SA_{2-1}$ 闭合，将控制开关 2SA 转至"合闸"位时，发出合闸操作命令脉冲，使

+WC—1FU—$1SA_{2-1}$—$2SA_{1-3}$—KLA_{22-23}—KC 电压线圈—RKC—2FU— –WC 电路接通。

手动合闸继电器 KC 电压线圈受电，常开触点 KC_1 闭合，使

+WC—1FU—KC_1—KC 电流线圈—KML_2（KML_3）—KMC 线圈—QF_1—2FU– WC 电路接通。

手动合闸继电器 KC 电流线圈受电，使常开触点 KC_1 一直闭合，对合闸电源进行自保持。由于手动合闸继电器 KC 电流线圈电阻较小，直流母线电压几乎全部加到接触器 KMC 的线圈上，KMC 受电动作，其常开触点闭合，使

+WO—5FU—KMC_1—YC 线圈—KMC_2—6FU— –WO 电路接通。

合闸线圈 YC 受电，操作机构驱使断路器合闸。断路器合闸完毕，常闭辅助接点 QF_1 断开，常开辅助接点 QF_2 闭合，使

+WC—1FU—KCP 线圈—RKCP—KML 电流线圈—YT 线圈—QF_2—2FU— – WC 电路接通。

由于合闸位置继电器 KCP 阻抗大，分闸线圈 YT、防跳继电器 KML 电流线圈阻抗小，使得分闸线圈承受的电压小于动作最小允许值，故断路器不分闸。而合闸位置继电器 KCP 受电动作，其常开接点 KCP_2 闭合，使

+WS—3FU—KCP_2—HLR—4FU— –WS 电路接通。

红色信号灯 HLR 亮，指示断路器处于合闸位置。

（4）断路器常闭辅助接点 QF_1 断开后，分闸位置继电器失电，各相应接点返回，绿灯熄灭，同时合闸接触器 KMC 失电，其触头断开合闸线圈回路，达到了命令脉冲自动解除的要求。

合闸操作结束后，红灯继续亮平光。

2. 分闸回路

将控制开关 2SA 转至"分闸"位时，发出分闸操作命令脉冲，使

+ WC—1FU—1SA$_{2-1}$—2SA$_{2-4}$—KLA$_{22-23}$—KO 线圈—2FU— − WC 电路接通。

手动分闸继电器 KO 电压线圈受电，常开触点 KO$_1$ 闭合，使

+ WC—1FU—KO$_1$—KML 电流线圈—YT 线圈—QF$_2$—2FU − WC 电路接通。

防跳继电器 KML 电流线圈受电，其常开触点 KML$_1$ 闭合，通过 RKML$_1$ 对 YT 线圈进行分闸电源自保持。由于防跳继电器 KML 电流线圈电阻较小，直流母线电压几乎全部加到分闸线圈 YT 上，YT 受电动作，操作机构使断路器分闸。

断路器分闸后，其常开辅助接点 QF$_2$ 断开，常闭辅助接点 QF$_1$ 闭合，使

+ WC—1FU—KTP 线圈—RKTP—KMC 线圈—QF$_1$—2FU − WC 电路接通。

由于分闸位置继电器 KTP 阻抗大，使得合闸接触器 KMC 线圈承受的电压小于动作最小允许值，故断路器不合闸。而分闸位置继电器 KTP 受电动作，其常开接点 KTP$_{3-11}$ 闭合，使

+ WS—3FU—KAM$_{13-15}$—KTP$_{3-11}$—HLG—4FU − WS 电路接通。

绿色信号灯 HLG 亮，指示断路器处于分闸位置。

断路器常闭辅助接点 QF$_2$ 断开后，合闸位置继电器失电，各相应接点返回，红灯熄灭，同时合闸分闸线圈 YT 失电，达到了命令脉冲自动解除的要求。

分闸操作结束后，绿灯继续亮平光。

3. 事故自动分闸回路

当一次电路发生短路故障时，相应的继电保护装置动作，保护出口继电器的常开接点 KPE$_{9-10}$ 闭合，使

+ WC—1FU—KPE$_{9-10}$—XB—KML 电流线圈—YT 线圈—QF$_2$—2FU— − WC 电路接通。

断路器自动分闸并发出相应的事故信号。断路器事故分闸后，继电保护装置中的自动重合闸装置动作，自动重合闸中的 KCA$_1$ 接点闭合，使

+ WC—1FU—KCA$_1$—KCA 电流线圈—KML$_2$（KML$_3$）—KMC 线圈—QF$_1$—2FU − WC 电路接通。

KCA 电流线圈受电，KCA$_1$ 自保持在动作状态。KMC 受电，断路器合闸。同时，保护装置中闭锁合闸继电器 KLA 受电动作，其常闭接点 KLA$_{22-23}$ 断开，闭锁断路器人工合闸回路。延时 3 min 以后，KLA$_{22-23}$ 接点返回闭合，断路器才能进行正常的合闸操作。

4. 事故信号

断路器事故分闸信号分为音响信号和灯光信号。音响信号利用蜂鸣器发出声音，但不管哪台断路器跳闸，仅起提醒作用；灯光信号是利用断路器位置指示灯发出闪光信号，具体指明事故跳闸的断路器。

（1）闪光信号启动回路。

当保护动作于分闸时，保护出口继电器 KPE$_{13-1}$ 接点闭合，使

+ WS—3FU—KPE$_{13-14}$—KAM 线圈—4FU − WS 电路接通。

中间继电器 KAM 受电动作，其常闭接点 KAM$_{13-15}$ 打开，常开接点 KAM$_{1-9}$、KAM$_{2-10}$ 闭合。断路器自动跳闸后，分闸位置继电器受电动作，常开接点 KTP$_{3-11}$ 闭合，使

WF—KAM$_{1-9}$—KTP$_{3-11}$—HLG—4FU— – WS 电路接通。

发出绿灯闪光信号，指示断路器事故跳闸。

闪光复归按钮 SR 不受外力时，常闭接点 SR$_{1-2}$ 闭合，使

+ WS—3FU—SR$_{1-2}$—KAM$_{2-10}$—KAM 线圈—4FU— – WS 电路接通。

对中间继电器 KAM 电源进行自保持，使闪光继电器一直受电，绿灯不停发出闪光信号。若要解除闪光信号，运行人员只需按下闪光复归按钮 SR，SR$_{1-2}$ 断开，KAM 失电，即可解除闪光信号。

（2）音响信号启动。

当保护动作于分闸时，保护出口继电器的接点 KPE$_3$ 闭合，使事故音响小母线 1 WAS 与 – WS 接通，发出音响信号。

5. 熔断器监视

只要 HLG 或 HLR 有一个亮，则表示熔断器是完好的。

6. 电气防跳回路

操作过程中，断路器在短时间内反复出现分、合闸的情况，称为断路器的"跳跃"。多次频繁跳跃不仅会使断路器损坏，而且还将扩大事故范围。因此，必须采取防跳措施。通常在控制回路中设置电气防跳措施。

断路器的跳跃现象一般发生在输电线路上或电气设备处于永久性短路故障而且合闸回路断不开的情况下。当断路器合闸送电至故障线路后，继电保护动作使断路器跳闸。若控制开关仍在合位而未转换或 KC$_1$ 触点和重合闸出口点 KCA$_1$ 发生故障未断开而处于接通状态时，断路器将再次合闸，保护又将使断路器跳闸……，如此反复分、合动作，即发生跳跃现象。

在电路中设置防跳继电器 KML 的目的是实现电气防跳。当断路器合闸于永久性故障点时，保护出口继电器 KPE 常开接点 KPE$_{9-10}$ 闭合，使断路器跳闸。同时跳闸回路电流也经过防跳继电器 KML 的电流线圈，使 KML 受电动作，其常闭接点 KML$_2$、KML$_3$ 断开，切断合闸回路；常开接点 KML$_4$ 闭合，若此时 KC$_1$ 或接点仍在接通状态时，使

+ WC—1FU—KC$_1$—KC 电流线圈—KML 电压线圈—1RKML—KML$_4$—2FU— – WC 电路接通。

防跳继电器自保持在动作状态。常闭接点 KML$_2$、KML$_3$ 始终断开，切断合闸回路，避免了断路器再次合闸，从而起到了防止断路器跳跃的作用。只有当合闸脉冲消除后（如 KC$_1$ 接点断开），防跳继电器电压线圈断电返回，电路才能恢复合闸功能。

事故分闸时，防跳继电器启动，若此时合闸回路正常，KCA$_1$ 和 KC$_1$ 接点处于断开状态，防跳继电器因电压线圈回路不通而不能自保持。断路器分闸完毕后防跳继电器即返回，常闭接点 KML$_2$、KML$_3$ 闭合，为合闸回路做好准备。

保护分闸的同时启动重合闸装置，但由于断路器自动重合闸为延时动作，且延时时间大于断路器的分闸时间，当断路器刚分闸完毕时，自动重合闸的出口回路尚未接通。当自动重合闸出口回路接通时，防跳继电器已返回，做好了合闸回路的接通准备。故防跳设施不影响自动重合闸的正常工作。

当手动合闸于短路故障点时，防跳设施动作并有可能保持，但此时重合闸不动作，所以防跳与重合闸工作不矛盾。

（二）应用弹簧储能操作机构的断路器控制信号回路

图 3.3.3 是变电所中常用的弹簧储能操作机构的断路器控制信号回路图。该电路采用双灯制音响监视控制方式。由于合闸电流小，一般为 5 A，合闸线圈直接串接于合闸回路中，省去了合闸接触器线圈回路，所以说采用弹簧储能操作机构的断路器所配备的蓄电池容量小。

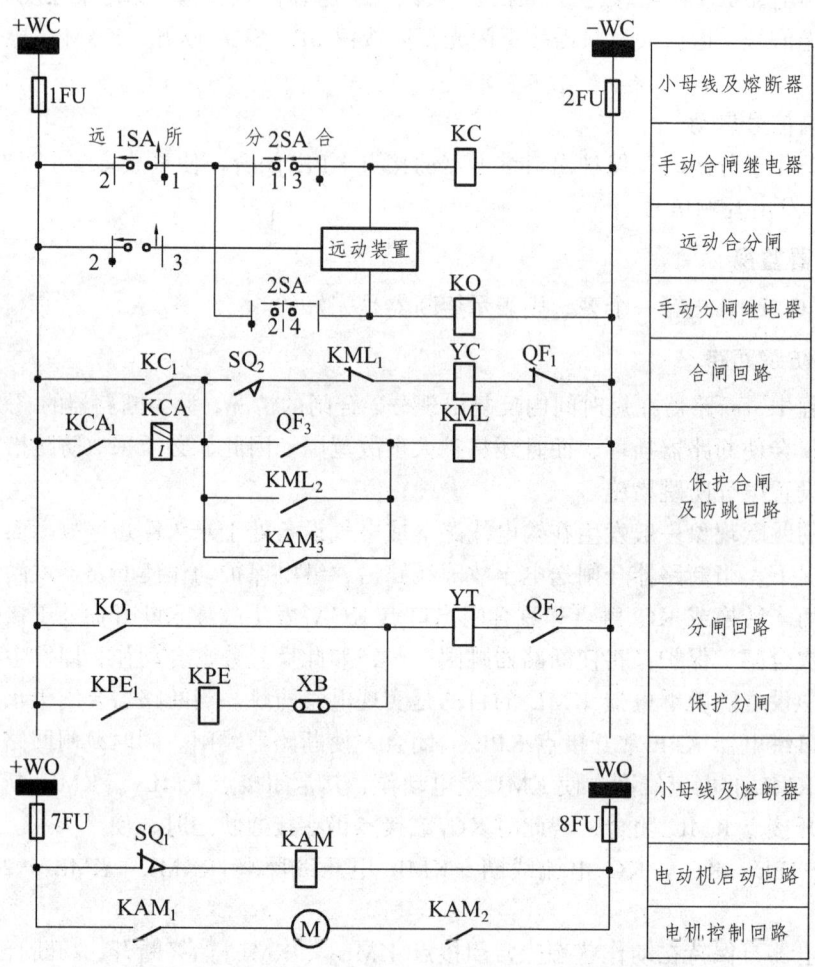

图 3.3.3　ZN_T-1 弹簧储能操作机构的断路器控制信号回路

ZN_T-1 型断路器的操作机构正常工作时，分、合闸弹簧都处于压缩储能状态，限位开关 SQ_2 闭合。而限位开关 SQ_1 处于断开位置，中间继电器 KAM 不受电，其常开接点 KAM_1、KAM_2 断开，储能电机不受电运转。断路器合闸操作时，合闸弹簧释放能量，断路器合闸到位后，限位开关 SQ_1 闭合，中间继电器 KAM 线圈受电，其常开接点闭合，储能电机受电运转，当合闸弹簧储能到位后，SQ_1 断开、储能电机停转。

储能回路与合闸回路之间经限位开关 SQ_2 及中间继电器 KAM 实现电气闭锁。当合闸弹簧未储能时，限位开关 SQ_2 断开，合闸线圈 YC 不能受电，断路器不能进行合闸操作。

若储能电机正在运转储能（即未储能到位）时，中间继电器的常开接点 KAM_3 闭合。此时，若人工合闸，合闸继电器的常开接点 KC_1 闭合，使

+WC—1FU—KC$_1$—KAM$_3$—KML 线圈—2FU— – WC 电路接通。

防跳继电器 KML 受电动作，常开接点 KML$_2$ 闭合，对 KML 进行电源自保持。常闭接点 KML$_1$ 断开，闭锁合闸回路，断路器不能进行合闸操作。

断路器合闸操作完成后，其辅助联动接点 QF$_3$ 闭合，若 KC$_1$ 或 KCA$_1$ 仍在接通状态，使
+WC—1FU—KC$_1$—QF$_3$—KML—2FU— – WC 电路接通。

防跳继电器 KML 受电动作，常开接点 KML$_2$ 闭合，防跳继电器自保持在动作状态。其常闭接点 KML$_1$ 断开，切断合闸回路，避免了断路器再次合闸，从而起到了防止断路器跳跃的作用。只有当合闸脉冲消除后（如 KC$_1$ 接点断开），防跳继电器线圈断电返回，电路才能恢复合闸功能。

（三）应用液压操作机构的断路器控制信号回路

牵引变电所中 110 kV 断路器电磁操动机构的合闸功率很大，如 CD$_5$ 型电磁操动机构，直流电压为 220 V 时合闸电流可达 235 A。如此大的直流冲击负荷对无大功率蓄电池组的直流系统无疑是个沉重的负担，特别是全所停电后的复送电操作，受到较大影响。由于 SW6-110 断路器所配的 CY3 型液压操动机构合闸功率小，其合闸电流仅为 2.5 A（220 V），改善了直流系统的工作条件，近年来在牵引变电所中得到了广泛应用。

图 3.3.4 为 110 kV 液压操动机构断路器的控制信号电路，采用双 T 接线，跨条上有 2 组隔离开关，其中 1001 为手动操作机构，1002 为电动操动机构。101、102 分别是变压器一次侧的断路器，1011、1021 为进线侧隔离开关。2KCP-1011 合闸位置继电器；6KCP-1021 合闸位置继电器；7KCP-1002 合闸位置继电器；ZKTP-2$^\#$系 102、202A、202B、1029 均在分位时总分闸位置继电器；1KLA-变压器内部故障闭锁继电器；2KLA-断路器故障闭锁继电器；KAO-自动装置合闸出口继电器。

这种电路与 27.5 kV 断路器的控制、信号回路的区别是：

（1）合闸线圈的得电受电气联锁、闭锁制约因素多，只有在闭锁、联锁条件满足合闸要求时，断路器才能进行正常合闸。

（2）合闸线圈直接接入控制回路中，并在控制回路中增设了一套液压闭锁、油压信号装置和油泵电机启动回路。

1. 110 kV 断路器的合闸条件

（1）110 kV 进线电压正常，否则断路器合闸没有意义。1$^\#$110 kV 侧进线电压正常，隔离开关 1011 在合位。即 1$^\#$进线电压检测继电器 1KU 和 1011 合闸位置继电器 5KCP 受电动作，1KU$_{3-11}$、5KCP$_{1-9}$ 闭合。或者 2$^\#$进线电压正常，1021、1002 在合位（1001 为手动隔离开关，平时一直处于合位）。即 2$^\#$进线电压检测继电器 2KU、1002 合闸位置继电器 7KCP 和 1021 合闸位置继电器 6KCP 受电动作，2KU$_{4-12}$、7KCP$_{3-11}$、6KCP$_{2-10}$ 闭合。

（2）根据高压开关"先合电源侧，后合负荷侧"的倒闸操作原则，断路器 101 合闸操作前，主变压器二次侧断路器 201A、201B 应在分位。即合闸位置继电器 2KCP、3KCP 失电，其常闭接点 2KCP$_{14-16}$、3KCP$_{14-16}$ 闭合。

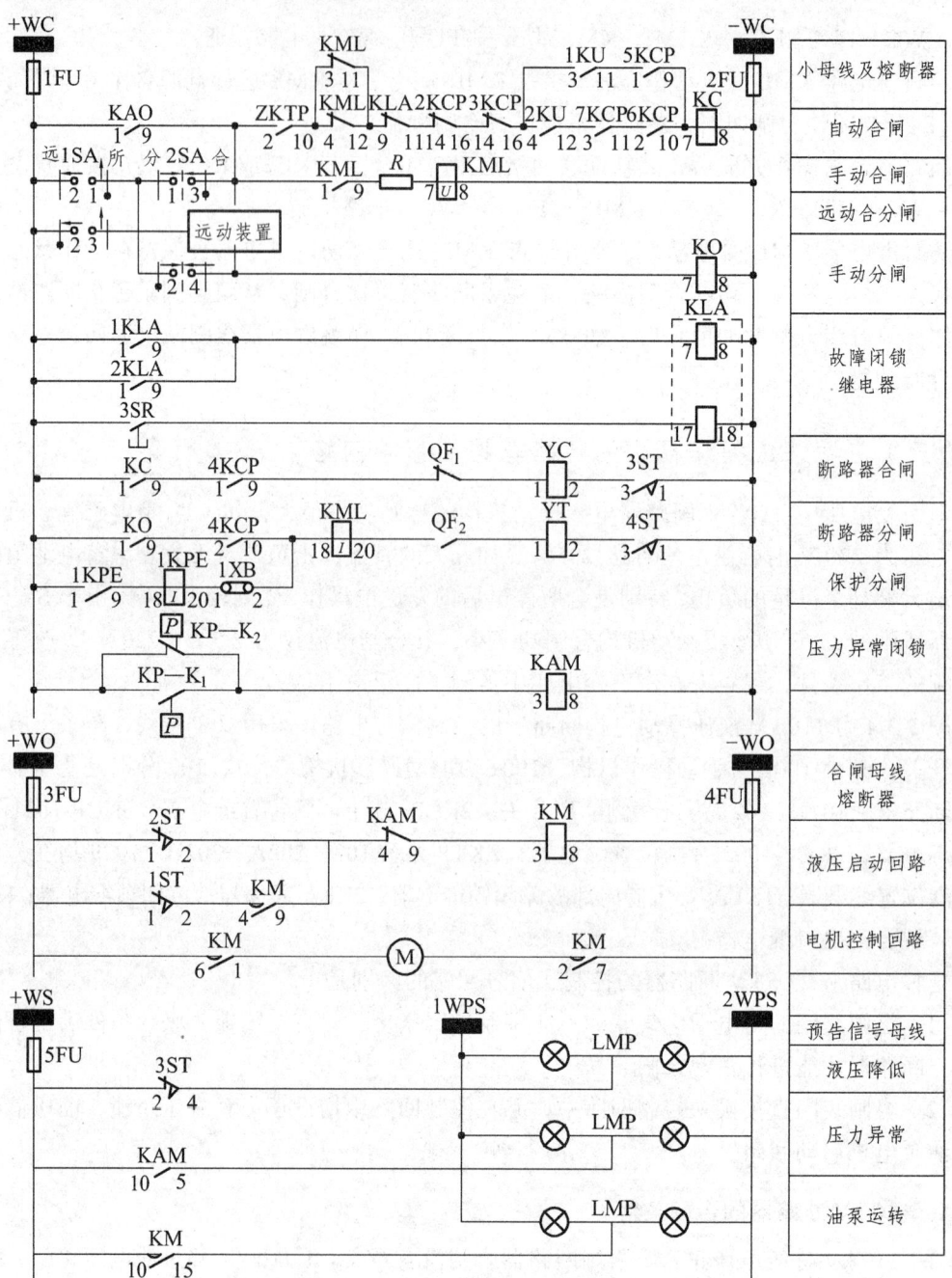

图 3.3.4 110 kV 液压操动机构断路器的控制信号电路

（3）变压器、断路器本体正常。即 101 不是因为变压器内部故障跳闸，也不是因为断路器油压（气压）过低而跳闸。因此闭锁继电器 KLA 不受电，KLA_{9-11} 闭合。

当变压器本体发生内部重故障（如差动、重瓦斯保护动作）时，保护装置动作，变压器内部故障闭锁继电器 1KLA（在变压器保护回路中）受电，$1KLA_{1-9}$ 闭合，闭锁继电器 KLA 的线圈 7~8 受电，KLA_{9-11} 打开，断路器不能进行合闸操作。在故障查明之前，禁止按动闭锁解除按钮 3SR，在故障查明并排除之后，方可按下闭锁解除按钮 3SR。使闭锁继电器线圈

KLA$_{17-18}$ 受电动作（KLA 是双线圈双位继电器，线圈 7～8 为启动线圈，线圈 17～18 为复归线圈），KLA$_{9-11}$ 闭合，断路器恢复正常的合闸操作。

当断路器本体发生重故障时，如油压系统的油压力过低，会对操作产生不良影响，合闸时会因功率不够而造成慢合现象，这是绝对不允许的。因此，断路器本体发生重故障时，断路器内部故障闭锁继电器 2KLA 受电动作，2KLA$_{1-9}$ 闭合，闭锁继电器 KLA 的线圈 7～8 受电，闭锁继电器接点 KLA$_{9-11}$ 断开，闭锁断路器合闸回路。

（4）由于设计时两台变压器不能并联运行，断路器 101 合闸前，2$^\#$系高压开关 102、202A、202B、1029 均应在分位，即它们的分闸位置继电器接点 ZKTP$_{2-10}$ 闭合。

（5）变电所主变压器的中性点是否接地，是根据电力系统的要求决定的，但为了防止操作过电压对变压器绝缘的损伤，在变压器原边断路器 101 合闸或分闸过程中，要求中性点接地。为此，在断路器 101 合闸前，中性点隔离开关 1019 应在合位，其合闸位置继电器接点 4KCP$_{1-9}$ 闭合。

2. 手动操作合闸

当断路器合闸条件满足要求时，以 1$^\#$进线、1$^\#$变压器的运行方式为例，分析断路器 101 手动合闸回路工作原理。

合闸前，断路器在分闸位置；断路器联动辅助常闭接点 QF$_1$ 闭合。选择开关 1SA 手柄在"所内位"，1SA$_{2-1}$ 闭合。

合闸时，将控制开关 2SA 手柄打至"合闸位"，2SA$_{1-3}$ 闭合，发出合闸命令脉冲。使

+WC—1FU—1SA$_{2-1}$—2SA$_{1-3}$—ZKCP$_{2-10}$—KML$_{3-11}$ 或 KML$_{4-12}$—KLA$_{9-11}$—2KCP$_{14-16}$—3KCP$_{14-16}$—1KU$_{3-11}$—5KCP$_{1-9}$—KC$_{7-8}$—2FU— –WC 电路接通。

合闸继电器 KC 线圈受电，其常开接点闭合，使

+WC—1FU—KC$_{1-9}$—4KCP$_{1-9}$—QF$_1$—YC$_{1-2}$—3ST$_{3-1}$—2FU— –WC 电路接通。

合闸线圈 YC 受电，操作机构驱动断路器合闸，断路器合闸完毕，常闭接点 QF$_1$ 断开，合闸线圈失电复归。

3. 手动操作分闸

正常时，油压系统额定油压为 27.93 MPa，贮压器行程开关触点 4ST$_{3-1}$ 闭合。

分闸时，将控制开关 2SA 转至"分闸位"，2SA$_{2-4}$ 闭合，发出分闸命令脉冲，使

+WC—1FU—1SA$_{2-1}$—2SA$_{2-4}$—KO$_{7-8}$—2FU— –WC 电路接通。

分闸继电器线圈受电，其常开接点闭合。使

+WC—1FU—KO$_{1-9}$—4KCP$_{2-10}$—KML$_{18-20}$—QF$_2$—YT$_{1-2}$—4ST$_{3-1}$—2FU— –WC 电路接通。

分闸线圈受电，断路器分闸。断路器分闸完毕后，常开接点 QF$_2$ 断开，切断分闸线圈回路，达到了命令脉冲自动解除的要求。

4. 液压系统的工作原理

正常时，液压系统的额定油压为 27.93 MPa，各压力接点的动作压力整定值如表 3.3.1 所示。当压力高于整定值时，常开压力接点（凡是超过规定压力值闭合的接点规定为常开接点，凡是低于规定压力值闭合的接点定为常闭接点）闭合，常闭压力接点断开，即处于动作状态；反之将处于正常状态。故正常运行时，各接点的状态为：2ST$_{1-2}$、3ST$_{2-4}$ 断开，1ST$_{1-2}$、3ST$_{3-1}$、

$4ST_{3-1}$ 闭合，$KP-K_1$、$KP-K_2$ 断开，压力异常闭锁中间继电器 KAM 不受电，其常闭接点 KAM_{4-9} 闭合，常开接点 KAM_{10-5} 断开。

表 3.3.1　压力接点的动作整定值表

接点编号	$1ST_{1-2}$	$2ST_{1-2}$	$3ST_{2-4}$	$3ST_{3-1}$	$4ST_{3-1}$	$KP-K_1$	$KP-K_2$
动作压力值（MPa）	27.93	27.2	24	24	23	34.3	15.7

（1）分、合闸压力闭锁。

液压系统的油压过低，会对操作产生不良影响，如合闸时会因功率不够而造成慢合现象，这是不允许的。因此在合闸回路中串入液压行程开关接点 $3ST_{3-1}$，分闸回路中串入液压行程开关接点 $4ST_{3-1}$，作为压力闭锁。

当油压小于 24 MPa 时，$3ST_{3-1}$ 断开，切断合闸线圈回路，断路器不允许合闸。当油压小于 23 MPa 时，$4ST_{3-1}$ 接点断开，切断分闸线圈回路，使断路器不能分闸。实现了合、分闸压力闭锁。值得注意的是，对于分闸压力闭锁，本电路采用了低于规定压力限度时不允许分闸的闭锁方式。在工程实践中视主电路系统运行情况的要求，也可采用低于压力限度时断路器自动分闸的方式。

（2）油泵电机的启动。

当油压小于 27.2 MPa 时，液压行程开关接点 $2ST_{1-2}$ 闭合，使

+WO—3 FU—$2ST_{1-2}$—KAM_{4-9}—KM 线圈—4FU－WO　电路接通。

接触器 KM 受电动作，主接点闭合，使

+WO—KM_{6-1}—电机 M—KM_{2-7}—4FU－WO　电路接通。

油泵电机启动运转进行打压，接触器常开接点尺 KM_{10-15} 闭合发出油泵电机运转信号。同时接触器的另一对常开接点 KM_{4-9} 闭合，使

+WO—3FU—$1ST_{1-2}$—KM_{4-9}—KAM_{4-9}—KM_{3-8}—4 FU—－WO　电路接通。

+WO 通过 $1ST_{1-2}$ 接点向接触器线圈供电。当油压升到 27.2 MPa，$2ST_{1-2}$ 断开，但压力接点 $1ST_{1-2}$ 仍然闭合，油泵电机继续保持运转。油压继续升高到 27.93 MPa 后，$1ST_{1-2}$ 断开，接触器 KM 失电返回，油泵电机停止工作。

（3）压力异常闭锁信号。

当油压系统出了故障后，使得油压急速下降或升高时，对油泵电机应采取压力异常闭锁。运行中若油压低于 15.7 MPa 时，接点 $KP-K_2$ 闭合，使得中间继电器 KAM_{3-8} 受电动作，常闭接点 KAM_{4-9} 断开，切断油泵电机的启动回路，使电机停转。因为出现这种现象时，油泵电机继续运转也无法使油压恢复正常，必须采取必要的检修措施。若运行中油压高于 34.3 MPa 油泵仍继续工作，则接点 $KP-K_1$ 闭合，使中间继电器 KAM_{3-8} 受电动作后切断油泵电机的工作回路，使其停转。中间继电器 KAM 受电动作后，除切断油泵电机回路外，另一对接点 KAM_{10-5} 闭合发出"压力异常"的预告信号，指明液压机构内出了故障。

当压力低于 24 MPa 时（根据实际运行情况而定），$3ST_{2-4}$ 接点闭合，发出"液压降低"的预告信号，提醒值班员注意并及时排除。

（四）应用弹簧储能操作机构的 110 kV SF$_6$ 断路器控制信号回路

SF$_6$ 断路器是 110 kV 电压等级最常用的开关电器，以下选用西安西开高压电气股份有限公司生产的 LW25-126 型 SF$_6$ 绝缘弹簧机构断路器进行讲解。

1. 操作机构

LW25-126 型断路器操作机构的二次回路如图 3.3.5。图 3.3.5 为断路器操作机构控制回路图，黑加粗部分为合闸回路，灰加粗部分为跳闸回路，深灰色部分为储能电动机启动回路。主要元件的符号与名称对应关系如表 3.3.2 所示。

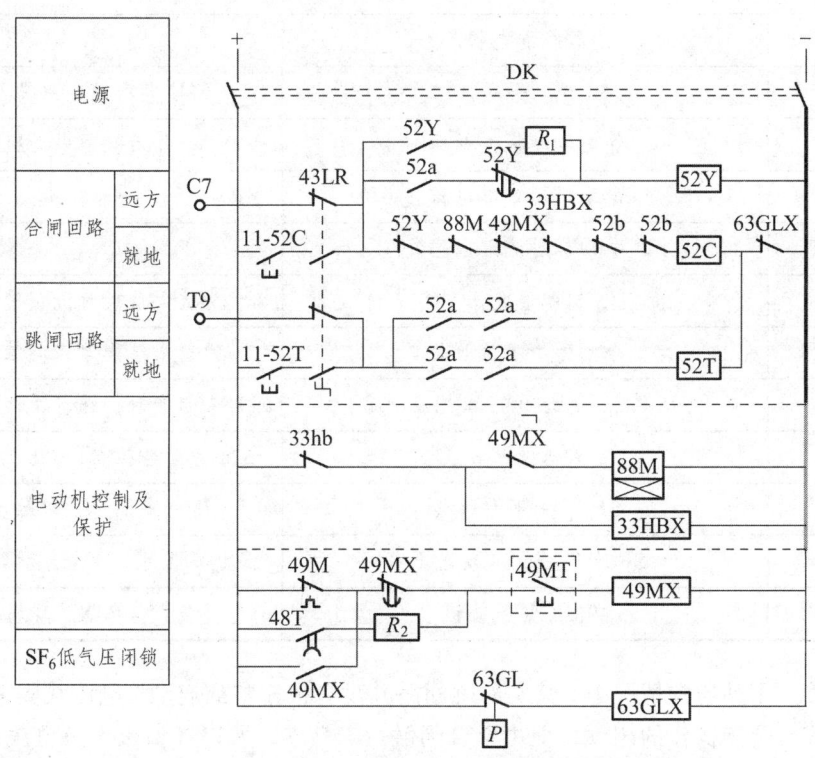

图 3.3.5 LW25-126 操作机构控制回路图

2. 合闸回路

（1）就地合闸。

43LR 在就地状态时，合闸回路由 11-52C、52Y 动断触点、88M 动断触点、49MX 动断触点、33HBX 动断触点、52b 动断触点、52C、63GLX 动断触点组成。合闸回路处于准备状态（按下 52C 即可合闸）时，需要满足以下条件：

① 52Y 动断触点闭合。52Y 是防跳继电器。防跳是指防止在手合断路器于故障线路且发生手合开关接点粘连的情况下，由于"线路保护动作跳闸"与"手合开关触点粘连"同时发生造成断路器在跳闸动作与合闸动作之间发生跳跃的情况。

传统防跳回路起作用是由跳闸开始的，即跳闸这个动作启动了防跳回路，在合闸于故障线路且合闸触点粘连的情况下，断路器跳闸后就不可能进行第二次合闸操作；在合闸于故障

表 3.3.2 LW25-126 断路器机构二次元件表

符号	名称	备注
11-52C	合闸操作按钮	手动合闸
11-52T	分闸操作按钮	手动跳闸
52C	合闸线圈	
52T	分闸线圈	
43LR	远方/就地切换开关	
52Y	防跳继电器	
8M	空气开关	储能电动机电源投入开关
88M	储能电动机接触器	动作后接通电动机电源
48T	电动机超时继电器	
49M	电动机过流继电器	
49MX	辅助继电器	反映电动机过流、过热故障
33hb	合闸弹簧限位开关	弹簧未储能时，其触点闭合
33HBX	辅助继电器	弹簧未储能时，通电，动断触点打开
52a、52b	断路器辅助触点	52a 为动合触点、52b 为动断触点
63GL	SF_6 气压压力触点	压力降低时，其触点闭合
63GLX	SF_6 低气压闭锁继电器	压力降低时，通电，动断触点打开
49MT	49MX 复归按钮	复归 49MX，现场增加

线路而合闸接点不粘连的情况下，其实防跳回路并没有被完整的启动（电压线圈未启动），实际上无法形成对合闸操作的闭锁，但由于合闸触点未粘连，所以在值班人员再次发出合闸命令前，断路器也不会进行第二次合闸操作；在合闸于正常线路且合闸触点不粘连的情况下，防跳回路完全不启动。

断路器机构箱防跳回路由合闸动作启动，只要粘连就启动，与线路状态无关。由于 52Y 的动作原理与传统防跳继电器有些不同，所以将 52Y 称为防跳继电器是不太严谨的，同样称为闭锁合闸继电器也不太合适。比较合适的说法是将 52Y 的动断触点串入合闸回路的目的在于可以在手合断路器后且发生手合开关触点粘连的情况下，断开断路器的合闸回路。

② 88M 动断触点闭合。88M 是合闸弹簧储能电机的接触器，它是由合闸弹簧限位开关 33hb 的动断触点启动的。断路器机构内有两条弹簧，分别是合闸弹簧与跳闸弹簧。合闸弹簧依靠电机牵引进行储能（拉伸），跳闸弹簧依靠合闸弹簧释放（收缩）时的势能储能。断路器的合闸操作是通过合闸弹簧势能释放带动相关机械部件完成的。断路器合闸动作结束后，合闸弹簧失去势能，即合闸弹簧处于未储能状态，合闸弹簧限位开关 33hb 动断触点闭合。33hb 动断触点闭合后启动 88M，88M 动合触点闭合接通电机电源使电机运转给合闸弹簧储能。同

时，88M 动断触点打开从而断开合闸回路，实现闭锁功能。

电机转动将合闸弹簧拉伸到一定程度后（即储能完成），33hb 动断触点打开使 88M 失电，88M 动合触点打开从而断开电动机电源使其停止运转，合闸弹簧由定位销卡死。同时，88M 动断触点闭合，解除对合闸回路的闭锁。在合闸弹簧再次释放前，电动机均不再运转。88M 动断触点闭合表示电动机停止运转。在排除电机故障的情况下，电动机停止运转在一定程度上表示合闸弹簧已储能。

将 88M 的动断触点串入合闸回路的目的在于，防止在弹簧正在储能的那段时间内（此时弹簧尚未完全储能）进行合闸操作。

③ 49MX 动断触点闭合。49MX 是一个中间继电器，是由电动机过流继电器 49M 或电动机超时继电器 48T 启动的，概括地说，它代表的是电动机故障。在电动机发生故障后，49M 或 48T 通过 49MX 的动断触点启动 49MX，而后 49MX 通过自身动合触点及电阻 R_2 实现自保持。同时，49MX 动断触点打开从而断开合闸回路，实现闭锁功能。49MX 动断触点闭合表示电动机正常。

从图 3.3.5 中可以看出，在 49MX 的自保持回路接通以后，存在无法复归的问题。即使电动机故障已经排除，49M 和 48T 已经复归，49MX 仍然处于动作状态。所以在 49MX 的自保持回路中串接了一个复归按钮（见图 3.3.5 中虚线框内的 49MT），解决了这个问题。

合闸弹簧释放（即合闸动作完成）后，将自动启动电动机进行储能。如果电动机存在故障，则合闸弹簧就不能正常储能，从而导致无法进行下一次合闸操作。例如手动合闸 110 kV 线路断路器成功后，如果电动机故障造成合闸弹簧储能失败而断路器继续运行，则在线路发生故障时，重合闸必然失败。将 49MX 的动断触点串入合闸回路的目的在于防止将合闸弹簧已储能但储能电动机已经发生故障的断路器合闸。

④ 33HBX 动断触点闭合。33HBX 是一个中间继电器，它是由合闸弹簧限位开关 33hb 的动断触点启动的。33hb 动断触点闭合表示的是合闸弹簧未储能，它同时启动电动机接触器 88M 和合闸弹簧未储能继电器 33HBX，88M 的动合触点接通电机电源回路进行储能，33HBX 的动断触点打开从而断开合闸回路，实现闭锁功能。33HBX 的动断触点闭合表示的是合闸弹簧已储能。

将 33HBX 的动断触点串入合闸回路的目的在于，防止在弹簧未储能时进行合闸操作，若无此动断触点断开合闸回路，则会由于合闸保持继电器 KLC 的作用导致合闸线圈 52C 持续通电而被烧毁。

⑤ 断路器的动断辅助触点 52b 闭合。断路器的动断辅助触点 52b 闭合表示的是断路器处于分闸状态。从图 3.3.5 中可以看出，有两个 52b 的动断触点串联接入了合闸回路，这和传统控制回路图纸中的一个动断触点的画法是不一致的。这是因为，断路器的辅助触点和断路器的状态在理论上是完全对应的，但是在实际运行中，由于机件锈蚀等原因都可能造成断路器变位后辅助接点变位失败的情况。将两对辅助触点串联使用，可以确保断路器处于这种接点所对应的状态。

将断路器动断辅助触点 52b 串入合闸回路的目的在于，保证断路器此时处于分闸状态，更重要的是，52b 用于在合闸操作完成后切断合闸回路。

⑥ 63GLX 的动断触点闭合。63GLX 是一个中间继电器，它是由监视 SF_6 密度的气体继电器 63GL 的动断触点启动的。由于泄漏等原因都会造成断路器内 SF_6 的密度降低，无法满

足灭弧的需要，这时就要禁止对断路器进行操作以免发生事故，通常称为 SF_6 低气压闭锁操作。63GLX 启动后，其动断触点打开，合闸回路及跳闸回路均被断开，断路器即被闭锁操作。

与前面几对闭锁触点不同的是，63GLX 闭锁的不仅仅是合闸回路。从图 3.3.5 中，我们可以明显地看出，这对触点闭锁的是合闸及跳闸两个回路，所以它的意义是闭锁操作。

将 63GLX 的动断触点串入操作回路的目的在于，防止在 SF_6 密度降低不足以安全灭弧的情况下进行操作而造成断路器损毁。

在满足以上六个条件后，断路器的合闸回路即处于准备状态，可以在接到合闸指令后完成合闸操作。

（2）远方合闸。

对断路器而言，远方合闸是指一切通过微机操作箱发来的合闸指令，它包括微机线路保护重合闸、自动装置合闸、使用微机测控屏上的操作把手合闸、使用综合自动化系统后台软件合闸、使用远动功能在集控中心合闸等，这些指令都是通过微机操作箱的合闸回路传送到断路器机构箱内的合闸回路的。

这些合闸指令其实就是一个高电平的电信号（我们也可以简单地认为它就是直流正电源），当 43LR 处于远方状态时，它通过 43LR 以及断路器机构箱内的合闸回路与负电源形成回路，启动 52C 完成合闸操作。

断路器的远方合闸回路，除了 43LR 在远方位置且无 11-52C 外，与就地合闸回路是一样的。

3. 跳闸回路

（1）就地跳闸。

43LR 在就地状态时，跳闸回路由跳闸按钮 11-52T、52a 动合触点、52T 和 63GLX 动断触点组成。跳闸回路处于准备状态（按下 11-52T 即可成功跳闸）时，断路器需要满足以下条件：

① 断路器的动合辅助触点 52a 闭合。断路器的动合辅助触点 52a 闭合表示的是"断路器处于合闸状态"。从图 3.3.5 中可以看出，跳闸回路使用了 52a 的四对动合触点。每两对动合触点串联，然后再将它们并联，这样既保证了辅助触点与断路器位置的对应关系，又减少了辅助触点故障对断路器跳闸造成影响的几率。

将断路器动合辅助触点 52a 串入跳闸回路的目的在于，保证断路器处于合闸状态，更重要的是，52a 用于在跳闸操作完成后切断跳闸回路。

② 63GLX 的动断触点闭合。

（2）远方跳闸。

对断路器而言，远方跳闸是指一切通过微机操作箱发来的跳闸指令，包括微机保护跳闸、自动装置跳闸、使用微机测控屏上的操作把手跳闸、使用综合自动化系统后台软件跳闸、使用远动功能在集控中心跳闸等，这些指令都是通过微机操作箱的跳闸回路传送到断路器的。

这些跳闸指令其实就是一个高电平的电信号，在 43LR 处于远方状态时，它通过 43LR 以及断路器机构箱内的跳闸回路与负电源形成回路，启动 52T 完成跳闸操作。

4. 辅助回路

辅助回路指的是除合闸回路、跳闸回路之外的其他电气回路，包括信号回路、电动机回路、加热器回路。

（1）信号回路。

所谓信号回路实际均是无源接点，可接入光字牌报警系统或微机测控装置，主要包括：SF_6 压力降低报警、SF_6 压力降低闭锁操作、电动机故障、合闸弹簧未储能等。

（2）电动机回路。

电动机回路包括电动机控制回路和电动机电源回路。电动机控制回路由合闸弹簧限位开关 33hb 的动断触点和电动机接触器 88M 组成。合闸弹簧释放后，33hb 动断触点闭合启动 88M，而后 88M 启动电动机开始运转给合闸弹簧储能。

电动机在断路器合闸后开始再次运转储能。储能完成后，在第二次合闸前，合闸弹簧一直处于已储能状态，与断路器在此期间是否跳闸无关。如此即可保证在断路器合闸后，即使断路器机构在再次储能完成后失去电动机电源，仍然可以在断路器跳闸后进行一次合闸操作。例如：110 kV 线路在故障跳闸后的重合闸操作所需的能量，是在断路器第一次合闸后就开始储备并留存待用的，而不是在跳闸后才开始储备的。

（3）加热器回路。

加热器回路由温湿度控制器 KT 自动控制。当断路器机构箱内温度偏低、湿度偏高时，KT 的动合触点闭合启动加热器，对断路器机构箱进行加热、除潮，避免环境原因对断路器机构运行造成影响。

资讯单

学习情境三	牵引变电所的二次回路	学时	
学习子情境 3	断路器的控制信号回路	学时	12
资讯方式	在图书馆、专业杂志、互联网及教师给的资讯指导上查询问题；咨询任课教师		
资讯问题	1. 二次回路的概念是什么？		
	2. 看断路器的控制信号回路的关键点是什么？		
	3. 如何读断路器的控制信号回路图？		
	4. 断路器的控制方式有几种？		
	5. LW2-W/F6 型控制开关的接点状态如何？		
	6. +WC、-WC 的含义是什么？		
	7. +WO、-WO 的含义是什么？		
	8. +WF 的含义是什么？		
	9. +WAS 的含义是什么？		
	10. +WS、-WS 的含义是什么？		
	11. 在电磁型操动机构的断路器控制信号回路中为什么设专门的+WO、-WO？		
	12. 断路器的辅助接点 QF_1、QF_2 在正常时的状态是什么？		
	13. 分析电磁操动机构的断路器的控制信号回路时有哪几个回路？		
	14. 在弹簧储能操动机构的断路器控制信号回路中限位开关的作用是什么？		
	15. 液压操动机构的断路器控制信号回路中，液压操动机构的动作原则是什么？		
	16. 52C 和 52T 的含义是什么？		
	17. LW25-126 型 SF_6 绝缘弹簧机构断路器就地合闸需要满足哪些条件？		
	18. 弹簧操作机构的断路器其电动机在什么时候启动？		
资讯引导	以上问题可以在本教程的学习信息、《牵引变电所运行检修规程》、《牵引变电所》精品课程网站、互联网、专业资料等处查找。		

 计划和决策单

计划和决策单见附录附表 3.3.1。

 **实 施**

1. 根据教材图 3.3.2 说明图中各二次设备符号的名称，并分析电磁型操作机构的断路器控制信号回路的动作原理。

答：(1) 各符号含义：YC_____   YT_____
QF$_1$、QF$_2$_____   KMC_____   FU_____
1SA_____   2SA_____   KLA_____
KML_____，有_____线圈和_____线圈   KTP_____
KCP_____   KC_____   KO_____
HLR_____   HLG_____

(2) 手动合闸回路分析。

现在各设备的状态：断路器处于_____，常开辅助触点 QF$_2$_____，触点 QF$_1$_____，控制开关 2SA 手柄在_____位，防跳继电器 KML 和闭锁合闸继电器 KLA 均处于正常状态，此时有以下几个电路接通：

① _____
② _____
表明现象是：_____

所内操作时，转换开关 1SA 处于"所内"位，1SA$_{2-1}$闭合，将控制开关 2SA 转至"合闸"位时，发出合闸操作命令脉冲，使以下几个电路接通：

① _____
② _____
③ _____
④ _____
⑤ _____
表明现象是：_____
_____
_____

(3) 分闸回路。

现在各设备的状态：断路器处于_____，常开辅助触点 QF$_2$_____，触点 QF$_1$_____，控制开关 2SA 手柄在_____位，防跳继电器 KML 和闭锁合闸继电器 KLA 均处于正常状态，此时有以下几个电路接通：

① _____
② _____
表明现象是：_____
_____

将控制开关 2SA 转至"分闸"位时，发出分闸操作命令脉冲，使以下几个电路接通：

①_____
②_____
③_____
④_____
表明现象是：_____
_____
_____

（4）事故自动分闸回路。

当一次电路发生短路故障时，相应的继电保护装置动作，保护出口继电器的常开接点 $KPE_{9\text{-}10}$_____，有以下几个电路接通：

①_____
②_____
表明现象是：_____
_____
_____

（5）事故信号。

当线路上有故障，保护动作于分闸时，有以下几个电路接通：

①_____
②_____
③_____
④_____
表明现象是：_____
_____
_____

2. 依据实施 1 的例子分析教材图 3.3.3 弹簧储能型操作机构的真空断路器控制信号回路的动作原理。

3. 依据实施 1 的例子分析教材图 3.3.4 液压型操作机构的断路器控制信号回路的动作原理。

4. 依据实施 1 的例子分析教材图 3.3.5 弹簧储能型操作机构的 SF_6 断路器控制信号回路的动作原理。

检查单

检查单见附录附表 3.3.2。

 ## 评价单

评价单见附录附表 3.3.3。

 ## 备忘录

序号	操作	问题	解决问题的方法
1			
2			

备 注

学习子情境 4　隔离开关的控制信号回路

学习任务书

小组编号：_____　　　成员名单：_____

学习任务描述

通过本情境的学习，要求能够做到：学会牵引变电所高压隔离开关的控制信号回路的识图分析。

学习任务：隔离开关的控制信号回路。
学习对象：隔离开关的控制信号回路图纸。
工　　具：生产文件、工作工具、量具等。
学习步骤：
（1）熟悉牵引变电所一次、二次设备的文字符号。
（2）熟悉隔离开关的正常运行状态。
（3）熟悉各种二次设备的连接关系。
（4）熟悉二次回路常用符号。
（5）熟悉断路器与隔离开关的控制关系。
（6）学习隔离开关控制信号回路，并分析图纸。

学习方法

资讯：接受学习任务，根据引导问题，通过学习查找资料、网络信息等，建立总体印象。
计划：与小组成员、老师、师傅讨论如何读隔离开关控制和信号回路图。
决策：与老师或师傅进行专业交流，确定本项目的工作步骤和涉及的工具，拟定检查、评价标准。
实施：按确定的工作步骤完成行动化学习任务，发现问题，共同分析，遇到无法解决的问题时请老师或师傅帮助解决。
检查：（1）生产文件准备好了吗？
　　　　（2）工具准备好了吗？
　　　　（3）安全事项有哪些？
评价：与同学、老师、师傅进行专业交流，有改进的建议吗？

学习目标

（1）识别牵引变电所各高压开关的运行状态。
（2）对所内各高压断路器和隔离开关进行距离控制，进行分合闸操作。
（3）依据隔离开关控制信号回路图纸进行识图分析。

行动化学习任务

第一部分：进行隔离开关控制信号回路分析的学习

任务1：熟悉牵引变电所一次、二次设备的文字符号。
任务2：熟悉二次回路常用符号。
任务3：熟悉隔离开关的正常运行状态。
任务4：熟悉断路器和隔离开关的闭锁关系。
任务5：对隔离开关控制信号回路进行分析。

第二部分：读图训练

任务6：电磁型操作机构的隔离开关控制信号回路。
任务7：联动操作的断路器与隔离开关的控制信号回路。

学习信息

隔离开关实行距离控制时，它的合、分闸操作通过电动操作机构实现。图 3.4.1 所示为采用 CJ_2 型电动操作机构的隔离开关控制和信号电路展开图。

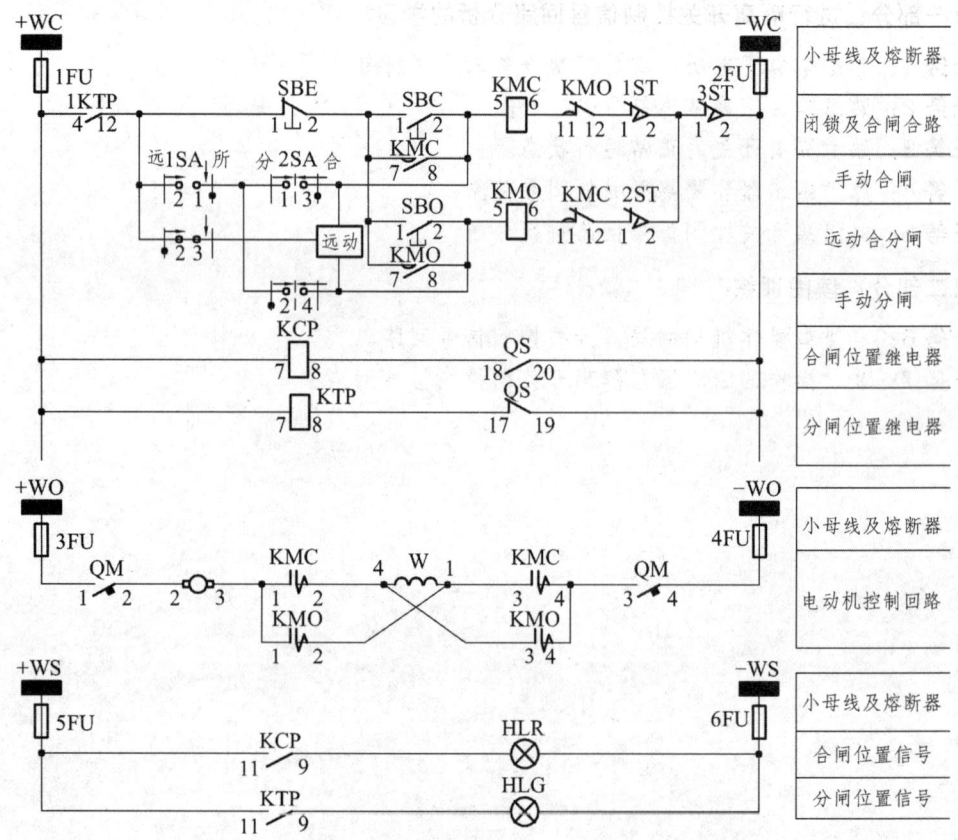

图 3.4.1　应用 CJ_2 型电动操作机构隔离开关的控制信号回路

SBC—合闸按钮；SBO—分闸按钮；SBE—紧急停机按钮；QM—自动空气开关；
KMC—合闸接触器；KMO—分闸接触器

隔离开关控制电路具有以下特点：

（1）通过转换开关 1SA 的切换，隔离开关即可进行远动操作，又能进行所内距离操作。通过手动/电动行程开关 3ST 的转换，隔离开关既能在操作机构箱内通过控制按钮进行就地分、合闸电动操作，又能通过机械手柄进行手动操作。

（2）依靠隔离开关控制回路中接触器的主触点切换，来改变直流串激式电动机励磁绕组的受电极性，使电动机改变转向而达到分、合闸目地。

（3）分、合闸完毕后，通过行程开关接点转换，能自动切断电动机控制回路。

行程开关主要用于将机械位移转变为电信号，用来控制机械动作或用作程序控制和限位控制。图中 ST 为 LX19-OO1B 型行程开关，共有两对接点，ST_{1-2} 为常闭接点（不受外力时闭合的接点），ST_{3-4} 为常开接点（受外力时闭合的接点），接点的打开或闭合由主轴的定位件控制。由于分、合闸控制回路分别接在分闸行程开关 2ST、合闸行程开关 1ST 的常闭接点上，当隔离开关在合位时，主轴定位件接触并抵压合闸行程开关 1ST，$1ST_{1-2}$ 断开，2ST 不受主轴定位件抵压，$2ST_{1-2}$ 闭合，使控制回路为下次分闸做好准备。当隔离开关在分位时，则 $2ST_{1-2}$ 断开，$1ST_{1-2}$ 闭合，使控制回路为下次合闸做好准备。

3ST 是手动/电动操作转换行程开关，它受手摇分、合闸操作挡板控制。正常时，挡板处于电动位置，3ST 不受挡板抵压，$3ST_{1-2}$ 闭合，隔离开关能进行电动操作分合闸。当电气控制回路故障或检修时，把挡板转换至手动操作位，挡板抵压 3ST，$3ST_{1-2}$ 断开，切断电动操作分合闸回路。此时，隔离开关通过机械手柄能进行当地手摇分、合闸操作，而不能进行电动操作。

（4）断路器与隔离开关联动操作时，见图 3.4.2，断路器的分闸位置继电器常开接点 $1KTP_{1-9}$ 串入隔离开关的分闸回路，隔离开关的合闸位置继电器常开接点 $2KCP_{1-9}$ 串入断路器合闸回路，实现断路器与隔离开关的位置联锁，保证了联动操作顺序的正确性。

（5）断路器与隔离开关联动操作时，分、合闸继电器均有自保持回路，以保证断路器和隔离开关能可靠的分合闸操作。

（6）事故分闸时，只分断路器，不分隔离开关，以利于自动重合闸。

（7）断路器与隔离开关联动操作时，一般采用三灯制音响监视控制电路。断路器与隔离开关共用一套位置信号装置，断路器与隔离开关在合位时，位置信号灯亮红灯，断路器与隔离开关在分位时亮绿灯，当事故跳闸时，断路器在分位，隔离开关在合位，位置信号灯亮白灯。

一、隔离开关所内距离操作

断路器与隔离开关的位置联锁是由断路器的分闸位置继电器常开接点入隔离开关的控制电路来实现的。当断路器在合闸状态时，1KTP 不受电，隔离开关控制电路因 $1KTP_{4-12}$ 断开而闭锁。

所内距离操作时，"远动/所内"选择开关 1SA 处于"所内"位，$1SA_{2-1}$ 闭合。手动/电动选择开关 3ST 处于电动位，$3ST_{1-2}$ 闭合；同时，紧急停止按钮接点 SBE_{1-2}、电机电源空气开关 QM 处于闭合状态，为隔离开关进行距离操作做好了准备。

1. 合闸操作

合闸前，断路器在分位，$1KTP_{4-12}$ 闭合。隔离开关在分位，分闸行程开关常闭接点 $2ST_{1-2}$ 断开合闸行程开关的常闭接点 $1ST_{1-2}$ 闭合；分、合闸接触器都不受电，KMC_{11-12}、KMO_{11-12} 处于闭合状态。

合闸时，将控制开关"2SA"转至合闸位，$2SA_{1-3}$ 闭合，使

+WC—1FU—$1KTP_{4-12}$—$1SA_{2-1}$—$2SA_{1-3}$—KMC_{5-6}—KMO_{11-12}—$1ST_{1-2}$—$3ST_{1-2}$—2FU——WC 电路接通。

合闸接触器线圈 KMC 受电动作，KMC_{7-8} 闭合，对合闸接触器线圈进行电源自保持；同时，常开接点 KMC_{1-2}、KMC_{3-4} 闭合，使

+WO—3FU—QM_{1-2}—电机转子绕组—KMC_{1-2}—电机励磁绕组 W_{4-1}—KMC_{3-4}—QM_{3-4}—4FU——WO 电路接通。

电动机顺时针方向旋转，通过机械传动装置，推动隔离开关合闸。隔离开关将合闸到位时，分闸行程开关 2ST 不再受主轴定位件的抵压，其常闭接点 $2ST_{1-2}$ 闭合，为隔离开关的分闸操作做好准备。同时，主轴上的定位件接触并抵压合闸行程开关 1ST，$1ST_{1-2}$ 断开，合闸接触器线圈失电，KMC_{1-2}、KMC_{3-4} 断开返回，自动切断电机回路，使电机停转。隔离开关合闸到位时，隔离开关本体辅助接点 QS_{18-20} 闭合，合闸位置继电器 KCP 受电，KCP_{11-9} 闭合，位置信号灯 HLR 亮红光，指示隔离开关在合闸位置。

2. 分闸操作

隔离开关分闸时，将控制开关，"2SA"转至分闸位，$2SA_{2-4}$ 闭合，使

+ WC—1FU—$1KTP_{4-12}$—$1SA_{2-1}$—$2SA_{2-4}$—KMO_{5-6}—KMC_{11-12}—$2ST_{1-2}$—$3ST_{1-2}$—2FU—
− WC 电路接通。

分闸接触器线圈受电动作，KMO_{7-8} 闭合，对分闸接触器线圈进行电源自保持；KMO_{1-2}、KMO_{3-4} 闭合，使

+ WO—3FU—QM_{1-2}—电机转子绕—KMO_{1-2}—电机励磁绕组 W_{1-4}—KMO_{3-4}—QM_{3-4}—4FU— − WO 电路接通。

由于接通的励磁绕组极性与合闸时相反，电动机逆时针方向旋转，使隔离开关分闸。

隔离开关分闸到位后，分闸行程开关 $2ST_{1-2}$ 断开，分闸接触器线圈失电，KMO_{1-2}、KMO_{3-4} 断开返回，自动切断电动机回路，电机停止转动。

分闸完毕后，隔离开关辅助接点 QS_{17-19} 闭合，分闸位置继电器 KTP 受电，KTP_{11-9} 闭合，位置信号灯 HLG 亮绿光，表示隔离开关在分位。

正常运行时，通过牵引变电所主控室或远动中心对隔离开关进行距离操作，但在事故情况或者检修、试验时可以在操作机构箱内通过控制按钮进行当地分合闸操作，其工作原理与距离操作类似。

二、隔离开关与断路器的联动操作

断路器与隔离开关联动操作时，两者的控制电路应能保证自动实现正确的操作程序，即在合闸操作时，应先操作隔离开关合闸，然后再操作断路器合闸；分闸操作时，应先操作断路器分闸，然后再操作隔离开关分闸，如图 3.4.2 所示。

1. 合闸操作

所内距离操作时，远动/所内选择开关 1SA 处于所内位，$1SA_{2-1}$ 闭合；再把控制开关 2SA 转到合闸位，$2SA_{1-3}$ 闭合，发出合闸命令脉冲，使

+ WC—1FU—$1SA_{2-1}$—$2SA_{1-3}$—KLA_{22-23}—KC 线圈—2FU— − WC 电路接通。

合闸继电器 KC 受电动作，使

（1）KC_3 闭合，通过断路器分闸位置继电器常开接点 $1KTP_{2-10}$ 对手动合闸继电器 KC 进行电源自保持。

（2）KC_1 闭合，由于断路器合闸回路中串入了隔离开关合闸位置继电器的接点 2KCP1-9，隔离开关在未合闸完毕时 $2KCP_{1-9}$ 断开而闭锁断路器的合闸回路，断路器不能进行合闸，保证了二者操作顺序的正确性。

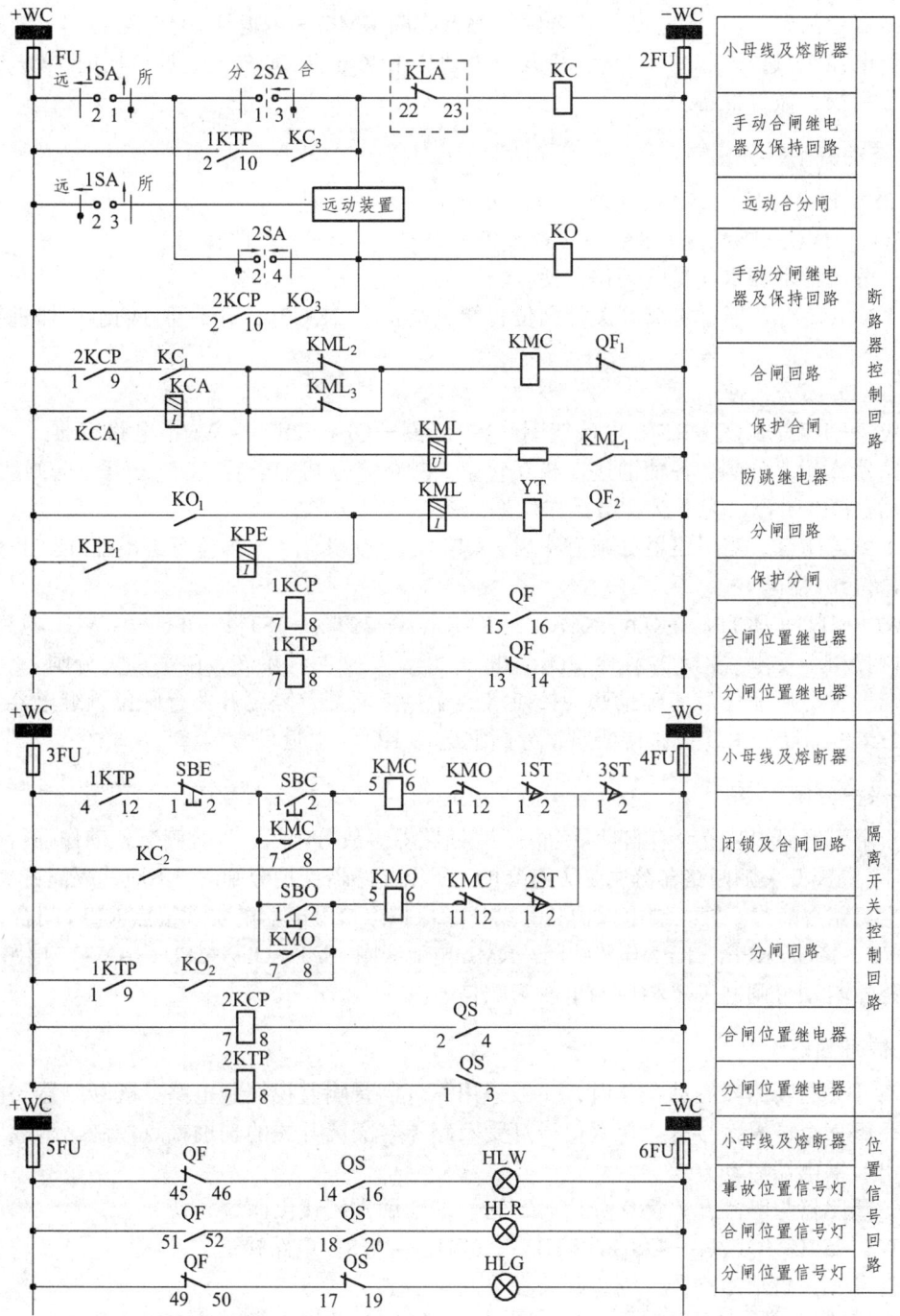

图 3.4.2 应用 CD₂ 型电磁操作机构断路器与 CJ₂ 型电动操作机构隔离开关的控制信号回路

（3）KC₃ 闭合，使隔离开关合闸（合闸原理同单独操作合闸）。隔离开关合闸到位后，合闸位置继电器 2KCP 受电，2KCP₁₋₉ 闭合。使

+WC—1FU—2KCP₁₋₉—KC₁—KML₂ 或 KML₃—KMC—QF₁—2FU—-WC 电路接通。

断路器的合闸接触器线圈受电动作，其常开主接点闭合，使合闸线圈 YC 受电动作，断路器动作于合闸。

断路器合闸到位后，QF_1 断开使合闸接触器线圈 KMC 失电返回。QF_{13-14} 断开，断路器分闸位置继电器 1KTP 失电，$1KTP_{2-10}$ 打开，手动合闸继电器 KC 失电返回，同时，QF_2 闭合，为下次分闸操作做好准备。

2．手动分闸

将 2SA 转至分位，$2SA_{2-4}$ 接通，发出分闸命令脉冲，使

+WC—1FU—$1SA_{2-1}$—$2SA_{2-4}$—KO 线圈—2FU—-WC 电路接通。

手动分闸继电器 KO 受电动作，使

（1）KO_3 闭合，通过隔离开关合闸位置继电器接点 $2KCP_{2-10}$ 对手动分闸继电器进行电源自保持。

（2）KO_1 闭合，使

+WC—1FU—KO_1—KML 电流线圈—YT 线圈—QF_2—2F—-WC 电路接通。

断路器作用于分闸，各辅助接点相互转换。断路器分闸完毕后，QF_2 断开，分闸线圈 YT 失电返回。QF_1 闭合，为下次合闸操作做好准备。

（3）KO_2 闭合，当断路器分闸完毕后，QF_{13-14} 接点闭合，分闸位置继电器 1KTP 受电，$1KTP_{1-9}$ 闭合，使

+WC—3FU—$1KTP_{1-9}$—KO_2—KMO_{5-6}—KMC_{11-12}—$2ST_{1-2}$—$3ST_{1-2}$—2FU—-WC 电路接通。

分闸接触器受电，KMO_{1-2}、KMO_{3-4} 闭合，电动机逆时针旋转，隔离开关分闸。

隔离开关分闸完毕后，辅助联动接点 QS_{2-4} 接点断开，隔离开关合闸位置继电器 2KCP 失电，$2KCP_{2-10}$ 断开 KO 自保持回路，分闸继电器 KO 失电返回。

3．保护分闸

由于牵引网保护装置设有自动重合闸，当断路器事故分闸后，重合闸装置动作强行合闸一次。此时，隔离开关随断路器分闸是无意义的。所以断路器保护分闸时，不应使隔离开关分闸。馈线发生短路故障时，馈线继电保护装置动作，保护出口继电器的常开接点 KPE_1 闭合，使

+WC—1FU—KPE_1—KPE 电流线圈—KML 电流线圈—YT—QF_2—2FU—-WC 电路接通。

断路器自动分闸并发出相应的事故音响信号。

4．信号回路

隔离开关与断路器联动操作时，一般采用三灯制音响监视控制电路，既断路器与隔离开关共用一组三个位置信号灯。位置信号灯受断路器与隔离开关的辅助接点控制。事故音响采用保护出口继电器启动方式。

（1）断路器与隔离开关都在分位时，它们的辅助常闭接点闭合，使

+WS—5FU—QF_{49-50}—QS_{17-19}—HLG—6FU—-WS 电路接通。

绿灯发光，指示断路器、隔离开关在分闸位。

（2）断路器与隔离开关在合位时，断路器与隔离开关辅助常开接点闭合，使

+WS—5FU—QF_{51-52}—QS_{18-20}—HLR—6FU—-WS 电路接通。

红灯受电发光，指示断路器与隔离开关在合位。

（3）馈线发生故障时，继电保护装置使断路器自动跳闸，其辅助常闭接点 QF_{45-46} 闭合，此时，隔离开关在合位，其辅助常开接点 QS_{14-16} 闭合，使

+WS—5FU—QF_{45-46}—QS_{14-16}—HLW—6FU—-WS 电路接通。

白灯 HLW 受电发光，指示断路器在事故跳闸位置。

 资 讯 单

学习情境三	牵引变电所的二次回路	学时	
学习子情境4	隔离开关的控制信号回路	学时	6
资讯方式	在图书馆、专业杂志、互联网及教师给的资讯指导上查询问题；咨询任课教师		
资讯问题	1. 二次回路的概念是什么？ 2. 看隔离开关的控制信号回路的关键点是什么？ 3. 如何读隔离开关的控制信号回路图？ 4. 隔离开关的控制方式有几种？ 5. 隔离开关在操作时遵循的原则是什么？ 6. +WC、-WC 的含义是什么？ 7. +WO、-WO 的含义是什么？ 8. +WS、-WS 的含义是什么？ 9. KTP 的含义是什么？ 10. KMC、KMO 的含义是什么？ 11. KO、KC 的含义是什么？ 12. 隔离开关在合闸状态时，其常开辅助接点和常闭辅助接点的状态是什么？ 13. KPE 的含义是什么？ 14. QF 的含义是什么？ 15. 绿灯、红灯分别表明隔离开关的位置状态是什么？ 16. 白灯表明隔离开关的位置状态是什么？ 17. 在隔离开关与断路器的联动操动中需注意什么内容？ 18. 电动操动的隔离开关和手动操动的隔离开关在备用时状态一样吗？		
资讯引导	以上问题可以在本教程的学习信息、《牵引变电所运行检修规程》、"牵引变电所"精品课程网站、互联网、专业资料等处查找。		

 计划和决策单

计划和决策单见附录附表 3.4.1。

 实 施

1. 根据教材图 3.4.1 说明图中各二次设备符号的名称，并分析电磁型操作机构的隔离开关控制信号回路的动作原理。

答：（1）各符号含义： WC_____ QS_____
QF_____ KMC_____ FU_____
1SA_____ 2SA_____ KLA_____
KML_____，有_____线圈和_____线圈 KTP_____
KCP_____ KC_____ KO_____
HLR_____ HLG_____

（2）手动合闸回路分析。

现在各设备的状态：_____
_____
_____

以下几个电路接通：
①_____
②_____

表明现象是：_____

所内操作时，转换开关 1SA 处于"所内"位，$1SA_{2\text{-}1}$ 闭合，将控制开关 2SA 转至"合闸"位时，发出合闸操作命令脉冲，使以下几个电路接通：
①_____
②_____
③_____
④_____
⑤_____

表明现象是：_____
_____
_____

（3）分闸回路。

现在各设备的状态：_____
_____
_____

以下几个电路接通：
①_____
②_____

表明现象是：_____
_____
_____

将控制开关 2SA 转至"分闸"位时，发出分闸操作命令脉冲，使以下几个电路接通：
①_____
②_____
③_____
④_____
表明现象是：_____
_____
_____

2. 依据实施 1 的例子分析教材图 3.4.2 断路器与隔离开关联动操作控制信号回路的动作原理。

答：(1) 手动合闸回路分析。

现在各设备的状态：_____
_____
_____

以下几个电路接通：
①_____
②_____
表明现象是：_____

所内操作时，转换开关 1SA 处于"所内"位，$1SA_{2-1}$ 闭合，将控制开关 2SA 转至"合闸"位时，发出合闸操作命令脉冲，使以下几个电路接通：
①_____
②_____
③_____
④_____
⑤_____
表明现象是：_____
_____
_____

(2) 分闸回路。

现在各设备的状态：_____
_____
_____

以下几个电路接通：

① _____

② _____

表明现象是：_____

_____

_____

将控制开关 2SA 转至"分闸"位时，发出分闸操作命令脉冲，使

① _____

② _____

③ _____

④ _____

表明现象是：_____

_____

_____

（3）事故自动分闸回路。

当一次电路发生短路故障时，相应的继电保护装置动作，保护出口继电器的常开接点 KPE$_{9\text{-}10}$_____，有以下几个电路接通：

① _____

② _____

表明现象是：_____

_____

_____

（4）事故信号。

当线路上有故障，保护动作于分闸时，有以下几个电路接通：

① _____

② _____

③ _____

④ _____

表明现象是：_____

_____

_____

 检查单

检查单见附录附表 3.4.2。

 ## 评价单

评价单见附录附表 3.4.3。

 ## 备忘录

序号	操作	问题	解决问题的方法
1			
2			

备 注

学习子情境5 音响信号二次回路

学习任务书

小组编号：_____　　　　成员名单：_____

学习任务描述

通过本情境的学习，要求能够做到：学会音响信号二次回路的识图。

学习任务：音响信号二次回路。

学习对象：音响信号二次回路图纸。

工　　具：生产文件、工作工具、量具等。

学习步骤：

（1）熟悉牵引变电所一次、二次设备的文字符号。

（2）熟悉断路器、隔离开关的正常运行状态。

（3）熟悉各种二次设备的连接关系。

（4）熟悉二次回路常用符号。

（5）熟悉不同的音响信号回路。

（6）学习音响信号回路，并分析图纸。

学习方法

资讯：接受学习任务，根据引导问题，通过学习查找资料、网络信息等，建立总体印象。

计划：与小组成员、老师、师傅讨论音响信号回路在牵引变电所工作的影响及意义。

决策：与老师或师傅进行专业交流，确定本项目的工作步骤和涉及的工具，拟定检查、评价标准。

实施：按确定的工作步骤完成行动化学习任务，发现问题，共同分析，遇到无法解决的问题时请老师或师傅帮助解决。

检查：（1）生产文件准备好了吗？

　　　　（2）工具准备好了吗？

　　　　（3）安全事项有哪些？

评价：与同学、老师、师傅进行专业交流，有改进的建议吗？

学习目标

（1）识别牵引变电所各高压开关的运行状态。

（2）熟悉所内各种音响信号回路。
（3）进行音响信号回路图纸的识图分析。

行动化学习任务

第一部分：进行音响信号回路分析的学习

任务1：熟悉牵引变电所一次、二次设备的文字符号。
任务2：熟悉二次回路常用符号。
任务3：熟悉各种二次设备的连接关系。
任务4：对音响信号回路进行分析。

第二部分：读图训练

任务5：闪光信号回路。
任务6：预告信号回路。
任务7：其他中央信号回路。

 学习信息

自从变电所实现综合自动化后，已彻底取消了原有的中央信号和音响系统。但是在某些非综合自动化变电所仍在运行，因其设计巧妙、物美价廉，在许多用户站中也得到了大量使用。同时该回路是一个比较完善的系统图，所以需要对其有比较清楚的认识。

一、信号回路

1. 信号回路的作用

在变配电所中，为了使运行值班人员及时掌握电气设备的工作情况，除了利用测量仪表反映设备的运行情况外，还必须用信号及时地显示出电气设备的工作状态，例如，断路器是处在合闸位置还是跳闸位置，是自动跳闸还是手动跳闸，隔离开关是处在闭合位置还是处在断开位置等。当电气设备发生事故或出现不正常工作情况时，应发出各种灯光和音响信号，唤起值班人员的注意，帮助分析判断事故的范围和地点或不正常运行情况的具体内容等。信号装置对变配电所安全稳定运行起着重要作用。

2. 信号回路的组成

信号回路包括中央音响信号（提醒值班人员）、断路器位置信号（正常情况下指示断路器的位置状态，发生事故时帮助值班人员判明是何设备或回路发生了事故跳闸）、光字牌信号（发生异常情况时提示值班人员是何设备发生了什么性质的异常情况）、信号继电器掉牌信号（发生事故时告诉值班人员是何种保护动作，从而帮助值班人员判明大致是何种性质的故障）。

3. 中央信号系统的作用分类

变配电所的信号回路一般包括：位置信号、事故信号及预告信号回路。

4. 对信号回路的基本要求

（1）断路器事故跳闸时，能及时发出事故音响信号（蜂鸣器声），同时相应的信号灯闪光，信号继电器掉牌，对应的光字牌灯亮显示发生事故的类型。

（2）当主设备或线路发生不正常运行时，能及时发出预告音响信号（警铃声），同时相应的光字牌灯亮显示出发生不正常的性质。

（3）音响信号应能重复动作，并能自动及手动解除音响信号。

（4）对事故音响信号和预告音响信号，应能进行回路完好试验。

二、信号回路

1. 位置信号

（1）隔离开关位置信号。

电动式位置指示器常采用 MK-9T 型位置指示器，如图 3.5.1 所示。

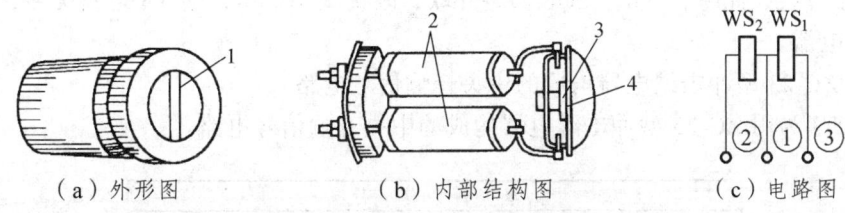

图 3.5.1 MK-9T 型位置指示器

1、4—黑色标示条；2—电磁铁线圈；3—衔铁；①~③—线圈

（2）有载调压变压器调压分接头位置信号有灯盘式传送指示器和数码管式位置指示器两种。

2. 事故信号

（1）中央复归重复动作的事故信号装置。

中央信号系统由事故信号与预告信号两部分组成，事故信号除了上面的灯光信号外，还必须要有音响信号，事故信号用电笛，预告信号分瞬时预告信号和延时预告信号，预告信号用电铃，音响信号需要有自动复归重复动作的功能。中央复归能重复动作的事故信号装置的特点，是利用冲击继电器使信号装置能重复动作，如图 3.5.2 所示。

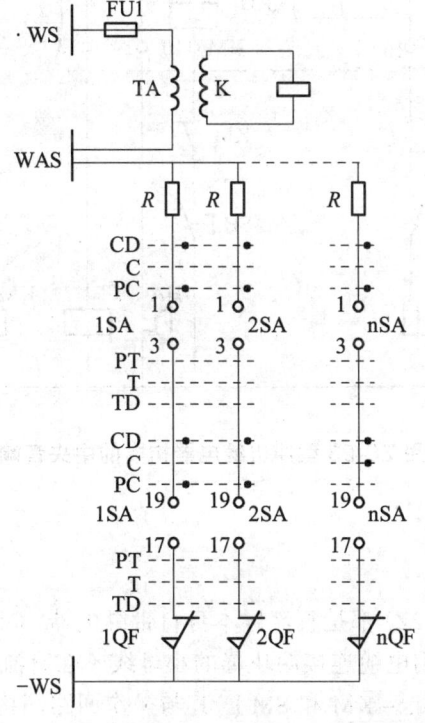

图 3.5.2 中央复归重复动作的事故信号装置

线路正常输电时，QF 处于闭合状态，其常闭辅助接点断开，SA 处于合闸后状态，1-3、17-19 闭合，TA 无电流流过。

线路 1 故障，保护跳闸，SA 位置不变，1QF 跳开，其常闭辅助接点闭合，将"-"电源加至 WAS 小母线，使 TA 电流突变，启动冲击信号继电器。

线路 2 故障，保护跳闸，SA 位置不变，2QF 跳开，其常闭辅助接点闭合，将"-"电源加至 WAS 小母线，此时，1QF、2QF 回路并联，阻抗减小一半，使 TA 电流突变，再次启动冲击信号继电器。

（2）用 ZC-23 型冲击继电器构成的中央音响信号电路。

如图 3.5.3 为用 ZC-23 型冲击继电器构成的中央音响信号电路。

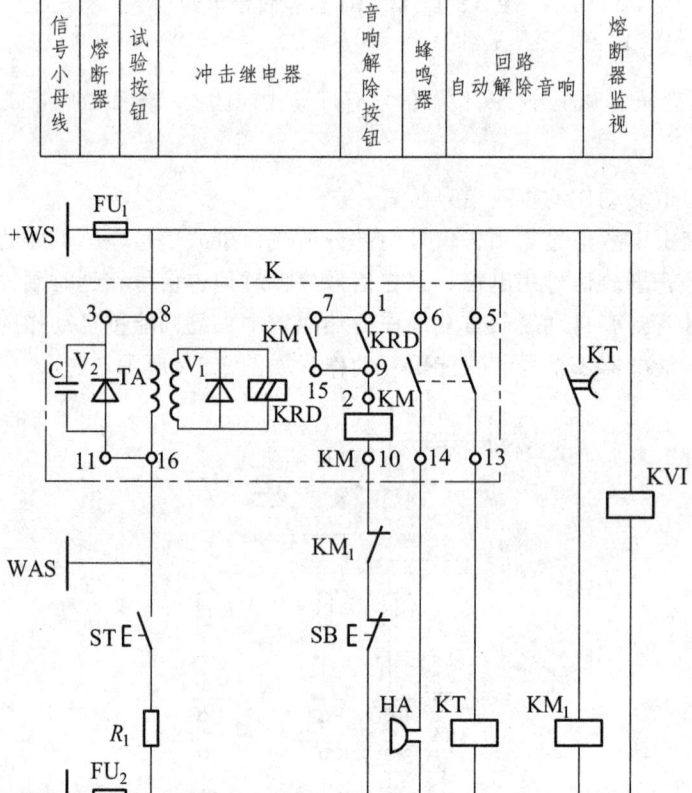

图 3.5.3　用 ZC-23 型冲击继电器构成的中央音响信号电路

3. 预告信号

（1）闪光回路。

闪光回路的继电器 1ZJ、2ZJ 都是直流屏本身自带继电器，闪光小母线（+）SM 编号 100 装设在直流屏和控制屏，再用电缆连接两块屏的小母线（在直流屏上均能看见以三个端子为一组的端子排，分别为 +KM，-KM 和 SM）。其与操作回路图构成的闪光回路可用图 3.5.4、图 3.5.5 表示。

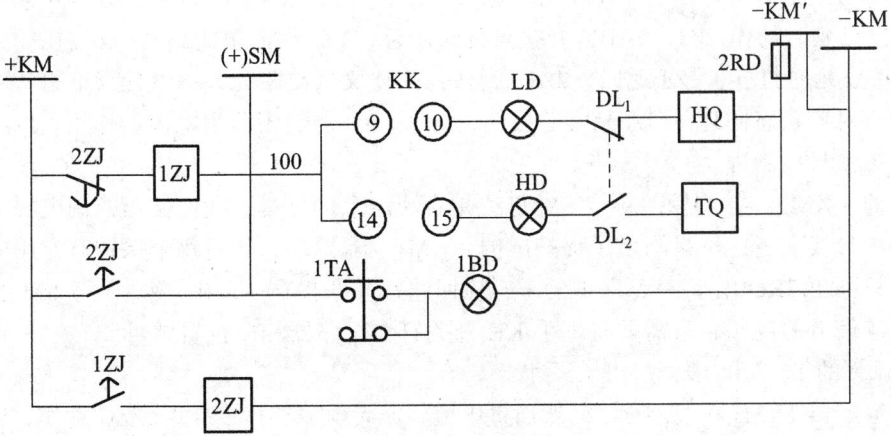

图 3.5.4 闪光回路 1

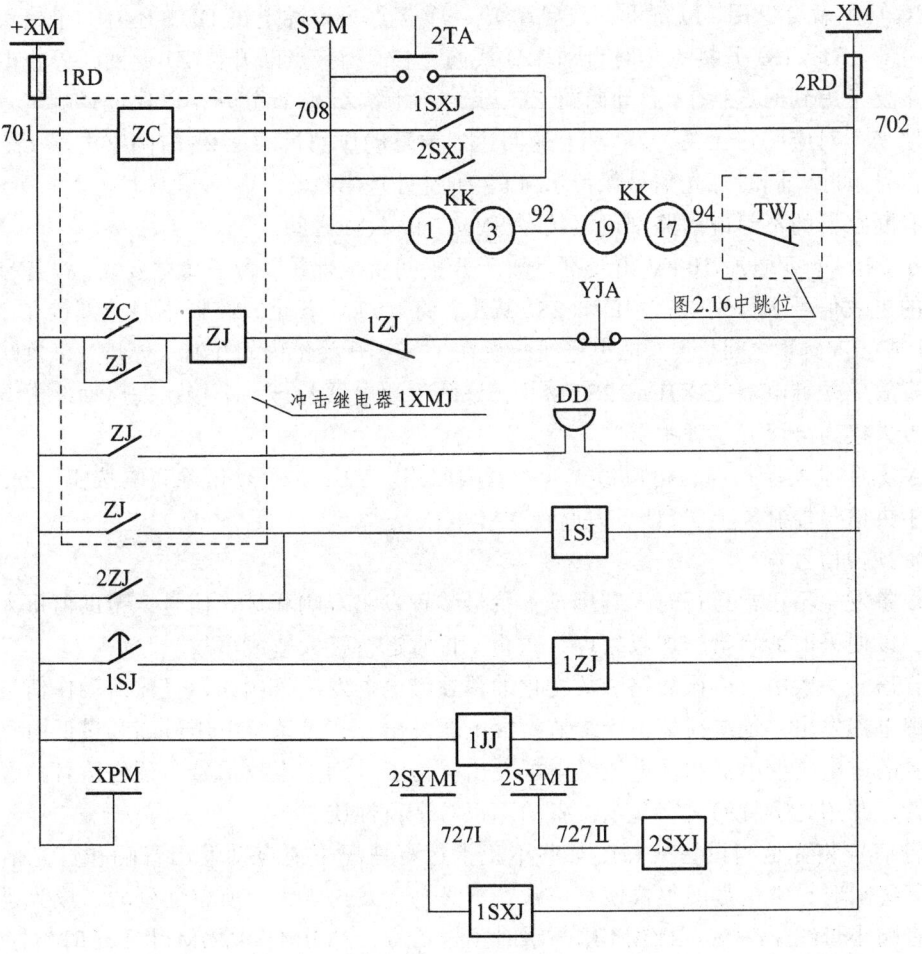

图 3.5.5 闪光回路 2

KK 开关的 9、10 是合后状态，14、15 是分后状态。当 KK 在合后状态，断路器在分闸时，负电源通过不对应回路与（+）SM 接通，由于 1ZJ 线圈电阻存在，LD 发出暗光，同时 1ZJ 时间接点延时动作 2ZJ，2ZJ 常开接点延时闭合，1ZJ 线圈被短路，LD 发出明光，同时 2ZJ 常闭接点延时打开，1ZJ 返回，2ZJ 也返回，LD 又发出暗光，一直延续下去。断路器在合闸时的不对应状态同理。1TA 是实验按钮，白灯 1BD 能起到监视电源的作用，1TA 和 1BD 装设在中央信号控制屏。

这里的 +KM、-KM 和（+）SM 母线是直流屏上的母排，我们接出控制电源后到每块保护屏的小母线上（这里只画出了保护屏的 -KM'小母线），然后每个保护有专用的控制保险（这里只画出 2RD），每一路保护的不对应回路都并联接在 -KM' 和（+）SM 之间。

不对应信号的复归，只需要将把手 KK 开关打在短路器相应位置即可。

KK 开关的 1、3 和 19、17 是合后状态。

冲击继电器 1XMJ 在线圈 ZC 突然通过电流，或者电流突然变化时，ZC 动作，当电流稳定时，ZC 返回。

在不对应瞬间 ZC 线圈通过突变电流，ZC 启动 ZJ 线圈，ZJ 的一个接点自保持 ZJ 线圈（因为 ZC 马上就会返回，以备下一次启动），一个接点去启动电笛 DD，还有一个接点去启动时间继电器 1SJ，1SJ 开接点延时启动 1ZJ 线圈，1ZJ 闭接点断开让 ZJ 返回，停止电笛。这个回路主要考虑到两点：① 启动回路 ZC 与音响回路 ZJ 装置分开，以保证音响装置一经启动即与原来不对应回路无关，ZC 马上返回达到重复动作的目的；② 时间继电器 1SJ 很快能将音响信号解除（同时灯光信号保留），以免干扰处理事故。

所有断路器的不对应回路都可以接在 SYM 和 -XM 之间。

由于 220 kV 变电所 10 kV 出线都是属于开关间就地保护，为了简化接线，按各母线段装设单独的事故信号小母线 2SYMI 和 2SYMⅡ。将 10 kV 各个断路器不对应都接在 XPM 和 2SYMI 或 2SYMⅡ 之间。该三根小母线装设在 10 kV 开关柜内。当 10 kV 开关事故跳闸时首先启动事故信号继电器 2SXJI 或 2SYMⅡ，该两个继电器各自一个接点去启动冲击继电器，一个接点去接通分段光字牌报警。

2TA 是手动实验按钮，可以每天检查音响回路。YJA 是手动解除音响按钮。2TA、YJA 装设在中央信号控制屏上。1JJ 可以监视 XM 电压。

（2）预告信号。

当设备发生不正常运行时，利用预告信号装置发出音响和灯光信号，帮助值班人员及时地发现，以便采取适当措施加以处理，防止不正常运行扩大造成事故。

预告信号一般由反应该回路参数变化的单独继电器发出，例如，轻瓦斯动作信号由变压器气体继电器发出，绝缘损坏由绝缘监察继电器发出，直流系统电压过高和过低由直流电压监察装置的过电压继电器和低电压继电器发出。为了区别于事故信号，预告信号的音响装置采用警铃，并用光字牌的文字显示设备的不正常运行性质。

预告信号装置是当设备故障或某些不正常运行情况下能自动发出音响和灯光信号的装置。对某些瞬时异常信号能很快恢复正常，不必马上发出告警，所以加延时，成为延时预告信号。音响小母线 1YBM、2YBM 用与瞬时预告信号，3YBM、4YBM 用于延时预告信号。

结合图 3.5.5 与图 3.5.6 会发现音响回路为了简化接线是作为整体来设计，相互之间有联系，所有元件统一编号。1RD、2RD 是事故信号保险，3RD、4RD 是预告信号保险。

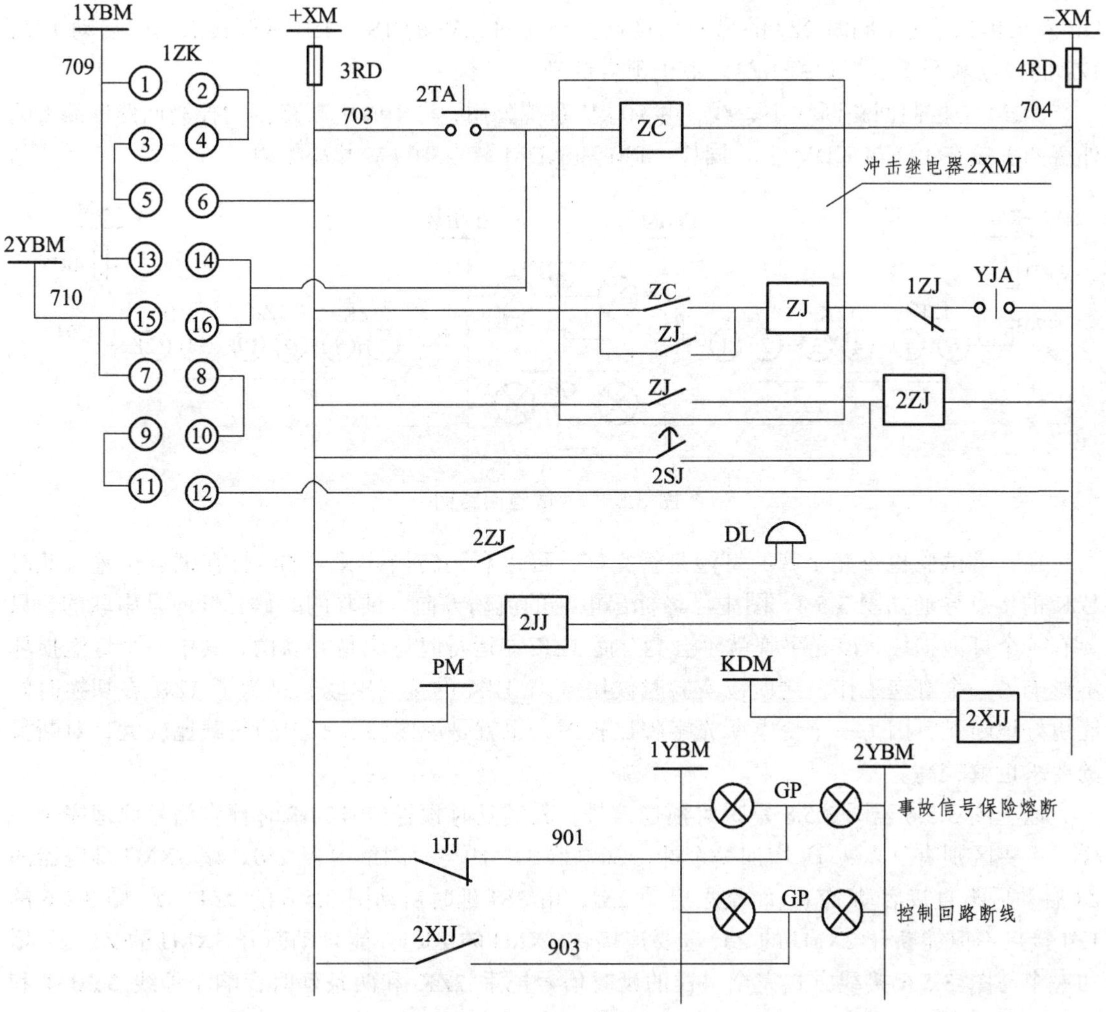

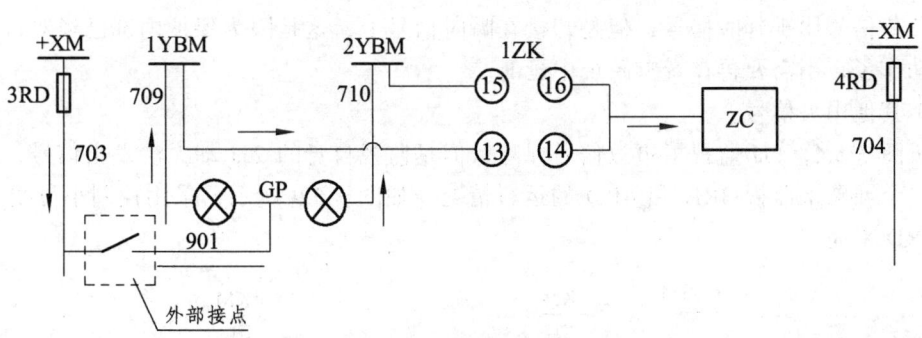

图 3.5.6　预告信号 1

图 3.5.7　预告信号 2

结合图 3.5.6 与图 3.5.7 来分析预告信号的动作情况。

当图 3.5.7 外部信号接点动作时，图中已标出电流流动方向，相应的光字牌点亮，1ZK 打在运行位置，15 与 16，13 与 14 接通冲击继电器的 ZC 动作。与事故音响分析同理，电铃

DL 发出预告信号，同时 2ZJ 的另一个接点去启动图 2.37 的 1SJ，1SJ 常开接点延时启动 1ZJ，1ZJ 的接点断开图 3.5.6 中的 ZJ，中止预告信号。

KDM 是控制回路断线小母线，由 10 kV 系统公用，将 10 kV 断路器的控制回路断线（例外有图）接在 PM 与 KDM 上。同样，PM 和 KDM 装在 10 kV 开关柜内。

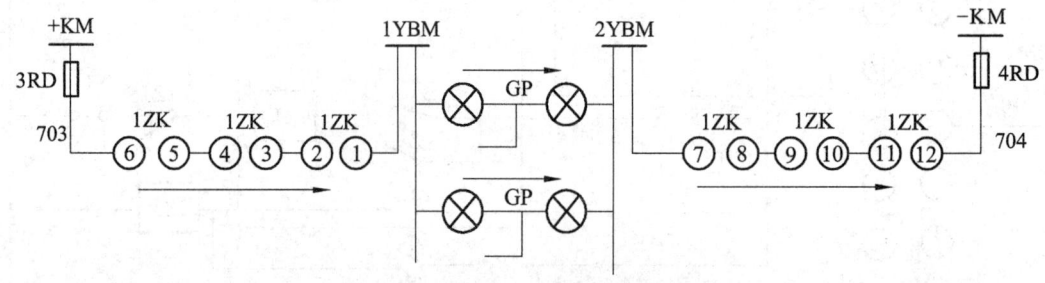

图 3.5.8 试验回路图

在日常试验检查光字牌的灯泡是否完好，可以利用转换开关 1ZK 打在试验位置，此时 1ZK 的接点导通如图 3.5.8，图中已经标出电流的流动方向。试验的时候，灯泡是串联的，只要有一个灯泡损坏，该光字牌就不会亮。而 1ZK 在运行时灯泡是并联的，其中一个灯泡损坏不影响另一个灯泡工作。之所以实验时候用 6 对 1ZK 的接点串联，是为了 1ZK 在切换时候能更好地断弧，因为一个变电所光字牌比较多，也就是说图 3.5.8 中的负载比较大，对断弧的要求也就较高。

以上图 3.5.6 至图 3.5.8 是瞬时预告信号。其实延时预告信号与瞬时预告信号原理完全一样。主要区别有三点：① 增加一个冲击继电器 3XMJ 与时间继电器 2SJ，该 3XMJ 继电器的 ZJ 启动后不直接启动 2ZJ，而是去启动 2SJ，由 2SJ 延时启动图 3.5.6 的 2ZJ。② 图 3.5.6 的 1ZJ 接点不但能断开 2XMJ 的 ZJ，也要连接在 3XMJ 的 ZJ 上，能自动断开 3XMJ 的 ZJ。③ 增加一个与图 3.5.6 接线方式完全一样的延时信号把手 2ZK 和两条延时音响小母线 3YBM 和 4YBM。

延时信号电源也是采用 703 和 704。

过负荷信号属于延时信号，但是却接在瞬时信号上，这是因为保护内部已经对过负荷接点延时动作了，不需要再在音响系统中延时。

（3）其他中央信号。

分析图 3.5.4，1JJ 监视了事故信号保险，但是监视自身的 2JJ 却无法发出信号，所以还要另设一个回路来监视 3RD 和 4RD 的运行情况，如图 3.5.9 所示，采用控制小母线 KM 和 5RD，6RD 来完成。

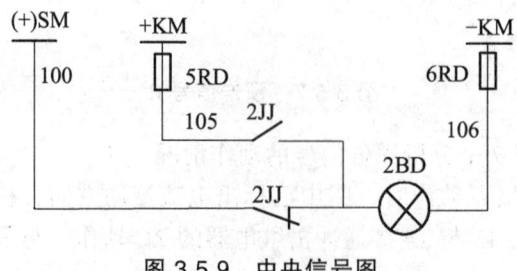

图 3.5.9 中央信号图

正常运行时，2JJ 开接点闭合，白灯 2BD 发出平光，同时也监视了 5RD 与 6RD 的运行情况，当 3RD、4RD 断开时，2JJ 闭接点闭合，BD 接在闪光小母线（+）SM 上发出闪光。

保护装置动作后，还同时伴随着机械掉牌，以便分析故障类型和保护动作情况，所以还设有"掉牌未复归"光字牌，如图 3.5.10 所示。

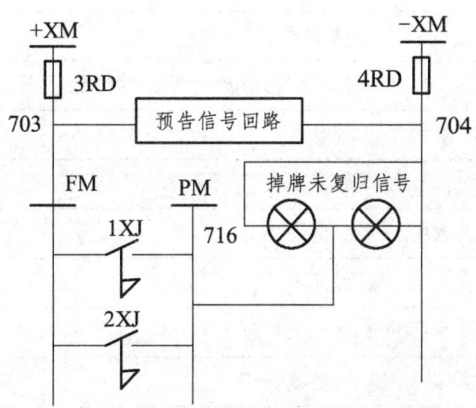

图 3.5.10　掉牌未复归信号回路

专门设计了"掉牌"小母线 FM 和 PM，电源与预告信号公用 3RD、4RD，小母线通常设置在保护屏的顶端，简化了二次接线。只要全站有一个信号继电器 XJ 未复归，"掉牌"光字牌都会亮，提醒工作人员手动复归。

有些局在保护实现微机化后就取消了 FM 和 PM，但很多用户站还在使用。

特别的，在图 3.5.10 可知，"掉牌"信号不需要发音响信号，因为之前的保护动作已经发出相应的音响。同理，重合闸光字牌也不需要发音响信号，因为之前的开关动作已经发出事故音响信号。重合闸光字牌接线如图 3.5.11 所示。

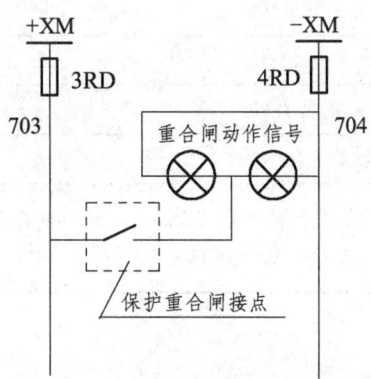

图 3.5.11　重合闸光字牌接线

 资讯单

学习情境三	牵引变电所的二次回路	学时	
学习子情境 5	音响信号回路	学时	4
资讯方式	在图书馆、专业杂志、互联网及教师给的资讯指导上查询问题；咨询任课教师		
资讯问题	1. 二次回路的概念是什么？ 2. 看音响信号回路的关键点是什么？ 3. 如何读音响信号回路图？ 4. 音响信号回路分哪几种方式？ 5. 音响信号的作用是什么？ 6. 对音响信号回路的要求是什么？ 7. 位置信号分哪两种？ 8. MK-9T 型的含义是什么？ 9. 有载调压变压器调压分接头位置信号分哪两种？ 10. 断路器的辅助接点 QF_1、QF_2 在正常时的状态是什么？ 11. 事故信号分哪两种？ 12. 中央信号装置有哪几种？ 13. 预告信号包含哪几种？ 14. XM 的含义是什么？ 15. SM 的含义是什么？ 16. YBM 的含义是什么？ 17. KM 的含义是什么？ 18. SYM 的含义是什么？		
资讯引导	以上问题可以在本教程的学习信息、《牵引变电所运行检修规程》、"牵引变电所"精品课程网站、互联网、专业资料等处查找。		

 计划和决策单

计划和决策单见附录附表 3.5.1。

📝 **实　施**

1. 根据教材图 3.5.2 说明图中各二次设备符号的名称，并分析中央复归重复动作的事故信号装置回路的动作原理。

答：（1）各符号含义：

_____

_____

_____

（2）动作原理：

_____

_____

_____

2. 根据教材图 3.5.4、图 3.5.5 说明图中各二次设备符号的名称，并分析闪光信号装置回路的动作原理。

答：（1）各符号含义：

_____

_____

_____

（2）动作原理：

_____

_____

_____

3. 根据教材图 3.5.6、图 3.5.7、图 3.5.8 说明图中各二次设备符号的名称，并分析预告信号装置回路的动作原理。

答：（1）各符号含义：

_____

_____

_____

（2）动作原理：

_____

_____

_____

4. 根据教材图 3.5.9、图 3.5.10、图 3.5.11 说明图中各二次设备符号的名称,并分析中央信号装置回路的动作原理。

答:(1)各符号含义:
_____
_____
_____

(2)动作原理:
_____
_____
_____

检查单

检查单见附录附表 3.5.2。

评价单

评价单见附录附表 3.5.3。

备忘录

序号	操作	问题	解决问题的方法
1			
2			

备注
_____
_____
_____

学习子情境6 主变测控保护装置二次回路

学习任务书

小组编号：_____ 　　成员名单：_____

学习任务描述

通过本情境的学习，要求能够做到：学会主变测控保护装置二次回路的识图。

学习任务：主变测控保护装置二次回路。
学习对象：主变测控保护装置二次回路图纸。
工　　具：生产文件、工作工具、量具等。
学习步骤：
（1）熟悉牵引变电所一次、二次设备的文字符号。
（2）熟悉各种二次设备的连接关系。
（3）熟悉二次回路常用符号。
（4）熟悉主变的保护关系。
（5）熟悉主变的控制关系。
（6）学习主变测控保护装置回路，并分析图纸。

学习方法

资讯：接受学习任务，根据引导问题，通过学习查找资料、网络信息等，建立总体印象。
计划：与小组成员、老师、师傅讨论主变测控保护装置对牵引变电所工作的影响及时处理的意义。
决策：与老师或师傅进行专业交流，确定本项目的工作步骤和涉及的工具，拟定检查、评价标准。
实施：按确定的工作步骤完成行动化学习任务，发现问题，共同分析，遇到无法解决的问题时请老师或师傅帮助解决。
检查：（1）生产文件准备好了吗？
　　　　（2）工具准备好了吗？
　　　　（3）安全事项有哪些？
评价：与同学、老师、师傅进行专业交流，有改进的建议吗？

学习目标

（1）识别牵引变电所各高压开关的运行状态。
（2）熟悉主变保护的类型及之间的相互关系。
（3）依据主变测控保护回路图纸进行识图分析。

行动化学习任务

第一部分：进行主变测控保护回路分析的学习

任务 1：熟悉牵引变电所一次、二次设备的文字符号。
任务 2：熟悉二次回路常用符号。
任务 3：熟悉主变的保护方式。
任务 4：熟悉各种设备的连接关系。
任务 5：对主变测控保护各种回路进行分析。

第二部分：读图训练

任务 6：主变保护回路。
任务 7：断路器控制信号回路。
任务 8：隔离开关控制信号回路。

 学习信息

电力变压器是电力系统重要的供电设备。它的故障将对供电可靠性和系统的正常运行带来严重的影响,因此,必须根据变压器的容量和重要程度装设可靠的继电保护装置。

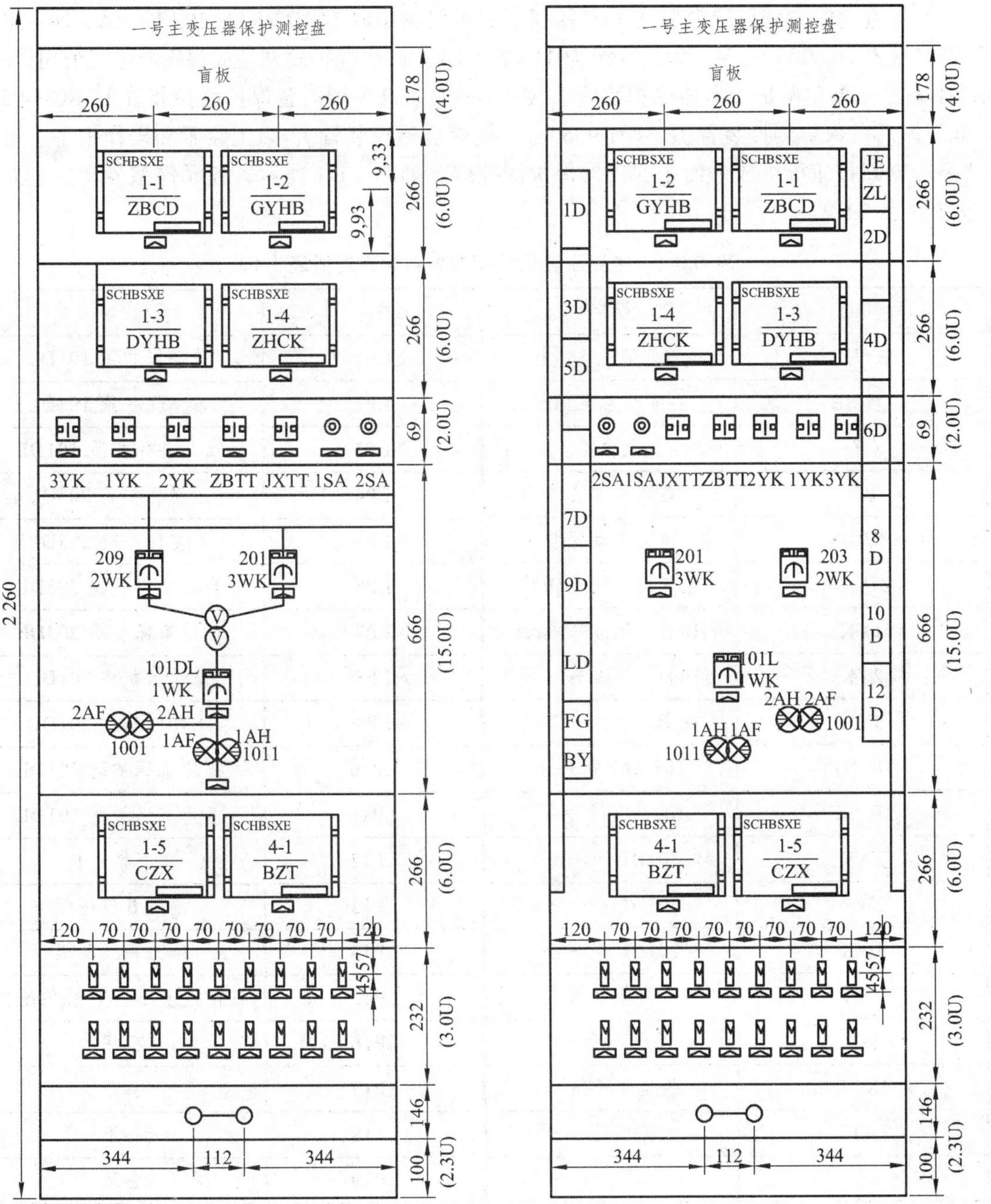

图 3.6.1 主变压器保护测控屏

变压器配置的继电保护可以分为本体保护和电气保护两类：变压器的本体保护也称为非电量保护，主要包括气体继电器动作、油位异常、油温异常等，这些现象可能是由变压器构造故障造成的，例如，变压器漏油，也有可能是电气原因造成但由非电气量反映的，例如，匝间短路导致变压器油产生气体进而启动气体继电器。变压器的电气保护依靠采集相关电流量、电压量完成。电气保护主要包括差动保护、电流速断保护、过负荷保护等。电气保护反映变压器的短路故障、接地故障以及变压器外部故障引起的变压器过电流等。

本章选用的主变压器模型是 V/V 接线牵引牵引变压器 110/27.5 kV 20 MV·A，即：主变压器容量为 20 000 kV·A，电压等级为 110/27.5 kV。微机保护模型是成都磁海电气公司产品：SCH-9521（差动保护及本体保护装置）、SCH-9531（高压侧后备保护测控装置）、SCH-9532（低压侧后备保护测控装置）、SCH-9553（主变综合测控装置），以上装置和操作把手、切换把手、复归按钮等组成一面主变压器保护测控屏，如图 3.6.1 所示，各元件型号和数量见表 3.6.1 和表 3.6.2。

表 3.6.1　主变压器保护测控屏各元件对照表（1）

符号	标字	符号	标字
GYHB	主变高后备保护	LP1	差动保护跳 101DL
DYHB	主变低后备保护	LP2	本体保护跳 101DL
CZI	操作箱	LP3	高后备保护跳 101DL
RII	备用电源自投	LP4	差动保护跳 203DL
ZBCD	主变差动保护	LP5	本体保护跳 203DL
ZHCK	主变综合测控保护	LP6	高后备保护跳 203DL
1YK	1011 远方—就地	LP7	低后备保护跳 203DL
2YK	1001 远方—就地	LP8	差动保护跳 201DL
3YK	主变 远方—就地	LP9	本体保护跳 201DL
1II-1IF	1011GK 合—分	LP10	高后备保护跳 201DL
2II-2IF	1001GK 合—分	LP11	低后备保护跳 201DL
1WK	101DL 合—分	LP12	重瓦斯压板
2WK	203DL 合—分	LP13	温度 II 段压板
3WK	201DL 合—分	LP14	压力释放压板
1SA	信号复归	LP15	备自投 1#/2# 并补跳位压板
2SA	备自投解锁	LP16	备用
JXTT	线路自投压板	LP17	备用
ZBTT	主变自投压板	LP18	备用
		LP19	备用
		LP20	备用

表 3.6.2　主变压器保护测控屏各元件对照表（2）

符号	元件	型号	规格	单位	数量	备注
1SA	复归按钮 1	LA39-50k	（1-2、3-4、5-6、7-8）信号复归	个	1	
2SA	复归按钮 2	LA39-50k	（1-2）信号复归	个	1	备自投解锁
JXTT	转换开关 2	YSC2201-59MOB	DC110V，6A	个	1	定位型（进线投退开关）
ZBTT	转换开关 1	YSC2201-59MOB	DC110V，6A	个	1	定位型（主变投退开关）
BZT	微机备用电源自投装置	SCH9571	DC110V，5A	台	1	
2AF-2AH	分闸/合闸按钮（带指示灯）	AD16-22D/R28，G28	DC110V	个	2	带绿红两个指示灯的按钮
2YK	远方—当地转换开关	YSC2201-59MOB	（1-2、3-4、5-6、7-8）	个	1	定位型
1AF-1AH	分闸/合闸按钮（带指示灯）	AD16-22D/R28，G28	DC110V	个	2	带绿红两个指示灯的按钮
1YK	远方—当地转换开关	YSC2201-59MOB	（1-2、3-4、5-6、7-8）	个	1	定位型
1LP～20LP	连片	JY1-2		个	20	
1WK～3WK	带灯转换开关	YSLC3102-E4AOBD11	（1-2、3-4）	个	3	自复型（带红绿灯）
3YK	远方—当地转换开关	YSC2405-59MOB	（1-2、3-4、5-6、7-8、9-10、11-12、13-14、15-16）	个	1	定位型
CZX	操作箱	SCH9593	DC110V，5A	台	1	
ZHCK	主变综合测控装置	SCH9593	DC110V，5A	台	1	
DYHB	主变低后备保护测控装置	SCH9532	DC110V，5A	台	1	
GYHB	主变高后备保护测控装置	SCH9531	DC110V，5A	台	1	
ZBCD	主变差动保护装置	SCH9521	DC110V，5A	台	1	

一、保护装置

以图 3.6.2 所示牵引变电所中 1#变压器主接线图为例，分析变压器的保护装置配置。

（一）SCH-9521 微机型变压器差动保护装置

主变压器差动保护的保护范围是主变压器各侧电流互感器用于差动保护二次绕组之间的全部设备，不仅是变压器本身，还包括导线、隔离开关等设备。在保护范围内设备正常运行时，理论上差动的电流应该是零；在保护范内设备发生故障时，差动的电流即不为零，保护元件即被启动。

SCH-9521 为微机型变压器差动保护装置，适用于 110 kV 及以下变压器常用的一种主保护，装置的二次回路包括交流电流回路、保护开入回路、出口回路及信号回路。

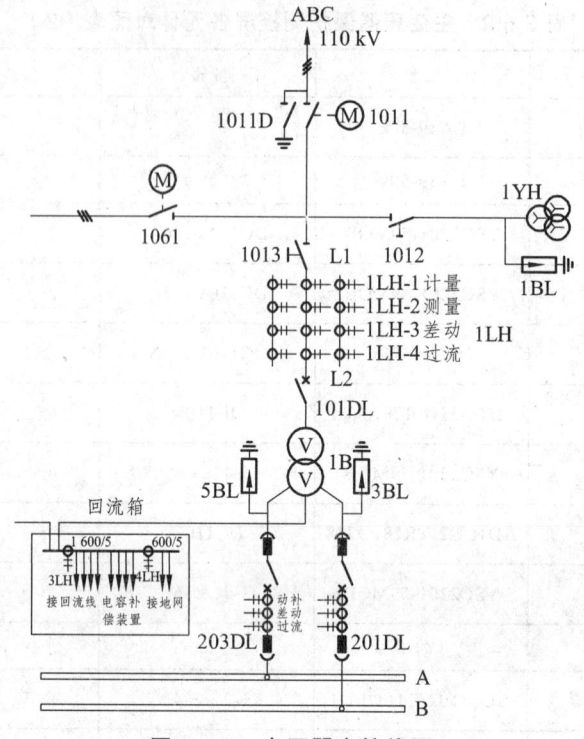

图 3.6.2　变压器主接线图

1. 电流回路

以图 3.6.2 所示主接线为例，SCH-9521 的电流回路接线如图 3.6.3 所示。差动保护在变压器高、低压侧的电流互感器均为星形接线。按照《机电保护和安全自动装置技术规程》（GB/T 14285—2006）的要求："电流互感器的二次回路必须有且只能有一点接地，一般在端子箱经端子排接地。但对于有几组电流互感器的连接在一起的保护装置，如母差保护、各种双断路器主接线保护等，则应在保护屏上经端子排接地。"微机型差动保护装置的各侧电流互感器之间没有直接连接在一起，它的各侧电流互感器应该分别接地，接地点设在各侧端子箱的端子排上。

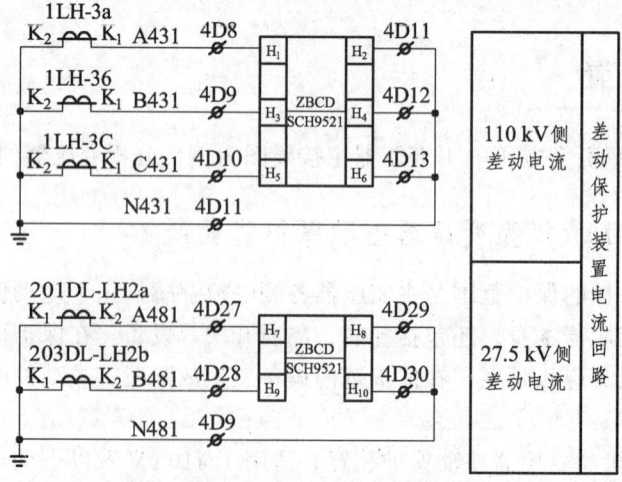

图 3.6.3　差动保护装置电流回路

2. 保护开入回路

SCH-9521 是微机保护装置，其开出只有无源触点，且均为跳闸继电器触点。差动保护动作后会向主变压器各侧进线断路器发出跳闸指令，其作用方式就是将这些无源接点接进各断路器的操作箱，即主变压器差动保护动作跳闸。差动保护开入回路如图 3.6.4 所示。

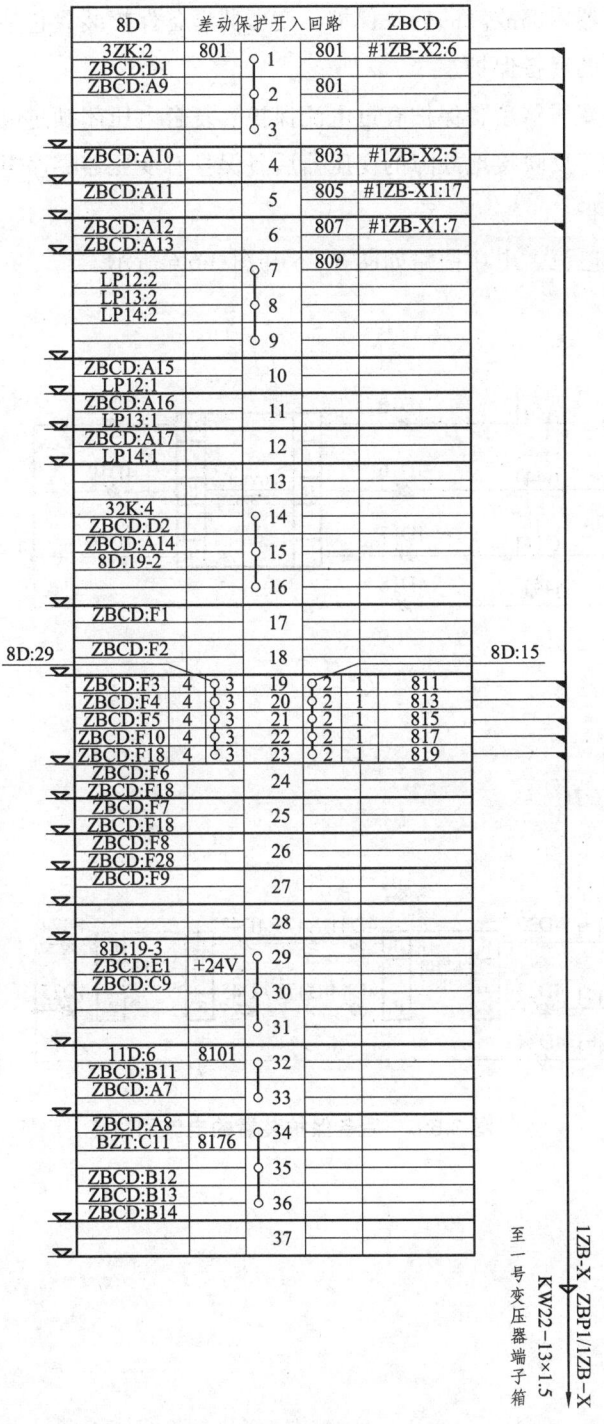

图 3.6.4　差动保护开入回路

（二）SCH-9531 和 SCH-9532 高、低压侧后备保护装置

变压器应装置反映外部接地、相间短路引起的过电流保护及中性点过电压保护装置，以作为相邻元件及变压器内部故障的后备保护。变压器后备保护装置包括反映相间故障的后备保护和反映接地故障的后备保护。

反映相间故障的变压器后备保护有过电流保护、复合电压闭锁过电流保护、复合电压闭锁的方向过电流保护。反映接地故障的变压器后备保护有变压器零序电流保护、零序电压保护及间隙零序电流保护。

后备保护装置的电流、电压回路如图 3.6.5 和图 3.6.6 所示。

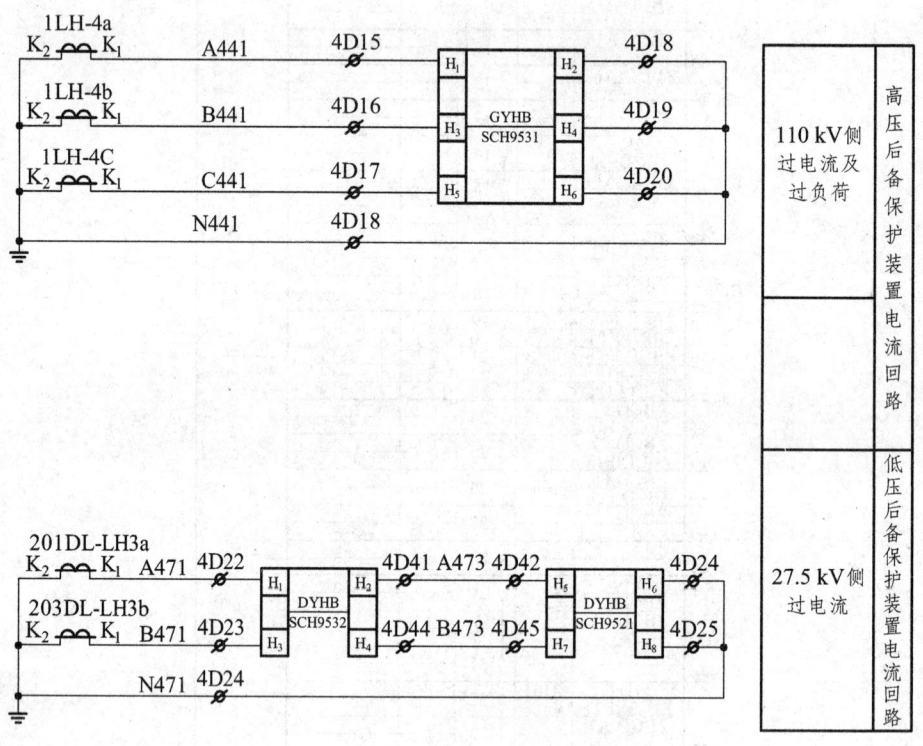

图 3.6.5　后备保护装置的电流回路

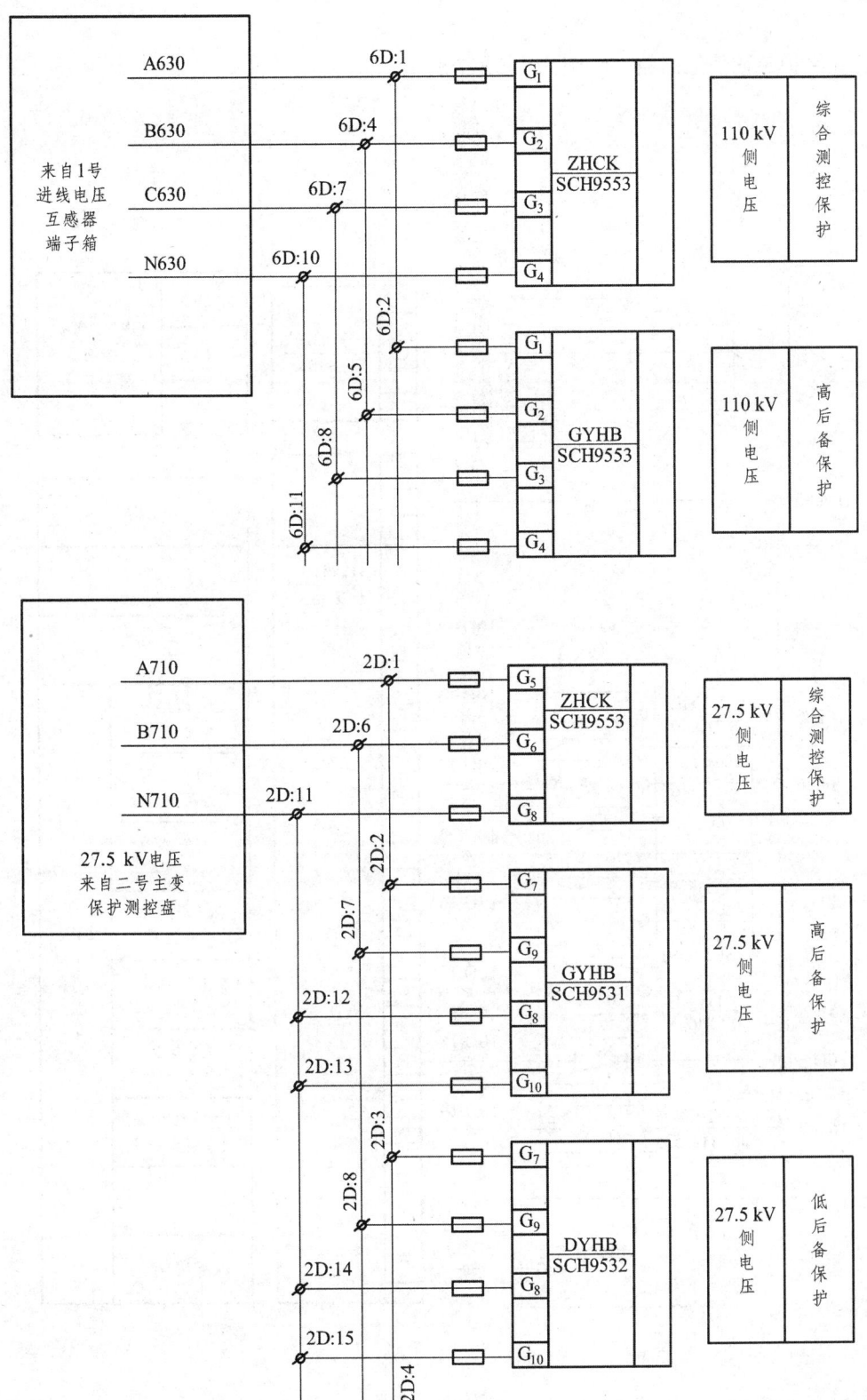

图 3.6.6 后备保护装置的电压回路

后备保护装置信号回路接线图如图 3.6.7 所示。

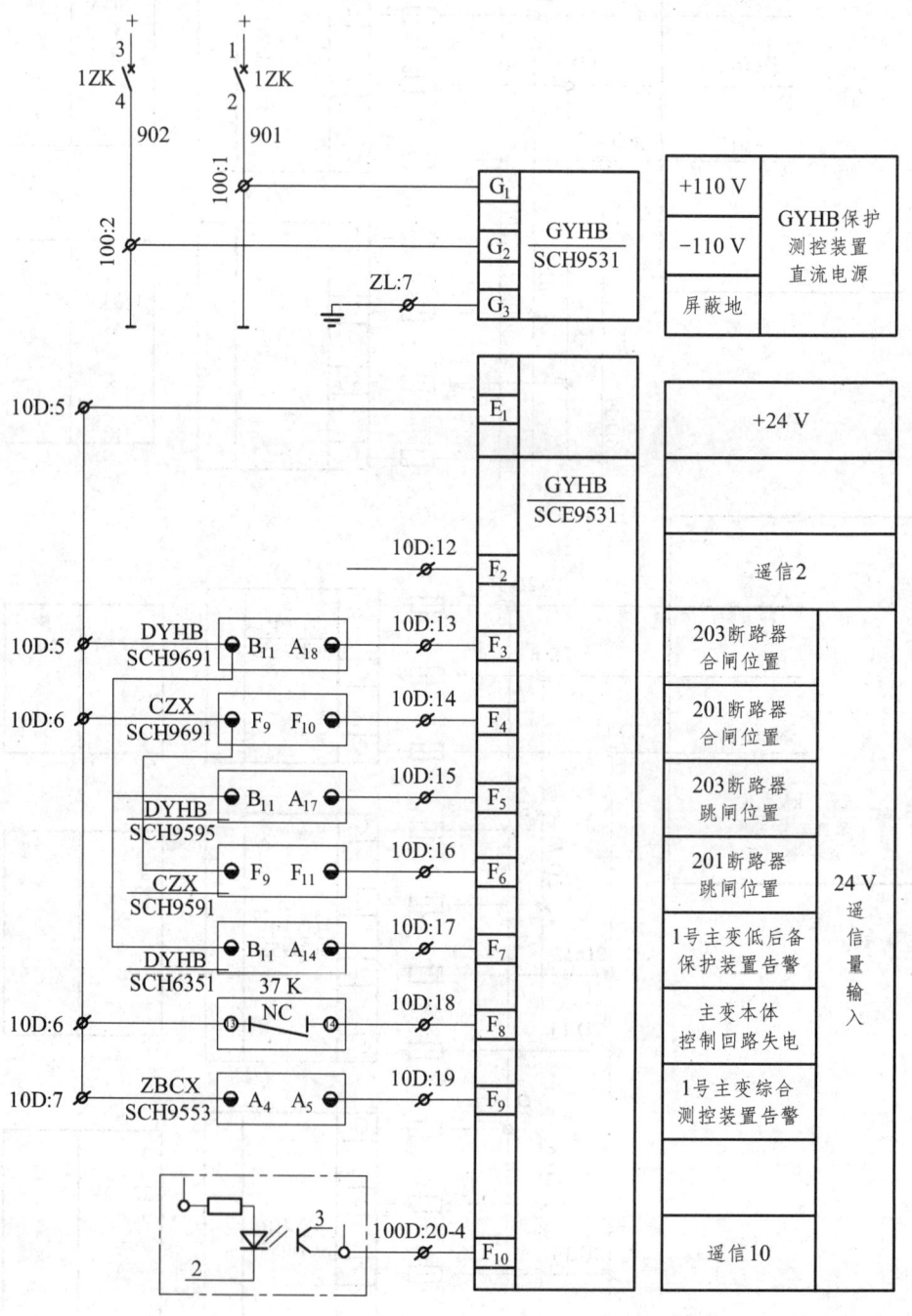

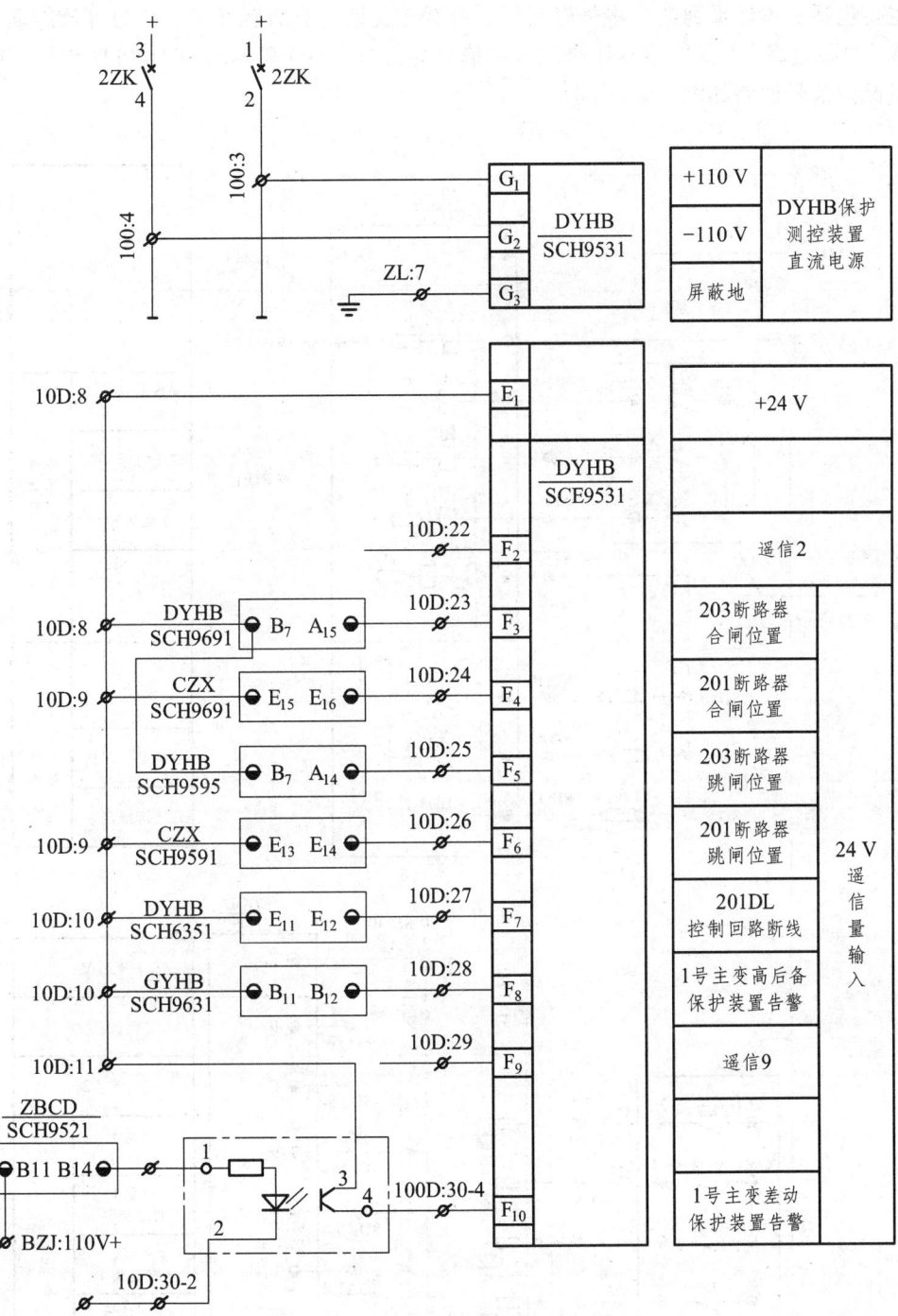

图 3.6.7 后备保护装置的信号回路

(三) SCH-9521 微机型变压器非电量保护装置

SCH-9521 为微机型变压器非电量保护装置,从主变压器本体引来的各种非电量保护信号(主要包括:本体重瓦斯、本体轻瓦斯、有载重瓦斯、有载轻瓦斯、压力释放阀动作、油位异常、油温过高,主变压器本体提供这些信号的无源接点)都接入 SCH-9521 中。SCH-9521 非电量保护信号回路如图 3.6.8 所示。

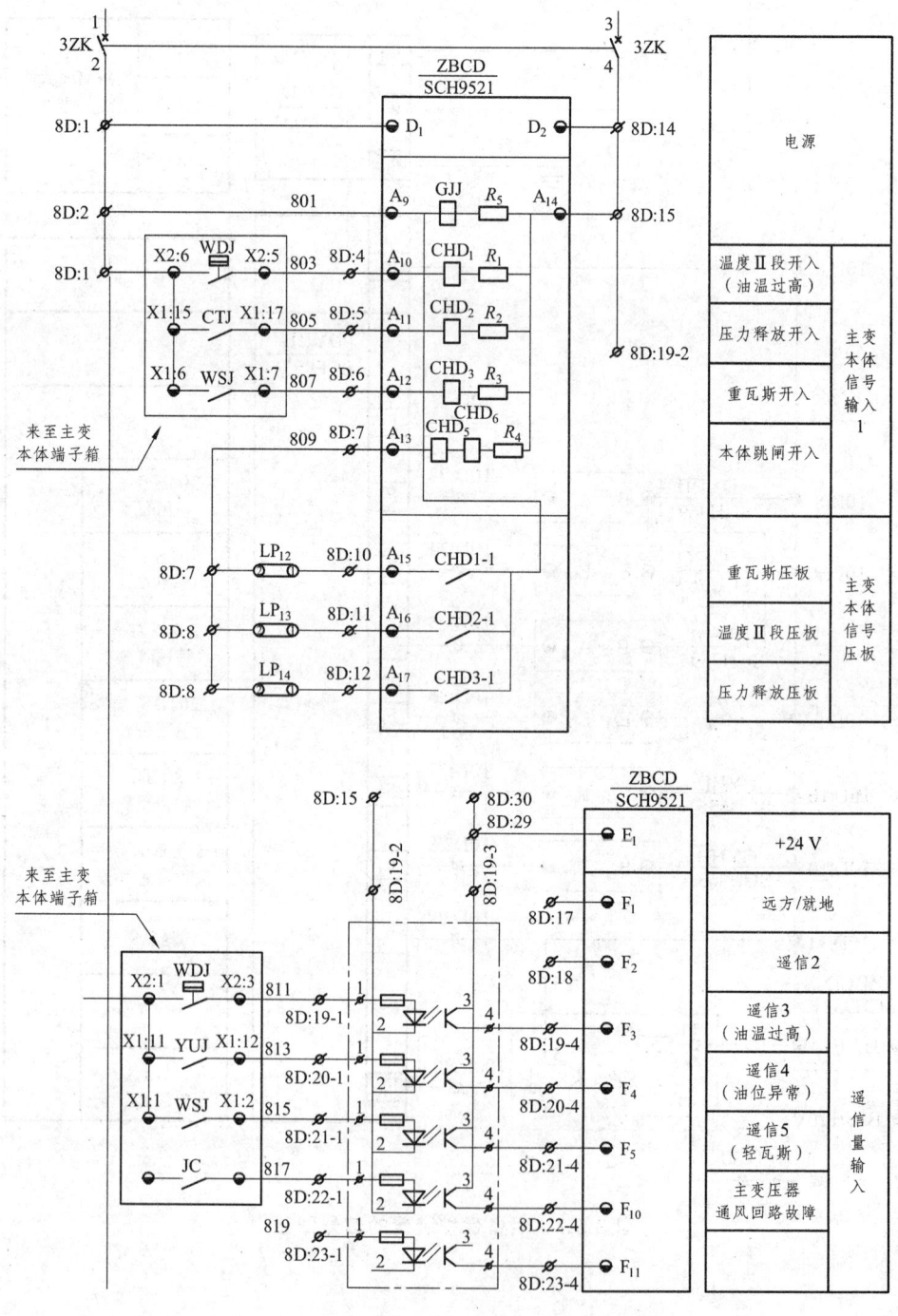

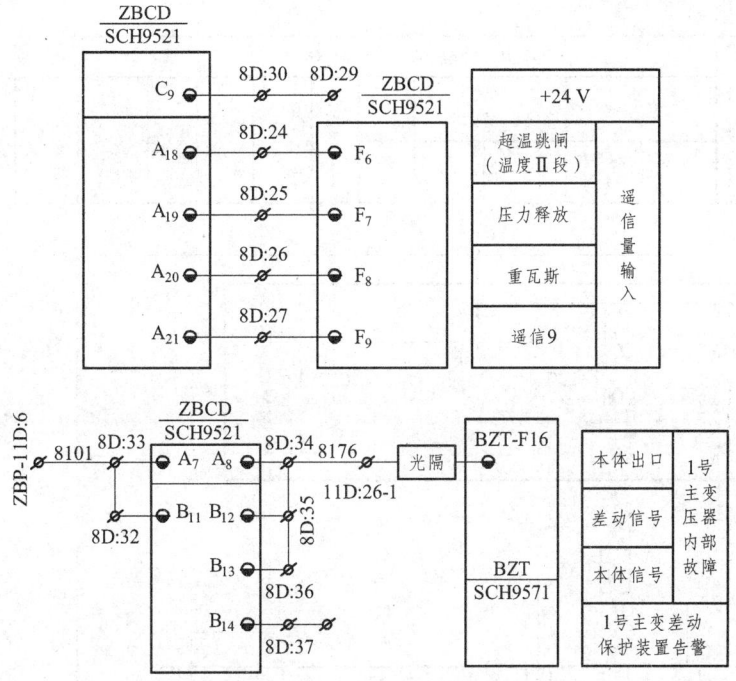

图 3.6.8 非电量二次回路信号接线图

非电量保护装置的保护功能不是由模拟量经计算而启动的,而是由外部状态量直接启动的,所以它没有电流、电压回路。

二、断路器二次回路

1. 高压进线侧断路器控制回路

参照变压器的主接线图,1号变压器的进线侧断路器为101断路器,其控制原理图如图3.6.9所示。GYHB表示高压后备保护装置(SCH9531),ZHCK为综合测控装置(SCH9553),ZBCD为主变差动保护装置(SCH9521),BZT指的是备自投装置(SCH9571)。KK为空气开关,WK表示断路器分合闸开关,3YK为远方、就地转换开关,1WK为断路器分合闸开关,TBJ为防跳继电器、HQ为电磁机构中的断路器合闸线圈,FQ为电磁机构中的断路器跳闸线圈,CHJ为合闸继电器,TWJ为跳闸位置继电器,HWJ为合闸位置继电器,STJ为手动跳闸继电器,TZJ—跳闸中间继电器。

其中 +/-KM 表示直流母线,电压为110 V,SCH9531装置的控制回路电源经由端子1D:1和1D:11提供。

(1)手动合闸回路。

断路器合闸回路由以下几部分组成:合闸启动回路→断路器辅助接点(常闭)→合闸线圈。

手动合闸时,3YK转换开关在就地位3YK(3、4),按下分合闸开关1WK(3、4)接通断路器合闸回路(正母线1D:4—3YK(3、4)—1WK(3、4)—SCH9531装置A2口—CHJ重合闸重动继电器线圈—TBJ2常闭触点—SCH9531装置A6—断路器辅助常闭触点—断路器合闸线圈HQ),合闸线圈HQ励磁,启动断路器操动机构,开关合上后,串于合闸回路的断路器常闭接点打开,断开合闸回路。

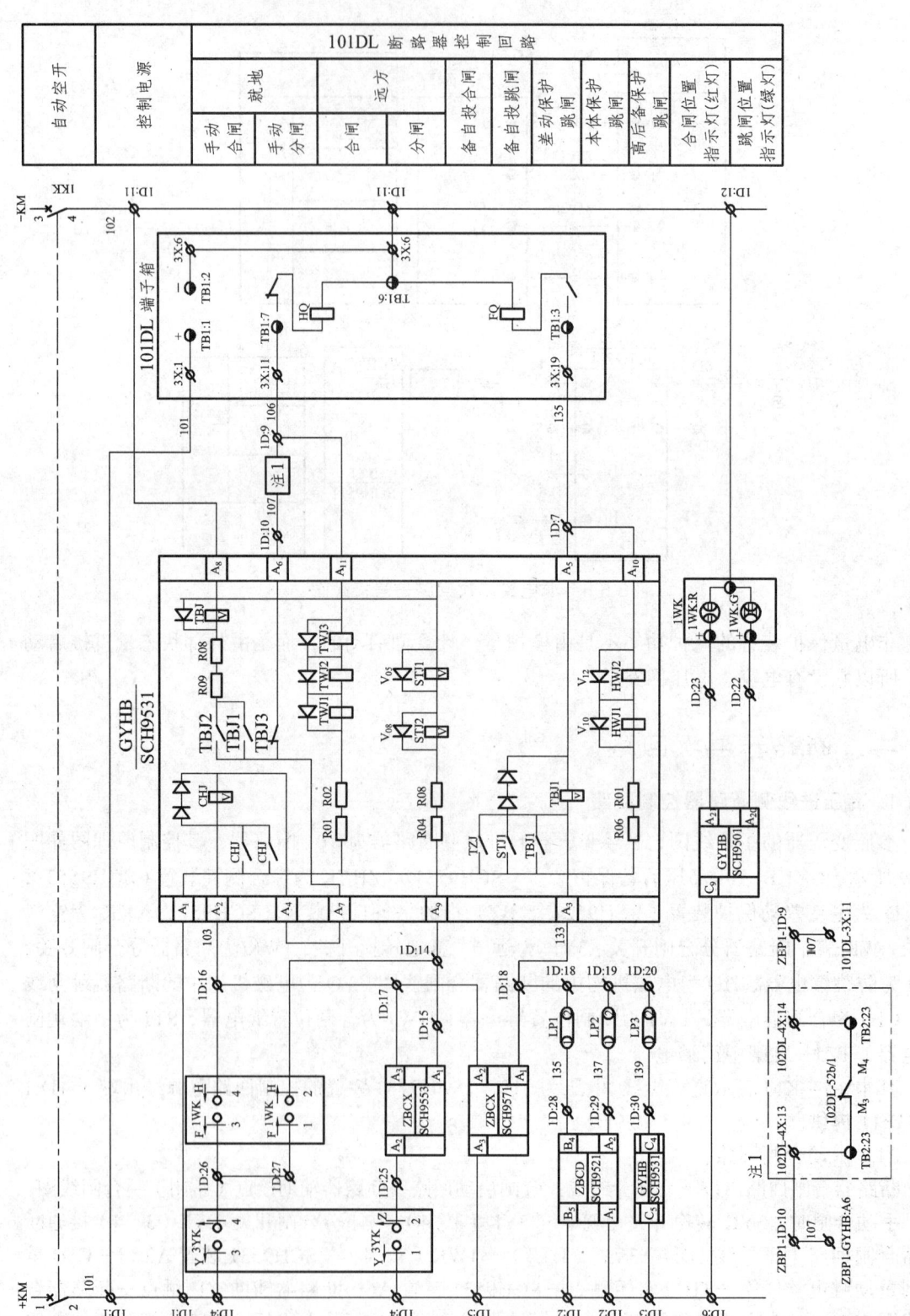

图 3.6.9 101 断路器控制回路

（2）手动分闸回路。

断路器跳闸回路由以下几部分组成：跳闸启动回路→断路器辅助接点（常开）→跳闸线圈。

断路器合闸后，断路器辅助开关常开节点闭合，当分闸时，TZJ（跳闸中间继电器常开节点）闭合，分闸信号通过 TZJ、TBJ1（跳闸闭锁继电器电流线圈）、闭合的断路器辅助开关常开节点使 FQ（跳闸线圈）受电，启动断路器操动机构，开关跳开后，串于跳闸回路的断路器常开接点打开，断开跳闸回路断路器分闸。

（3）闭锁 110 kV 断路器。

牵引变电所的主变运行一般都采用单台运行、固定备用的方式。一般情况下，不允许两台主变同时运行。此外，在检修过程中，为杜绝人为操作失误，造成重大故障，在 110 kV 断路器合闸回路中，设置了闭锁节点。如图注所示：102DL 内的辅助开关常闭节点串联在合闸回路里，如果102 断路器处于运行状态，则 102DL 常闭节点已断开，那么，101 断路器就无法完成合闸。

（4）防跳回路。

在生产过程中，有时由于控制开关原因或自动装置触点原因，在断路器合闸后，上述启动回路触点未断开，合闸命令一直存在，此时，如果继电保护动作，开关跳闸，但由于合闸脉冲一直存在，则会在开关跳闸后重新合闸，如果线路故障为永久性故障，保护将再次将开关跳开，持续存在的合闸脉冲将会使开关再次合闸，如此将会发生多次的"跳—合"现象，此种现象被称为"跳跃"。断路器的多次跳跃，会使断路器毁坏，造成事故扩大。因此，必须对操作回路进行改进，防止"跳跃"发生。防跳继电器就是专门用于防止断路器跳跃的。

防跳继电器 BTJ 有两个线圈，一个是电流启动线圈，串联于跳闸回路中，这个线圈的额定电流应根据跳闸线圈的动作电流选取，并要求其灵敏度高于跳闸线圈的灵敏度，以保证在跳闸操作时它能可靠地启动；另一个线圈为电压自保持线圈，经过自身的常开触点并联于合闸线圈回路中。在合闸回路中还串联接入了一个 TBJ 的常闭触点。

工作过程如下：当利用控制开关合闸或自动装置合闸以后，若合闸接点未断开，当线路发生故障时，保护出口继电器闭合，将跳闸回路接通，使断路器跳闸，同时跳闸电流也流过防跳继电器 TBJ1 的电流启动线圈，使 TBJ1 启动，TBJ1 常开触点闭合，启动 TBJ2，使其常闭触点断开合闸回路，此时如果合闸脉冲未解除，（控制开关未复归或自动装置触点卡住等）则 TBJ2 的电压线圈通过 TBJ1 触点实现自保持，长期断开合闸回路，使断路器不能再次合闸。只有合闸脉冲解除，TBJ2 的电压自保持线圈断电后，才能恢复至正常状态。

（5）远方合闸/分闸回路。

远方合闸或分闸时，3YK 转换开关在远方位 2SK（1、2），经过 ZHCK 综合测控装置（SCH9553）接通合闸或分闸回路。

（6）自投合闸/分闸回路。

备自投合闸/分闸时，经过 BZT 备自投装置（SCH9571）接通合闸或分闸回路。

（7）保护跳闸。

LP 为跳闸连片。跳闸连片是继电保护出口处与断路器分闸线圈之间的一个连接片，如果连接上，那么保护与跳闸回路接通，保护动作，断路器跳闸。如果连片断开，则保护停用，此时，保护动作，开关也不会跳闸。

（8）断路器合位灯回路。

当断路器处在合位状态，即分合闸开关 4WK 处在合闸后位置，开关柜中的常开触点闭合，合位灯回路经 +KM—1WK（R）—开关柜中闭合的常开触点——KM 接通，红灯亮起。

（9）断路器分位灯回路。

当断路器处在分位状态，即分合闸开关 1WK 处在跳闸后位置，分位灯回路经 +KM—SCH9531 装置—1WK（G）— －KM 接通，绿灯亮起。

2. 高压进线侧断路器信号回路与电源回路

101 断路器信号回路如图 3.6.10 所示。断路器靠本身所带常开、常闭接点的变换开合位置，来接通断路器机构合、跳闸控制回路和音响信号回路，达到断路器断开或闭合电路的目的，并能正确发出音响信号，启动自动装置和保护闭锁回路等。当断路器的辅助接点用在合、跳闸回路时，均应带延时。

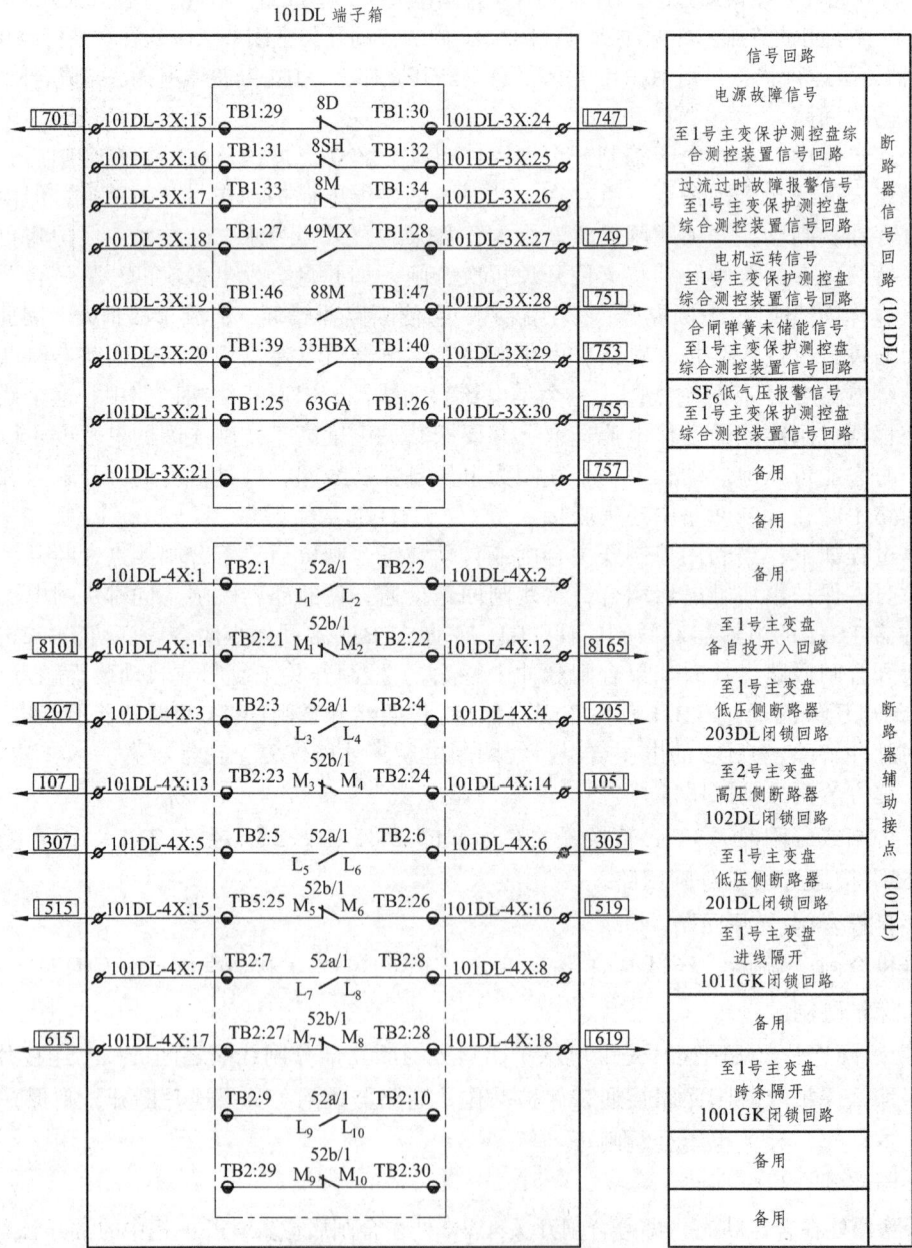

图 3.6.10　101 断路器信号回路

101 断路器电源回路如图 3.6.11 所示。

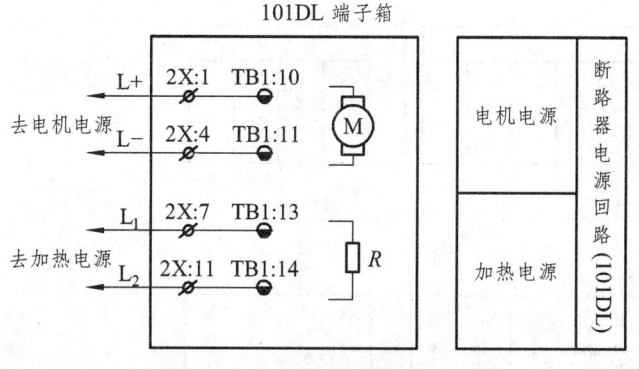

图 3.6.11　101 断路器电源回路

三、1011 隔离开关控制回路

参照变压器的主接线图，1 号变压器的进线侧隔离开关为 1011 隔离开关，其控制原理图如图 3.6.12 所示。ZHCK 为综合测控装置（SCH9553），BZT 指的是备自投装置（SCH9571）。

其中 +/-KM 表示直流母线，电压为 110 V，隔离开关操作机构的控制回路电源经由端子 7D:1 和 7D:15 提供。

1. 就地合闸回路

就地合闸时，1YK 转换开关在就地位 1YK（3、4），合闸开关 1AH 接通隔离开关合闸回路（正母线 7D:3—1YK（3、4）—1AH—KM2 常闭触点—KM1 线圈—隔离开关常闭触点—闭锁回路—负母线），使隔离开关合闸。

2. 就地分闸回路

就地分闸时，1YK 转换开关在就地位 1YK（3、4），分闸开关 1AF 接通隔离开关分闸回路（正母线 7D：3—1YK（3、4）—1AF—KM1 常闭触点—KM2 线圈—隔离开关常闭触点—闭锁回路—负母线），使隔离开关分闸。

3. 闭锁回路

闭锁回路串联在隔离开关的分、合闸回路中。如图中的注 1 所示，由断路器 101DL 动断触点 25b/1，隔离开关 1001GK 动断触点 FK5，接地开关 1011DG 动断触点 NC1 组成。隔离开关 1011GK 若要能够进行分合闸操作，必须满足的条件为，断路器 101DL 在分闸位置，动断触点 25b/1 闭合；隔离开关 1001GK 在分闸位置，动断触点 FK5 闭合；接地开关 1011DG 在断开位置，动断触点 NC1 闭合。

4. 远方分合闸回路

对隔离开关进行远方分合闸操作时，1YK 转换开关在远方位 1YK（1、2），通过 ZHCK 综合测控装置 SCH9553 接通隔离开关 1011GK 的分合闸回路。

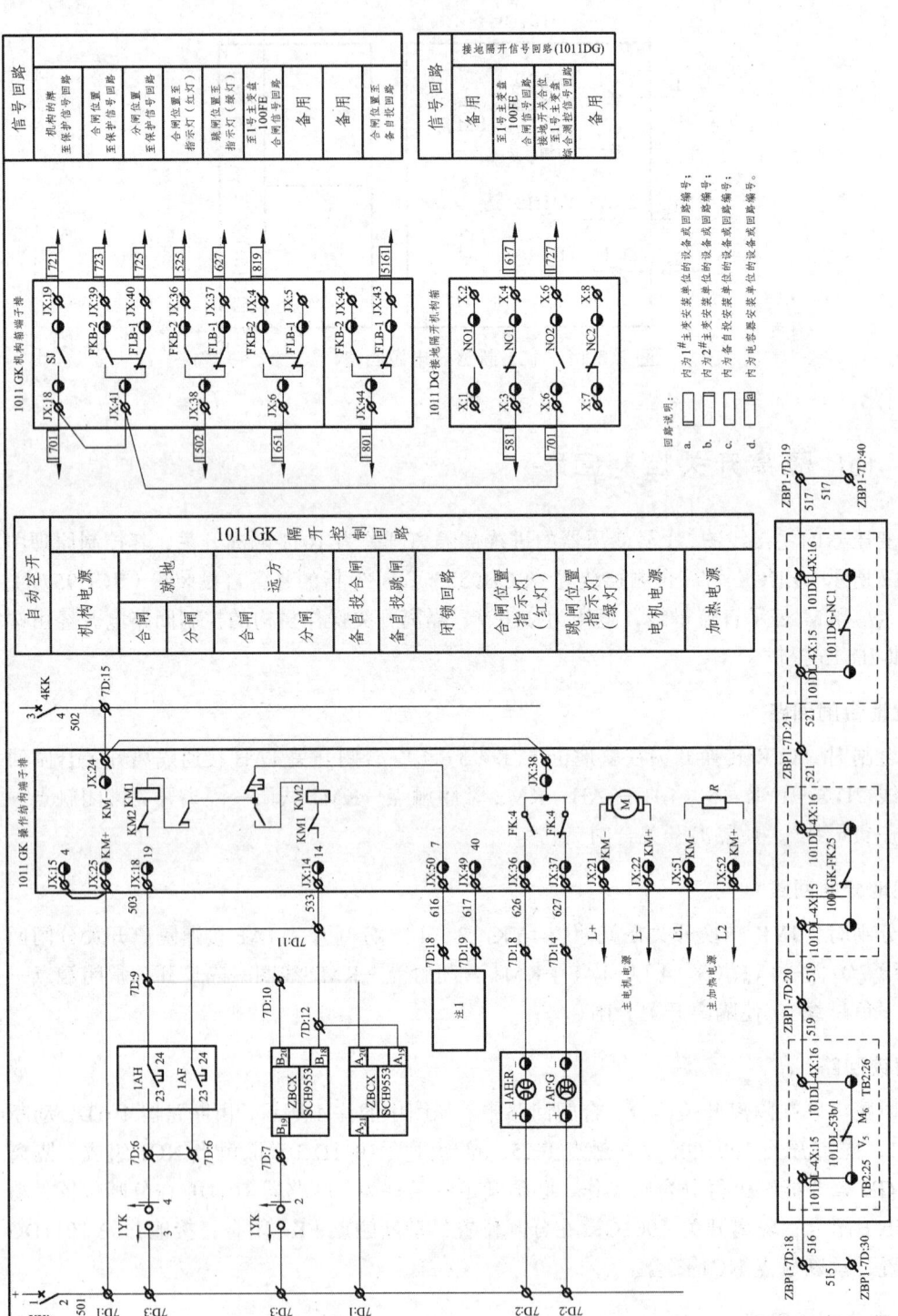

图 3.6.12　1011 隔离开关控制回路

4KK—空气开关；1YK—远方、就地转换开关；1AH—合闸开关；1AF—分闸开关

5. 备自投分合闸回路

直流电压正母线直接进入 BZT 备自投装置 SCH9571，通过装置 A19 或 A20 接通隔离开关 1011GK 的分闸或合闸回路。

6. 合闸位置指示灯回路

当隔离开关处在合位状态，隔离开关的辅助常开触点 FK：4 闭合，合位灯回路经 + KM—1AH（R）—隔离开关的辅助常开触点 FK：4— – KM 接通，红灯亮起。

7. 跳闸位置指示灯回路

当隔离开关处在断开状态，隔离开关的辅助常闭触点 FK：4 在闭合位置，合位灯回路经 + KM—1AF（G）—FK：4— – KM 接通，绿灯亮起。

四、综合测控装置信号回路

综合测控装置的信号回路如图 3.6.13 所示，其能够完成如下功能：

1. 开关量采集

开关量采集用于完成变电站开关量（断路器位置、刀闸位置、保护动作信号及其他开入信号）的采集，并将开入变化以状态变位（COS）及事件顺序（SOE）记录的格式传至上级调度。

2. 测量功能

测量功能主要是采用交流采样或直流采样方式，完成变电站模拟量（电压、电流、有功、无功、有功电度、无功电度、频率、功率因数、零序电压、零序电流和直流电流、直流电压、主变温度及其他非电气量）的测量。

3. 控制功能

按照 SBE（选择，返校，执行）模式，完成变电站的控制功能。可对变电站，主变挡位的升降、急停，刀闸的开闭等进行控制。

4. 脉冲量采集功能

脉冲量采集功能具有能对外部脉冲输入进行计数，并且此计数模块具有较强的抗干扰能力，保证脉冲计数的可靠性。

5. 通信功能

通信功能具有双 CAN 网络接口，该接口可与总控（DSA2011DSA2081DSA301）通信，也可与其他厂家智能系统进行通信。

6. 事件记录

事件记录能对遥信的 SOE、遥控操作、装置事件保存记录。

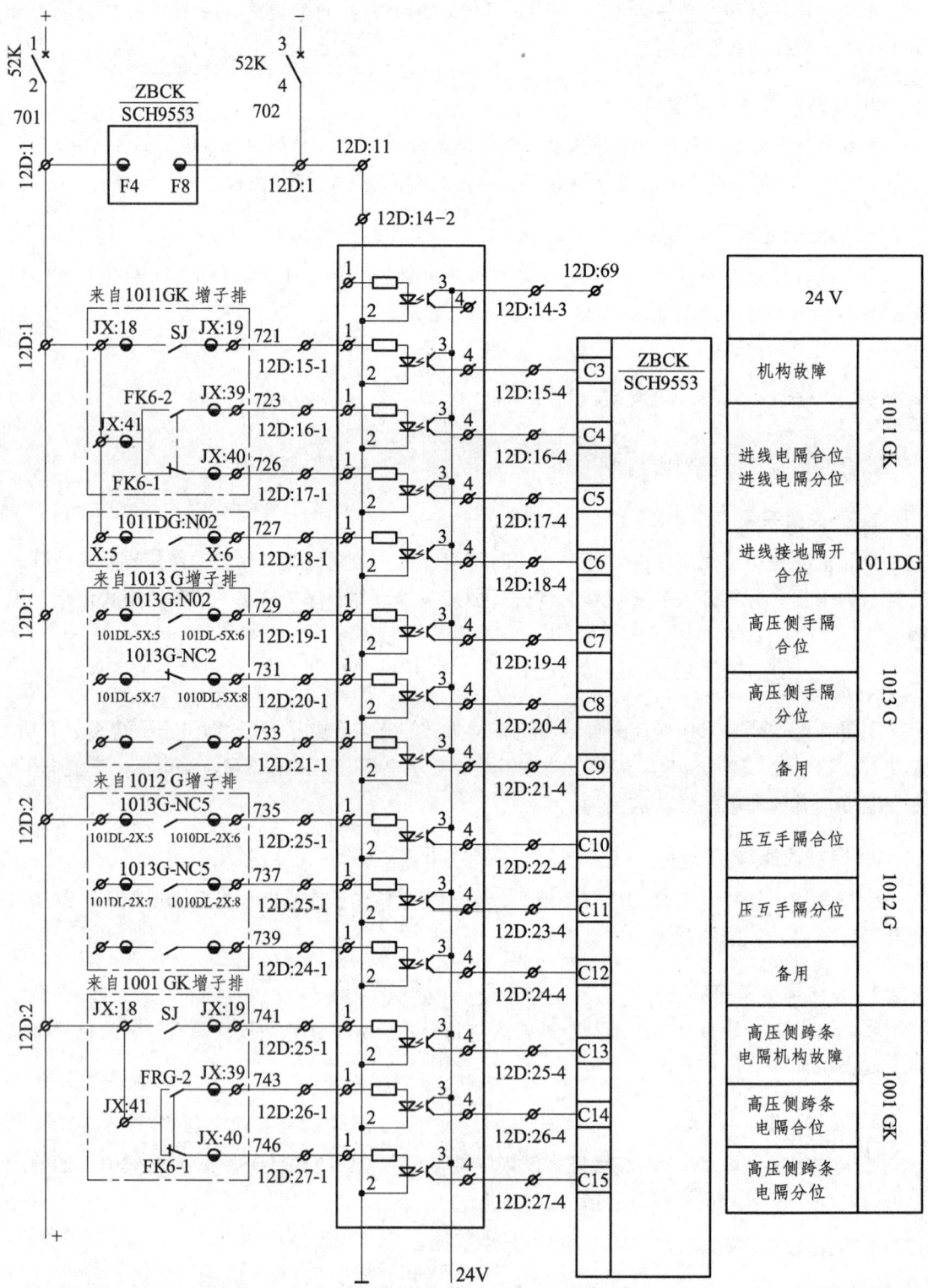

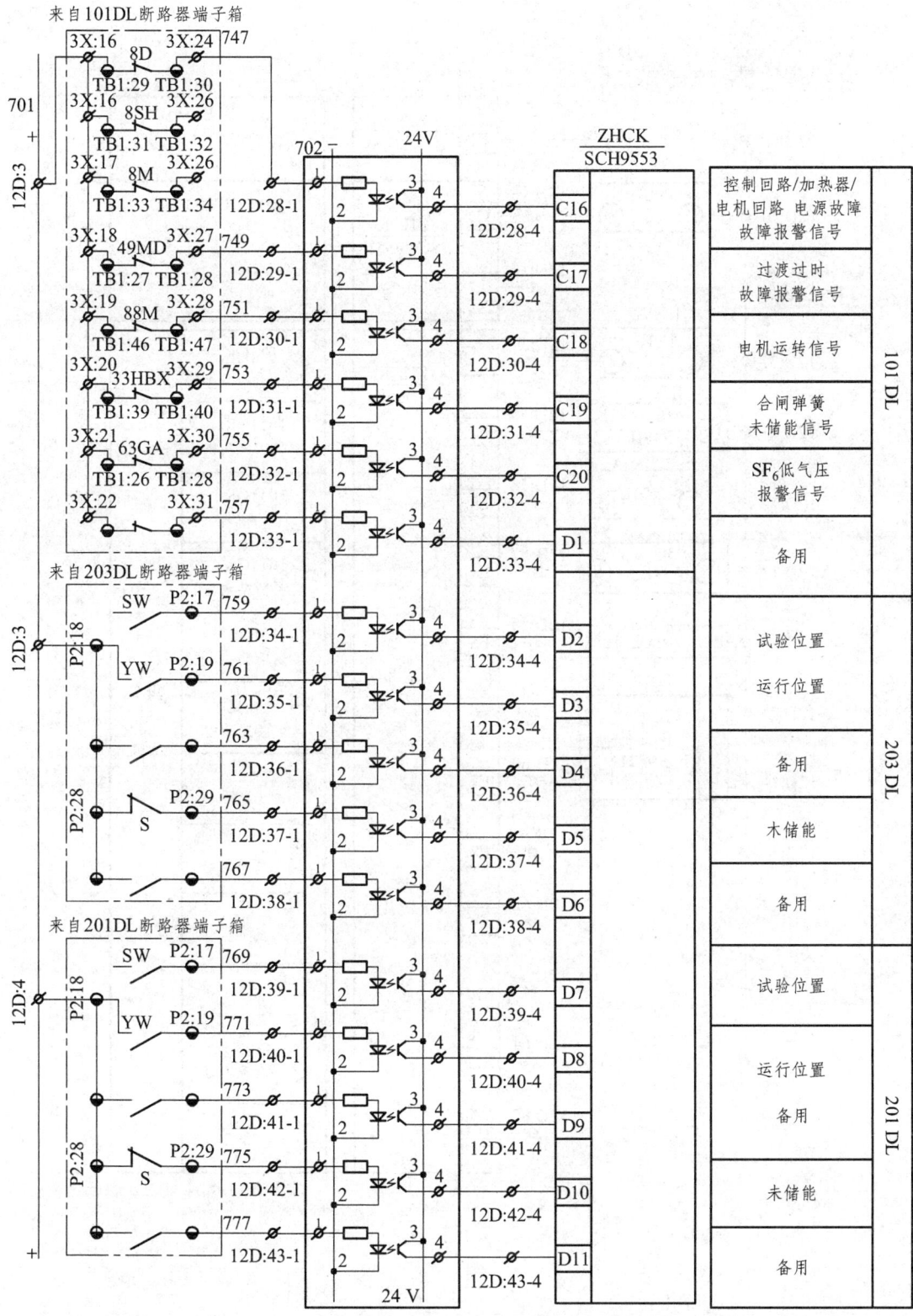

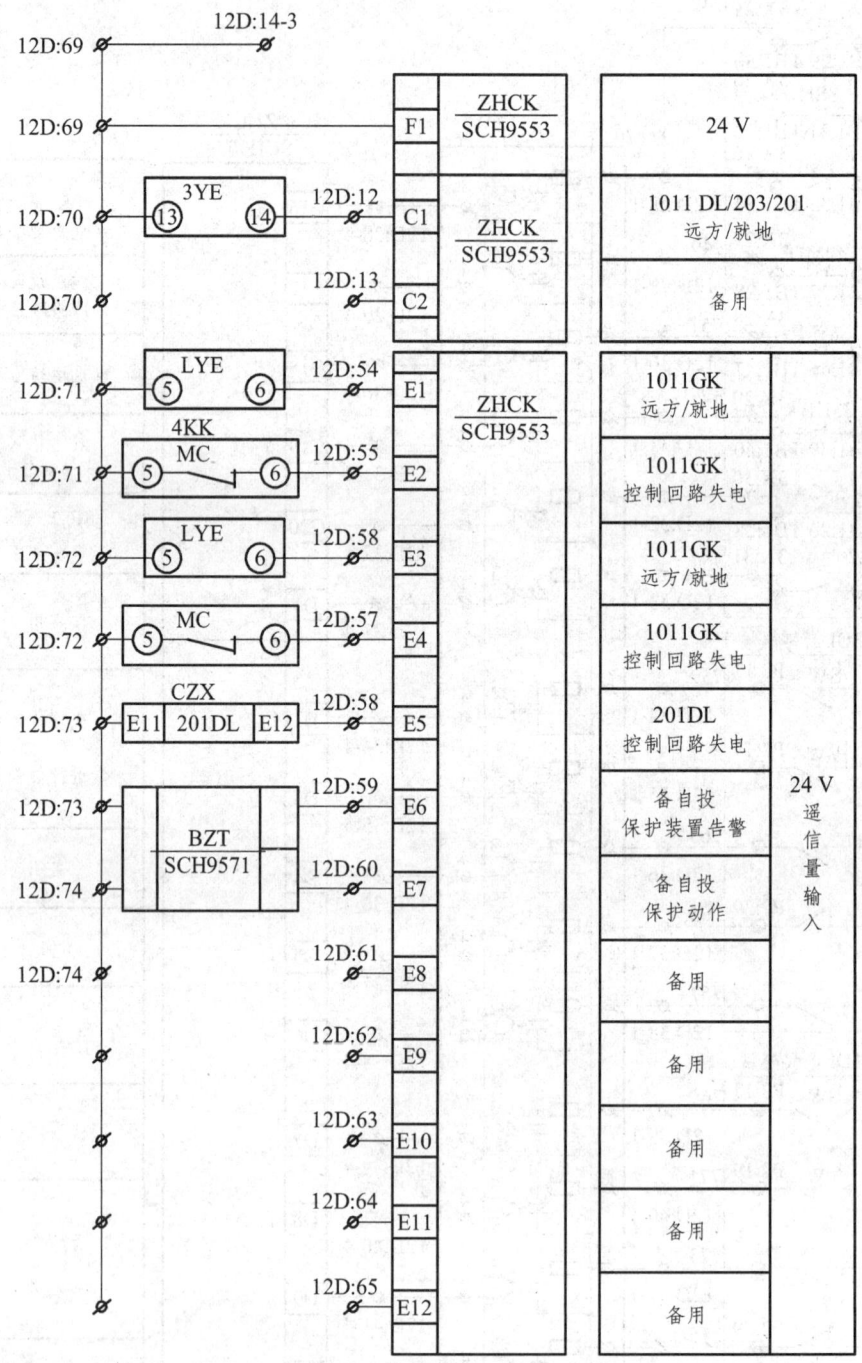

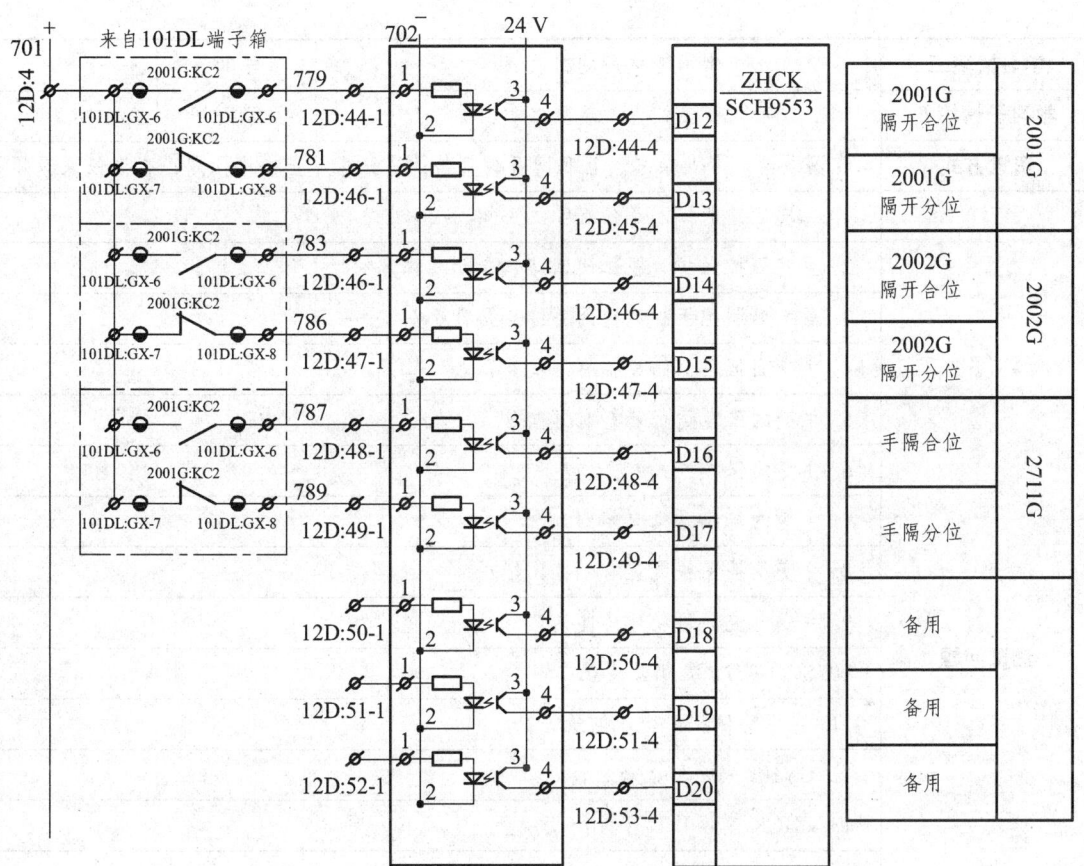

图 3.6.13 综合测控装置的信号回路

 **资讯单**

学习情境三	牵引变电所的二次回路	学时	
学习子情境 6	主变测控保护装置二次回路	学时	8
资讯方式	在图书馆、专业杂志、互联网及教师给的资讯指导上查询问题；咨询任课教师		
资讯问题	1. 二次回路的概念是什么？ 2. 主变测控保护装置二次回路包含哪些内容？ 3. 看主变测控保护装置的关键点是什么？ 4. 主变高低压侧的设备有哪些？ 5. 主变的正常运行状态有哪些？ 6. 主变的保护方式有哪些？ 7. 主变的接线方式有哪些？ 8. 主变测控保护装置有哪些图纸？ 9. 主变电流回路包含哪些内容？ 10. SCH-9521 是什么装置？ 11. 在主变保护中含非电量吗？ 12. GYHB 表示什么含义？ 13. ZHCK 表示什么含义？ 14. ZBCD 表示什么含义？ 15. BZT 表示什么含义？ 16. KK、WK、3YK、1WK、TBJ、HQ、FQ、CHJ、TWJ、HWJ、STJ、TZJ 表示什么含义？ 17. +/－KM 表示的含义是什么？ 18. 综合测控装置信号回路能完成哪些功能？		
资讯引导	以上问题可以在本教程的学习信息、《牵引变电所运行检修规程》、"牵引变电所"精品课程网站、互联网、专业资料等处查找。		

 **计划和决策单**

计划和决策单见附录附表 3.6.1。

实　施

1. 断路器控制回路的基本要求是什么？
   答：（1）＿＿＿＿＿＿＿＿＿＿＿＿＿＿＿＿＿＿＿＿＿＿＿＿＿＿＿＿＿＿＿＿＿＿
   （2）＿＿＿＿＿＿＿＿＿＿＿＿＿＿＿＿＿＿＿＿＿＿＿＿＿＿＿＿＿＿＿＿＿＿＿＿
   （3）＿＿＿＿＿＿＿＿＿＿＿＿＿＿＿＿＿＿＿＿＿＿＿＿＿＿＿＿＿＿＿＿＿＿＿＿

   （4）＿＿＿＿＿＿＿＿＿＿＿＿＿＿＿＿＿＿＿＿＿＿＿＿＿＿＿＿＿＿＿＿＿＿＿＿
   （5）＿＿＿＿＿＿＿＿＿＿＿＿＿＿＿＿＿＿＿＿＿＿＿＿＿＿＿＿＿＿＿＿＿＿＿＿

   （6）＿＿＿＿＿＿＿＿＿＿＿＿＿＿＿＿＿＿＿＿＿＿＿＿＿＿＿＿＿＿＿＿＿＿＿＿

   （7）＿＿＿＿＿＿＿＿＿＿＿＿＿＿＿＿＿＿＿＿＿＿＿＿＿＿＿＿＿＿＿＿＿＿＿＿

2. 指示断路器位置的红、绿灯不亮，对运行有什么影响？
   答：（1）＿＿＿＿＿＿＿＿＿＿＿＿＿＿＿＿＿＿＿＿＿＿＿＿＿＿＿＿＿＿＿＿＿＿
   （2）＿＿＿＿＿＿＿＿＿＿＿＿＿＿＿＿＿＿＿＿＿＿＿＿＿＿＿＿＿＿＿＿＿＿＿＿
   （3）＿＿＿＿＿＿＿＿＿＿＿＿＿＿＿＿＿＿＿＿＿＿＿＿＿＿＿＿＿＿＿＿＿＿＿＿

   （4）＿＿＿＿＿＿＿＿＿＿＿＿＿＿＿＿＿＿＿＿＿＿＿＿＿＿＿＿＿＿＿＿＿＿＿＿

3. 图 3.6.14 所示为 203 断路器控制回路的部分回路，请完成已下题目。
   （1）绿灯亮表示断路器在 ＿＿＿＿＿＿ 位置，红灯亮表示断路器在 ＿＿＿＿＿＿ 位置。
   （2）写出从 1～10 各回路的名称，并分析 1、2 回路的接通过程。
   答：例 1-手动合闸、2-＿＿＿＿＿＿＿＿、3-＿＿＿＿＿＿＿＿、4-＿＿＿＿＿＿＿＿、5-＿＿＿＿＿＿＿＿、6-＿＿＿＿＿＿＿＿、7-＿＿＿＿＿＿＿＿、8-＿＿＿＿＿＿＿＿、9-＿＿＿＿＿＿＿＿、10-＿＿＿＿＿＿＿＿。
   1、2 回路接通过程：＿＿＿＿＿＿＿＿＿＿＿＿＿＿＿＿＿＿＿＿＿＿＿＿＿＿＿＿

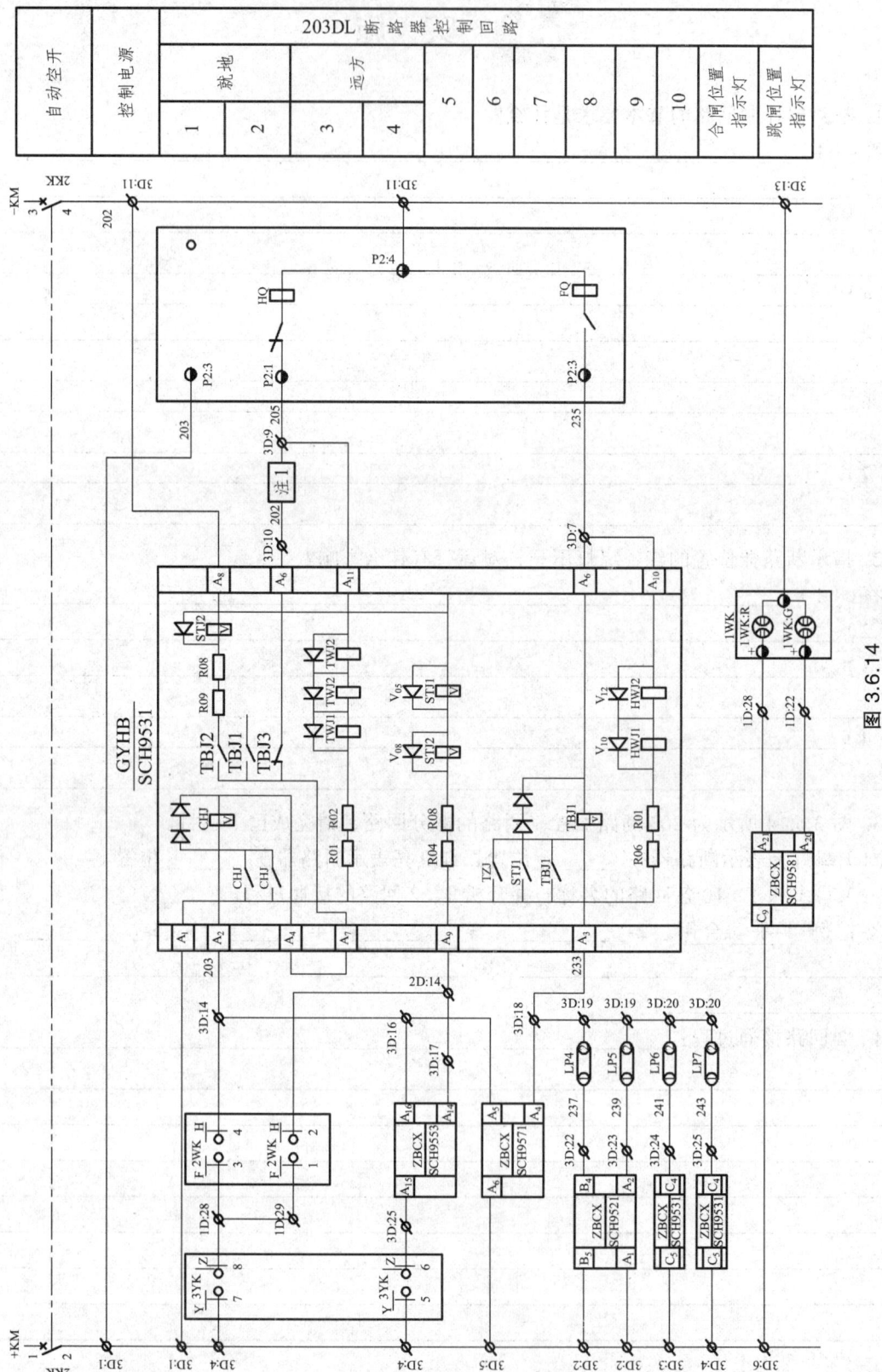

图 3.6.14

4. 位置指示灯的作用是什么？为什么要串入电阻？
答：_____

_____

_____

5. 图 3.6.9 中 TBJ 是什么继电器，起什么作用？
答：_____

_____

_____

 **检查单**

检查单见附录附表 3.6.2。

 **评价单**

评价单见附录附表 3.6.3。

 **备忘录**

序号	操作	问题	解决问题的方法
1			
2			

备 注

_____

_____

_____

_____

学习子情境7 交、直流电源柜

学习任务书

小组编号：_____   成员名单：_____

学习任务描述

通过本情境的学习，要求能够做到：了解交、直流电源柜的工作原理，熟悉微机控制高频开关直流电源柜的组成和各模块工作原理，熟悉微机控制高频开关直流电源柜正常运行步骤、主要故障产生原因及处理方法。

学习任务：交、直流电源柜的运行与维护
学习对象：交流电源柜、直流电源柜
工　　具：生产文件、工作工具、量具等
学习步骤：
（1）了解交流电源柜的工作原理及接线示意图。
（2）了解直流电源柜的组成。
（3）了解直流电源柜的型号。
（4）熟悉直流电源柜的各模块工作原理。
（5）了解微机控制高频开关直流电源柜正常运行步骤。
（6）熟悉微机控制高频开关直流电源柜主要故障产生原因及处理方法。

学习方法

资讯：接受学习任务，根据引导问题，通过学习查找资料、网络信息等，建立总体印象。
计划：与小组成员、老师、师傅讨论交、直流电源柜在变电所中的重大作用。
决策：与老师或师傅进行专业交流，确定本项目的工作步骤和涉及的工具，拟定检查、评价标准。
实施：按确定的工作步骤完成行动化学习任务，发现问题，共同分析，遇到无法解决的问题时请老师或师傅帮助解决。
检查：（1）生产文件准备好了吗？
　　　　（2）工具准备好了吗？
　　　　（3）安全事项有哪些？
评价：与同学、老师、师傅进行专业交流，有改进的建议吗？

学习目标

（1）明确交、直流电源柜的作用、结构及工作原理。
（2）明确交、直流电源柜在运行中的要求。
（3）熟悉交、直流电源柜的日常巡视内容、仪表、工具等。
（4）了解交、直流电源柜在运行中和检修时的方法和注意事项。

行动化学习任务

第一部分：进行交、直流电源柜知识的学习

任务1：查阅《牵引变电所运行检修规程》有关交、直流柜内部器件的巡视要求。
任务2：查阅各种资料了解交、直流电源柜的结构。
任务3：查阅各种资料了解微机控制高频开关直流电源柜的工作原理。
任务4：查阅各种资料了解微机控制高频开关直流电源柜主要故障产生原因及处理方法。
任务5：列出蓄电池组的日常巡视表。

第二部分：进行交、直流电源柜日常巡视

任务6：完成蓄电池日常巡视表的填写。
任务7：完成交、直流电源柜的巡视。
任务8：总结安全注意事项。

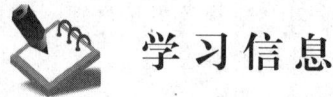 学 习 信 息

一、交流电源柜

变电所的所用交流电源柜主要用来提供直流蓄电池的充电电源、一些电气设备的操作电源（如隔离开关的操动机构）、高压室及变压器的通风电源、变压器调压开关的控制及设备检修电源、所内的空调及照明电源等。这些设备所需的电源对变电所的安全运行有着至关重要的作用，因此变电所的所用交流电源柜必须安全可靠。

保证安全可靠而不间断地供电，是所用交流系统安全运行的首要任务。当一台所用变压器失去作用时，应有一个备用电源能立即替代工作，因此，变电所的所用交流电源柜应至少取用两个不同的电源系统，配备两台所用变压器。

我国电力行业标准《220 kV～500 kV 变电所所用电设计技术规程》（DL/T 5155—2002）中关于所用交流电接线方式是这样描述的："4.2.1 所用电低压系统应采用三相四线制，系统的中性点直接接地。系统额定电压 380/220 V。4.2.2 所用电母线采用按工作变压器划分的单母线。相邻两段工作母线间可配置分段或联络断路器，但宜同时供电分列运行。两段工作母线间不宜装设自动投入装置。4.2.3 当任一台工作变压器退出时，专用备用变压器应能自动切换至失电的工作母线段继续供电。"

交流电源柜母线采用按所用变压器划分的单母线分段接线，即每台变压器各接一段母线。相邻两段工作母线间可配置分段或联络断路器，宜同时供电分列运行，并装设 ATS（Automatic Transfer Switcher）自动转换开关，ATS 开关带有双断口，通过马达驱动，连杆机构采用跷跷板式的机械设计，实现电气机械双闭锁，从根本上杜绝两路电源并列运行的可能性。一个 ATS 开关可以代替两个接触器或空气开关。当任一母线所接的电源退出的情况下，仍可从相邻的母线段取得电源，保持供电的连续性，其接线如图 3.7.1 所示。

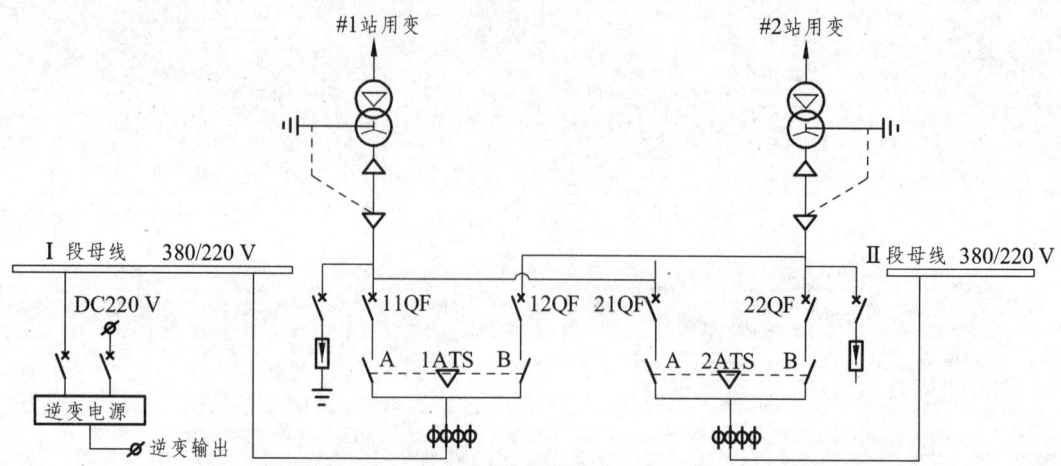

图 3.7.1　110 kV、220 kV 变电所采用 AST 开关交流电源柜接线示意

交流电源柜一般在投入运行后操作较少，由于有自投回路的存在，可以保证对外供电的可靠性与安全性。有些变电所对其监控的重点是测量两路进线的断路器的分合闸位置，不再对它们进行遥控操作，不再监测馈线开关的位置，将这些重点需要监测的模拟量和开关量接入公用测控装置中，不再设置专用的测控装置。

二、微机控制高频开关直流电源柜

微机控制型高频开关直流电源柜（GZDW）是一种智能型高频开关直流电源装置，可以提供对电源系统的"遥测、遥控、遥信、遥调"的支持，实现无人值守，能满足正常运行并能保障在事故状态下对继电保护、自动装置、高压断路器的分合闸、事故照明及计算机不间断电源等提供直流电源或在交流失电时，通过逆变装置提供交流电源。其主要应用于电力系统中的小型发电厂、水电所、各类变电所和其他使用直流设备的用户（如石化、矿山、电气化铁道等），适用于开关分合闸及二次回路中的仪器、仪表、继电保护和故障照明等场合。

（一）直流电源柜的发展历史

直流电源柜从直流发电机—磁饱和稳压—硅整流—晶闸管整流（相控）—微机控制高频开关整流直流电源（现广泛应用）。

（二）微机控制型高频开关直流电源柜的特点及型号

1. 特 点

（1）高可靠性。采用开关电源的模块化设计，$N+1$ 热备份；充电模块可以带电热插拔，平均维护时间大幅度减少；可靠的防雷和电气绝缘措施，选配的绝缘监测装置能够实时监测系统绝缘情况，确保系统和人身安全；系统设计采用 IEC（国际电工委员会）、UL 等国际标准，可靠性与安全性有充分保证。

（2）高智能化。监控模块采用大屏幕液晶汉字显示，声光告警；可通过监控模块进行系统各个部分的参数设置；模块具有平滑调节输出电压和电流的功能，具备电池充电温度补偿功能；备有多个扩展通信口，可以接入多种外部智能设备（如电池监测仪、绝缘监测装置等）；现代电力电子与计算机网络技术相结合，提供对电源系统的"遥测、遥控、遥信、遥调"的支持，实现无人值守；蓄电池自动管理及保护，实时自动监测蓄电池的端电压、充电放电电流，并对蓄电池的均浮充电进行智能控制，设有电池过欠压和充电过流声光告警。

2. 系统型号

如图 3.7.2 所示为微机控制高频开关直流电源装置的型号。

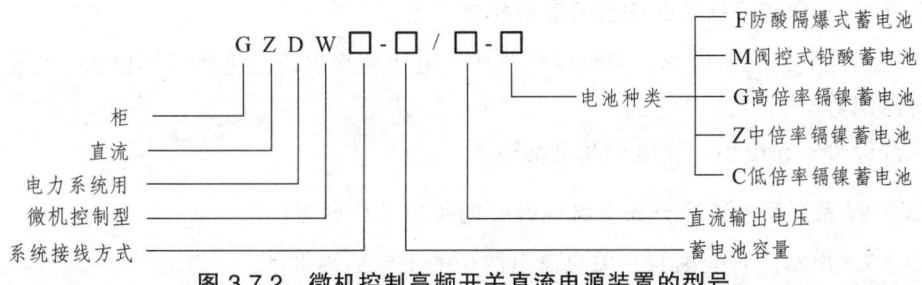

图 3.7.2 微机控制高频开关直流电源装置的型号

如 GZDW33-100Ah/220-M 表示 33 接线方式、蓄电池容量为 100 Ah、直流电压为 220 V 的阀控式铅酸蓄电池。

3. 充电模块型号

充电模块共有 5 种型号，可归为两类：20 A 充电模块和 10 A、5 A 系列充电模块，如表 3.7.1 所示。

表 3.7.1 充电模块型号

型 号	标称输出电压（V）	额定输出电流（A）
220/20	220	20
220/10	220	10
220/05	220	5
110/20	110	20
110/10	110	10

4. 微机控制型高频开关直流电源柜可根据用户要求配置系统

（1）大系统：蓄电池容量大于 200 Ah 以上，适用于 35 kV、110 kV、220 kV、500 kV 变电所及发电厂。

（2）小系统：蓄电池容量小于 100 Ah 及以下，适用于 10 kV、35 kV 变电所及小水电所等场所。

（3）壁挂式直流电源：适用于开闭所、配网自动化、箱式变压器等场所。

（三）微机控制高频开关直流电源柜的外观

GZDW 系列智能高频开关直流电源装置分为标准一体柜系统、小型一体柜系统（以上两种充电、馈电在一个柜体中）和分屏柜系统（充电、馈电分离到多个柜体中）三种形式。图 3.7.3 所示为分屏柜系统的外观图。

（四）GZDW 系列智能高频开关直流电源柜的组成和各模块工作原理

1. GZDW 系列智能高频开关直流电源柜的组成

（1）按功能分：充电模块、微机监控模块、电压调整模块、绝缘检测模块、直流馈电回路、蓄电池组等。

（2）按屏分：充电柜、馈电柜及电池柜等。

2. GZDW 系列智能高频开关直流电源柜的基本工作原理

如图 3.7.4 所示为智能高频开关直流电源柜的工作原理框图。

学习情境三 牵引变电所的二次回路 329

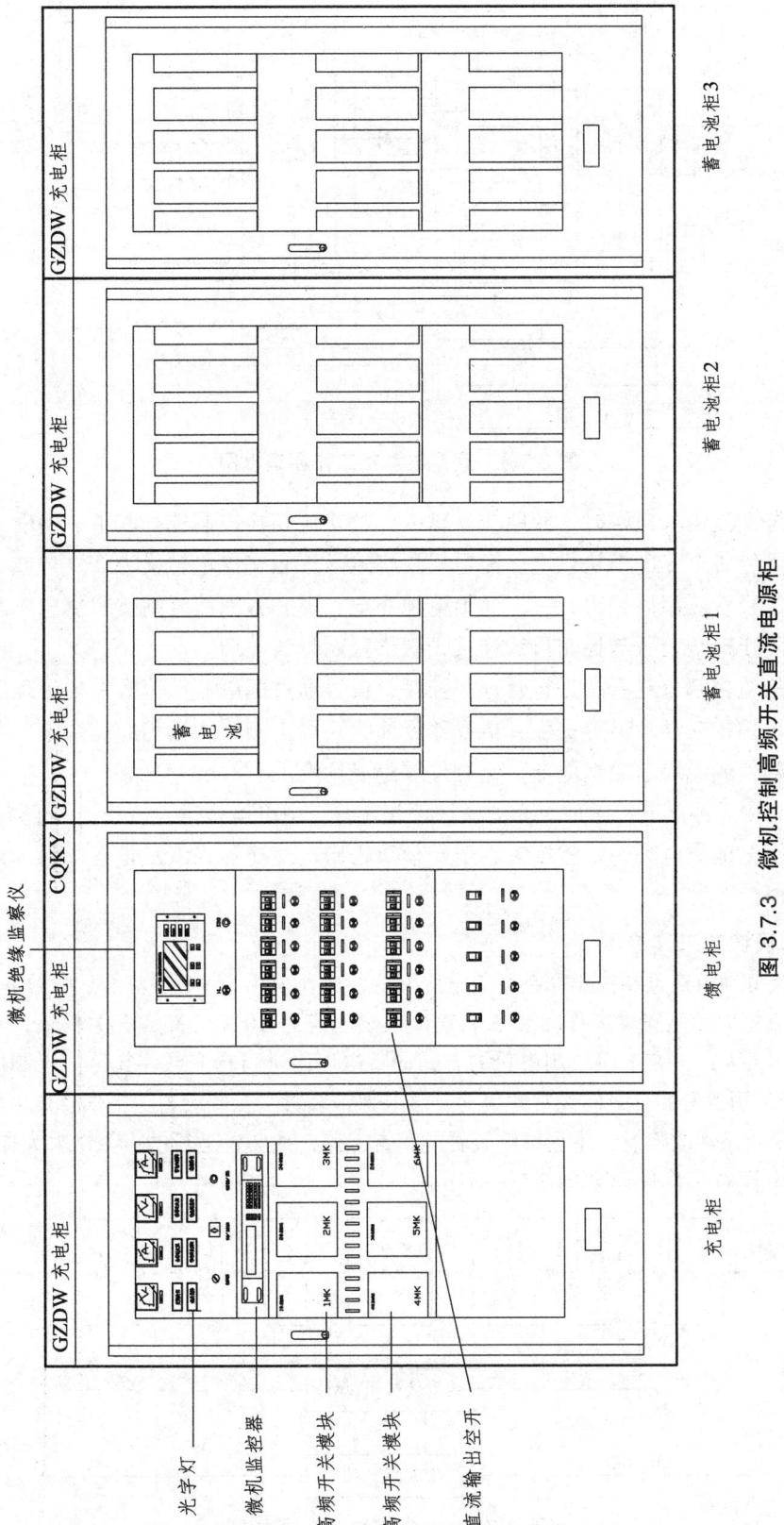

图 3.7.3 微机控制高频开关直流电源柜

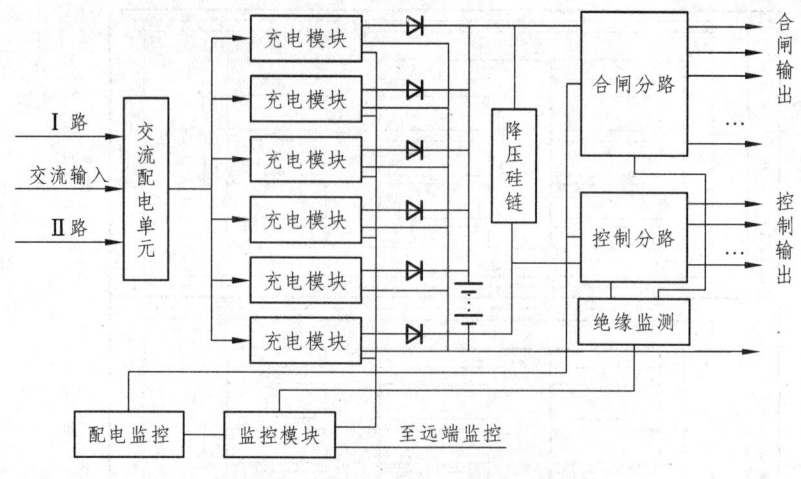

图 3.7.4　直流电源柜工作原理框图

（1）系统交流输入正常时，两路交流输入经过交流切换控制选择其中一路输入，并通过交流配电单元给各个充电模块供电。充电模块将输入三相交流电转换为 220 V 或 110 V 的直流，经隔离二极管隔离后输出，一方面给电池充电，另一方面给合闸负载供电。此外，合闸母线还通过降压硅链装置与控制母线连接，提供控制母线电源。

系统中的监控部分对系统进行管理和控制，信号通过配电监控分散采集处理后，再由监控模块统一管理，在显示屏上提供人机操作界面，还可以接入到远程监控系统。系统还可以配置绝缘监测仪或绝缘监测继电器，监测母线绝缘情况。

（2）交流输入停电或异常时，充电模块停止工作，由电池供电。监控模块监测电池电压、放电时间，当电池放电到一定程度时，监控模块告警。交流输入恢复正常以后，充电模块对电池进行充电。

3. 充电模块的工作原理

充电模块分别由充电和控制高频开关电源模块组成，采用 $N+1$ 热备份。所谓 $N+1$ 热备份是指：若直流柜为满足正常工作需要 3 台直流输出电流为 10 A 的高频开关模块，实际该直流柜配置 4 台（$N+1$），充电模块用备份的方式向蓄电池组进行均充或浮充电。控制模块也采用 $N+1$ 热备份，用备份的方式向经常性负荷（继电保护装置、控制设备）提供直流电源。这样当其中任一台模块出现故障后，不会影响装置的正常工作，使装置运行的可靠性大大提高。

（1）充电模块工作原理如图 3.7.5 所示。

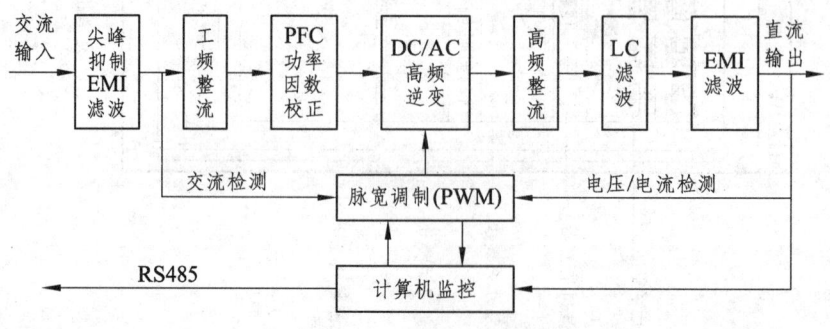

图 3.7.5　充电模块工作原理

三相交流电源经过 EMI 滤波器输入到整流电路,将交流整流为脉动的直流输出,通过无源功率因素校正(PFC)电路,将脉动的直流转换为平直的直流电源,DC/AC 高频逆变器将直流转换为高频交流电源,通过高频整流电路将高频的 AC 转换为高频脉动的直流,此直流通过高频滤波输出。

其中 DC/AC 高频变换电路在脉宽调制(PWM)电路的控制下通过调整变换电路的脉冲宽度,以实现电压调整(包括稳压和电压整定)。

整个充电模块在微机系统的监控下工作,包括模块的保护、电压调整等,同时微机实现将充电模块的运行数据上报到监控模块和接受监控模块的控制命令。

(2)系统充电的工作状态有以下 4 种:

① 初充电状态。

此工作状态只是在使用传统铅酸蓄电池时,对蓄电池进行初充电的一种工作状态。使用前应将动力母线及控制母线负载全部断开,否则过高的电压会损坏直流系统的终端用电设备。初充电时,首先将微机监控模块均充电压设定值设置到所需初充电压,手动启动均充电状态,对蓄电池进行初充电,充电完毕后,再将均充电压设定值设回到所需均充电压值。

② 浮充电状态。

系统正常长期工作状态为浮充电状态。浮充电压一般取 2.23 ~ 2.27 V 乘上电池节数。

③ 均充电状态。

均充是在系统交流输入失电、蓄电池较大容量放电后,进行快速补充充电而采用的一种运行方式,同时也作为消除长期浮充电状态运行的蓄电池差异而采用的一种运行方式。均充电压一般取 2.35 ~ 2.40 V 乘上电池节数。

④ 核对性放电。

蓄电池在长期运行一定时间后,按相关运行维护规程应对其进行核对容量充放电试验。

浮充电状态、均充电状态是系统经常工作状态,此时蓄电池接于系统直流母线运行。通过微机监控模块自动按运行曲线控制或人为操作微机监控模块前面板,可以实现两种工作状态的转换。

(3)充电模块的工作方式。

充电模块投运时,其直流输出电压均调整在蓄电池浮充电压上。微机监控模块投入运行时,系统直流输出电压由微机监控模块自动控制;当微机监控模块因故障退出运行时,系统自动工作在浮充状态。调试时,应关掉微机监控模块,分别投入电源模块,通过调节模块前面板上的电位器,将其输出电压调节至蓄电池浮充电压。

(4)充电模块的外观如图 3.7.6 所示。

充电模块显示内容:充电模块的 LED 可以显示模块的输出电压和输出电流,其切换通过面板上的显示切换开关来切换。

面板上的发光二极管分别指示模块输入电源正常(绿色)、模块保护(黄色)、模块故障(红色)。其中,模块保护包括交流过、欠压,过温,缺相,输出欠压等;模块故障包括模块输出过压。

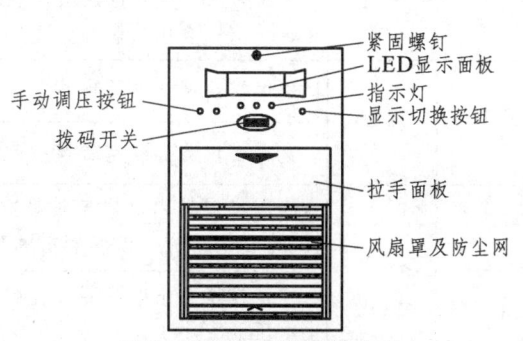

图 3.7.6 充电模块的外观

模块面板上嵌入的电位器用来调整模块在手动状态下的输出电压，注意只有在手动方式下，调节该电位器才起作用。

充电模块地址及手动/自动拨码开关用来设置模块通信地址和选择手动功能。

自动：在自动工作方式下，模块的输出电压、限流点、开关机均由监控模块进行控制，人工无法进行干预，如果模块设计用作合闸模块对电池进行充电，一般应设置为自动工作方式。

手动：手动状态下，模块的输出电压有上述介绍的面板电位器进行调整，模块的输出电压、限流点和开关机等均不受监控模块控制，但可以将模块的运行参数上报给监控模块。如果模块连接到控制母线上，为单一稳定电压输出，应将模块设置为手动状态，调整电位器为需要输出的电压值，此时模块的限流点全部放开，为105%~110%。

调节电位器可使充电模块输出电压最高达到284 V/142 V，在系统正常时请勿随意调节该电位器。由于不同用户选择蓄电池的节数有差异，为安全起见，充电模块的输出在出厂时已整定在234 V/117 V浮充电压值上。

4．监控模块的工作原理

监控模块在电源系统中，对充电模块、充电柜、馈电柜、微机电池监测仪、微机绝缘监测仪等下级智能设备实施数据采集并加以显示；也可根据系统的各种设置数据进行报警处理、历史数据管理等动作；同时，能对这些处理的结果加以判断，根据不同的情况实行电池管理、输出控制和故障回叫等操作；最后，监控模块还可以实现与后台机的通信。

监控模块通过RS-485通信口将各充电模块监控、充电柜监控、馈电柜监控、绝缘监测模块连接为一体，同时提供RS-232和RS-485/RS-422接口与后台计算机通信。通过对不同监控发出数据采集或各种控制命令，获得系统各种运行参数，实施各种控制操作，很好地实现电源系统的"四遥"功能——"遥测""遥信""遥控""遥调"。

（1）监控模块功能。

如表3.7.2所示为监控模块功能表。

表3.7.2　监控模块功能表

序号	项目	内容	备注
1	遥测	系统母线电压、负载总电流；电池电压、电池充放电电流；输入市电电网电压；各充电模块的输出电压、输出电流；母线对地绝缘情况	
2	遥信	直流配电各输出支路空开通断状态；电池组熔断器通断状态；电池充电电流过大，电池电压欠压、过压；市电电网停电、缺相，电网电压过高、过低；合闸控制母线过/欠压、充电模块保护、故障	
3	遥控	充电模块开启、关停控制	
		充电模块均、浮充转换控制	
4	遥调	充电模块输出电流无级限流控制（根据监控单元的命令，在10%~100%内调节充电模块输出电流限流点）	
		充电模块输出电压调节控制（根据监控单元的命令，调节充电模块输出电压的大小）	

监控模块汇集电源系统的各种数据、工作状态，通过整理、分析，实现对电源系统以及电池充放电的全自动管理。操作人员还可通过键盘对充电模块进行强制开启、关停、均浮充等控制，对充电模块的限流点和输出电压进行调节。

电源集中监控维护后台不仅可以实时显示当前电源系统的全部详细数据、状态，也可对电源系统发出限流、均浮充电压调节、充电模块开启、关停等各种控制命令。

（2）监控模块接口。

各种型号串口如图 3.7.7 所示。

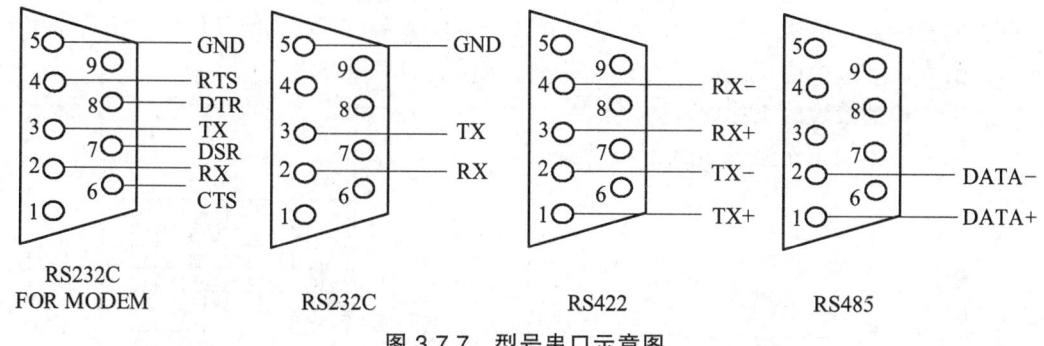

图 3.7.7　型号串口示意图

当串口用于 RS485 接口时，DB9 的第 1 脚为 DATA +，2 脚为 DATA -，其他为空。

当串口用于 RS422 接口时，1~4 脚分别对应 TX +、TX -、RX +、RX -，其他为空。

监控模块在电源监控三级系统中处于上传下达的中间核心地位，除了负责收集、处理、上送各监控板的数据外，还可根据电源系统的当前数据实现电池管理等智能化管理功能，也能通过后台实现"四遥"功能。

监控模块面板上有执行操作的按键和显示信息的液晶显示屏及显示模块工作情况的电源指示灯和告警指示灯。

液晶屏能显示汉字，并且带有背光灯，保证在黑暗的环境中仍然能显示清楚。当在设置保护时间之内没有任何按键响应，背光灯将自动熄灭，以节能并延长其使用寿命。保护后按任意一个按键能唤醒背光灯重新点亮。

监控模块上有两个指示灯，绿色的用来指示电源，当发生告警时，红色指示灯点亮，同时模块内的蜂鸣器发告警音。

监控模块的按键主要有功能按键、方向键、数字输入按键以及用来对监控 CPU 进行复位的复位键等。

功能键对应显示屏右边的反白信息，按各功能键可进入相应的功能。

方向键的作用是用来选择菜单功能的，在同屏显示中，通过方向键来选择不同内容。

数字键的功能是配合确认键将各种参数直接输入，同时实现同屏中多项功能的唯一选择（如上述主菜单中选择"模块参数菜单"等）。

操作中的几点注意事项：

① 参数设置输入后，必须按"确认"键，显示"操作成功"方为有效。

② 参数设置输入在软件中随时对输入数据进行有效性检查，无效数据无法输入。但有些数据虽然能够输入却并不合理，输入参数时一定按使用条件和具体要求设置。

③ 在维护级设置完成后，必须对监控模块进行复位以保证参数设置的有效性。

④ 更改用户级密码请用方便易记的数字，防止遗忘，不要试图更改维护级密码。

5. 电压调整模块

因蓄电池组的均充、浮充电压分别为 254 V 和 243 V，通常高于控制电压，为保证控制母电压为 220（1±10%）V，需采用电压调整装置进行调压（采用 103 只、2 V/只蓄电池的直流柜，其均充、浮充电压分别为 242 V 和 232 V，能满足控制母电压 220（1±10%）V 的范围，故可不用电压调整模块）。

在直流柜中常用的调压方法有：硅链或硅降压模块及利用斩波无级降压的方法，本书重点介绍目前直流系统中应用最广泛的硅链或硅降压模块的降压方法。

（1）电压调整装置的工作原理图。

电压调整装置的工作原理如图 3.7.8 所示。

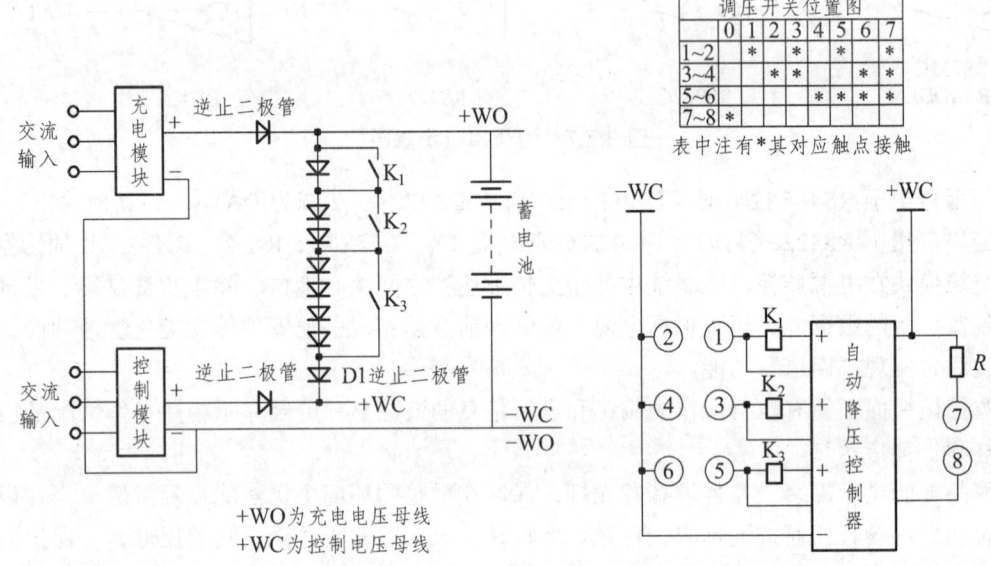

图 3.7.8　7 级硅降压模块电压调整装置原理

（2）调压原理。

硅链和硅降压模块调压原理相同，硅降压模块调压性能优于硅链，但价格较高。

在直流电源系统正常运行（当交流正常供电）时，调整硅降压模块加在逆止二极管 D1 阳极上的电位低于控制高频开关电源模块输出的 + 极电位，逆止二极管 D1 处于截止状态，硅降压装置不工作，控制电压由控制高频开关电源模块直接提供稳压精度为 ±0.5% 的 220 V 的控制电压。

当控制模块故障或交流失电时，控制模块停止工作，控制母线 +WC 的电压可通过蓄电池经降压单元来提供。蓄电池组的均、浮充电压通常高于控制电压，因此需采用电压调整装置进行调压，保证控制母电压为 220（1±10%）V。

图中 K_1、K_2、K_3 是三个直流调压接触器，它们的常开接点分别与一个、二个和四个硅降压模块相连（每一个降压模块可降压 5.6 V，7 个降压模块最大降压值为 39.2 V），它们的线圈可由自动降压控制器自动或通过调压万转开关手动控制。自动降压控制器由取样单元实时监测控制母线电压,当控制电压过高或过低时,自动降压控制器可根据电压的高低自动地分别使 K_1、K_2、K_3 三个调压继电器接通或断开改变串入降压回路的降压模块数量,从而使控制电压达到 $220(1\pm10\%)$ V。

如当交流失电时,若蓄电池处于浮充状态,此时蓄电池组电压为 243 V,为保证控母电压为 220 V 则应降压 23 V。此时,自动降压控制器自动接通 K_1 和 K_2 线圈,K_1 和 K_2 的接点闭合短接 3 个降压模块,蓄电池经 4 个降压模块降压,降压值为 $4\times5.6=22.4$(V),实际控制电压为 $243-22.4=220.6$(V),从而保证控制电压在 $220(1\pm10\%)$ V 的范围内。

在正常运行时,调压万转开关应置于自动挡(0挡),调压万转开关的触点 7-8 接通,自动降压控制器电源接通,调压单元自动工作。当自动降压控制器故障时(直流电源系统发出声光报警,光字灯发出控母电压异常信号),此时可用手动调压并观察控制电压表使控制电压达到要求值。

目前电力系统中,由于高压断路器的 220 V 直流操作机构采用弹簧操作机构,分、合闸电流小,工作电压可在 $220(1\pm10\%)$ V 范围内正常工作。大系统直流电源装置中蓄电池采用 103 只,蓄电池的均充电压和浮充电压分别为 242 V 和 232 V,因此,在大系统直流屏中可取消调压装置。

6. 微机绝缘监测模块

(1)功能及特点。

微机绝缘监测装置是高频开关电源系统的组件之一,用于在线监测直流母线和各分支路的绝缘及分布电容状况。

绝缘监测仪的主要特点如下:实时监测和支路巡检相结合,保证监测的实时性;RS-485 串行口,与监控上位机通信;可以设置告警限,适应不同地区的气候条件;可监测一段独立的直流母线或单母线分段等情况,对于母线电压等级无需额外设置;可以监测正负母线绝缘等值下降;装置内部具有自检功能,便于维护;支路分布电容高达 20 μF 时能准确测量。

(2)工作原理。

绝缘监测仪的基本原理结构框图如图 3.7.9 所示。

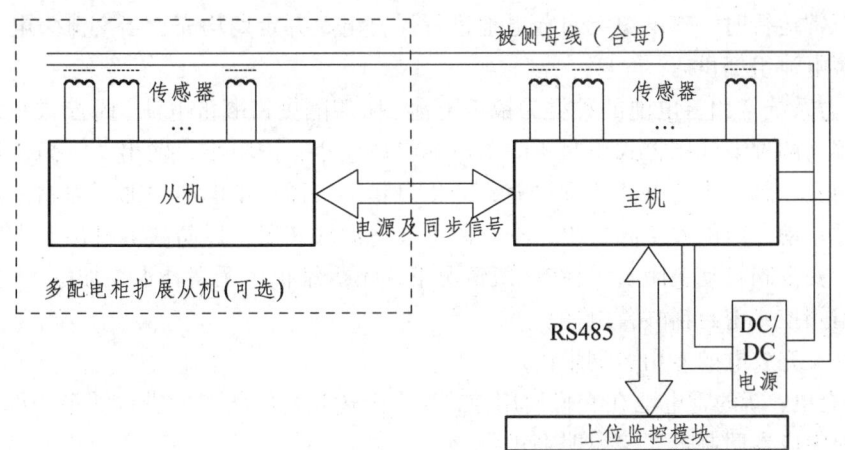

图 3.7.9 绝缘监测仪的基本原理结构框图

系统工作时分为常规检测和支路巡检，常规检测是在系统正常运行时实时监测正负母线的对地电压，得到绝缘电阻值；在发生绝缘下降时发出报警信号，点亮故障灯，并将故障标志上送监控上位机，同时投入低频信号，进入支路巡检状态。

支路巡检是对各支路进行巡回检测，分别计算各个支路的接地电阻的分布电容。支路巡检方法是在正负母线平衡投入低频交流信号，利用每一支路穿套在正负母线上的互感器感应出此交流信号，此信号即反映了该支路的接地阻抗的大小，再从中分离出阻性和容性电流即可得出该支路的接地电阻值。

在绝缘监测中采用了特有的阻性和容性分离技术，使分布电容的影响减小到最少，在支路分布电容小于 $2 \mu F$ 的情况下精度不受影响。在极少数情况下有分布电容大于 $2 \mu F$ 的支路，只需要经过调整即可达到精度要求，并且不会出现误判和漏判支路的情况。

每台绝缘监测仪可以检测一段独立母线（包括单母线分段），48 个支路。系统可扩展，当系统只有一个馈电柜时，无需扩展；当有多个馈电柜时，通过扩展接口可以扩展从机，每台从机也可以检测 48 个支路，最多可以扩展 4 个从机。主机通过扩展接口实现对从机的控制和通信。

7. 直流馈电回路

（1）直流馈电回路的作用。

直流馈电回路是直流系统通过接在合闸母线和控制母线的专用直流断路器向负荷供电的回路，负荷种类一般包括经常性负荷、事故负荷和冲击负荷等。

（2）直流馈电断路器。

由于直流灭弧比交流灭弧困难得多，在直流柜中必须使用直流专用断路器，如 5SX 系列（西门子）、GM 系列（北京人民）的断路器。使用时除额定电压、额定电流的选择外，还应注意开关的极性和上下进线方式不能接错，否则将烧坏开关。注意：西门子 5SX 系列直流空气断路器接方式是下进上出，其他品牌的空气断路器是上进下出。

8. 蓄电池组和电池管理

（1）蓄电池组的作用及种类。

① 根据不同电压等级要求，蓄电池组由若干个单体电池串联组成，是直流系统重要的组成部分。正常运行时，充电单元对蓄电池进行浮充电，并定期均充。当交流失电情况下，直流电源由蓄电池组提供。

② 电力系统常用蓄电池的种类为镉镍电池、防酸隔爆铅酸蓄电池、阀控式密封铅酸蓄电池。相比较前两种电池阀控式密封铅酸蓄电池自放电小，内阻小、输出功率高，具有自动开启、关闭的安全阀（当蓄电池严重过充，产生过量的气体使蓄电池内部压力超过正常值时，气体将通过自动开启的安全阀排出，安全阀上装有滤酸装置，以防酸雾排出。当压力恢复到正常值后，安全阀自动关闭），且在一般情况下，不需维护（无需补水、加酸）。目前电力系统广泛采用阀控式密封铅酸蓄电池。

（2）有关充放电的专用名词术语。

① 初充电：新的蓄电池在交付使用前，为完全达到荷电状态所进行的第一次充电。初充电的工作程序应参照制造厂家说明书进行。

② 恒流充电：在充电电压范围内，充电电流维持在恒定值的充电。

③ 均衡充电：为补偿蓄电池在使用过程中产生的电压不均匀现象，使其恢复到规定范围内而进行的充电。

④ 恒流限压充电：先以恒流充电方式进行充电，当蓄电池组端电压上升到限压值时，充电装置自动转为恒压充电。

⑤ 浮充电：在充电装置的直流输出端始终并接着蓄电池和负载，以恒压充电方式工作。正常运行时承担经常性负荷的同时向蓄电池充电，以补偿蓄电池的自放电，使蓄电池以满容量的状态处于备用。

⑥ 补充充电：蓄电池在存放中，由于自放电使蓄电池容量逐渐减少，甚至于损坏，应按厂家说明书定期进行充电。

⑦ 恒流放电：蓄电池在放电过程中，放电电流值始终保持不变，至放到规定的终止电压为止。

⑧ 蓄电池组容量试验：新安装的蓄电池组，按规定的恒流充电将蓄电池组充满容量后，再按规定的恒流放电至其中任一个蓄电池到终止电压为止。其蓄电池组的容量按下式计算：

$$C = I_f t$$

式中　C——蓄电池容量，Ah；
　　　I_f——恒定放电电流，A；
　　　t——放电时间，h。

⑨ 蓄电池容量符号：

C_{10}——10 h（10小时充电或放电率）额定容量，Ah。

⑩ 放电电流符号：

I_{10}——10 h（10小时充电或放电率）放电电流，A。

（3）电池管理。

① 充电柜中电池参数设置。

电池组的标称容量指电源系统所挂的电池组的标称容量，设置标称容量时，应根据电池的实际情况加以修正，当电池使用时间过长时，可相应减小电池的标称容量值，此值的设置可使在循环使用电池时容量的计算更加准确。

充电效率出厂时设定为95%，此时若以10 A电流充电1 h，则电池容量可增加9.5 Ah。电池组的充电效率应根据电池的实际情况凭经验设置，此值将影响电池充电容量的计算。

电池充电过流点一般设为电池标称容量的20%，对于200 Ah的电池组，可设为40 A，当电池充电电流超过充电过流点时，系统将会产生电池电流过流告警。

设置电池充电限流点，可把电池充电电流限制在允许的范围内，通常此值设为电池标称容量的10%，对于200 Ah的电池组，可设为20 A。

传感器系数指检测电池电流的传感器放大系数，出厂值为100，要视用户选用的传感器型号而定，传感器系数设置错误将引起电池电流测量值的严重误差。

② 电池管理参数设置。

均充、浮充电压要根据电池厂家的要求设置。设置的均充、浮充电压值是根据所用电池组节数以及电池厂家推荐的单体电池均充电压值、单体电池浮充电压值计算得来的。

定时均充周期是两次定时均充的时间间隔，出厂值为30天。定时均充时间指每次定时均充的持续时间,出厂值为 24 h。电源系统在正常运行中,一直处于浮充状态,如电池长时期没有均充,为了补充电池的漏电损耗,监控模块可以每隔一定时间(定时均充周期)对电池实施一次均衡充电,均衡充电的时间长短由定时均充时间而定。

稳流均充电流通常为电池标称容量的 1%,对于 200 Ah 的电池组,此电流值可设为 2.0 A(出厂值),稳流均充时间的出厂值为 3 h。在均衡充电过程中,电池电流会慢慢减小,当充电电流小到某一值(稳流均充电流)时,开始倒计时,计时时间超过设定值(稳流均充时间),监控模块就控制充电模块自动进入浮充状态,转为正常工作状态。

转均充判据是自动电池管理中从浮充状态转到均充状态的依据。若电池组的剩余容量小于设定值(转均充参考容量),或电池充电电流大于设定值(转均充参考电流),则监控模块会自动控制充电模块进行限流均充。

③ 智能电池管理。

在变电所或电厂中,直流电源不仅要为二次设备提供不间断直流电源,还要向断路器分合闸线圈提供冲击电流。电池组在直流电源系统中的地位很重要,如何维护就成为非常重要的一个问题。智能高频开关电源具有电池管理系统。它采用二级监控模式,能对电池的端电压、充放电电流、电池房温度及其他参数作实时在线监测。可准确地根据电池的充放电情况估算电池容量的变化,还能在电池放电后按用户事先设置的条件自动转入限流均充状态,通过控制母线电压来完成电池的正常均充过程。并可自动完成电池的定时均充维护,均充、浮充电压温度补偿等工作,实现了全智能化,不需任何人工干预。

电池管理的基本思想是:以电池组剩余容量、电池充电电流为依据,控制电池由浮充转入均充;以充电电流,充电时间为依据,控制电池由均充转入浮充。如果系统配有温度传感器,其均充、浮充电压可根据温度作适当补偿。保证负载电流基本不变,以电池电流和总负载电流作为主要参考依据(主要输入基准),通过调节模块输出电压及限流点,稳定负载电流,控制电池电流及电压,防止电池充电过流,从而延长电池使用寿命。如图 3.7.10 为电池管理曲线图,监控模块可以实施对电池的全自动管理。为了实现此功能,各充电模块必须设置在"自动"工作状态。

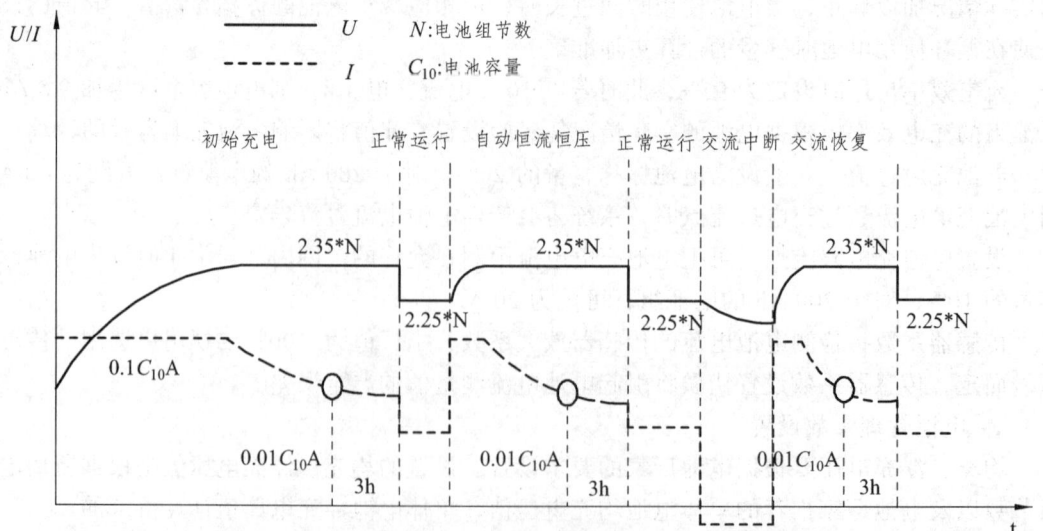

图 3.7.10 电池管理曲线(电池单体均充、浮充电压应根据电池实际要求决定,图中数据仅供参考)

9. 直流柜的主要参数及技术指标

如表 3.7.3 所示为直流柜的主要参数及技术指标。

表 3.7.3　直流柜的主要参数及技术指标

序号	技术参数名称	参数指标	备注
1	交流输入电压	380（1±15%）V	三相四线
2	交流输入频率	50（1±2%）Hz	
3	额定输出电压	24 V、48 V、110 V、220 V	
4	额定输出电流	5～400 A	
5	稳压精度	≤±0.5%	
6	稳流精度	≤±0.5%	
7	纹波系数	≤±0.1%	
8	均流不平衡度	≤±5%	
9	效率	≥90%	
10	功率因数	≥0.99	
11	可靠性指标	MTBF≥1 000 000 h	
12	噪声	≤55 dB	
13	绝缘电阻	≥10 MΩ	
14	绝缘强度	≥2 000 V　50 Hz/1 minAC	
15	蓄电池容量	10～3 000 Ah	

（五）微机控制高频开关直流电源柜运行与维护

1. 开机步骤

连接好蓄电池和单体电池巡检线。按要求接入交流Ⅰ、Ⅱ路输入电源并检查交流输入电压是否符合在 380（1±15%）V 范围内。检查蓄电池开关应处于分闸位置。分别合上Ⅰ、Ⅱ路输入电源开关无异常后，合上高频开关模块电源开关（此时模块正常工作指示灯亮、模块的显示柜上有电压、电流等数字显示）。再合上监控电源开关，监控器开始工作，根据蓄电池种类、容量复核监控器的设置：均充电压、浮充电压、充电限流值、均转浮电流等（直流柜出厂时已按要求设置）。检查充电电压、控制电压等是否正常，检查声光报警系统是否正常。关闭控制模块交流电源开关，检查自动和手动调压是否正常。检查完毕后（监控充电设置为自动），合上电池开关，此时检查监控界面：检查充电方式并注意观察充电电压表、充电电流表和控制电压表的指示应与充电方式相对应的正常值、单体电池检测每组均有指示值。开启绝缘监察仪、合上控制、合闸馈电开关后，无任何报警，直流柜开始正常工作；在恒压充电过程中，随蓄电池端电压增高、充电电流减小至 $0.1I_{10}$，经 3 h 后自动转为浮充工作状态。

2. 关机步骤

因大修等需退出运行时，应按标准作业化程序开好工作票，转移负载后，关断馈电柜的直流输出空气断路器、关断微机绝缘监察仪电源开关、关断蓄电池开关、关断监控器电源开关、关断所有高频开关电源模块的电源开关后,关闭交流进线开关(有双路电源进线时,应将两路进线开关全部关断)。

3. 主要故障及维护

(1)高频开关电源模块故障。

① 故障现象:模块故障光字灯亮,音响(电铃或蜂鸣器)报警;模块面板上的故障指示灯闪烁,显示柜上无电压、电流显示。

② 由于系统模块采用 $N+1$ 备份,因此,充电或控制模块中有一个模块发生故障时,不会影响系统的正常工作,若有备用模块可带电热拔插更换模块(注意:模块面板上的拨码开关的位置应一致),或通知生产厂家更换。

(2)微机监控器故障。

① 故障现象:音响报警、监控故障光字灯亮。

② 发现监控故障时,可关闭监控电源的开关重新启动,若故障仍未消除,应通知厂家维修。

③ 当监控器故障或关闭时,模块将自主工作,仍可维持直流柜的工作,此时,可通知厂家维修。

(3)调压单元故障。

① 故障现象:音响报警、控母电压异常的光字灯亮。

② 故障原因:自动降压控制器故障,无法自动调压。

③ 故障处理方法:应立即观察监控器显示的控母电压值或柜上的控母电压表的指示值,用手动调节调压万转开关的挡位并观察控母电压表,使控制电压达到规定值,及时通知厂家更换自动降压控制器。

4. 熔断器的维护

(1)熔断器的维护:直流柜中除二次回路配备熔断器外,最为关键的是蓄电池熔断器。注意:当熔断器上级蓄电池直流断路器因短路跳闸而熔丝未断,在检修消除故障后,也应将"+""-"极的熔断器换新(因短路电流已通过熔断器的熔丝,可能造成熔丝的局部熔化,造成熔断器的熔断电流减小,在冲击负荷电流下造成误动作)。

(2)熔断信号器:应在大修后检查熔断信号器微动开关动作是否正常和作报警试验。

5. 蓄电池的运行和维护

(1)维护标准:《电力系统用蓄电池直流电源装置运行与维护技术规程》(DL/T 724—2000)。

(2)阀控式密封铅酸蓄电池在运行中及放电终止时的电压值应符合表 3.7.4 的规定。

表 3.7.4　阀控式密封蓄电池在运行中及放电终止时的电压值的规定

阀控式密封铅酸蓄电池	单个蓄电池的标称电压/V		
	2	6	12
运行中的电压偏差值	±0.05	±0.15	±0.30
开路电压最大最小电压差值	0.03	0.04	0.06
放电终止电压值	1.80	5.40(1.8×3)	10.08(1.8×6)

新电池组可在运行 2 年后进行一次核对性放电,以后可每年进行一次放电。放电前应先对电池组进行均衡充电,以达到整组蓄电池性能的均衡。放电过程中如有一只达到放电终止电压时,应停止放电,继续放电须先排除落后电池后再放。核对性放电不是追求放出容量的多少,而是发现和处理落后电池,通过对落后电池的处理再作核对性放电实验,这样可防止事故和出现反极性蓄电池。

(3)在巡视中应检查蓄电池之间的连接片有无松动和腐蚀现象,壳体有无渗漏和变形,极柱和安全阀周围是否有酸雾溢出,绝缘电阻是否下降,蓄电池温度是否过高等。

(4)每月测试一次蓄电池组及单个电池端电压。应在断开交流充电模块,使其停止工作 30 min 后开始进行蓄电池电压的测量工作,以免测量的是充电模块加在电池的悬浮电压或是蓄电池的虚电。如在放电过程中发现蓄电池容量不足,影响直流系统的正常供电时,应立即投入充电模块。单个蓄电池电压的测量方法是打开万用表开关,将万用表挡位打至"直流电压 20 V",打开单个蓄电池正负极柱防护盖,用万用表(直流电压 20 V 挡位)对单个电池的两个极柱间电压进行测量(读数取小数点后一位);蓄电池组电压的测量方法是打开万用表开关,将万用表挡位打至"直流电压 500 V"或"直流电压 200 V",对蓄电池组 1#电池正极极柱与 18#电池负极极柱间电压进行测量,即为蓄电池组电压(读数取小数点后一位)。测试直流系统电压时,不得在直流柜内测试,必须在控制柜内控制开关处测试控制母线电压,在高压室断路器端子箱合母闸刀处测试合母电压。

(5)备用搁置的蓄电池,每 1 至 3 个月进行一次补充充电。

(6)阀控式密封蓄电池的温度补偿受环境温度的影响,基准温度 25 ℃时,每下降 1 ℃,单体 2 V 阀控式密封蓄电池浮充电压值应提高 3~5 mV。

(7)根据现场实际情况,应定期对电池组做外壳清洁工作。

(8)阀控式密封蓄电池的故障处理。

蓄电池外壳变形,原因是充电电压过高,充电电流过大,内部有短路或局部放电、温升超标、安全阀阀控失灵等。处理方法是减小充电电流、降低充电电压、检查安全阀是否堵死。

运行中的浮充电压正常,一旦放电,蓄电池的电压很快下降到终止电压值,原因是蓄电池内部失水干涸、电解物质变质。处理方法是更换蓄电池。

 **资 讯 单**

学习情境三	牵引变电所的二次回路	学时	
学习子情境 7	交、直流电源柜	学时	4
资讯方式	在图书馆、专业杂志、互联网及教师给的资讯指导上查询问题；咨询任课教师		
资讯问题	1. 交、直流电源柜在牵引变电所中的作用是什么？ 2. 什么是 AST 开关？它的作用是什么？ 3. GZDW 系列智能高频开关直流电源柜的组成有哪些？ 4. GZDW 的型号说明是什么？ 5. 充电模块的作用和原理是什么？ 6. 微机监控模块的作用和原理是什么？ 7. 电压调整模块的作用和原理是什么？ 8. 绝缘检测模块的作用和原理是什么？ 9. 蓄电池组的作用是什么？ 10. 直流电源柜的开关机步骤有哪些？ 11. 蓄电池组的测量步骤与方法是什么？ 12. 蓄电池组的日常维护有哪些？		
资讯引导	以上问题可以在本教程的学习信息、《牵引变电所运行检修规程》、"牵引变电所"精品课程网所、互联网、专业资料等处查找。		

 **计划和决策单**

计划和决策单见附录附表 3.7.1。

实 施

一、理论知识问答

1. 交流电源柜的主要任务是保证系统_____而不_____地供电。
2. ATS 开关即_____开关，它带有双断口，通过_____驱动，连杆机构采用_____的机械设计，实现_____，从根本上杜绝两路电源_____的可能性。
3. 交流电源柜一般在投入运行后操作较少，由于有_____的存在，可以保证对外供电的_____与_____。
4. GZDW 系列智能高频开关直流电源装置的组成形式有_____、_____、_____。
5. 充电模块将输入三相交流电转换为_____或_____的直流，经_____隔离后输出，一方面给_____充电，另一方面给_____供电。
6. 系统充电的工作状态有四种：_____、_____、_____、_____。
7. 监控模块通过对不同监控发出_____或_____命令，获得系统各种_____，实施各种_____，很好地实现电源系统的"四遥"功能即_____、_____、_____、_____。
8. 在直流柜中常用的调压方法有：_____和_____方法。
9. 微机绝缘监测装置是高频开关电源系统的组件之一，用于在线监测_____和_____的绝缘及_____状况。
10. 绝缘监测仪工作时分为_____检测和_____巡检。
11. 直流系统通过接在_____母线和_____母线的_____向负荷供电的回路，负荷种类一般包括_____、_____和_____等。
12. 新蓄电池组可在运行____年后进行一次____放电，以后可____进行一次放电。
13. 备用搁置的蓄电池，每____个月进行一次补充充电。

（14~23 为名词解释）

14. 初充电：
15. 恒流充电：
16. 均衡充电：
17. 恒流限压充电：
18. 浮充电：
19. 补充充电：
20. 恒流放电：
21. 蓄电池组容量试验：
22. 蓄电池容量符号：
23. 放电电流符号：

24. 直流电源柜的发展历史是？
答：_____
_____
_____
_____

25. 画出微机控制高频开关直流电源装置的型号示意图？
答：_____
_____
_____
_____
_____

26. GZDW系列智能高频开关直流电源柜的组成有哪些？
答：_____
_____
_____
_____
_____

27. 电力系统常用蓄电池的种类有哪些？其中最广泛使用的是哪一个？它的特点是什么？
答：_____
_____
_____
_____
_____

28. 巡视中应检查蓄电池的哪些地方？
答：_____
_____
_____
_____
_____

29. 直流电源柜常见故障都有哪些？怎样进行处理？
答：_____
_____
_____
_____
_____

二、实施操作过程（实施操作单）

1. 小组成员共同探讨直流开关柜各模块的作用内容。

序号	模块	作　　用
1		
2		
3		
4		
5		
6		
7		

2. 填写蓄电池的日常巡视和特殊巡视内容。

设备名称	看	听	闻	着装要求
日常				
特殊				

3. 填写直流电源柜的日常巡视内容。

设备名称	看	听	闻	着装要求

4. 每组选派 2 人完成直流电源柜的日常巡视对话并汇报安全注意事项。

 **检查单**

检查单见附录附表 3.7.2。

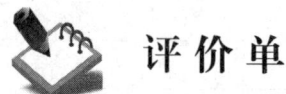 **评价单**

评价单见附录附表 3.7.3。

 **备忘录**

序号	操作	问题	解决问题的方法
1			
2			

备 注

学习情境四　事故处理

学习子情境1　电气设备异常处理

学习任务书

小组编号：_____　　　成员名单：_____

学习任务描述

通过本情境的学习，要求能够做到：掌握牵引变电所各种电气设备的正常工作情况，熟悉电气设备异常状态，并对各种异常状态能够进行合适地处理。

学习任务：电气设备异常处理。
学习对象：牵引变压器、断路器、互感器、隔离开关、母线及电容器。
工　　具：生产文件、工作工具、量具等。
学习步骤：
（1）熟悉牵引变压器的正常和异常状态及处理。
（2）熟悉断路器的正常和异常状态及处理。
（3）熟悉隔离开关的正常和异常状态。
（4）熟悉互感器的正常和异常状态及处理。
（5）熟悉母线的正常和异常状态及处理。
（6）熟悉电容器的正常和异常状态及处理。

学习方法

资讯：接受学习任务，根据引导问题，通过学习查找资料、网络信息等，建立总体印象。
计划：与小组成员、老师、师傅讨论电气设备异常时对牵引变电所工作的影响和及时处理的意义。
决策：与老师或师傅进行专业交流，确定本项目的工作步骤和涉及的工具，拟定检查、评价标准。

实施：按确定的工作步骤完成行动化学习任务，发现问题，共同分析，遇到无法解决的问题时请老师或师傅帮助解决。

检查：（1）生产文件准备好了吗？

（2）工具准备好了吗？

（3）安全事项有哪些？

评价：与同学、老师、师傅进行专业交流，有改进的建议吗？

学习目标

（1）明确各种电气设备的正常工作状态和异常状态。

（2）明确各种电气设备出现异常情况时的处理方式。

（3）明确各种电气设备出现异常时所涉及的处理步骤、仪表、工具等。

（4）了解在处理电气设备异常时的注意事项。

行动化学习任务

第一部分：进行电气设备异常处理的学习

任务1：查阅《牵引变电所运行检修规程》有关电气设备异常处理的要求。

任务2：查阅各种资料熟悉各种电气设备异常状态。

第二部分：模拟电气设备异常处理

任务3：列出牵引变压器异常状态表并处理。

任务4：列出断路器异常状态表并处理。

任务5：列出隔离开关异常状态表并处理。

任务6：列出互感器异常状态表并处理。

任务7：列出母线异常状态表并处理。

任务8：列出电容器异常状态表并处理。

任务9：总结安全注意事项。

学习信息

牵引变电所主要电气设备的工作状态可分为正常工作状态、异常工作状态和故障工作状态三种。

电气设备的正常工作状态是指在规定的外部环境条件（如额定电压、电流、介质、环境温度等）下，设备能连续达到额定的工作能力的状态。在正常工作状态下，由于环境和温度的影响，设备始终处于老化阶段，随着环境和时间的变化，设备即使在规定的外部条件下，也会部分或全部失去额定的工作能力，可以认为设备已进入老化状态。

电气设备的异常状态是指设备无法达到其技术参数的要求，设备发生轻微异常情况但还可以继续运行。

电气设备的故障状态是指设备发生严重异常状态，威胁安全运行或已造成设备部分损坏，甚至引起中止供电的状态。

一、牵引变压器的异常处理

1. 变压器声音异常处理

变压器正常运行时，由于交流电通过变压器绕组，在铁芯中产生周期性的交变磁通，铁芯的接缝与叠层之间的磁力作用以及绕组的导线之间的电磁力作用引起振动，发出均匀的"嗡嗡"响声。

牵引变压器由于用电对象是电力机车，机车的上坡、下坡、启动、滑行各时期的用电量有较大的变化，因此会造成变压器的响声或高或低，但其响声亦应该是连续且均匀的。

如果出现了下列声音，应停止变压器的运行，进行检修：

（1）当变压器内部有"咕噜咕噜"类似水的沸腾声时，可能是绕组有较严重的故障或分接开关接触不良而局部严重过热引起。

（2）变压器声响明显增大，内部有爆裂声。

（3）当响声中夹有爆裂声时，既大又不均匀，可能是变压器的器身绝缘有击穿现象。

（4）响声中夹有连续的有规律的撞击或摩擦声，可能是变压器的某些部件因铁芯振动而造成机械接触。

值班人员一旦发现变压器响声异常时，应立即报告供电调度并作外观检查，还应查看变压器控制屏上的电流表和功率表，把有关数据认真分析、判断。必要时向供电调度员申请停电，做好安全措施后再进行处理。

2. 变压器油温异常处理

（1）变压器油温异常升高的原因。

变压器油温异常升高的原因有：变压器冷却器运行不正常、运行电压过高、电源的相序接反、散热器阀门没有打开、变压器长期过负荷、变压器内部出现故障、温度计损坏、冷却器全停等。

（2）变压器油温异常升高的处理。

① 若油温升高的原因是由于冷却系统的故障，且在运行中无法修复，应对变压器做停运处理；若不能立即停运处理，则应按现场规程规定，调整变压器的负荷至允许运行温度的相应容量，并尽快安排处理；若冷却装置未完全投入或有故障，应立即处理，排除故障；若故障不能立即排除，则必须降低变压器运行负荷，按相应冷却装置冷却性能与负荷的对应值运行。

② 如果油温比平时同样负荷和冷却温度下高出 10 ℃ 以上，或变压器负荷、冷却条件不变，而油温不断升高，温度表又无问题，则认为变压器已发生内部故障，应投入备用变压器，停止故障变压器运行，并联系检修人员进行处理。

③ 若经检查分析是变压器内部故障引起的温度异常，则立即停运变压器，尽快安排处理。

④ 若由变压器过负荷运行引起，顶层油温超过 105 ℃，应立即降低负荷。

⑤ 若散热器阀门没有打开，应设法将阀门打开，一般变压器散热器阀门没有打开，在变压器送电时带上负荷后温度上升很快。

⑥ 如果三相变压器组中某一相油温升高，明显高于该相在过去同一负荷、同样冷却条件下的运行温度，而冷却装置、温度计均正常，则过热可能是由变压器内部的某种故障引起，应通知专业人员立即取样做色谱分析，进一步查明原因。若色谱分析表明变压器存在内部故障，或变压器在负荷及冷却条件下不变的情况下，油温不断上升，则应按现场规程规定将变压器退出运行。

3. 变压器油位异常处理

为了监视变压器的油位，变压器的储油柜上装有玻璃油位计或磁针式油位计，油位计上一般标有 – 30 ℃、+ 20 ℃、+ 40 ℃ 三条油位监视线，以便监视不同油温下油位的高低。这三条线分别表示环境温度为 – 30 ℃、+ 20 ℃、+ 40 ℃ 时变压器正常的油位，根据这三条油位线可以判断是否需要加油或放油。若温度为 20 ℃ 时，油面高于 + 20 ℃ 这一条油位线，则表示变压器中的油多了；若油面低于 + 20 ℃ 这一条油位线，则表示变压器中的油少了。运行中变压器的油位随温度变化而变化，而油温取决于变压器所带的负荷多少、周围环境温度和冷却系统的运行情况。变压器在运行中存在油位异常和渗漏油现象，所以应不定期进行巡视和检查。

（1）引起变压器油位异常的原因。

① 指针式油位计出现卡针等故障。

② 隔膜或胶囊下面蓄积有气体，使隔膜或胶囊高于实际油位。

③ 吸湿器堵塞使油位下降时空气不能进入，油位指示将偏高。

④ 胶囊或隔膜破裂使油进入胶囊或隔膜以上的空间，油位计指示可能偏低。

⑤ 温度计指示不准确。

⑥ 变压器漏油使油量减少。

（2）油位过低的处理。

油位过低或看不到油位，应视为油位不正常。当低到一定程度时，会造成轻瓦斯动作报警。严重缺油时，会使油箱内绝缘暴露受潮，降低绝缘性能，影响散热，甚至引起绝缘故障。油位过低的原因有：变压器严重渗漏油；储油柜容量和变压器油箱容量配合不当；检修人员因工作需要（如取油样），多次放油后未及时补油；注油不当，未按标准温度曲线加油。

① 若变压器无渗漏油现象，油位明显低于当时温度下应有的油位（查温度-油位曲线），应尽快补油。

② 若变压器大量漏油造成油位迅速下降，应立即采取措施制止漏油。若不能制止漏油，且低于油位计指示限度，应立即将变压器停运。

③ 对有载调压变压器，当主油箱油位逐渐降低，而调压油箱油位不断升高，以致从吸湿器中漏油，可能是主油箱与有载调压油箱之间密封损坏，造成主油箱的油向调压油箱内渗，此时应申请将变压器停运，转检修。

（3）油位过高的处理。

油位因油温升高而高出最高油位线，有时油位到顶而看不到油位。油位过高的原因有：吸湿器堵塞，所指示的储油柜不能正常呼吸；防爆管通气孔堵塞；油标堵塞或油位表指针损坏、失灵；全密封储油柜未按全密封方式加油，在胶囊袋与油面之间有空气（存在气压，造成假油位）。

① 如果变压器油位高出油位计的最高指示，且无其他异常时，为了防止变压器油溢出，则应放油到适当高度；同时应注意油位计、吸湿器和防爆管是否堵塞，避免因假油位造成误判断。

② 变压器油位因温度上升有可能高出油位指示极限，经查明不是假油位所致时，则应放油，使油位降至与当时油温相对应的高度，以免溢油。

（4）为运行中的变压器补油时的注意事项。

① 补入的新油应与变压器原有的油同型号，防止混油，且新补入的油应经试验合格。

② 补油前，应将重瓦斯保护改接信号位置，防止跳闸。

③ 补油后要注意检查气体继电器，及时放出气体，24 h 后无问题再将重瓦斯保护投入跳闸位置。

④ 补油要适量，油温与变压器当时的油温相适应。

⑤ 禁止从变压器下部截止阀补油，以防止将变压器底部沉淀物冲起进入绕组内，影响变压器绝缘的散热。

4. 变压器外表异常处理

（1）防爆管、防爆膜破裂。

为提高设备运行可靠性，有些变压器设计有防爆管、防爆膜作为变压器内部气体的安全气道，用来将变压器运行中产生的、不能承受的高压气体及时泄放。防爆管、防爆膜破裂，将引起水分和潮气进入变压器内，导致绝缘油乳化及变压器的绝缘强度降低。防爆管、防爆膜破裂的原因是：防爆膜材质与玻璃选择处理不当；防爆膜及法兰加工、安装工艺不符合要求；呼吸器堵塞或抽真空充氮情况时不慎，受压力而破损；变压器内部绕组短路击穿、分接开关严重接触不良，起弧发热时，变压器油受热急剧分解出大量气体。运行中的变压器，一旦发现防爆玻璃破碎向外喷油，应立即将其退出运行。

(2) 压力释放阀的异常。

目前,大中型变压器的防爆管和防爆膜已被压力释放阀所取代。压力释放阀由弹簧压紧一个膜盘及触点构成,置于变压器本体油箱上部,它也是油箱内部故障的主保护。当变压器油箱内部发生故障时,油箱内的油被分解、汽化,进而产生大量气体,油箱内压力急剧升高,当油压超过一定标准时,压力释放阀克服弹簧压力在 2 ms 内迅速冲开膜盘释放,进行溢油或喷油,使变压器油箱内的压力很快降低,保护了油箱;同时弹簧动作带动继电器动触点启动保护报警回路。当压力降到关闭压力值时,压力释放阀在弹簧的作用下又可靠关闭,使变压器油箱内保持正常压力,防止外部空气、水分及其他杂质进入油箱。

如果变压器油量过多、气温又高而造成非内部故障的溢油现象,溢出过多的油后释放器会自动复位,仍起到密封的作用。压力释放阀动作后有报警信号,以便运行人员迅速发现异常并进行查处,必要时也可动作跳开变压器各侧断路器。

(3) 套管闪络放电。

套管闪络放电会造成发热,导致绝缘老化受损甚至引起爆炸,常见原因有:套管表面过脏,如粉尘、污秽等;高压套管制造不良、缺陷;系统出现内部或外部过电压,套管内存在隐患而导致击穿。变压器的套管一旦发生严重破损,并引起放电,则认为该变压器已经失去了正常运行的功能,应立即退出运行。

(4) 渗漏油。

渗漏油是变压器常见的缺陷,渗与漏仅是程度的区别,渗油为两滴间隔时间大于 5 min,运行人员巡视检查时对于变压器的渗漏油部位要加强监视,发现渗漏油现象要及时联系检修人员处理。变压器渗漏油的常见部位是:阀门系统、接头桩头、高压套管基座、电流互感器出线桩头胶垫处、绝缘子破裂渗漏油、高压套管升高座法兰、油箱外表、油箱底盘大法兰等焊接处。

5. 变压器颜色、气味异常分析及处理

(1) 变压器油色不正常。

变压器油有新油和运行油两种。新油呈亮黄色,运行值班人员巡视时,发现变压器油位计中油的颜色发生变化,应联系检修人员取样分析化验。当化验发现油内含有碳粒、水分、酸价增高、闪光点降低和绝缘强度降低时,说明油质已急剧下降,容易发生内部绕组对变压器外壳击穿事故,此时,该变压器应停止运行。若运行中变压器油色骤然变化,油内出现碳质并有其他不正常现象时,应立即停用该变压器。

(2) 引线、线卡处过热引起颜色异常。

套管接线端部紧固部分松动,或引线头线鼻子滑牙等,接触面发生严重氧化,使接触处过热,颜色变暗失去光泽,表面镀层也遭到破坏,温度很高时会发出焦臭味。连接接头部分温度一般不宜超过 70 ℃,可用示温蜡片检查(一般黄色熔化为 60 ℃,绿色熔化为 70 ℃,红色熔化为 80 ℃),也可用红外线测温仪测量。

(3) 呼吸器硅胶颜色异常。

呼吸器硅胶一般正常颜色为蓝色,其作用为吸附空气中进入储油柜胶袋、隔膜中的潮气,以免变压器受潮。当硅胶由蓝色变为粉红色时,表明硅胶受潮且已失效,一般粉红色部分超过 2/3 时,应予更换。硅胶变色的原因主要是:

① 长期天气阴雨导致空气湿度较大，吸湿变色过快。
② 呼吸器容量过小，如有载开关采用 0.5 kg 的呼吸器，变色过快是常见现象，应更换较大容量的呼吸器。
③ 硅胶玻璃罩罐有裂纹破损。
④ 呼吸器下部油封罩内无油或油位太低起不到良好油封作用，使湿空气未经油封过滤而直接进入硅胶罐内。
⑤ 呼吸器安装不良，如胶垫龟裂不合格，螺钉松动，安装不密封而受潮。

6. 变压器轻瓦斯动作处理

瓦斯保护信号动作时，应立即对变压器进行检查，查明动作的原因，然后进行正确地处理。
（1）变压器轻瓦斯报警的原因。
① 变压器内部有较轻微故障产生气体。
② 变压器内部进入了空气。
③ 变压器外部发生了穿越性故障。
④ 变压器油位严重降低至气体继电器以下，使气体继电器动作。
⑤ 直流系统多点接地、二次回路短路。
⑥ 变压器受强烈振动影响。
⑦ 气体继电器本身出现问题。
（2）变压器轻瓦斯报警后的检查。
① 检查是否因变压器漏油引起。
② 检查变压器油位、温度、声音是否正常。
③ 检查气体继电器内有无气体，若存在气体，应取气体进行分析。
④ 检查二次回路有无故障。
⑤ 检查储油柜、压力释放装置有无喷油、冒油，盘根和塞垫有无凸出变形。
（3）变压器轻瓦斯报警后的处理。
① 若气体继电器内有气体，则应记录气体量，观察气体的颜色及试验是否可燃，并取气样及油样做色谱分析，根据有关规程和导则判断变压器的故障性质。
② 轻瓦斯动作后，如一时不能对气体继电器内的气体进行色谱分析，则可按颜色、气味、是否可燃进行鉴别。如果颜色是灰黑色、易燃，通常是因绝缘油碳化造成的，也可能是接触不良或局部过热导致；如果颜色是灰白色、可燃、有异常臭味，可能是变压器内纸质烧毁所致，有可能造成绝缘损坏；如果颜色是黄色、不易燃，可能是因为木质烧毁所致；如果颜色是无色、不可燃、无味，多为空气。
③ 如果轻瓦斯动作发出信号后，经分析已判为变压器内部存在故障，且发出信号间隔时间逐次缩短，则说明故障正在发展，这时应尽快停止该变压器运行。

7. 变压器过负荷处理

运行中的变压器过负荷时，警铃响，出现"过负荷"光字牌，也可能有"温度高"光字牌，电流表指示超过额定值，有功、无功表指示增大。运行值班人员发现上述现象时，应按下述原则处理：

（1）停止音响警铃，向调度汇报，并做好记录。

（2）及时调整运行方式，投入变压器全部冷却器，调整负荷的分配，如有备用变压器应立即投入。

（3）属正常过负荷或事故过负荷时，按过负荷倍数确定允许运行时间，若超过运行时间，应立即减负荷，并加强对变压器温度的监视。

（4）过负荷运行时间内，应对变压器及其相关系统进行全面检查，发现异常应立即处理。

（5）过负荷结束后，应及时向调度汇报，并记录过负荷结束时间。

二、断路器及隔离开关的异常处理

（一）断路器异常处理

在日常工作中，断路器可能出现的异常情况包括：线卡、引线接头过热或熔化；套管有严重破损和放电现象；油断路器严重漏油或缺油，可能导致灭弧室无油位；油断路器冒烟、起火，内部有异常声响或放电声；液压、气压操动机构失压，弹簧操动机构储能弹簧损坏；SF_6 断路器本体严重漏气，发出操作闭锁信号；真空断路器出现真空破坏的"咝咝"声；空气断路器内部有异常声响或严重漏气，压力下降，橡胶垫被吹出。当值班人员一旦发现断路器出现上述情况之一时，应立即报告调度并采取措施，将故障断路器退出运行进行处理。

1. SF_6 断路器气体压力低的处理

（1）断路器 SF_6 气体泄漏引起气体压力过低。

如果断路器 SF_6 气体漏气，压力不低于闭锁值，但发出"SF_6 气体压力过低"报警信号，说明有压力异常，应记录压力值，此时应加强监视，并通知相关部门处理。

如果断路器 SF_6 气体严重漏气，压力低于闭锁值并发出闭锁信号时，不能对断路器进行分、合闸，应立即断开该断路器操作电源，并与调度联系将负荷转移，采取措施将故障断路器隔离。安装在室内的断路器在处理前应开启通风装置，待 15 min 后方可进入，接近设备时应戴防毒面具并穿防护服。

（2）SF_6 气体密度继电器或表计失灵引起气体压力过低。

将表计的数值与当时环境温度折算到标准温度下的数值比较判断，确认 SF_6 断路器压力低是否因为密度继电器故障、表计指示不正确等引起，若是则应通知专业人员处理。

2. 断路器拒绝合闸的处理

在合闸操作或重合闸过程中，如果断路器发生拒合闸现象，应进行详细检查，查明原因并进行相应的处理。

（1）判断操作的正确性。

用控制开关再重新合闸一次，以判断拒合闸是否因操作不当引起的。

（2）操作电源消失引起拒合闸。

若合闸操作前，绿色指示灯不亮，应检查指示灯泡和灯具是否良好、控制回路是否断开、操作电源是否中断。如果是控制电源空气开关（熔断器）或合闸电源空气开关（熔断器）跳开（熔断），应合上（更换）控制电源空气开关（熔断器）或合闸电源空气开关（熔断器），正常后，对断路器进行合闸；如果是控制或合闸回路其他原因引起，不能查找故障或查到故障后运行人员不能处理的，应通知专业人员处理。

（3）直流母线电压不正常引起拒合闸。

合闸电源电压过低，合闸时电磁机构的铁芯不到位，使挂钩不能挂住；合闸电源电压过高，合闸时电磁机构的铁芯发生强烈冲击，使挂钩不能挂住。此时应调节蓄电池组端电压，使电压达到规定值。

（4）当操作合闸后，红灯不亮，绿灯闪光，且事故喇叭响，说明操作手柄位置和断路器位置不对应，断路器未合上，可能是合闸接触器未动作，合闸线圈发生故障等原因造成。

（5）当操作断路器合闸后，绿灯熄灭，红灯亮，但瞬间红灯又灭，绿灯闪光，事故喇叭响，说明断路器合上后又自动跳闸，可能是合闸于故障状态而造成保护动作跳闸。

（6）因操作机构卡住而拒合闸。操作机构不灵活或调整不准确、挂钩脱扣造成合闸后又跳闸；或因振动使跳闸机构脱扣，使断路器合不上闸。待机构处理后再合闸。

（7）合闸时间太短引起拒合闸。手动操作控制合闸时，控制开关在合闸位置未合到底，或合到底停留时间太短就松手，控制开关自动返回，致使断路器合闸后挂钩未挂住，合闸回路电源就断开而跳闸。正确做法是控制开关在合闸位置应合到底，待红灯亮后再松手，让控制开关返回。

（8）SF_6压力过低闭锁。确认SF_6气体压力过低后，应通知专业人员处理，在未处理正常前，严禁对断路器进行合闸操作。

（9）液压压力过低闭锁。确认液压压力过低后，应通知专业人员处理，在未处理正常前，严禁对断路器进行合闸操作。

（10）弹簧未储能。若是储能电源空气开关跳开，应立即合上储能电源空气开关进行储能，若其他原因不能查找但又急需送电的，应断开储能电源开关后进行手动储能，储能正常后即可进行合闸。若弹簧储能系统部件故障不能手动储能，则通知专业人员处理。

（11）其他不能处理的故障。应作相应报告上报调度及相关部门，通知相关专业人员处理。

3. 断路器拒绝分闸的处理

运行中的断路器拒分闸对系统安全运行威胁很大，一旦某一单元发生故障，断路器发生拒动，可能造成上一级断路器越级跳闸，甚至造成系统解列，扩大事故范围，故拒分闸事故比拒合闸事故有更大的危害。

断路器拒分闸的原因有两方面：一是电气回路故障，二是断路器机构故障。其中分闸电气回路失灵故障有两种情况：

第一种情况是红灯不亮分闸失灵，此时应检查：操作电源（包括电压、电池容量）是否正常；控制回路熔丝是否熔断，接触是否良好；控制断路器的接点是否良好；断路器跳闸回路常开接点是否良好；跳闸线圈是否断路；跳闸回路导线接头有无脱落；小车断路器的控制插件接点是否接通；防误闭锁编码插件接点是否接通等。

第二种情况是红灯亮而分闸失灵，表示跳闸回路完好，应检查：操作电源（包括电压、电池容量）是否正常；控制回路熔丝是否熔断，接触是否良好；控制断路器的接点是否良好。如无问题再检查断路器操动机构是否有问题。断路器机构故障应检查：铁芯转动是否不良或作用力是否不够大；机械传动部分调整是否合理；自保持机构调整是否不良等。

（1）正常情况下的拒分闸。

正常情况下，断路器的红灯信号亮，表示跳闸回路完好。当操作控制开关分闸时，若断路器拒分闸，且控制电源电压正常，则为操动机构故障。

① 线路断路器拒分闸的处理。

方式一：快速的处理方式。在该断路器操动机构的液压或气压均正常的情况下，可先断开线路侧断路器，再至现场采用手动方式分闸，然后拉开该断路器两侧的隔离开关，再对操动机构的故障进行查找和处理。

方式二：倒母线的处理方式。先倒空一组母线，让拒分闸的断路器在这组母线上单独运行，然后用母联断路器串接拒分闸的断路器解列，再拉开该断路器两侧的隔离开关，对操动机构的故障进行查找和处理。采用此种处理方法，要经过复杂的倒母线操作，处理时间较长。

② 变压器组回路断路器拒分闸的处理。

当变压器组停机解列时，改组的断路器拒分闸，此时，只能倒母线，空出一组母线，由母联断路器串接拒分闸的断路器，再由母联断路器分闸解列，然后拉开该断路器两侧的隔离开关，再对操动机构的故障进行查找和处理。

（2）事故情况下的拒分闸。

当一次系统（如线路）发生短路故障时，线路断路器拒分闸，但线路对侧的断路器分闸，拒分闸断路器的失灵保护动作，将母联断路器及故障线路所连母线上的其他元件的断路器全部分闸，该母线失压。处理方法是先找出拒分闸的断路器，然后隔离拒分闸的断路器，恢复无故障系统的正常运行，最后查明断路器拒分闸的原因并进行处理。

4. 断路器分合闸闭锁的处理

（1）油泵电动机交流失压引起。

检查电动机电源回路是否有故障。如是电动机电源空气开关跳开，应立即合上，并用万用表检查电动机三相交流电源是否正常，正常后，将电动机打压至正常值。若系电动机烧坏、机构损坏或其他故障，值班人员不能处理的，应报告调度，等待检修人员处理。

（2）SF_6气体压力过低引起。

确认SF_6气体压力值是否低于闭锁值，若是则应报告调度，等待检修人员处理。在未处理前，严禁对断路器进行分闸操作，并应断开该断路器的操作电源空气开关或取下操作电源熔断器，以防该断路器跳闸时因灭弧能力达不到要求，损坏断路器或断路器产生爆炸。

（3）弹簧机构未能储能引起。

应检查其电源是否完好，如电源空气开关跳开，应立即合上并进行电动储能；如电动机烧坏或电源回路引起的故障，在不能进行电动储能时，应在断开电动机电源后，进行手动储能；如属于弹簧机构问题，不能手动储能时，应等待检修人员处理。

（4）保护动作闭锁断路器合闸回路使其不能合闸。

应查明原因，复归保护动作信号，解除闭锁，根据调度的命令进行处理。

（5）控制回路故障引起。

若断路器就地控制箱内的"远方/就地"切换开关置于"就地"位置或触点接触不良，则可将"远方/就地"切换开关切至"远方"位置或将控制开关重复操作两次。若触点回路仍不通，应等待检修人员处理。若是控制回路问题，应重点检查控制回路易出现故障的位置，如同步回路、控制开关、合闸线圈、分相操作箱内的继电器等，对于二次回路的问题，一般应由检修人员处理。

5. 断路器误跳闸的处理

若系统无短路或直接接地现象却发生断路器自动跳闸，则称为断路器偷跳或误跳。断路器误跳的原因及处理方法为：

（1）保护误动或误整定。

确认设备、线路及电网系统无故障、直流系统无接地的情况下，检查保护装置是否有异常，如有异常，则判断为保护装置误动作，应通知专业人员处理；如保护装置正常，应打印保护装置定值与调度下发且正在执行的定值书核对，检查保护装置设置的定值是否正确，定值错误时应通知专业人员处理。

（2）电流、电压互感器回路发生故障。

确认为电流、电压互感器回路发生故障引起断路器跳闸时，应通知专业人员处理。

（3）直流系统发生两点接地。

确认断路器误跳为直流两点接地引起时，查找直流接地点，查到后消除故障，然后向调度申请对该断路器进行合闸送电；查不到接地点时，应通知专业人员处理。注意在查找故障接地点时应做好安全措施。

（4）机械故障引起。

若能排除故障，立即向调度申请对该断路器进行合闸送电；无法排除故障时，向调度申请停电检修。

（5）人为误碰、误动、误操作或受机械力引起。

确定是人为误碰、误动、误操作或受机械外力引起断路器误跳时，立即申请对该断路器进行合闸送电。

（二）隔离开关异常处理

1. 隔离开关接触部分发热的处理

在巡视设备时，对隔离开关接触部分可根据其触头部分的热气流、发热或变色及测量其触头部分的温度是否超过 70 ℃ 等方法来判断其发热情况。触头过热时，刀片和导体接头变色发暗，接触部分色漆变色或示温蜡片变色、软化、位移、发亮或熔化；户外隔离开关触头过热时，在雨雪天气可观察到接头处有冒汽或落雪立即融化现象；若触头严重过热，刀口可能烧红，甚至发生熔焊现象。

（1）隔离开关在运行中接触部分发热的原因。

① 在操作过程中用力不当会使触头位置不正，合闸不到位，触头接触不良使电流通过的截面大大缩小，因而使接触电阻增大，也产生很大的斥力，减少了弹簧的压力，使压缩弹簧或螺钉松弛，进一步使接触电阻增大而过热。

② 因触头紧固件松动，刀片或刀嘴的弹簧锈蚀或过热，使弹簧压力降低；或操作时用力不当，使接触位置不正。这些情况均使触头压力降低，触头接触电阻增大而过热。

③ 刀口合得不严，使触头表面氧化、脏污；拉合过程中触头被电弧烧伤，各联动部件磨

损或变形等，均会使触头接触不良，接触电阻增大而发热。

④ 隔离开关过负荷引起触头过热。

（2）隔离开关发热的处理。

根据隔离开关不同的接线方式分别进行处理。

① 用红外测温仪测量过热点的温度，以判断发热程度，若超过规定值应查明原因及时处理，在未处理前应加强监视。若隔离开关发热不断恶化，威胁安全运行时，应立即停电处理，不能停电的隔离开关可带电作业进行处理。

② 若隔离开关因过负荷引起过热应向调度汇报，将负荷降至额定值或以下运行。若隔离开关触头因接触不良而过热，可联系检修人员用相应电压等级的绝缘棒推动触头，使触头接触良好，但不要用力过猛，以免滑脱扩大事故。

③ 在单母线接线中，若母线隔离开关过热，则只能降低负荷运行，并加强监视，也可加装临时通风装置，加强冷却。

④ 在双母线接线中，若某一母线隔离开关过热，可将该回路倒换到另一母线上运行，然后拉开过热的隔离开关，待母线停电时再检修该过热隔离开关。

⑤ 在具有旁路母线的接线中，母线隔离开关或线路隔离开关过热，可以倒至旁路运行，使过热的隔离开关退出运行或停电检修。无旁路接线的线路隔离开关过热，可以减负荷运行，但应加强监视。

2. 隔离开关绝缘子有裂纹、破损和闪络的处理

（1）隔离开关绝缘子有裂纹、破损和闪络的原因。

造成隔离开关绝缘子损坏的原因主要是由于机械强度下降、界面击穿和芯棒脆断、硅橡胶表面性能劣化、外力损坏等；隔离开关闪络的原因主要是雷击闪络、鸟类闪络、污闪以及未查明原因的闪络。

（2）运行中发现隔离开关有裂纹、破损和闪络的处理。

① 运行中若绝缘子损坏程度不严重或出现不严重的放电痕迹，可暂时不停电，但应尽快报告调度进行处理。在停电之前应加强监视。

② 如果绝缘子破损严重，或发生对地击穿、触头熔焊等现象，则应将上一级断路器断开电源，使损伤隔离开关退出运行再进行处理。

③ 运行中若隔离开关绝缘子断裂，严禁操作此隔离开关，并应迅速将隔离开关退出系统，做好安全措施，联系检修人员进行处理。

3. 隔离开关不能分、合闸的处理

出现这种情况应分析其原因，禁止盲目强行操作，不同的故障原因应采取不同的方法处理。一般来说，拒绝合闸的原因主要有：轴销脱落、铸铁断裂等机械故障，电气回路故障，闭锁回路及操作顺序不符合规定，电动机失电，刀杆与操动机构脱节等。拒绝分闸的原因主要有：操动机构被冰冻结，操动机构锈蚀、卡死，隔离开关动静触头熔焊变形以及瓷件破裂、断裂，电动操动机构的电动机失电或机构损坏或闭锁失灵等。

（1）若是防误装置（电磁锁、机械闭锁、电气回路闭锁、程序锁）失灵，运行人员应停止操作，并检查其操作程序是否正确。检查操作程序正确后，将情况汇报，经确认确系防误

装置失灵，方可按相关规定解除其闭锁进行操作，或作缺陷上报，待检修人员处理正常后方可操作。

（2）若是隔离开关操动机构（如电动机控制电源回路故障）问题，应将其处理恢复正常后进行操作，不能处理或电动操作机构的电动机故障时，可以改为手动操作。但应注意在手动操作时，应将电动机电源断开后进行，避免电动机突然转动伤到操作人员。

（3）若是隔离开关本身传动机械故障而不能操作，应向调度汇报，要求将其停电处理。

（4）若冰冻或锈蚀影响正常操作，不要用很大的冲击力量，而应用较小的推动力量去克服不正常的阻力，待操作灵活些时再加力操作。

（5）在操作时发现隔离开关的刀刃与刀嘴接触部分有抵触时，不应强行操作，否则可能使支持绝缘子破损而造成事故，此时应将其停用进行处理。

4. 操作人员误操作，误拉、误合隔离开关的处理

进行倒闸操作时，由于误操作可能出现带负荷误拉、误合隔离开关，产生异常弧光，甚至引起三相弧光短路，因此在倒闸操作过程中应严防隔离开关的误拉、误合。当发生带负荷误拉、误合隔离开关时，按隔离开关传动机构装置形式的不同，分别按不同的方法处理。

（1）对手动操动机构的隔离开关，由于拉开过程很慢，当带负荷误拉闸时，在主触头断开不大时就有异常弧光产生，此时应迅速作反方向操作将隔离开关合上，可立即熄灭电弧，避免发生事故。若动触头已全部拉开，且已切断电弧时，则不允许再合上，否则会造成带负荷合隔离开关，产生三相弧光短路，扩大事故。

（2）对电动操动机构的隔离开关，由于分闸时间短，比人力直接操作快，当带负荷误拉闸时，应一直继续操作完毕，操作中严禁中断，禁止再合闸。

（3）当带负荷误合隔离开关时，即使错合，甚至在合闸时产生电弧，也不允许再拉开隔离开关，否则会形成带负荷拉隔离开关。只有在采取措施后，先用断路器将该隔离开关回路断开，才可再拉开误合的隔离开关。

5. 隔离开关导流部分发热的处理

隔离开关导流部分大部分暴露在空气中，容易老化、锈蚀、导电带断裂，进而引起发热。具体表现为：隔离开关两端帽子处存在热点，隔离开关触指弹簧老化变形引起刀口发热，隔离开关的接头由于锈蚀或者压接不实造成接头发热等。

（1）正常运行中，运行人员应按时、按规定的巡视路线巡视检查设备，发现隔离开关主导流部分有发热现象时，应向调度汇报，立即设法减小或转移负荷，加强监视。

（2）处理故障。对双母线接线，如果某一母线侧隔离开关发热，可将该线路倒闸操作至另一母线上运行，并向调度和上级汇报，母线能停电时，要将负荷转移后再对发热隔离开关停电检修。对单母线接线，如果某一母线侧隔离开关发热，母线短时间内无法停电，必须降低负荷，并加强监视，并尽量把负荷倒至备用电源带，母线可以停电时再停电检修。对室内高压隔离开关，还应该注意通风降温。

6. 隔离开关合不到位的处理

隔离开关合不到位多数是机构锈蚀、卡涩、检修调试未调好等原因引起的。发生这种情况时，可拉开隔离开关再合闸。对 220 kV 隔离开关，可用绝缘棒推入，必要时应申请停电处理。

三、互感器的异常处理

（一）电压互感器的异常处理

1. 电压互感器本体故障的处理

电压互感器在日常运行中，如果发现本体有过热现象、内部有放电声和不正常的噪声、油面上升并出现碳质、有渗漏油现象时，往往是因为电压互感器本体出现了故障，其原因是：

（1）电压互感器低压侧匝间和相间短路时，低压熔丝尚未熔断，由于励磁电流迅速增大，使高压熔管熔丝熔断或烧坏互感器。

（2）当中性点不接地系统发生单相接地时，电压互感器一次侧非故障相对地电压为正常电压值的 $\sqrt{3}$ 倍。电压互感器的铁芯很快饱和，励磁电流急剧增强，使熔丝熔断。

（3）由于电力网络中含有电容性和电感性参数的元件，特别是带有铁芯的铁磁电感元件，在参数组合不利时会引起铁磁谐振。在发生铁磁谐振时，其过电压倍数可达 2.5 以上，造成电气设备绝缘击穿，可能烧毁设备。

对电压互感器本体故障的处理是：立即将有关情况向调度和上级汇报，并申请停电处理。

2. 电压互感器回路断线的处理

当运行中的电压互感器回路断线时，有如下现象："电压回路断线"光字牌亮、警铃响；相关电压表指示为零或三相电压不一致，有功功率表指示失常，电能表停转；低电压继电器动作；可能有接地信号发出（高压熔断器熔断时）；绝缘监视电压表较正常值偏低，而正常相电压表指示正常。

电压互感器回路断线的原因可能是：高、低压熔断器熔断或接触不良；电压互感器二次回路切换开关接触不良；二次侧快速自动空气断路器脱扣跳闸或因二次侧短路而自动跳闸；二次回路接头松动或断线等。另外，因电压互感器高压侧隔离开关的辅助触点串接在二次侧，这些触点接触不良，也会造成二次回路断开。

电压互感器回路断线的处理方法是：

（1）停用所带的继电保护与自动装置，以防止误动。

（2）如因二次回路故障，使仪表指示不正确，可根据其他仪表指示，监视设备的运行。

（3）检查高、低压熔断器是否熔断。若高压熔断器熔断，应首先考虑检查电压互感器是否发生内部故障。更换时应拉开高压侧隔离开关并取下低压侧熔断器，经验电、放电后，再更换高压熔断器，测量电压互感器的绝缘并确认良好后，方可送电。若低压熔断器熔断，应立即更换。

（4）检查二次电压回路的触点有无松动、有无断线现象，切换回路有无接触不良，二次侧自动空气断路器是否脱扣。可试送电一次，试送不成功再处理，更换熔丝后若再次熔断，应查明原因，严禁将熔丝容量加大。

3. 电压互感器的故障停用

运行中的电压互感器有下列现象之一时，应立即停用：

（1）高压熔断器连续熔断 2~3 次（说明高压绕组有短路故障）。

（2）瓷套管破裂、严重放电；内部有放电声或其他噪声（说明内部有故障）。

（3）电压互感器冒烟或有焦臭味（说明连接部位松动或高压侧绝缘损伤）。

（4）绕组或引线与外壳间有火花放电（说明绕组内部绝缘损坏或连接部位接触不良）。

（5）运行温度过高，外壳温度超过允许温升，并继续上升（内部故障所致，如匝间短路、铁芯短路等产生高温）。

（6）电压互感器漏油严重，油标中看不到油面（封闭件老化或内部故障产生高温，油膨胀产生漏油）。

（7）SF_6气体绝缘互感器严重漏气，电容式电压互感器分压电容器出现渗油，干式互感器出现严重裂纹、放电。

在停用电压互感器时，若电压互感器内部有异常响声，并出现冒烟、跑油等故障，且高压熔断器未熔断，则应用断路器将故障的电压互感器切断，禁止使用隔离开关或高压熔断器拉合故障的电压互感器。电压互感器着火时，应切断电源后，用干粉灭火器或1211灭火器灭火。

（二）电流互感器的异常处理

1. 电流互感器运行声音异常处理

电流互感器在运行中发生声音异常的原因是：铁芯松动，发出不随一次负荷变化的"嗡嗡"声；半导体刷漆不均，造成内部电晕或夹铁螺钉松动等使电流互感器产生较大声响；某些离开叠层的硅钢片在空载或轻负荷时，会有一定的"嗡嗡"声；二次回路开路等。

电压互感器运行声音异常的处理是：

（1）在运行中若发现电流互感器有异常声音，可从声响、表计指示及保护异常等情况判断是否为二次回路开路；若是，则可按二次回路开路的处理方法进行处理。

（2）若不属于二次回路开路的故障，而是本体故障，应转移负荷并申请停电处理。

（3）若声音异常较轻，可不立即停电，但必须加强监视，同时向上级调度及主管汇报，安排停电处理。

2. 电流互感器二次回路开路处理

电流互感器一次绕组直接串接在一次电流回路中，其铁芯中一次电流产生的磁通要由二次电流产生的反方向磁通来平衡。当二次侧开路时，二次电流等于零，而一次电流不变，使铁芯中的磁通剧增达到饱和的程度。其后果是这个剧增的磁通在开路的二次绕组中产生很高的电压，直接危及人身和设备的安全；使电流互感器严重发热，可能损坏绝缘；将在铁芯中产生剩磁，使电流互感器的比差和角差增大，影响计量的准确性。

引起电流互感器二次回路开路的原因有：交流电流回路中的接线端子接触不良，造成开路；检修工作中误断电流互感器二次回路，或对电流互感器本体试验后未将二次接线接上；二次接线端子触头压接不紧，回路中电流很大时，发热烧断或氧化过热而造成开路；室外端子箱、接线盒受潮，端子螺钉和垫片锈蚀过重，接触不良或开路等。

（1）电流互感器二次开路的现象。

① 有功、无功功率表指示不正常，电流表三相指示不一致，电能表计量不正常。

② 监控系统相关数据显示不正常。
③ 电流互感器有"嗡嗡"声。
④ 开路故障点有火花放电声、冒烟和烧焦等现象，故障点出现异常高的电压。
⑤ 电流互感器本体有严重发热，并伴有异味、变色、冒烟等现象。
⑥ 继电保护及自动装置发生误动或拒动。
⑦ 仪表、电能表、继电保护等冒烟烧坏。
（2）电流互感器二次回路开路处理方法。
① 互感器二次回路开路时，首先要防止二次绕组开路而危及设备与人身的安全。
② 互感器二次回路开路后，应查明开路位置并设法对开路处进行短路；如果不能进行短路，可向调度申请停电处理。在进行短接处理过程中，必须注意安全，应戴绝缘手套，使用合格的绝缘工具，在严格监护下进行。
③ 发现互感器二次开路，应先分清故障属哪一组电流回路，开路的相别对保护有无影响，向调度汇报，停用可能误动的保护。
④ 尽量减少一次负荷电流，若互感器严重损伤，应转移负荷，停电检查处理。
⑤ 对检查出的故障，能自行处理的，可立即处理，然后投入所退出的保护；若不能自行处理，或不能自行查明的故障，应汇报上级部门派人处理，或经倒运行方式转移负荷，再停电检查处理。

3. 电流互感器的故障停用

电流互感器发生下列情况之一时应立即报告调度，停电处理：
（1）内部发出异常声响、过热，并伴有冒烟及焦臭味。
（2）严重漏油、瓷质损坏或有放电声。
（3）喷油燃烧或流胶现象。
（4）SF_6气体绝缘互感器严重漏气。
（5）干式互感器出现严重裂纹、放电。
（6）经红外测温仪检查发现内部有过热现象。
应严格防止电流互感器内部故障可能引起的爆炸或继电保护误动、拒动，导致事故扩大。

四、母线及电容器的异常处理

（一）母线的异常处理

1. 母线绝缘子破损、放电的处理

母线所配支柱或悬式绝缘子一旦破损，会造成母线接地或相间短路，严重的可能由于绝缘子击穿放电而造成母线烧坏、烧断。此外，母线绝缘子因绝缘不良或零击穿等故障影响，会出现明显放电现象，尤其在大雾或雨雪天气。因此，一旦发现母线绝缘子破损、放电，值班人员应尽快报告调度，停电处理；在停电更换绝缘子前，应加强对破损绝缘子的监视，增加巡回检查次数。

2. 硬母线变形的处理

运行中的硬母线在正常状态下，相间与相对地间的安全距离裕度不大，一旦发生母线变形，可能会引起安全距离不满足要求，从而造成母线短路或接地事故。发现硬母线变形时，一方面应尽快报告调度，请求停电处理；另一方面应尽可能找出变形原因，如外力造成机械损伤、母线过热、母线通过了较大的短路电流等，以利于尽快消除变形。

3. 母线过热的处理

母线在运行中，因严重过负荷或母线与引线间的接触不良，母线隔离开关接触不良，都会引起母线发热。一旦发现母线过热发红（尤其是高峰负荷期间，极易出现母线接头温升超标过热），值班人员应立即向调度汇报，倒换备用母线，转移负荷，直至用停电检查等方法处理。

4. 母线出现异常声响的处理

可能是与母线连接的金具松动或铜铝搭接处氧化引起的，此时值班员应立即向调度报告，通过倒换备用母线，停用故障母线进行处理。

5. 母线电压不平衡的处理

母线三相电压不平衡，应根据具体情况查明原因，分别处理。造成母线三相电压不平衡的原因有：

（1）输电线路发生金属性接地或非金属性接地故障。
（2）电压互感器一、二次侧熔断。
（3）空载母线或线路的对地电容电流不平衡，出现假接地。
（4）输电线路与消弧线圈分接头不匹配出现假接地等。

（二）电容器的异常处理

1. 电容器渗油的处理

电容器渗油的处理方法如表 4.1.1 所示。

表 4.1.1　电容器渗油的处理方法

序号	原因	处理方法
1	搬运、安装、检修过程中造成法兰或焊接处损伤	（1）若渗油不严重，可不申请停电处理，但必须随时监视，并按缺陷管理制度上报。 （2）若渗油严重，必须申请停电处理。
2	接线时拧螺钉过紧，瓷套焊接处损伤	
3	长期运行的外壳锈蚀可能引起渗漏油	
4	温度急剧变化	
5	设计不合理，如使用硬排连接，由于膨胀冷缩，极易拉断电容器套管	
6	制造中存在缺陷	

2. 电容器温度过高的处理

电容器温度过高的处理方法如表 4.1.2 所示。

表 4.1.2　电容器温度过高的处理方法

序号	原　因	处理方法
1	环境温度过高，电容器布置过密	运行中，必须严密监视和控制环境温度，或采取冷却措施以控制温度在允许范围内，如控制不住，则应停电处理。在高温、大负荷的情况下，应定时对电容器进行温度检测。
2	高次谐波电流影响	
3	频繁投切电容器，反复受过电压作用	
4	介质老化，介质损耗增加	
5	过负荷	
6	电容器冷却条件变差	

3. 电容器运行电压过高的处理

电容器运行电压过高的处理方法如表 4.1.3 所示。

表 4.1.3　电容器运行电压过高的处理方法

序号	原　因	处理方法
1	电网负荷的变化	（1）当电网电压超过电容器额定电压 1.1 倍时，应将电容器退出运行。 （2）若操作过程中引起电压过高，并由过电压信号报警，则立即应将电容器断开。
2	电网电压的波动会引起电压过高	
3	电容器在操作过程中产生高电压	

4. 电容器外壳膨胀的处理

电容器外壳膨胀的处理方法如表 4.1.4 所示。

表 4.1.4　电容器外壳膨胀的处理方法

序号	原　因	处理方法
1	运行电压过高	发现外壳膨胀，应采取强力通风降低电容器温度；膨胀严重的电容器应立即申请停电处理。
2	断路器重燃引起的操作过电压	
3	电容器本身质量差	
4	周围环境温度过高	

5. 变电所失压时电容器的处理

当全所无压后，有低电压保护的电容器断路器会自动跳闸，但如果有因特殊原因未跳开的，此时必须手动将未跳开的电容器断路器断开。因为若不断开，在来电后母线电压较高，电容器会在高电压下充电，有可能造成电容器严重喷油或鼓肚；同时，因为母线没有负荷，电容器充电后，大量无功向系统倒送，致使母线电压升高，该电压值可能超过电容器规定地允许连续运行的电压值。另外，当空载变压器投入时，可能会产生共振，其产生的电流可达电容器额定电流的 2~5 倍，持续时间为 1~30 s，可能引起过电流保护动作。

因此，当全所无压后，电容器断路器应自动或手动断开，来电后，根据母线电压及系统无功补偿情况投入电容器。

资讯单

学习情境四	事故处理	学时	
学习子情境 1	电气设备的异常处理	学时	8
资讯方式	在图书馆、专业杂志、互联网及教师给的资讯指导上查询问题;咨询任课教师		
资讯问题	1. 牵引变压器在正常情况下运行时的声音是什么?		
	2. 牵引变压器在正常情况下运行时的油温是多少?		
	3. 牵引变压器在正常情况下运行时的油位是多少?		
	4. 正常情况下对牵引变压器巡视时应关注哪些问题?		
	5. 如何观察牵引变压器的油色?正常时应是什么颜色?		
	6. 断路器在正常情况下运行时的声音是什么?		
	7. SF_6 断路器压力低如何处理?		
	8. 断路器拒绝合闸如何处理?		
	9. 断路器拒绝分闸如何处理?		
	10. 正常情况下对断路器巡视时应关注哪些问题?		
	11. 隔离开关在正常情况下运行时的声音是什么?		
	12. 正常情况下对隔离开关巡视时应关注哪些问题?		
	13. 在操作中误拉、误合隔离开关时怎么办?		
	14. 需要经常监察隔离开关的导热部分吗?		
	15. 互感器在正常情况下运行时的声音是什么?		
	16. 正常情况下对互感器巡视时应关注哪些问题?		
	17. 电容器在正常情况下运行时的声音是什么?		
	18. 正常情况下对电容器巡视时应关注哪些问题?		
资讯引导	以上问题可以在本教程的学习信息、《牵引变电所运行检修规程》、"牵引变电所"精品课程网站、互联网、专业资料等处查找。		

 计划和决策单

计划和决策单见附录附表 3.1.1。

 实 施

1. 在现场观察牵引变压器的工作状态，将观察到的情况进行汇总。
答：_____
_____
_____
_____

2. 在现场观察运行中的断路器和隔离开关，将观察到的情况进行汇总。
答：_____
_____
_____
_____

3. 在现场观察运行中的电压互感器和电流互感器，将观察到的情况进行汇总。
答：_____
_____
_____
_____

4. 在现场观察运行中的电容器，将观察到的情况进行汇总。
答：_____
_____
_____
_____

5. 在运行中发生了断路器或隔离开关拒绝分、合闸时怎么办？
答：_____
_____
_____
_____

 检查单

检查单见附录附表 4.1.2。

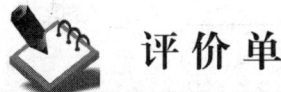 评价单

评价单见附录附表 4.1.3。

 备忘录

序号	操作	问题	解决问题的方法
1			
2			

备 注

学习子情境 2 事故处理

学习任务书

小组编号：＿＿＿＿＿＿＿＿　　　成员名单：＿＿＿＿＿＿＿＿

学习任务描述

通过本情境的学习，要求能够做到：通过学习变压器等设备出现故障时的事故处理方法，掌握变电所主要设备出现事故时变电运行人员应掌握的专业技能，并为实际的变电运行事故处理打下基础。

学习任务：事故处理。
学习对象：牵引变压器、电容器等设备。
工　　具：生产文件、工作工具、量具等。
学习步骤：
（1）熟悉事故出现时的主要现象。
（2）熟悉事故处理的一般原则。
（3）熟悉事故出现时的处理步骤。
（4）熟悉事故出现后应检查的内容。
（5）通过实例熟悉变压器事故出现时的现象及处理方法。
（6）熟悉电容器事故等出现时的现象及处理方法。

学习方法

资讯：接受学习任务，根据引导问题，通过学习查找资料、网络信息等，建立总体印象。
计划：与小组成员、老师、师傅讨论事故处理对牵引变电所工作的影响和及时处理的意义。
决策：与老师或师傅进行专业交流，确定本项目的工作步骤和涉及的工具，拟定检查、评价标准。
实施：按确定的工作步骤完成行动化学习任务，发现问题，共同分析，遇到无法解决的问题时请老师或师傅帮助解决。
检查：（1）生产文件准备好了吗？
　　　　（2）工具准备好了吗？
　　　　（3）安全事项有哪些？
评价：与同学、老师、师傅进行专业交流，有改进的建议吗？

学习目标

（1）明确事故原则。
（2）明确事故处理步骤。
（3）明确各种事故出现异常时所涉及的处理步骤、仪表、工具等。
（4）了解在处理事故时的注意事项。

行动化学习任务

第一部分：进行事故处理的学习

任务1：查阅《牵引变电所运行检修规程》有关电气设备异常状态处理的要求。
任务2：查阅各种资料熟悉各种电气设备异常状态。

第二部分：模拟事故处理

任务3：列出牵引变压器事故现象并处理。
任务4：列出线路事故并处理。
任务5：列出电容器事故并处理。
任务6：列出电源事故并处理。
任务7：列出二次接线事故并处理。
任务8：总结安全注意事项。

学习信息

一、出现事故时的主要现象及引起事故的主要原因

1. 出现事故时的主要现象

（1）电气设备运行中出现异常声响或出现放电、爆炸。
（2）报警信号出现保护、自动控制装置动作，遥测、遥信异常变化。
（3）断路器动作跳闸。
（4）电气设备出现变形、裂碎、变色、烧毁、烟火、喷油等异常现象。

2. 引起事故的主要原因

（1）自然灾害。
（2）设备缺陷。
（3）保护误动。
（4）运行方式不合理。
（5）检修质量不好。

二、常见事故类型及一般处理原则

1. 常见事故类型

根据运行经验和事故统计来看，牵引变电所中容易出现以下类型的故障：
（1）变压器等主要电气设备绝缘损坏，引起匝间短路或相间短路。
（2）高压断路器操动机构故障，造成操作失灵，如拒合或拒分等。
（3）绝缘子损坏、破裂或污染引起套管、瓷瓶放电闪络。
（4）继电保护和自动装置误动作或拒绝动作。
（5）雷击、雨雪、覆冰或动物灾害所造成的事故。
（6）运行人员误操作。容易发生的误操作有：检修结束后未撤除接地线就合闸送电；带负荷分、合隔离开关等。
（7）二次回路的故障。如控制、信号回路的电源故障，动作元件的切换不到位，灯光指示不正确等。

2. 一般处理原则

变电所发生故障时，首先应解除音响信号，确认故障性质，能解除的灯光信号应及时复归（如闪光信号）。在发生重大事故时，应迅速切除事故处两侧的电源，尽量限制事故范围扩大，同时应消除事故可能对人身及设备产生的威胁，及时向电力调度和变电所所长汇报。在电力调度的统一指挥下，排除事故根源，用一切可能的措施保证尽快恢复供电。

三、事故时需要检查的设备及保护情况

（1）检查监控机主界面。
（2）检查报文信息。
（3）检查细节图中断路器的位置。
（4）检查细节图中遥信量信息。
（5）检查细节图中遥测量信息。
（6）检查遥测一览界面信息。
（7）检查保护信息。
（8）检查断路器位置及相关的设备。

四、事故处理步骤

（1）记录事故发生时间、事故现象，将事故简要情况汇报调度，如跳闸时间、天气及设备跳闸情况等。
（2）根据事故现象初步判断事故性质及故障范围。
（3）迅速切除对人身和设备安全有严重威胁的设备。
（4）现场检查保护及自动装置动作情况、故障录波装置测距情况、跳闸设备有无异常及设备故障情况。
（5）查找到故障设备后将其隔离。
（6）将事故检查及故障隔离情况详细的汇报给调度。
（7）根据调度令恢复无故障设备的运行。
（8）做好故障设备安全措施，等待检修。
（9）完善相关记录，并向领导汇报。

五、线路故障

牵引变电所线路故障多为牵引网短路，可分为瞬时性故障和永久性故障，其中瞬时性故障出现的概率最大，占线路故障的 70%~80%。线路故障按性质可分为单相接地故障、相间接地故障、相间短路接地故障。线路发生不同类型的故障时，保护和重合闸的动作行为也有所不同。

1. 瞬时性短路故障

断路器事故分闸后，重合闸动作重合成功。信号显示：发出事故音响信号，保护及重合闸装置指示灯亮，自动装置动作光字牌亮。

处理：值班人员首先解除音响信号，复归重合闸动作信号，确认故障馈线及保护动作类型，复归其信号，向电力调度汇报并做好必要的记录。

2. 永久性短路故障

断路器事故分闸后，重合闸不成功。信号显示：发出事故音响信号，断路器绿色位置信号灯闪光，保护及重合闸装置指示灯亮，自动装置动作光字牌亮。

处理：值班人员首先解除音响信号，将事故跳闸断路器的控制开关转向对应的分闸位置，解除闪光信号，复归所有信号及动作装置，向电力调度汇报并做好必要的记录，等待送电命令。在没有电力调度命令前，不准向该馈线送电。

六、变压器故障

主变压器故障分为内部故障和外部故障。主变压器内部故障的原因有线圈内部故障、相间接地短路、主变压器线圈短路、主变压器严重漏油等。主变压器外部故障的原因有主变压器及其套管引出线发生短路故障、保护二次线发生故障、差动电流互感器短路或开路等。

例1：2号主变压器内部故障（瓦斯保护动作）。

（1）事故现象：

① 警铃响、喇叭短叫，监控后台机主接线图2号主变压器112、312、012断路器位置信号闪烁（绿色），2号主变压器细节图遥测量分图2号主变压器两侧电流、有功功率、无功功率为零，遥信量分图本体重瓦斯、压力释放1、风冷消失1、本体轻瓦斯、变压器油温高信号灯闪烁（红色）。

② 监控后台机报文如下：

XX/XX/XX	XX：XX：XX	012开关分闸
XX/XX/XX	XX：XX：XX	312开关分闸
XX/XX/XX	XX：XX：XX	112开关分闸
XX/XX/XX	XX：XX：XX	2号上变压器本体重瓦斯动作
XX/XX/XX	XX：XX：XX	2号上变压器本体轻瓦斯动作
XX/XX/XX	XX：XX：XX	2号主变压器1号释压器动作
XX/XX/XX	XX：XX：XX	2号主变压器风冷消失告警
XX/XX/XX	XX：XX：XX	2号主变压器风冷跳闸
XX/XX/XX	XX：XX：XX	2号主变压器油温高告警
XX/XX/XX	XX：XX：XX	2号主变压器超温跳闸

③ 2号主变压器保护屏CSR-22A本体保护装置面板上"跳闸""信号"信号灯亮，"运行"信号灯闪烁；112、312、012断路器SCX-11JN三相操作箱面板上"运行监视"信号灯闪烁、"保护动作"信号灯亮、"合后位置"信号灯不亮。

④ 现场检查2号主变压器112、312、012断路器在分闸位置。

（2）处理步骤：

① 复归音响，记录故障时间，检查监控后台机事故报文、动作信号、保护动作、断路器动作情况并记录，确认后复归信号。在事故发生后3 min内向调度汇报事故发生的时间、天

气、跳闸设备（监控后台机上报警窗及本间隔细节图中所发事故异常信息，如保护动作信息、跳闸断路器名称、其他异常信息）等事故概况。

② 根据调度命令，合上 1 号主变压器 110 kV 中性点 1110 接地开关，投入 1 号主变压器保护屏上"主变压器高压侧零序选跳""高压间隙零序投退"连接片；如果 1 号主变压器负荷较高，应根据相关规定投入部分或全部备用冷却器。同时对 1 号主变压器负荷、油温、绕组温度、风冷系统进行密切监视，防止过负荷、温度大幅上升等情况。

③ 检查 2 号主变压器保护屏的保护装置运行情况，保护动作、信号灯、连接片投切等情况，确认后复归信号；检查 2 号主变压器本体有无喷油、着火、冒烟及漏油等现象，检查气体继电器中的气体量。

④ 根据上述现象，初步判断 2 号主变压器内部发生故障。

⑤ 不论发生故障与否，都应在事故发生后 15 min 内向调度详细汇报事故信息：一次设备检查情况（2 号主变压器本体有无异常），保护及安全自动装置动作情况（2 号主变压器本体重瓦斯动作、2 号主变压器本体轻瓦斯动作、2 号主变压器 1 号释压器动作、2 号主变压器风冷消失告警、2 号主变压器风冷跳闸、2 号主变压器油温高告警、2 号变压器超温跳闸、保护装置运行正常、保护连接片均按整定书投入），有关设备电流、电压及功率变化情况（110 kV、27.5 kV 母线电压正常，2 号主变压器两侧电流、有功功率、无功功率为零）。

⑥ 根据调度命令，将 2 号主变压器操作到冷备用或检修状态，即故障点隔离，等待处理。

⑦ 进一步检查气体继电器二次接线是否正确，查明气体继电器有无误动的现象，取气测试，判明故障性质。变压器在未经全面测试合格前，且未得到生产副局长或总工程师的同意，不允许投入运行。

⑧ 做好断路器跳闸记录。电气操作记录，发现故障或异常的应做好设备缺陷记录，并将上述各项内容（动作时间、信号、保护动作、处理过程等）记录在运行工作记录中。

例 2：2 号主变压器内部故障（瓦斯保护动作、差动保护动作）。

（1）事故现象：

① 警铃响、喇叭短叫，监控后台机主接线图 2 号主变压器 112、312、012 断路器位置信号闪烁（绿色），2 号主变压器细节图遥测量分图 2 号主变压器两侧电流、有功功率、无功功率为零，遥信量分图本体重瓦斯、压力释放 1、风冷消失 1、本体轻瓦斯、变压器油温高信号灯闪烁（红色）。

② 监控后台机报文如下：

XX/XX/XX	XX：XX：XX	012 开关分闸
XX/XX/XX	XX：XX：XX	312 开关分闸
XX/XX/XX	XX：XX：XX	112 开关分闸
XX/XX/XX	XX：XX：XX	2 号主变压器差动 V 相出口动作
XX/XX/XX	XX：XX：XX	2 号主变压器差速断 V 相出口动作
XX/XX/XX	XX：XX：XX	2 号主变压器启动 CPU V 相差流速断启动
XX/XX/XX	XX：XX：XX	2 号主变压器差动保护启动
XX/XX/XX	XX：XX：XX	2 号主变压器启动 CPU V 相差流启动

XX/XX/XX	XX:XX:XX	2号主变压器启动CPU U相差流启动
XX/XX/XX	XX:XX:XX	2号主变压器差动U相出口动作
XX/XX/XX	XX:XX:XX	2号主变压器差速断U相出口动作
XX/XX/XX	XX:XX:XX	2号主变压器启动CPU U相差流速断启动
XX/XX/XX	XX:XX:XX	2号主变压器本体重瓦斯动作
XX/XX/XX	XX:XX:XX	2号主变压器本体轻瓦斯动作
XX/XX/XX	XX:XX:XX	2号主变压器1号释压器动作
XX/XX/XX	XX:XX:XX	2号主变压器风冷消失告警
XX/XX/XX	XX:XX:XX	2号主变压器风冷跳闸
XX/XX/XX	XX:XX:XX	2号主变压器油温高告警
XX/XX/XX	XX:XX:XX	2号主变压器超温跳闸

③ 2号主变压器保护屏CSR-22A本体保护装置面板上"跳闸""信号"信号灯亮,"运行"信号灯闪烁;112、312、012断路器SCX-11JN三相操作箱面板上"运行监视"信号灯闪烁、"保护动作"信号灯亮、"合后位置"信号灯不亮;CST31A数字式变压器保护装置面板上"保护动作"信号灯亮,保护报文"差动U相出口""差动V相出口":CST230BE数字式变压器保护装置面板上"差动动作"信号灯亮。

④ 现场检查2号主变压器112、312、012断路器在分闸位置。

(2) 处理步骤:

① 复归音响,记录故障时间,检查监控后台机事故报文、动作信号、保护动作、断路器动作情况并记录,确认后复归信号。在事故发生后3 min内向调度汇报事故发生的时间、天气、跳闸设备(监控后台机上报警窗及本间隔细节图中所发事故异常信息,如保护动作信息、跳闸断路器名称、其他异常信息)等事故概况。

② 根据调度命令合上1号主变压器110 kV中性点1110接地开关,投入1号主变压器保护屏上"主变压器高压侧零序选跳""高压间隙零序投退"连接片;如果1号主变压器负荷较高,应根据相关规定投入部或全部备用冷却器。同时对1号主变压器的负荷、油温、绕组温度、风冷系统进行密切监视,防止过负荷、温度大幅上升等情况。

③ 检查2号主变压器保护屏的保护装置运行情况、保护动作、信号灯、连接片投切等情况,确认后复归信号;检查2号主变压器本体有无喷油、着火、冒烟及漏油等现象,检查气体继电器中的气体量;检查2号主变压器差动保护范围内出线套管、引线及接头等有无异常。

④ 经上述检查后若无异常,应全面检查差动保护回路,排除保护误动的可能。

⑤ 变压器外部若无明显故障,并根据上述现象,初步判断2号主变压器内部发生严重故障。

⑥ 不论发生故障与否,都应在事故发生后15 min内向调度详细汇报事故信息:一次设备检查情况(2号主变压器本体有无异常,差动保护范围内出线套管、引线及接头等有无异常),保护及安全自动装置动作情况(2号主变压器差动V相出口动作、2号主变压器差速断V相出口动作、2号主变压器启动CPU V相差流速断启动、2号主变压器差动保护启动、2号

变压器启动 CPU U 相差流启动、2 号主变压器差动 U 相出口动作、2 号主变压器差速断 U 相出口动作、2 号主变压器启动 CPU U 相差流速断启动、2 号主变压器本体重瓦斯动作、2 号主变压器本体轻瓦斯动作、2 号主变压器 1 号释压器动作、2 号主变压器风冷消失告警、2 号主变压器风冷跳闸、2 号主变压器油温高告警、2 号主变压器超温跳闸、保护装置运行正常、保护连接片均按整定书投入），有关设备电流、电压及功率变化情况（110 kV、27.50 kV 母线电压正常，2 号主变压器两侧电流、有功功率、无功功率为零）。

⑦ 根据调度命令，将 2 号主变压器操作到冷备用或检修状态，即故障点隔离，等待处理。

⑧ 进一步检查气体继电器二次接线是否正确，查明气体继电器有无误动的现象，取气测试，判明故障性质。变压器在未经全面测试合格前，且未得到生产副局长或总工程师的同意，不允许投入运行。

⑨ 做好断路器跳闸记录、电气操作记录，发现故障或异常的应做好设备缺陷记录，并将上述各项内容（动作时间、信号、保护动作、处理过程等）记录在运行工作记录中。

七、电容器故障

电容器故障现象有瓷绝缘表面放电闪络、电容器渗油、电容器外壳鼓肚和电容器断路器跳闸。造成电容器故障原因有：

（1）运行电压过高。
（2）运行温度过高。
（3）过流。
（4）电源断开引起失压。
（5）开断电容器组引起操作过电压。

例 3：2 号电容器过电流故障。

（1）事故现象：

① 事故音响，警铃响。
② 监控机有事故报文如下：

XX/XX/XX　　　　　　XX：XX：XX　　　　062 开关分闸
XX/XX/XX　　　　　　XX：XX：XX　　　　2 号电容器电流 I 段动作

③ 10 kV 2 号电容器 062 断路器跳闸。

（2）处理步骤：

① 复归音响，记录故障时间。
② 查看监控机信息。
- 报文信息。
- 查看主界面：10 kV 2 号电容器 062 断路器跳闸。
- 查看 10 kV 2 号电容器电流为 0。
- 初步判断事故：10 kV 2 号电容器相间短路故障。

③ 向调度做简明汇报。

④ 现场检查 10 kV 2 号电容器保护装置保护动作、信号灯指示等信息，确认后复归信号；检查 10 kV 2 号电容器有无明显故障点，查找到后进行故障隔离，将 10 kV 2 号电容器转冷备用或检修。

⑤ 汇报调度处理情况及当前运行方式，做好断路器跳闸记录、操作记录、设备缺陷记录，并将上述各项内容（电容器跳闸时间、保护动作信息、处理过程等）记录在运行工作记录中。

八、所用电源故障

所用电源故障类型有所用交流电源故障（主要有部分停电、全部停电、站用变压器本体故障等）和所用直流电源故障（主要有直流电源消失、直流系统接地等）。

（一）所用交流电源故障

1. 所用交流电源消失的原因

① 站用系统失去电源。
② 系统故障造成全站失压。
③ 站用电源回路故障导致站用电失压。

2. 所用交流电源失电的事故处理

当发生所用交流电源消失时，运行人员应根据监控机报文表计及保护、断路器动作情况判断电源消失的原因。如果是所内设备故障造成的，应及时隔离故障设备，恢复所用电源运行；如果是全所失压或电源线路故障跳闸引起的所用电源消失，则应做好所内的应急措施，等待送电，并做到以下 3 点。

① 汇报调度，要求降低主变压器负荷，密切监视主变压器油温；对于强迫油循环冷却系统的变压器，应退出风冷消失跳闸连接片（温度和负荷在允许范围内运行时间不能超过 1 h），并尽快查出故障原因，恢复电源。

② 关掉部分用电设备，只留一台监控机，以减小蓄电池对负荷设备的供电压力，保证重要设备的运行（如保护及自动装置、测控装置等）。

③ 密切监测蓄电池端电压，保证直流母线电压在合格范围内。

3. 所用交流电源部分消失的处理

所用交流电源部分消失，运行人员应先做好人身防护措施，对失电设备（例如，主变压器冷却器电源、机构箱加热电源、刀闸的操作电源等）进行检查，查找故障点。进一步检查失电分支交流熔断器是否熔断，或自动空气开关是否跳开，可试送电一次，若送电正常，则可判断该分支无明显故障点；若送电不成功，则进行检查处理。

4. 所用交流电源全部消失的处理

所用交流电源全部消失时，事故照明应自动切换，"主变压器风冷全停""交流电源故障"

等信号发出。先检查站用变压器备自投动作情况，如果备自投未动作，应立即手动合上备用所用变压器。若是本所电源进线失电导致的全所停电，应汇报调度，通过其他联络线给所内送电；若是因为所用交流电源故障引起的全所停电，应迅速查找故障点。查找所内故障点，应采用分段查找方式进行，根据各种现象判断故障点可能的范围。运行人员短时无法查找到事故原因时，应尽快通知有关专业人员进一步查找。

（二）所用直流电源消失事故

当变电所直流电源消失时，保护及自动装置、测控装置、断路器控制、信号回路失电，变电所处于失去控制的状态。此时如果线路或所内设备发生故障，本所设备不能动作，造成事故越级跳闸，轻则扩大事故范围，烧坏设备，重则造成大面积停电事故。

1. 变电所直流电源消失的原因

（1）高频电源模块交流输入消失或模块故障，导致无直流电源输出，此时如果发生蓄电池连接母线的总熔断器熔断或连接电缆断线，将造成变电所直流电源消失。

（2）高频电源模块交流输入消失或模块故障，导致无直流电源输出，如果蓄电池容量不足，时间过长导致拖垮蓄电池组，造成变电所直流电源消失。

（3）直流馈线空气开关跳闸导致的直流电源消失。

2. 变电所直流电源消失的查找和处理

当变电所直流电源消失时，应检查直流母线电压，若无电压，则检查充电机与母线的联络开关是否跳闸，高频电源模块的交流输入是否正常，连接蓄电池的总熔断器是否熔断，蓄电池组之间的连接是否有断线，电缆头是否脱落等，查到原因后应尽快处理，恢复直流电源。

（三）直流系统接地

变电所直流系统所接设备多、回路复杂，在长期运行过程会由于环境的改变、气候的变化、电缆及接头的老化和设备本身的问题等，不可避免地会发生直流系统接地。

1. 直流系统接地的现象和危害

（1）当直流系统正常运行时，正极和负极基本平分控制母线电压，母线对地电阻很大，当发生接地时，可以从直流绝缘监测装置观察到以下现象：

① 当发生金属性接地时，接地极对地电阻为零；当发生完不完全接地时，接地极电阻降低。

② 当发生金属性接地时，接地极电压为零，未接地极电压升高为 $220（1+10\%）$ V；当发生不完全接地时，接地极电压降低 [小于 $110（1+10\%）$ V]，未接地极电压升高 [大于 $110（1+10\%）$ V，小于 $220（1+10\%）$ V]。

③ 绝缘监测监视告警。

（2）当直流系统发生一点接地时不会造成危害，但如果不及时查找接地点并排除，发生两点接地就会造成以下危害：

① 保护、信号、自动装置误动或拒动。
② 直流路熔断器熔断。
③ 保护及自动装置、控制回路失去电源。
④ 断路器拒动，越级跳闸，造成事故扩大。

2. 直流系统接地的查找和处理

查找直流系统接地应采用拉路寻找、分段处理的方法，以先信号和照明部分，后操作部分，先室外部分，后室内为原则进行查找，查找到接地点后应及时处理。

查找直流系统接地的注意事项如下：

（1）查找直流系统接地必须用高内阻电压表。
（2）直流系统发生接地时，应立即停止在二次回路上的工作。
（3）查找和处理必须两人进行。
（4）查找直流系统接地点时，应与调度联系，对保护回路的试拉，应在调度同意后进行。
（5）拉路时间不超过 3 s。
（6）在处理直流系统接地时，不得造成直流短路和新的接地点。
（7）在处理直流系统接地试拉寻找接地点操作中，为防止保护误动，在拉信号、控制回路开关、熔丝时，应正负极同时拉，或先拉正电源再拉负电源；恢复时，顺序相反。

九、二次回路故障

牵引变电所内二次回路较多且接线复杂，因此发生故障的几率和种类也较多。当发生故障时，值班员应保持冷静的头脑，按照信号指示来判断可能属于哪类及哪个回路的故障，准确、迅速地进行排除。

二次回路常见故障有：回路熔断器熔断造成断线故障；转换接点接触不良造成断路器误动或拒动。二次回路的故障会引起主要电气设备不正常状态的出现，例如，断路器跳闸后不发出事故音响信号等。断路器事故跳闸后，断路器的位置指示灯闪光，但无事故音响信号发出，当出现这种现象时，首先按一下事故音响试验按钮，检查中央信号的事故音响装置本身无问题。若试验时音响正常，则说明是断路器事故音响启动回路有问题，检查的原则是先易后难，先查找故障几率高的设备。实践证明，电源熔断器熔断或断路器辅助接点切换不好造成接触不良往往是故障的主要因素。

二次接线遍及全变电所，几乎与所有电气设备均有联系，有时仅从故障的表面现象很难判定故障的原因所在。因此在处理二次回路故障时，应根据信号的指示，逐项、仔细地分析查找，直至找出故障的真实所在为止，二次接线中，容易出故障的是熔断器、断路器的辅助接点等切换元件。

资讯单

学习情境四	事故处理	学时	
学习子情境2	事故处理	学时	6
资讯方式	在图书馆、专业杂志、互联网及教师给的资讯指导上查询问题；咨询任课教师		
资讯问题	1. 牵引变压器在正常情况下运行时的声音是什么？		
	2. 正常情况下应监测牵引变压器哪些内容？		
	3. 瓦斯继电器安装在什么位置？有何作用？		
	4. 出现事故后，值班人员首先应做什么？		
	5. 出现事故的主要现象是什么？		
	6. 出现事故后的一般处理原则是什么？		
	7. 牵引变电所中哪里最容易出现事故？		
	8. 处理事故的一般步骤是什么？		
	9. 线路事故时，永久性故障和瞬时故障出现的状态一样吗？		
	10. 日常值班时，为防止事故的出现，应重点监测哪些仪表？		
	11. 变压器出现事故时会出现哪些现象？		
	12. 变压器出现事故时如何处理？		
	13. 牵引网短路时会出现哪些现象？		
	14. 牵引网短路时如何处理？		
	15. 电容器出现事故时会出现哪些现象？		
	16. 电容器事故时如何处理？		
	17. 直流电源事故时如何处理？		
	18. 二次回路常见故障是什么？		
资讯引导	以上问题可以在本教程的学习信息、《牵引变电所运行检修规程》、"牵引变电所"精品课程网站、互联网、专业资料等处查找。		

 **计划和决策单**

计划和决策单见附录附表 4.2.1。

 实 施

按照教程的实例,根据给出的现象,完成事故处理。

1号主变压器外部故障(差动保护动作)

现象:

(1)警铃响、喇叭短叫监控后台机主接线图1号主变压器111,311,011)断路器位置信号闪烁(绿色),1号主变压器细节图遥测量分图,1号主变压器两侧电流、有功功率、无功功率为零。

(2)监控后台机报文如下:

XX/XX/XX	XX:XX:XX	111开关分闸
XX/XX/XX	XX:XX:XX	311开关分闸
XX/XX/XX	XX:XX:XX	011开关分闸
XX/XX/XX	XX:XX:XX	1号主变压器差动V相出口动作
XX/XX/XX	XX:XX:XX	1号主变压器差速断V相出口动作
XX/XX/XX	XX:XX:XX	1号主变压器启动CPU V相差流速断启动
XX/XX/XX	XX:XX:XX	1号主变压器差动保护启动
XX/XX/XX	XX:XX:XX	1号主变压器启动CPU V相差流启动
XX/XX/XX	XX:XX:XX	1号主变压器启动CPU U相差流启动
XX/XX/XX	XX:XX:XX	1号主变压器差动U相出口动作
XX/XX/XX	XX:XX:XX	1号主变压器差速断U相出口动作
XX/XX/XX	XX:XX:XX	1号主变压器启动CPU U相差流速断启动

(3)1号主变压器保护屏112、312、012断路器SCX-11 JN三相操作箱面板上"运行监视"信号灯闪烁、"保护动作"信号灯亮、"合后位置"不亮;CST31A数字式变压器保护装置面板上"保护动作"信号灯亮,保护报文"差动U相出口"、"差动V相出口"、"差速断U相出口"、"差速断V相出口"、"保护启动"、"CPU U相差流启动"、"CPU V相差流启动"、"CPU U相差流速断启动"、"CPU V相差流速断启动";CST230BE数字式变压器保护装置面板上"差动动作"信号灯亮。

(4)现场检查1号主变压器111、311、011断路器在分闸位置。

处理:

(1)_____

_____

_____

_____

_____

(2)

(3)

(4)

(5)

(6)

(7)

(8)

(9)

检查单见附录附表 4.2.2。

评价单见附录附表 4.2.3。

序号	操作	问题	解决问题的方法
1			
2			

备　注

附 录

附表 1.1.1　计划和决策单

学习情境一	电气设备的运行与维护	
学习子情境 1	牵引变压器的运行与维护	
计划方式	小组讨论、团结协作共同制订计划	
序号	实施步骤	使用资源

制订计划说明	
计划评价	班级　　　　　　　　第　　组　组长签字 教师签字　　　　　　　　　　日期 评　语：

附表1.1.2 检 查 单

学习情境一		电气设备的运行与维护			
学习子情境1		牵引变压器的运营与维护		学时	10
序号	检查项目	检查标准		学生自检	教师检查
1	资讯问题	回答得认真、准确			
2	操作标准	日常用语标准、完整、准确			
3	操作标准	检查部位正确			
4	操作标准	检查部位完整			
5	操作标准	姿态良好、大方			
6	操作标准	检查内容顺序正确			
7	工具使用	正确使用兆欧表、钳形电流表			
8	工具使用	正确使用红外线测温仪			
9	安全及其他	按规定设置防护			
10	安全及其他	符合作业安全规定			
11	数据处理	能正确处理、描述现象			
12	数据处理	能正确处理出现的不良现象			
检查评价	班级		第 组	组长签字	
	教师签字			日期	
	评语：				

附表 1.1.3 评 价 单

学习情境一		电气设备的运行与维护								
学习子情境 1		牵引变压器的运营与维护						学时		10
序号	能力目标	专业能力			方法能力			社会能力		
		自评	他评	师评	自评	他评	师评	自评	他评	师评
1	任务分析，按规定填写									
2	表达能力									
3	与他人交流能力									
4	自信，做决定能力									
5	可信性									
6	外表形象									
7	专业资料学习能力									
8	小组主持人布置工作有耐心									
9	棘手问题处理									
10	了解人、尊重人的能力（相处）									
11	工作的时间感									
12	合理的工作									
13	安全意识									
14	工位的整洁									

评价评语	班级		姓名		学号		总评	
	教师签字		第　　组		组长签字		日期	
	评　语：							

附表1.2.1　计划和决策单

学习情境一	电气设备的运行与维护	
学习子情境2	断路器的运行与维护	
计划方式	小组讨论、团结协作共同制订计划	
序号	实施步骤	使用资源
制订计划说明		
计划评价	班级　　　　　　　第　　组　　组长签字	
	教师签字　　　　　　　　　日期	
	评语：	

附表1.2.2 检 查 单

学习情境一		电气设备的运行与维护			
学习子情境2		断路器的运行与维护		学时	8
序号	检查项目	检查标准		学生自检	教师检查
1	资讯问题	回答得认真、准确			
2	操作标准	日常用语标准、完整、准确			
3	操作标准	检查部位正确			
4	操作标准	检查部位完整			
5	操作标准	姿态良好、大方			
6	操作标准	检查内容顺序正确			
7	工具使用	正确使用兆欧表、钳形电流表			
8	工具使用	正确使用红外线测温仪			
9	安全及其他	按规定设置防护			
10	安全及其他	符合作业安全规定			
11	数据处理	能正确处理、描述现象			
12	数据处理	能正确处理出现的不良现象			
检查评价	班级		第 组	组长签字	
	教师签字		日期		
	评 语:				

附表 1.2.3 评 价 单

学习情境一		电气设备的运行与维护									
学习子情境 2		断路器的运行与维护						学时		8	
序号	能力目标	专业能力			方法能力			社会能力			
		自评	他评	师评	自评	他评	师评	自评	他评	师评	
1	任务分析,按规定填写										
2	表达能力										
3	与他人交流能力										
4	自信,做决定能力										
5	可信性										
6	外表形象										
7	专业资料学习能力										
8	小组主持人布置工作有耐心										
9	棘手问题处理										
10	了解人、尊重人的能力(相处)										
11	工作的时间感										
12	合理的工作										
13	安全意识										
14	工位的整洁										

评价评语	班级		姓名		学号		总评	
	教师签字		第　　组		组长签字		日期	
	评　语:							

附表 1.3.1 计划和决策单

学习情境一	电气设备的运行与维护
学习子情境 3	高压隔离开关的运行与维护
计划方式	小组讨论、团结协作共同制订计划

序号	实施步骤	使用资源

制订计划说明						
计划评价	班级		第　　组		组长签字	
	教师签字				日期	
	评　语：					

附表 1.3.2　检　查　单

学习情境一		电气设备的运行与维护		
学习子情境3		隔离开关的运行与维护	学时	6
序号	检查项目	检查标准	学生自检	教师检查
1	资讯问题	回答得认真、准确		
2	操作标准	日常用语标准、完整、准确		
3	操作标准	检查部位正确		
4	操作标准	检查部位完整		
5	操作标准	姿态良好、大方		
6	操作标准	检查内容顺序正确		
7	工具使用	正确使用兆欧表、钳形电流表		
8	工具使用	正确使用红外线测温仪		
9	安全及其他	按规定设置防护		
10	安全及其他	符合作业安全规定		
11	数据处理	能正确处理、描述现象		
12	数据处理	能正确处理出现的不良现象		
检查评价	班级		第　　组	组长签字	
	教师签字		日期		
	评语：				

附表 1.3.3 评 价 单

学习情境一		电气设备的运行与维护									
学习子情境 3		隔离开关的运行与维护					学时		6		
序号	能力目标	专业能力			方法能力			社会能力		
		自评	他评	师评	自评	他评	师评	自评	他评	师评
1	任务分析，按规定填写									
2	表达能力									
3	与他人交流能力									
4	自信，做决定能力									
5	可信性									
6	外表形象									
7	专业资料学习能力									
8	小组主持人布置工作有耐心									
9	棘手问题处理									
10	了解人、尊重人的能力（相处）									
11	工作的时间感									
12	合理的工作									
13	安全意识									
14	工位的整洁									

	班级		姓名		学号		总评	
	教师签字		第　　组		组长签字		日期	
评价评语	评　语：							

附表 1.4.1 计划和决策单

学习情境一	电气设备的运行与维护	
学习子情境 4	互感器的运行与维护	
计划方式	小组讨论、团结协作共同制订计划	
序号	实施步骤	使用资源

制订计划说明					
计划评价	班级		第 组	组长签字	
	教师签字			日期	
	评 语:				

附表1.4.2 检 查 单

学习情境一		电气设备的运行与维护		
学习子情境4		互感器的运行与维护	学时	6
序号	检查项目	检查标准	学生自检	教师检查
1	资讯问题	回答得认真、准确		
2	操作标准	日常用语标准、完整、准确		
3	操作标准	检查部位正确		
4	操作标准	检查部位完整		
5	操作标准	姿态良好、大方		
6	操作标准	检查内容顺序正确		
7	工具使用	正确使用兆欧表、钳形电流表		
8	工具使用	正确使用红外线测温仪		
9	安全及其他	按规定设置防护		
10	安全及其他	符合作业安全规定		
11	数据处理	能正确处理、描述现象		
12	数据处理	能正确处理出现的不良现象		
检查评价	班级		第 组	组长签字	
	教师签字		日期	
评 语:				

附表 1.4.3 评 价 单

学习情境一		电气设备的运行与维护								
学习子情境 4		互感器的运行与维护						学时		6
序号	能力目标	专业能力			方法能力			社会能力		
		自评	他评	师评	自评	他评	师评	自评	他评	师评
1	任务分析，按规定填写									
2	表达能力									
3	与他人交流能力									
4	自信，做决定能力									
5	可信性									
6	外表形象									
7	专业资料学习能力									
8	小组主持人布置工作有耐心									
9	棘手问题处理									
10	了解人、尊重人的能力（相处）									
11	工作的时间感									
12	合理的工作									
13	安全意识									
14	工位的整洁									
评价评语	班级		姓名		学号			总评		
	教师签字		第　　组		组长签字			日期		
	评　语：									

附表 1.5.1　计划和决策单

学习情境一	电气设备的运行与维护		
学习子情境 5	防雷设施的运行与维护		
计划方式	小组讨论、团结协作共同制订计划		
序号	实施步骤		使用资源
制订计划说明			
计划评价	班级		第　　组	组长签字
^	教师签字		日期	
^	评　语：			

附表 1.5.2　检　查　单

学习情境一		电气设备的运行与维护		
学习子情境 5	防雷设施的运行与维护		学时	6
序号	检查项目	检查标准	学生自检	教师检查
1	资讯问题	回答得认真、准确		
2	操作标准	日常用语标准、完整、准确		
3	操作标准	检查部位正确		
4	操作标准	检查部位完整		
5	操作标准	姿态良好、大方		
6	操作标准	检查内容顺序正确		
7	工具使用	正确使用兆欧表、钳形电流表		
8	工具使用	正确使用红外线测温仪		
9	安全及其他	按规定设置防护		
10	安全及其他	符合作业安全规定		
11	数据处理	能正确处理、描述现象		
12	数据处理	能正确处理出现的不良现象		
检查评价	班级		第　　组	组长签字	
	教师签字		日期		
	评语：				

附表1.5.3 评价单

学习情境一		电气设备的运行与维护								
学习子情境5		防雷设施的运行与维护					学时		6	
序号	能力目标	专业能力			方法能力			社会能力		
		自评	他评	师评	自评	他评	师评	自评	他评	师评
1	任务分析，按规定填写									
2	表达能力									
3	与他人交流能力									
4	自信，做决定能力									
5	可信性									
6	外表形象									
7	专业资料学习能力									
8	小组主持人布置工作有耐心									
9	棘手问题处理									
10	了解人、尊重人的能力（相处）									
11	工作的时间感									
12	合理的工作									
13	安全意识									
14	工位的整洁									

评价评语	班级		姓名		学号		总评	
	教师签字		第　　组		组长签字		日期	
	评语：							

附表 1.6.1　计划和决策单

学习情境一	电气设备的运行与维护		
学习子情境 6	并联电容补偿装置的运行与维护		
计划方式	小组讨论、团结协作共同制订计划		
序号	实施步骤		使用资源

制订计划说明				
计划评价	班级		第　　组	组长签字	
	教师签字		日期	
	评　语：			

附表1.6.2 检 查 单

学习情境一		电气设备的运行与维护		
学习子情境6	并联电容补偿装置的运行与维护		学时	4
序号	检查项目	检查标准	学生自检	教师检查
1	资讯问题	回答得认真、准确		
2	操作标准	日常用语标准、完整、准确		
3	操作标准	检查部位正确		
4	操作标准	检查部位完整		
5	操作标准	姿态良好、大方		
6	操作标准	检查内容顺序正确		
7	工具使用	正确使用兆欧表、钳形电流表		
8	工具使用	正确使用红外线测温仪		
9	安全及其他	按规定设置防护		
10	安全及其他	符合作业安全规定		
11	数据处理	能正确处理、描述现象		
12	数据处理	能正确处理出现的不良现象		
检查评价	班级		第　　　组	组长签字
	教师签字		日期	
	评　语：			

附表1.6.3 评 价 单

学习情境一		电气设备的运行与维护								
学习子情境6		并联电容补偿装置的运行与维护						学时		4
序号	能力目标	专业能力			方法能力			社会能力		
		自评	他评	师评	自评	他评	师评	自评	他评	师评
1	任务分析，按规定填写									
2	表达能力									
3	与他人交流能力									
4	自信，做决定能力									
5	可信性									
6	外表形象									
7	专业资料学习能力									
8	小组主持人布置工作有耐心									
9	棘手问题处理									
10	了解人、尊重人的能力（相处）									
11	工作的时间感									
12	合理的工作									
13	安全意识									
14	工位的整洁									
评价评语	班级		姓名			学号			总评	
	教师签字		第 组			组长签字			日期	
	评语：									

附表 1.7.1　计划和决策单

学习情境一	电气设备的运行与维护	
学习子情境 7	其他装置的运行与维护	
计划方式	小组讨论、团结协作共同制订计划	
序号	实施步骤	使用资源

制订计划说明				
计划评价	班级		第　　组	组长签字
	教师签字		日期	
	评　语：			

附表 1.7.2　检 查 单

学习情境一		电气设备的运行与维护		
学习子情境 7		其他装置的运行与维护	学时	4
序号	检查项目	检查标准	学生自检	教师检查
1	资讯问题	回答得认真、准确		
2	操作标准	日常用语标准、完整、准确		
3	操作标准	检查部位正确		
4	操作标准	检查部位完整		
5	操作标准	姿态良好、大方		
6	操作标准	检查内容顺序正确		
7	工具使用	正确使用兆欧表、钳形电流表		
8	工具使用	正确使用红外线测温仪		
9	安全及其他	按规定设置防护		
10	安全及其他	符合作业安全规定		
11	数据处理	能正确处理、描述现象		
12	数据处理	能正确处理出现的不良现象		
检查评价	班级		第　　组	组长签字	
	教师签字			日期	
	评　语：				

附表 1.7.3 评 价 单

学习情境一		电气设备的运行与维护									
学习子情境 7		其他装置的运行与维护						学时		4	
序号	能力目标	专业能力			方法能力			社会能力			
		自评	他评	师评	自评	他评	师评	自评	他评	师评	
1	任务分析，按规定填写										
2	表达能力										
3	与他人交流能力										
4	自信，做决定能力										
5	可信性										
6	外表形象										
7	专业资料学习能力										
8	小组主持人布置工作有耐心										
9	棘手问题处理										
10	了解人、尊重人的能力（相处）										
11	工作的时间感										
12	合理的工作										
13	安全意识										
14	工位的整洁										

	班级		姓名		学号		总评	
	教师签字		第　　组		组长签字		日期	
评价评语	评　语：							

附表 2.1.1 计划和决策单

学习情境二	牵引变电所值班	
学习子情境 1	常用工具的使用	
计划方式	小组讨论、团结协作共同制订计划	
序号	实施步骤	使用资源
制订计划说明		
计划评价	班级： 第 组 组长签字： 教师签字： 日期： 评 语：	

附表 2.1.2 检 查 单

学习情境二		牵引变电所值班		
学习子情境 1		常用工具的使用	学时	8
序号	检查项目	检查标准	学生自检	教师检查
1	资讯问题	回答得认真、准确		
2	操作标准	日常用语标准、完整、准确		
3	操作标准	检查部位正确		
4	操作标准	检查部位完整		
5	操作标准	姿态良好、大方		
6	操作标准	检查内容正确		
7	工具使用	正确使用兆欧表、钳形电流表		
8	工具使用	正确使用安全带、接地棒		
9	安全及其他	按规定设置防护		
10	安全及其他	符合作业安全规定		
11	数据处理	能正确处理、描述故障现象		
12	数据处理	能正确处理出现的故障		
检查评价	班级		第 组	组长签字	
	教师签字		日期	
	评　语：			

附表 2.1.3 评 价 单

学习情境二		牵引变电所值班								
学习子情境 1		常用工具的使用					学时		8	

序号	能力目标	专业能力			方法能力			社会能力		
		自评	他评	师评	自评	他评	师评	自评	他评	师评
1	任务分析，按规定填写									
2	表达能力									
3	与他人交流能力									
4	自信，做决定能力									
5	可信性									
6	外表形象									
7	专业资料学习能力									
8	小组主持人布置工作有耐心									
9	棘手问题处理									
10	了解人、尊重人的能力（相处）									
11	工作的时间感									
12	合理的工作									
13	安全意识									
14	工位的整洁									

评价评语	班级		姓名		学号		总评	
	教师签字		第　　组		组长签字		日期	
	评　语：							

附表 2.2.1　计划和决策单

学习情境二	牵引变电所值班及倒闸作业	
学习子情境 2	电气主接线的认识	
计划方式	小组讨论、团结协作共同制订计划	
序号	实施步骤	使用资源
制订计划说明		
计划评价	班级　　　　　第　　组　组长签字	
	教师签字　　　　　　　日期	
	评　语：	

附表2.2.2 检 查 单

学习情境二		牵引变电所值班		
学习子情境2		电气主接线的认识	学时	8
序号	检查项目	检查标准	学生自检	教师检查
1	资讯问题	回答得认真、准确		
2	操作标准	日常用语标准、完整、准确		
3	操作标准	认识设备正确		
4	操作标准	检查故障部位准确		
5	操作标准	姿态良好、大方		
6	操作标准	模拟操作内容正确		
7	工具使用	正确使用兆欧表、钳形电流表		
8	工具使用	正确使用万用表		
9	安全及其他	按规定设置防护		
10	安全及其他	符合作业安全规定		
11	数据处理	能正确处理、描述现象		
12	数据处理	能正确处理出现的故障现象		
检查评价	班级		第　　组	组长签字	
	教师签字		日期	
	评　语：			

附表 2.2.3　评 价 单

学习情境二		牵引变电所值班								
学习子情境 2		电气主接线的认识					学时		8	
序号	能力目标	专业能力			方法能力			社会能力		
		自评	他评	师评	自评	他评	师评	自评	他评	师评
1	任务分析，按规定填写									
2	表达能力									
3	与他人交流能力									
4	自信，做决定能力									
5	可信性									
6	外表形象									
7	专业资料学习能力									
8	小组主持人布置工作有耐心									
9	棘手问题处理									
10	了解人、尊重人的能力（相处）									
11	工作的时间感									
12	合理的工作									
13	安全意识									
14	工位的整洁									

	班级		姓名		学号		总评	
	教师签字		第　　组		组长签字		日期	
评价评语	评　语：							

附表 2.3.1　计划和决策单

学习情境二	牵引变电所值班	
学习子情境 3	牵引变电所设备巡视	
计划方式	小组讨论、团结协作共同制订计划	
序号	实施步骤	使用资源

制订计划说明				
计划评价	班级		第　　组	组长签字
	教师签字		日期	
	评　语：			

附表 2.3.2 检 查 单

学习情境二		牵引变电所值班			
学习子情境 3		牵引变电所设备巡视		学时	6
序号	检查项目	检查标准		学生自检	教师检查
1	资讯问题	回答得认真、准确			
2	操作标准	日常用语标准、完整、准确			
3	操作标准	检查部位正确			
4	操作标准	检查部位完整			
5	操作标准	姿态良好、大方			
6	操作标准	检查内容顺序正确			
7	工具使用	正确使用望远镜、遥感仪			
8	工具使用	正确使用红外线测温仪			
9	安全及其他	按规定设置防护			
10	安全及其他	符合作业安全规定			
11	数据处理	能正确处理、描述现象			
12	数据处理	能正确处理出现的故障现象			
检查评价	班级		第　　组	组长签字	
	教师签字			日期	
	评　语：				

附表 2.3.3 评 价 单

学习情境二		牵引变电所值班								
学习子情境 3		牵引变电所设备巡视					学时		6	
序号	能力目标	专业能力			方法能力			社会能力		
		自评	他评	师评	自评	他评	师评	自评	他评	师评
1	任务分析，按规定填写									
2	表达能力									
3	与他人交流能力									
4	自信，做决定能力									
5	可信性									
6	外表形象									
7	专业资料学习能力									
8	小组主持人布置工作有耐心									
9	棘手问题处理									
10	了解人、尊重人的能力（相处）									
11	工作的时间感									
12	合理的工作									
13	安全意识									
14	工位的整洁									

	班级		姓名		学号		总评	
	教师签字		第　　组		组长签字		日期	
评价评语	评　语：							

附表 2.4.1　计划和决策单

学习情境二	牵引变电所值班	
学习子情境 4	工作票的办理	
计划方式	小组讨论、团结协作共同制订计划	
序号	实施步骤	使用资源
制订计划说明		
计划评价	班级： 　　　　　第　　组　　组长签字： 　　　　 教师签字： 　　　　　　　　　　　日期： 　　　　 评　语：		

附表 2.4.2 检 查 单

学习情境二		牵引变电所值班			
学习子情境 4		工作票的办理		学时	6
序号	检查项目	检查标准		学生自检	教师检查
1	资讯问题	回答得认真、准确			
2	操作标准	日常用语标准、完整、准确			
3	操作标准	检查部位正确			
4	操作标准	检查部位完整			
5	操作标准	姿态良好、大方			
6	操作标准	检查内容顺序正确			
7	工具使用	正确使用验电器、安全带			
8	工具使用	正确使用接地棒			
9	安全及其他	按规定设置防护			
10	安全及其他	符合作业安全规定			
11	数据处理	能正确处理描述现象			
12	数据处理	能正确处理出现的不良现象			
检查评价	班级		第 组	组长签字	
	教师签字			日期	
	评 语:				

附表 2.4.3 评 价 单

学习情境二		牵引变电所值班								
学习子情境 4		工作票的办理			学时			6		
序号	能力目标	专业能力			方法能力			社会能力		
		自评	他评	师评	自评	他评	师评	自评	他评	师评
1	任务分析，按规定填写									
2	表达能力									
3	与他人交流能力									
4	自信，做决定能力									
5	可信性									
6	外表形象									
7	专业资料学习能力									
8	小组主持人布置工作有耐心									
9	棘手问题处理									
10	了解人、尊重人的能力（相处）									
11	工作的时间感									
12	合理的工作									
13	安全意识									
14	工位的整洁									
评价评语	班级		姓名		学号			总评		
	教师签字		第　　组		组长签字			日期		
	评　语：									

附表 2.5.1　计划和决策单

学习情境二	牵引变电所值班	
学习子情境 5	倒闸作业	
计划方式	小组讨论、团结协作共同制订计划	
序号	实施步骤	使用资源
制订计划说明		
计划评价	班级：　　　　　第　　组　　组长签字：	
	教师签字：　　　　　　　　　　日期：	
	评　语：	

附表 2.5.2 检查单

学习情境二		牵引变电所值班		
学习子情境 5		倒闸作业	学时	10
序号	检查项目	检查标准	学生自检	教师检查
1	资讯问题	回答得认真、准确		
2	操作标准	日常用语标准、完整、准确		
3	操作标准	标准术语使用正确		
4	操作标准	倒闸技术要领正确掌握		
5	操作标准	记录清楚、正确		
6	操作标准	能够做到三准、两清、一稳		
7	工具使用	正确使用验电器、接地线等工具		
8	工具使用	正确使用警告牌、标示牌；临时防护栅等用具		
9	安全及其他	按规定设置防护		
10	安全及其他	符合作业安全规定		
11	数据处理	能对倒闸操作命令、作业命令正确记录		
12	数据处理	能正确处理倒闸操作中出现的故障现象		
检查评价	班级		第　　组	组长签字	
	教师签字		日期		
	评　语：				

附表 2.5.3 评 价 单

学习情境二		牵引变电所值班								
学习子情境 5		倒闸作业			学时			10		
序号	能力目标	专业能力			方法能力			社会能力		
		自评	他评	师评	自评	他评	师评	自评	他评	师评
1	任务分析，按规定填写									
2	表达能力									
3	与他人交流能力									
4	自信，做决定能力									
5	可信性									
6	外表形象									
7	专业资料学习能力									
8	小组主持人布置工作有耐心									
9	棘手问题处理									
10	了解人、尊重人的能力（相处）									
11	工作的时间感									
12	合理的工作									
13	安全意识									
14	工位的整洁									

	班级		姓名		学号		总评	
评价评语	教师签字		第　　组		组长签字		日期	
	评　语：							

附录 433

附表 3.1.1 计划和决策单

学习情境三	牵引变电所的二次回路	
学习子情境 1	二次回路的认识	
任务	完成实施单中要求的任务	
序号	实施步骤	使用资源

制订计划说明					
计划评价	班级		第　　组	组长签字	
	教师签字			日期	
	评　语：				

附表3.1.2 检 查 单

学习情境三		牵引变电所的二次回路		
学习子情境1		二次回路的认识	学时	4
序号	检查项目	检查标准	学生自检	教师检查
1	资讯问题	回答得认真、准确		
2	操作标准	日常用语标准、完整、准确		
3	操作标准	检查部位正确		
4	操作标准	检查部位完整		
5	操作标准	姿态良好、大方		
6	操作标准	检查内容顺序正确		
7	工具使用	正确使用兆欧表、钳形电流表		
8	工具使用	正确使用红外线测温仪		
9	安全及其他	按规定设置防护		
10	安全及其他	符合作业安全规定		
11	数据处理	能正确处理、描述现象		
12	数据处理	能正确处理出现的不良现象		
检查评价	班级		第　　组	组长签字	
	教师签字		日期	
	评　语：			

附表 3.1.3 评 价 单

学习情境三		牵引变电所的二次回路								
学习子情境 1		二次回路的认识					学时		4	
序号	能力目标	专业能力			方法能力			社会能力		
		自评	他评	师评	自评	他评	师评	自评	他评	师评
1	任务分析，按规定填写									
2	表达能力									
3	与他人交流能力									
4	自信，做决定能力									
5	可信性									
6	外表形象									
7	专业资料学习能力									
8	小组主持人布置工作有耐心									
9	棘手问题处理									
10	了解人、尊重人的能力（相处）									
11	工作的时间感									
12	合理的工作									
13	安全意识									
14	工位的整洁									

评价评语	班级		姓名		学号		总评	
	教师签字		第 组		组长签字		日期	
	评 语：							

附表 3.2.1 计划和决策单

学习情境三	牵引变电所的二次回路	
学习子情境 2	安装接线的认识	
任务	完成断路器控制电路的盘后接线	
序号	实施步骤	使用资源

制订计划说明					
计划评价	班级		第　组	组长签字	
	教师签字			日期	
	评　语：				

附表3.2.2 检 查 单

学习情境三		牵引变电所的二次回路			
学习子情境2		安装接线的认识	学时	4	
序号	检查项目	检查标准		学生自检	教师检查
1	资讯问题	回答得认真、准确			
2	操作标准	日常用语标准、完整、准确			
3	操作标准	检查部位正确			
4	操作标准	检查部位完整			
5	操作标准	姿态良好、大方			
6	操作标准	检查内容顺序正确			
7	工具使用	正确使用兆欧表、钳形电流表			
8	工具使用	正确使用红外线测温仪			
9	安全及其他	按规定设置防护			
10	安全及其他	符合作业安全规定			
11	数据处理	能正确处理、描述现象			
12	数据处理	能正确处理出现的不良现象			
检查评价	班级		第 组	组长签字	
	教师签字			日期	
	评 语:				

附表 3.2.3 评 价 单

学习情境三		牵引变电所的二次回路							学时		4
学习子情境 2		安装接线的认识									
序号	能力目标	专业能力			方法能力			社会能力			
		自评	他评	师评	自评	他评	师评	自评	他评	师评	
1	任务分析，按规定填写										
2	表达能力										
3	与他人交流能力										
4	自信，做决定能力										
5	可信性										
6	外表形象										
7	专业资料学习能力										
8	小组主持人布置工作有耐心										
9	棘手问题处理										
10	了解人、尊重人的能力（相处）										
11	工作的时间感										
12	合理的工作										
13	安全意识										
14	工位的整洁										

评价评语	班级：	姓名：	学号：	总评：
	教师签字：	第　　组	组长签字：	日期：
	评语：			

附表 3.3.1 计划和决策单

学习情境三	牵引变电所的二次回路	
学习子情境 3	断路器的控制信号回路	
计划方式	小组讨论、团结协作共同制订计划	
序号	实施步骤	使用资源

制订计划说明					
计划评价	班级		第 组	组长签字	
	教师签字			日期	
	评 语:				

附表 3.3.2 检 查 单

学习情境三		牵引变电所的二次回路			
学习子情境 3		断路器的控制信号回路		学时	12
序号	检查项目	检查标准		学生自检	教师检查
1	资讯问题	回答得认真、准确			
2	操作标准	日常用语标准、完整、准确			
3	操作标准	检查部位正确			
4	操作标准	检查部位完整			
5	操作标准	姿态良好、大方			
6	操作标准	检查内容顺序正确			
7	工具使用	正确使用兆欧表、钳形电流表			
8	工具使用	正确使用红外线测温仪			
9	安全及其他	按规定设置防护			
10	安全及其他	符合作业安全规定			
11	数据处理	能正确处理、描述现象			
12	数据处理	能正确处理出现的不良现象			
检查评价	班级		第　　　组	组长签字	
	教师签字			日期	
	评　语：				

附表 3.3.3 评 价 单

学习情境三		牵引变电所的二次回路							
学习子情境 3		断路器的控制信号回路				学时		12	

序号	能力目标	专业能力			方法能力			社会能力		
		自评	他评	师评	自评	他评	师评	自评	他评	师评
1	任务分析，按规定填写									
2	表达能力									
3	与他人交流能力									
4	自信，做决定能力									
5	可信性									
6	外表形象									
7	专业资料学习能力									
8	小组主持人布置工作有耐心									
9	棘手问题处理									
10	了解人、尊重人的能力（相处）									
11	工作的时间感									
12	合理的工作									
13	安全意识									
14	工位的整洁									

	班级		姓名		学号		总评	
评价评语	教师签字		第　　组		组长签字		日期	
	评　语：							

附表 3.4.1　计划和决策单

学习情境三	牵引变电所的二次回路		
学习子情境 4	隔离开关的控制信号回路		
计划方式	小组讨论、团结协作共同制订计划		
序号	实施步骤		使用资源
制订计划说明			
	班级	第　　组	组长签字
	教师签字		日期
计划评价	评　语：		

附表 3.4.2 检 查 单

学习情境三		牵引变电所的二次回路		
学习子情境 4		隔离开关的控制信号回路	学时	6
序号	检查项目	检查标准	学生自检	教师检查
1	资讯问题	回答得认真、准确		
2	操作标准	日常用语标准、完整、准确		
3	操作标准	检查部位正确		
4	操作标准	检查部位完整		
5	操作标准	姿态良好、大方		
6	操作标准	检查内容顺序正确		
7	工具使用	正确使用兆欧表、钳形电流表		
8	工具使用	正确使用红外线测温仪		
9	安全及其他	按规定设置防护		
10	安全及其他	符合作业安全规定		
11	数据处理	能正确处理、描述现象		
12	数据处理	能正确处理出现的不良现象		
检查评价	班级		第 组	组长签字	
	教师签字		日期		
	评语:				

附表 3.4.3 评价单

学习情境三		牵引变电所的二次回路								
学习子情境 4		隔离开关的控制信号回路					学时		6	
序号	能力目标	专业能力			方法能力			社会能力		
		自评	他评	师评	自评	他评	师评	自评	他评	师评
1	任务分析,按规定填写									
2	表达能力									
3	与他人交流能力									
4	自信,做决定能力									
5	可信性									
6	外表形象									
7	专业资料学习能力									
8	小组主持人布置工作有耐心									
9	棘手问题处理									
10	了解人、尊重人的能力（相处）									
11	工作的时间感									
12	合理的工作									
13	安全意识									
14	工位的整洁									

评价评语	班级		姓名		学号		总评	
	教师签字		第　　组	组长签字			日期	
	评语:							

附表 3.5.1 计划和决策单

学习情境三	牵引变电所的二次回路	
学习子情境 5	音响信号回路	
计划方式	小组讨论、团结协作共同制订计划	
序号	实施步骤	使用资源
制订计划说明		
计划评价	班级: 第 组 组长签字: 教师签字: 日期: 评 语:	

附表 3.5.2　检 查 单

学习情境三		牵引变电所的二次回路		
学习子情境 5		音响信号回路	学时	4
序号	检查项目	检查标准	学生自检	教师检查
1	资讯问题	回答得认真、准确		
2	操作标准	日常用语标准、完整、准确		
3	操作标准	检查部位正确		
4	操作标准	检查部位完整		
5	操作标准	姿态良好、大方		
6	操作标准	检查内容顺序正确		
7	工具使用	正确使用兆欧表、钳形电流表		
8	工具使用	正确使用红外线测温仪		
9	安全及其他	按规定设置防护		
10	安全及其他	符合作业安全规定		
11	数据处理	能正确处理、描述现象		
12	数据处理	能正确处理出现的不良现象		

检查评价	班级		第　　组	组长签字	
	教师签字		日期		
	评　语：				

附表 3.5.3 评 价 单

学习情境三		牵引变电所的二次回路								
学习子情境 5		音响信号回路					学时		4	
序号	能力目标	专业能力			方法能力			社会能力		
		自评	他评	师评	自评	他评	师评	自评	他评	师评
1	任务分析，按规定填写									
2	表达能力									
3	与他人交流能力									
4	自信，做决定能力									
5	可信性									
6	外表形象									
7	专业资料学习能力									
8	小组主持人布置工作有耐心									
9	棘手问题处理									
10	了解人、尊重人的能力（相处）									
11	工作的时间感									
12	合理的工作									
13	安全意识									
14	工位的整洁									

评价评语	班级		姓名		学号		总评	
	教师签字		第　　　组		组长签字		日期	
	评　语：							

附表 3.6.1　计划和决策单

学习情境三	牵引变电所的二次回路		
学习子情境 6	主变测控保护装置二次回路		
计划方式	小组讨论、团结协作共同制订计划		
序号	实施步骤		使用资源
制订计划说明			
计划评价	班级 　　　　　　第　　组　　组长签字		
	教师签字 　　　　　　　　　　　日期		
	评语：		

附表 3.6.2 检 查 单

学习情境三		牵引变电所的二次回路		
学习子情境 6	主变测控保护装置二次回路		学时	8
序号	检查项目	检查标准	学生自检	教师检查
1	资讯问题	回答得认真、准确		
2	操作标准	日常用语标准、完整、准确		
3	操作标准	检查部位正确		
4	操作标准	检查部位完整		
5	操作标准	姿态良好、大方		
6	操作标准	检查内容顺序正确		
7	工具使用	正确使用兆欧表、钳形电流表		
8	工具使用	正确使用红外线测温仪		
9	安全及其他	按规定设置防护		
10	安全及其他	符合作业安全规定		
11	数据处理	能正确处理、描述现象		
12	数据处理	能正确处理出现的不良现象		
检查评价	班级		第 组	组长签字	
	教师签字		日期		
	评　语：				

附表 3.6.3 评 价 单

学习情境三		牵引变电所的二次回路									
学习子情境 6		主变测控保护装置二次回路					学时			8	
序号	能力目标	专业能力			方法能力			社会能力			
		自评	他评	师评	自评	他评	师评	自评	他评	师评	
1	任务分析，按规定填写										
2	表达能力										
3	与他人交流能力										
4	自信，做决定能力										
5	可信性										
6	外表形象										
7	专业资料学习能力										
8	小组主持人布置工作有耐心										
9	棘手问题处理										
10	了解人、尊重人的能力（相处）										
11	工作的时间感										
12	合理的工作										
13	安全意识										
14	工位的整洁										

	班级		姓名		学号		总评	
	教师签字		第 组		组长签字		日期	
评价评语	评　语：							

附表 3.7.1　计划和决策单

学习情境三	牵引变电所的二次回路	
学习子情境 7	交、直流电源柜	
计划方式	小组讨论、团结协作共同制订计划	
序号	实施步骤	使用资源
制订计划说明		
计划评价	班级　　　　　　　第　　组　　组长签字 教师签字　　　　　　　　　　　日期 评　语：	

附表 3.7.2　检 查 单

学习情境三		牵引变电所的二次回路		
学习子情境 7		交、直流电源柜	学时	4
序号	检查项目	检查标准	学生自检	教师检查
1	资讯问题	回答得认真、准确		
2	操作标准	日常用语标准、完整、准确		
3	操作标准	检查部位正确		
4	操作标准	检查部位完整		
5	操作标准	姿态良好、大方		
6	操作标准	检查内容顺序正确		
7	工具使用	正确使用万用表		
8	参数记录	能正确记录参数		
9	安全及其他	按规定设置防护		
10	安全及其他	符合作业安全规定		
11	数据处理	能正确处理、描述现象		
12	数据处理	能正确处理出现的不良现象		
检查评价	班级		第　　组	组长签字	
	教师签字		日期	
	评　语：			

附表 3.7.3 评价单

学习情境三		牵引变电所的二次回路								
学习子情境 7		交、直流电源柜					学时		4	
序号	能力目标	专业能力			方法能力			社会能力		
		自评	他评	师评	自评	他评	师评	自评	他评	师评
1	任务分析，按规定填写									
2	表达能力									
3	与他人交流能力									
4	自信，做决定能力									
5	可信性									
6	外表形象									
7	专业资料学习能力									
8	小组主持人布置工作有耐心									
9	棘手问题处理									
10	了解人、尊重人的能力（相处）									
11	工作的时间感									
12	合理的工作									
13	安全意识									
14	工位的整洁									

评价评语	班级		姓名		学号		总评	
	教师签字		第　　组		组长签字		日期	
	评　语：							

附表 4.1.1 计划和决策单

学习情境四	事故处理		
学习子情境 1	电气设备的异常处理		
计划方式	小组讨论、团结协作共同制订计划		
序号	实施步骤		使用资源
制订计划说明			
	班级	第 组	组长签字
	教师签字		日期
计划评价	评　语:		

附表 4.1.2 检 查 单

学习情境四		事故处理		
学习子情境 1		电气设备的异常处理	学时	8
序号	检查项目	检查标准	学生自检	教师检查
1	资讯问题	回答得认真、准确		
2	操作标准	日常用语标准、完整、准确		
3	操作标准	检查部位正确		
4	操作标准	检查部位完整		
5	操作标准	姿态良好、大方		
6	操作标准	检查内容顺序正确		
7	工具使用	正确使用兆欧表、钳形电流表		
8	工具使用	正确使用红外线测温仪		
9	安全及其他	按规定设置防护		
10	安全及其他	符合作业安全规定		
11	数据处理	能正确处理、描述现象		
12	数据处理	能正确处理出现的不良现象		
检查评价	班级		第 组	组长签字
	教师签字		日期	
	评　语：			

附表 4.1.3 评 价 单

学习情境四		事故处理								
学习子情境 1		电气设备的异常处理					学时			8
序号	能力目标	专业能力			方法能力			社会能力		
		自评	他评	师评	自评	他评	师评	自评	他评	师评
1	任务分析，按规定填写									
2	表达能力									
3	与他人交流能力									
4	自信，做决定能力									
5	可信性									
6	外表形象									
7	专业资料学习能力									
8	小组主持人布置工作有耐心									
9	棘手问题处理									
10	了解人、尊重人的能力（相处）									
11	工作的时间感									
12	合理的工作									
13	安全意识									
14	工位的整洁									

评价评语	班级		姓名		学号		总评	
	教师签字		第　　组		组长签字		日期	
	评　语：							

附表 4.2.1　计划和决策单

学习情境四	事故处理		
学习子情境 2	事故处理		
计划方式	小组讨论、团结协作共同制订计划		
序号	实施步骤		使用资源
制订计划说明			
计划评价	班级		第　　组	组长签字	
	教师签字		日期	
	评　语：		

附表 4.2.2 检 查 单

学习情境四		事故处理		
学习子情境 2		事故处理	学时	6
序号	检查项目	检查标准	学生自检	教师检查
1	资讯问题	回答得认真、准确		
2	操作标准	日常用语标准、完整、准确		
3	操作标准	检查部位正确		
4	操作标准	检查部位完整		
5	操作标准	姿态良好、大方		
6	操作标准	检查内容顺序正确		
7	工具使用	正确使用兆欧表、钳形电流表		
8	工具使用	正确使用红外线测温仪		
9	安全及其他	按规定设置防护		
10	安全及其他	符合作业安全规定		
11	数据处理	能正确处理、描述现象		
12	数据处理	能正确处理出现的不良现象		
检查评价	班级		第 组	组长签字
	教师签字		日期	
	评语：			

附表4.2.3 评价单

学习情境四			事故处理							
学习子情境2			事故处理					学时		6
序号	能力目标	专业能力			方法能力			社会能力		
		自评	他评	师评	自评	他评	师评	自评	他评	师评
1	任务分析,按规定填写									
2	表达能力									
3	与他人交流能力									
4	自信,做决定能力									
5	可信性									
6	外表形象									
7	专业资料学习能力									
8	小组主持人布置工作有耐心									
9	棘手问题处理									
10	了解人、尊重人的能力(相处)									
11	工作的时间感									
12	合理的工作									
13	安全意识									
14	工位的整洁									

评价评语	班级		姓名		学号		总评	
	教师签字		第 组		组长签字		日期	
	评 语:							

参考文献

[1] 贵州电网公司. 110 kV 变电运行[M]. 北京：中国电力出版社，2011.

[2] 杨扩武. 高压电气设备维护与检修[M]. 北京：中国铁道出版社，2008.

[3] 马玲. 牵引供电规程与规则[M]. 北京：中国铁道出版社，2008.

[4] 朱平. 电器（低压 高压 电子）[M]. 北京：机械工业出版社，2000.

[5] 林永顺. 牵引变电所[M]. 北京：中国铁道出版社，2001.

[6] 刘福玉. 发电厂变电所电气设备[M]. 成都：西南交通大学出版社，2008.

[7] 王国光. 变电站二次回路及运行维护[M]. 北京：中国电力出版社，2011.

[8] 郑新才，蒋剑. 怎样看 110 kV 变电站典型二次回路图[M]. 北京：中国电力出版社，2009.

[9] 张希泰，陈康龙. 二次回路识图及故障处理指南[M]. 北京：中国水利水电出版社，2005.

[10] 丁毓山，金开宇. 变电站值班员职业技能鉴定培训教材[M]. 北京：中国水利水电出版社，2003.

[11] 隋新世. 变电站倒闸操作技术问答[M]. 北京：中国电力出版社，2010.

[12] 黄栋，吴轶群. 发电厂及变电站二次回路[M]. 北京：中国水利水电出版社，2004.

[13] 王国光. 变电站二次回路及运行维护[M]. 北京：中国电力出版社，2011.

[14] 朱雪松. 智能直流屏系统的设计[M]. 大连：大连理工大学，2005.